中国农村贫困监测报告

POVERTY MONITORING REPORT OF RURAL CHINA

2010

国家统计局农村社会经济调查司 编

Rural Survey Department of National Bureau of Statistics

（京）新登字041号

图书在版编目（CIP）数据

中国农村贫困监测报告.2010/国家统计局农村社会经济调查司编.—北京：中国统计出版社，2010.12
ISBN 978-7-5037-6177-5

Ⅰ.①中… Ⅱ.①国… Ⅲ.①农村－贫困－调查报告－中国－2010 Ⅳ.①F323.8

中国版本图书馆CIP数据核字(2010)第253292号

中国农村贫困监测报告－2010
作　　者／国家统计局农村社会经济调查司
责任编辑／许立舫
装帧设计／杨　超　黄　晨
E-mail：cbsebs@stats.gov.cn
出版发行／中国统计出版社
通信地址／北京市西城区月坛南街57号
邮政编码／100826
办公地址／北京市丰台区西三环南路甲6号
网　　址/www.stats.gov.cn/tjshujia.
电　　话／邮购(010)63376907　书店(010)68783172
印　　刷／北京画中画印刷有限公司
经　　销／新华书店
开　　本／880×1230mm　1/16
字　　数／700千字
印　　张/23.5
版　　别／2011年2月第1版
版　　次／2011年2月第1次印刷
书　　号/ISBN 978-7-5037-6177-5/F.2995
定　　价／148.00元

《中国农村贫困监测报告—2010》
指导委员会、专家委员会及编委会人员名单

指导委员会

主　　任 / 马建堂　范小建

副 主 任 / 张为民

成　　员 / 王新怀　李钟协　褚利明　张淑英　李培峰　徐　晖
刘北桦　米勇生　汤晓文　崔　郁　张新龙

专家委员会

主　　任 / 严瑞珍

成　　员 / （按姓氏笔划排序）
李　实　李小云　张晓山　朱　玲
汪三贵　吴国宝　黄季焜　蔡　昉

编　委　会

主　　任 / 张淑英

副 主 任 / 万东华　赵建华　徐志全　王萍萍

编辑人员 / （按姓氏笔划排序）
于百川　王光才　王　萍　白　康　刘建杰　孙腾蛟　田　固　田建中　关　冰　李　实　李　哲　许　鑫
连佳佳　杜丽伟　吴国宝　吴树林　张　毅　张冬梅　余　萍　苏国霞　岳希明　罗　义　赵红梅　尚　东
郝彦宏　郝安民　侯　锐　姜大峪　袁　彦　高华俊　韩正宇　谭清香

执行编辑 / 关　冰

前言

在新世纪第一个十年即将过去的时刻，在国家制定的《中国农村扶贫开发纲要(2001-2010年)》将要完成其历史使命的时刻，在过去10年来我国反贫困事业即将画上了一个圆满的句号的时刻，我们看到了这本《2010年中国农村贫困监测报告》。本报告的出版与以往年份的报告具有不同的意义，因为它是一个对过去10年我国农村扶贫工作取得的成就，遇到的挑战和机遇，扶贫政策的进展和局限进行了回顾与总结的报告。

回顾十年的反贫困历程，中国在扶贫领域取得了令世人瞩目的成就，为全世界的减贫努力做出了极大的贡献。特别是在国际金融危机的冲击下，我国农村贫困发生率仍持续下降，实属不易。按照新的农村扶贫标准，2009年的农村贫困人口剩下3600万，比2000年减少了5800万，2000-2009年贫困人口下降幅度达到62%。可以预期的是，到2010年底农村贫困人口有望减少到3000万以下，贫困发生率下降到3%以下。

应该看到过去十年是一个经济高速增长和收入差距不断扩大的时期，扶贫的效果不可避免地受到经济增长和收入差距扩大的影响，前者有助于缓解贫困，而后者则不利于贫困的缓解。这意味着中国农村贫困的缓解越来越依赖于政府正确的扶贫战略和各种有效的扶贫政策的作用。

从扶贫政策来讲，整村推进的效果是显著的。扶贫重点县的农户收入增长要高于全国平均的收入增长速度。在扶贫重点县，扶贫重点村农户的收入增长明显高于非扶贫重点村。而且，这些扶贫重点村在生产性基础设施和社会服务设施方面的改善也同样显著，改善速度大大高于扶贫重点县的平均变化速度，使得扶贫重点村的主要基础设施已经接近贫困县的平均水平。

劳动力输出和培训政策对于减少农村地区的贫困起到了积极的作用。一方面，外出务工收入已成为贫困地区农户的主要收入来源之一 。另一方面，在贫困地区劳动力外出务工获得的收入高于在当地就业获得收入，而且一个劳动力接受培训后会使得农户人均收入有明显增加。此外，贫困地区外出劳动力数量增加使得本地非农就业机会增加，起到带来当地收入增长的间接效应。最后，培训提高了贫困地区劳动力外出的机会，也提高了劳动力在本地从事非农劳动的机会。

在减贫中起到更重要作用的是中国政府过去几年中陆续出台的各种惠农政策。一些研究结果表明，惠农政策的实施对中国农村贫困缓解产生了积极的作用，影响效果是显著的。农村社会保障制度的建立无疑对缓解贫困起到积极作用，其中最引人注目的是农村低保制度所带来的显著的减贫效果。低保制度本质上是一种救济式扶贫方式，已经构成了中国政府扶贫战略的一项重要内容。

同时，我们也看到中国扶贫面临的一些问题和挑战。这主要表现为以下两个方面：

第一，中国扶贫标准过低的问题一直受到国内外各界的质疑。2008 年政府将农村扶贫标准提高到低收入标准，上调了 34%。这一举措受到了全社会的肯定。但是，新扶贫标准与同等发展水平的国家相比，仍是偏低的。2009 年农村新扶贫标准不到当年全国人均 GDP 的 5%，不到当年农村住户人均纯收入的 1/4。

第二，关注处于贫困边缘状态的较低收入人群陷入贫困的风险。相关的研究表明，其收入和消费水平略高于扶贫标准的农村人口仍具有很高比例，他们陷入贫困的风险极大，表现为返贫率的居高不下。在过去扶贫工作中，针对高贫困风险的人群的扶贫政策没有得到应有的重视，从而影响了许多扶贫政策的实际效果。

面对问题，我们应该确立一种大的反贫困观念。反贫困不仅是帮助贫困人群尽快摆脱贫困状态，提高他们的发展能力，还应将反贫困的政策措施扩展为减少非贫困人群的陷入贫困的风险，同时帮助相对贫困人群实现自我发展的良性循环。

过去的十年我们积累了大量的扶贫经验，也发现了问题。在下一个十年中，只要全国上下仍然坚持不懈，积极进取，不断创新，集全社会之力，一定会创造中国扶贫史上的又一个新的辉煌。

编　者

Contents

第五部分 扶贫政策和措施

第六部分 贫困问题研究与调查报告

第七部分 统计资料

Contents

目录

Contents

Contents

第一部分　农村经济增长与农村社会发展

1

2009年是新世纪以来我国经济发展最为困难的一年，也是“三农”工作攻坚克难、砥砺奋进的一年。全国上下在党中央、国务院的坚强领导下，面对历史罕见国际金融危机的严重冲击，面对多年不遇自然灾害的重大考验，面对国内外农产品市场异常波动的不利影响，通过全国上下共同努力，农业农村经济发展取得了好形势。粮食连续6年增产，再创历史新高；农民人均纯收入首次突破5000元大关；农产品生产价格自2003年以来首次下降。

一、国民经济发展概况

面对百年不遇的国际金融危机的严重冲击和极其复杂的国内外形势，党中央、国务院审时度势，科学决策，带领全国人民万众一心，共克时艰，坚持实行积极的财政政策和适度宽松的货币政策，全面实施并不断完善应对国际金融危机的一揽子计划，较快扭转了经济增速明显下滑的局面，实现了国民经济总体回升向好。

（一）国民经济保持平稳较快发展

初步测算，全年国内生产总值335353亿元，按可比价格计算，比上年增长8.7%，增速比上年回落0.9个百分点。分季度看，一季度增长6.2%，二季度增长7.9%，三季度增长9.1%，四季度增长10.7%，增速逐季加快。分产业看，第一产业增加值35477亿元，增长4.2%；第二产业增加值156958亿元，增长9.5%；第三产业增加值142918亿元，增长8.9%。第一产业增加值占国内生产总值的比重为10.6%，比上年下降0.1个百分点；第二产业增加值比重为46.8%，下降0.7个百分点；第三产业增加值比重为42.6%，上升0.8个百分点。

（二）投资持续快速增长，涉及民生领域的投资增长明显加快

全年全社会固定资产投资224846亿元，比上年增长30.1%，增速比上年加快4.6个百分点。其中，城镇固定资产投资194139亿元，增长30.5%，加快4.4个百分点；农村固定资产投资30707亿元，比上年增加6583亿元，增长27.5%，增速比上年加快6.0个百分点。在城镇投资中，第一产业投资增长49.9%，第二产业投资增长26.8%，第三产业投资增长33.0%，第一产业投资增速比第二、三产业

分别高23.1和16.9个百分点。涉及民生领域的投资大幅增长。全年基础设施（扣除电力）投资41913亿元，增长44.3%。其中，铁路运输业增长67.5%，道路运输业增长40.1%，城市公共交通业增长59.7%。居民服务和其他服务业增长61.8%，教育增长37.2%，卫生、社会保障和社会福利业增长58.5%。全年房地产开发投资36232亿元，增长16.1%，增速比上年回落4.8个百分点。

（三）货币供应量增长较快，新增贷款大幅增加

12月末，广义货币（M2）余额60.6万亿元，比上年末增长27.7%，增幅同比加快9.9个百分点；狭义货币（M1）22.0万亿元，增长32.4%，加快23.3个百分点；市场货币流通量（M0）38246亿元，增长11.8%，回落0.9个百分点。金融机构各项贷款余额40.0万亿元，比年初增加9.6万亿元，同比多增4.7万亿元。

全年农村金融合作机构（农村信用社、农村合作银行、农村商业银行）人民币贷款余额4.7万亿元，比年初增加9727亿元，占金融机构贷款总额的比例达到11.7%。

（四）经济增长效益和质量提高

一是工业生产逐季回升，实现利润由大幅下降转为增长。全年规模以上工业增加值比上年增长11.0%，增速比上年回落1.9个百分点。其中，一季度增长5.1%，二季度增长9.1%，三季度增长12.4%，四季度增长18.0%。1-11月份，全国规模以上工业企业实现利润25891亿元，同比增长7.8%，比上年同期加快2.9个百分点。在39个工业大类中，30个行业利润同比增长。二是财政收入增加，中央财政支持“三农”发展能力增强。2009年全国财政收入68476.88亿元，比上年增加7146.53亿元，增长11.7%。三是城镇就业状况稳定、社会保障工作进展顺利。根据劳动和社会保障部统计，2009年，全国城镇新增就业1102万人，比预期目标多出102万人。2009年底，全国参加城镇基本医疗保险人数40061万人，比上年底增加8239万人，加上新农合8.3亿人，我国基本医疗保险制度已覆盖超过12亿人。积极推进生育保险制度建设，生育保险参保人数10860万人，比上年底增加1606万人。四是城乡居民收入继续增长。全年农村居民人均纯收入5153元，剔除价格因素，比上年实际增长8.5%；城镇居民人均可支配收入17175元，实际增长9.8%。

二、农业与农村经济发展的主要特点

随着国际金融危机的持续蔓延、世界经济增长的明显减速，我国经济发展和农业农村发展受到不断冲击。在这种艰难形势下，中央果断提出，要把保持农业农村经济平稳较快发展作为首要任务，稳粮、增收、强基础、重民生。通过全国上下一心的共同努力，2009年农业与农村经济保持了持续增长的良好势头。

（一）利农政策为解决“三农”问题提供了强有力的保障

我国农业已经进入一个新的发展阶段，在这个新的发展阶段中，如何解决“三农”问题成为我党加强执政能力建设的一个重大课题，农业、农村和农民问题成为全部工作的重中之重。在这一指导思想引领下，党和国家出台了一系列更直接、更有力的支农政策，为农业增产、农民增收奠定了坚强的后盾。

据财政部统计，全年中央财政用于农林水事务的支出为3501.24亿元，比上年增加792.93亿元，增长29.3%。除发放各种农业补贴外，农业综合开发投入165亿元，支持改造中低产田、建设高标准农田2660万亩，增加粮食综合生产

能力327.3万吨。农业保险保费补贴59.7亿元，累计参保农户达到1.27亿户次。对农村低收入人口全面实施扶贫政策，并提高扶贫标准，补助资金197.3亿元，覆盖扶贫对象4007万人。加强农村、农业基础设施建设支出1168.7亿元，大力支持南水北调等重大水利工程建设，对3970座大中型和重点小型病险水库除险加固，实施农村饮水安全工程使6069万农民受益。中央财政森林生态效益补偿基金支持的国家级公益林扩大到10.49亿亩。

（二）农业经济稳定增长

初步统计，2009年第一产业增加值35477亿元，增长4.2%，占国内生产总值的比重为10.6%，比上年降低0.1个百分点。其中，农业增加值19678亿元，比上年增长3.1%；林业增加值1561亿元，比上年增长6.0%；牧业增加值9632亿元，比上年增长5.5%，渔业增加值3398亿元，比上年增长5.6%。

（三）农业生产稳定发展，粮食实现连续六年增产

2009年，我国农业生产经历住了多年不遇自然灾害的重大考验，全年粮食总产量达到53082万吨，比上年增长0.4%，实现自2004年以来的连续6年增产，粮食产量再创历史新高。其中，夏粮产量12335万吨，增长2.2%；早稻3327万吨，增长5.3%；秋粮37420万吨，下降0.6%。

2009年粮食生产主要有以下四个方面的特点：一是粮食增加量和增长率均为近6年最低。2009年，全国粮食总产量比上年增加211万吨，增长0.4%，均为近6年最低水平。二是粮食播种面积增加，单产下降。2009年全国粮食播种面积达到18974万公顷，比上年扩大217万公顷，增长0.2%。粮食单产4871公斤/公顷，比上年下降1.6%，为近6年首次下降。三是夏粮、早稻增产，秋粮减产。全国夏粮产量12335万吨，比上年增加260万吨，增长2.2%。早稻产量3327万吨，增加167万吨，增长5.3%。秋粮产量37420万吨，减产217万吨，减少0.6%。四是粮食主产区减产、非主产区增产。2009年全国13个粮食主产区粮食产量39710万吨，减产207万吨，减少0.5%；7个粮食主销区产量3361万吨，增产116万吨，增长3.6%；11个产销平衡区产量10011万吨，增产302万吨，增长3.1%。

从经济作物产量情况看，棉花和油料产量呈现一减一增的局面。其中，棉花产量640万吨，比上年减少100多万吨，下降14.6%。油料产量3100万吨，增长5.0%。

全年肉类产量继续增加。2009年，全国肉类总产量7642万吨，比上年增长5%，其中，猪肉产量4889万吨，增长5.8%；牛肉产量636万吨，增长3.6%；羊肉产量389万吨，增长2.4%。年末生猪存栏46985万头，增长1.5%。牛奶禽蛋产量分别为2741万吨和3559万吨，分别比上年增长1.4%和0.1%。毋庸置疑，稳定的肉类生产为丰富人民生活、提高生活质量提供了重要保障。

全年水产品产量5120万吨，增长4.6%。其中，养殖水产品产量3635万吨，增长6.5%；捕捞水产品产量1485万吨，增长0.1%。

全年木材产量6938万立方米，比上年下降14.4%。

全年新增有效灌溉面积147.1万公顷，新增节水灌溉面积182.6万公顷。

（四）农民收入突破5000元大关，再创历史新高

2009年，农村居民人均纯收入5153元，比上年增加393元，增长8.2%，剔出价格因素，实际增长8.5%，增速高于去年同期0.5个百分点。

从农民人均纯收入增长变化来看，主要有以下几个特点：一是名义增长速度为近6年最低。2009年，农民人均纯收入名义增长速度为8.2%，比前5年低至少2个

百分点，比增速最高的2007年低7.2个百分点。其中，工资性收入增速为近5年最低，家庭经营收入增速为近6年最低，转移性收入虽增长较快，但增速仍低于上年。二是纯收入增加量为近3年最少。其中，家庭经营收入明显减少。2009年，农民人均纯收入比上年增加393元，仅为上年增加量的63%；家庭经营收入增加91元，不足上年增加量的40%。家庭经营收入增加量偏低的主要由2009年畜牧业收入减少所致。2009年农民牧业收入人均360元，减少37元，下降9.3%。三是工资性收入对农民纯收入的贡献率明显提高，家庭经营收入的贡献率明显减少。2009年农村居民工资性收入人均2061元，比上年增加208元，工资性收入对全年农村居民增收的贡献率为52.9%，比上年提高11.4个百分点；2009年农村居民生产经营纯收入人均2527元，增加91元，家庭经营收入对全年农村居民增收的贡献率为23.2%，比上年下降15.8个百分点。四是工资性收入及转移性收入所占比重有所上升。2009年，工资性收入占农村居民人均纯收入的比重达40%，同比提高1.1个百分点；转移性收入占农村居民人均纯收入的比重为7.7%，同比提高0.9个百分点。

（五）农产品价格总水平下跌

受国际金融危机的冲击，2009年国内宏观经济运行环境发生较大变化，产出增速大幅下降，一般物价总水平下跌。在此背景下，农产品生产价格也相应走低。据调查，2009年全国农产品生产价格总水平同比下跌2.4%，2003年以来首次低于上年水平。分季度看，一、二、三季度农产品生产价格分别下降5.9%、6.6%和2.7%，四季度上涨3.2%，总体表现出先抑后扬的运行态势。分类别看，种植业产品价格同比上涨2.9%，林业、畜牧业和渔业产品价格分别同比下降5.1%、9.8%和0.9%。具体特点：一是种植业产品生产价格在一季度低于上年同期，后三季度价格上涨，且涨幅逐季加大。在国家提高粮食最低收购价和实施临时收储等托市政策的作用下，2009年粮食生产价格比上年上涨3.7%。谷物生产价格上涨4.9%，其中，小麦上涨7.9%，稻谷上涨5.2%，玉米下跌1.5%；谷类生产价格下降6.2%，其中，大豆下跌7.7%；薯类生产价格上涨7.1%。分区域看，粮食主产区生产价格上涨3.9%；主销区上涨3.1%；产销平衡区上涨2.6%。从最低收购价政策执行情况来看，四季度执行中晚稻最低收购价政策的8省（区）中籼稻均价为0.92元/斤，与中晚籼稻最低收购价持平；万籼稻均价为0.93元/斤，比中晚籼稻最低收购价高1分；粳稻均价为0.96元/斤，比粳稻最低收购价高1分。棉花（籽棉）生产价格上涨11.8%。油料生产价格下跌5.9%，其中，油菜籽下跌10.5%，花生下跌7.1%。蔬菜生产价格上涨11.8%。水果生产价格上涨7%。糖料生产价格上涨1.5%。二是畜牧业生产价格同比下跌9.9%，带动农产品生产价格总水平下跌3.6个百分点，是影响农产品生产价格总水平低于上年的主导因素。生猪生产价格下跌18.4%，比去年低42.3个百分点。活牛和活羊生产价格小幅上涨，涨幅分别为1%和1.1%，但涨幅比去年分别回落22.6和17.7个百分点。活家禽生产价格上涨2.2%，禽蛋上涨2.8%，奶产品下跌8.4%，毛绒类产品下跌11.8%。三是渔业产品生产价格下跌1%，比去年回落12.2个百分点。其中，海水产品生产价格下跌1.6%，淡水产品生产价格上涨1.3%。

三、农村经济运行中存在的主要问题

（一）粮食继续增产存在一定难度

一是耕地资源有限，扩大耕地面积受资源制约不可长期持续。粮食生产总量连续六年增产，得益于播种面积连续六年增加。2009年粮食播种面积增加的原因主要有两个方面，一是国家对粮食生产支持力度不断加大，进一步调动了农民种粮的积极性。二是受棉花、糖料等产品价格低迷和种植效益下降的影响，2009 年我国棉花、麻、糖料等其他农作物播种面积大幅度减少，减少的面积大都改种粮食。但耕地资源是有限的，这种增长方式不可长期持续。

二是农业抗风险能力相对薄弱，农田基本设施尚需继续加强。近年来，国家不断增加农田基本建设投入，想方设法提高农业抗风险能力，也取得了一定成绩。2008 年，农用排灌电动机比上年增加了 4.8%，有效灌溉面积比上年提高了 3.5%，旱涝保收面积增加了 2.1%，几点排灌面积增加了 4.0%。但是面对几十年不遇的灾情，仍然曝露出农田基础设施薄弱，农业抗灾能力有限的缺点。虽然各地、各级政府积极组织力量抗击自然灾害的侵袭，但是 2009 年粮食单产终因灾害原因导致下降。据测算，2009 年因单产下降导致粮食减产 800 万吨以上。

三是农民种粮收益偏低。据河南省对 40 个县（市、区）120 个乡镇 360 个农户的粮食生产成本及收益状况的调查，2009 年农民种植小麦的亩均受益是 232 元（主产品产值扣除生产成本加种粮补贴），种植玉米的亩均受益是 279 元，一次调查结果，按目前农民户均承包 5 亩耕地计算，如果两个季节之中小麦和玉米，则户均年种粮收入为 2500 多元，仅大致相当于一个农民工外出打工两个月的收入。

（二）农民持续增收难度大

一是家庭经营收入增加难度大。在农业连续六年丰收的基础上，受我国资源制约、农业抗风险能力不强、种植效益偏低等影响，农业增产的难度越来越大，依靠农业生产增加农民收入不可长期持续。另外，2009 年农产品价格的下行趋势也对我国农民家庭经营收入的增加造成了很大压力，尤其是畜牧业价格大幅下跌，致使家庭经营收入中牧业收入下降。2009 年，全国农村居民家庭经营收入仅为人均 2527 元，仅比上年增长 3.7%，增速为近六年来最低，比 2008 年下降 7.3 个百分点。

二是农民工就业压力大，竞争力差，工资性收入持续快速增长难度大。从 2009 年我国农民收入增长的特点来看，增收主要依赖于工资性收入的稳步增长。我国虽然经受住了国际金融危机的冲击，实现了农民连续六年增收，但从我国农民外出务工的情况来看，农民收入持续快速增长不容乐观。据国家统计局农民工监测报告，2009 年全国外出农民工总量 14533 万人，在外出农民工中，从事制造业的农民工所占比重最大，占 39.1%，其次是建筑业占 17.3%，服务业占 11.8%，住宿餐饮业和批发零售业各占 7.8%，交通运输仓储邮政业占 5.9%。从事制造业和建筑业等劳动密集型产业的农民工占外出农民工的比重仍接近一半。在外出农民工中，文盲占 1.1%，小学文化程度占 10.6%，初中文化程度占 64.8%，高中文化程度占 13.1%，中专及以上文化程度占 10.4%。农民工的文化程度普遍偏低且大部分没有参加过任何技能培训。从外出农民工接受技能培训的情况看，51.1% 的外出农民工没有接受过任何形式的技能培训。文化程度越低接受过技能培训的比例也越低，在文盲半文盲农民工中接受过技能培训的占 26.3%，小学文化程度的农民工接受过技能培训的占 35.5%，初中文化程度的农民工接受过培训的占 48%，高中和中专以上文化程度的农民工接受过技能培训的比例分别为 54.8% 和 62.5%。较低的文化程度和培训程度也制约了农民工的工作范围和工作竞争力。

（三）城乡差距仍在扩大，农村经济社会发展滞后的局面没有改观

一是城乡居民收入差距。最近几年，农民收入虽然一直保持较快增长，但是，与城镇居民相比，城乡居民收入的差距不断扩大。2009 年，农村居民的人均纯收

入比上年实际增长8.5%，城乡居民收入比由年初的3.31倍扩大到年末的3.33倍，绝对差距达到12022元（农村居民人均纯收入5153元，城镇居民人均可支配收入17175元）。

二是城乡教育差距。从教育资源、教育质量等各方面看，农村和城镇之间都存在巨大的差距。

三是城乡医疗差距。近几年，虽然全国农村合作医疗的覆盖率大大提升，但医疗保险救助范围窄，再加上近几年公共卫生供给短缺，医疗价格大幅度攀升，农村不少地方还存在因病致贫、因病返贫的现象。

四是城乡消费差距。收入水平决定生活消费水平。农村居民的消费水平一直大幅度低于城市居民。2009年农村居民人均生活消费支出为3993元，城镇居民人均生活消费支出为12265元，为农村居民人均消费的3.07倍。

（国家统计局农村司　侯锐　孙腾蛟）

第二部分　2009年全国农村贫困状况

2

一、贫困程度、规模及分布

根据对全国31个省（自治区、直辖市）6.8万农村住户的抽样调查，2009年末农村贫困人口为3597万，比上年减少410万，贫困发生率为3.8%，比上年下降0.4个百分点。2009年农村贫困标准为1196元，与上年相同。

表2-1　2000-2009年贫困人口规模及贫困发生率

年　份	贫困标准（元／人）	贫困人口（万人）	贫困发生率（%）	减少人数（万人）
2000	865	9422	10.2	——
2001	872	9030	9.8	392
2002	869	8645	9.2	385
2003	882	8517	9.1	128
2004	924	7587	8.1	930
2005	944	6432	6.8	1155
2006	958	5698	6.0	734
2007	1067	4320	4.6	1378
2008	1196	4007	4.2	313
2009	1196	3597	3.8	410

数据来源：全国农村住户抽样调查

在2009年农村贫困人口中，连续两年是贫困人口的有1356万，占37.7%；仅当年为贫困人口的有2241万，占62.3%。2007至2009年三年间，至少有一年处于贫困的人口占农村总人口的比重为8.0%。

分区域来看，全国东部、中部、西部贫困人口分别是173万、1052万和2372万，分别比上年减少75万人、58万人、277万人，下降幅度分别为30.2%、5.2%和10.5%。全国农村贫困人口的65.9%分布在西部地区。2009年全国东部、中部和西部地区贫困发生率分别是0.5%、3.3%、8.3%，比上年分别下降0.2、0.2和1.0个百分点。

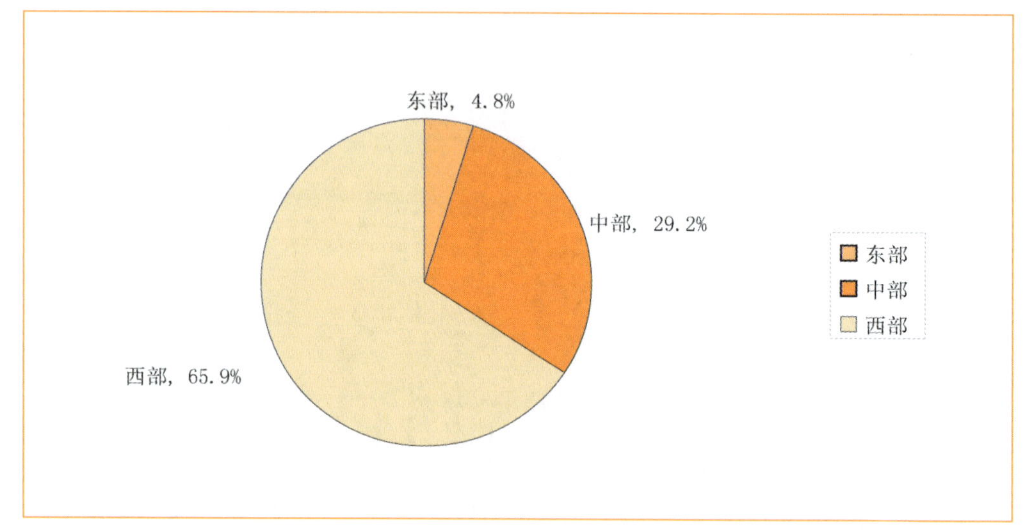

图 2-1 分区域贫困人口的分布情况

分省看，2009 年贫困发生率在 1% 以下的省份有 9 个，分别是北京、天津、辽宁、上海、江苏、浙江、福建、山东、广东；在 1%-5% 之间的省份有 15 个，分别是河北、山西、内蒙古、吉林、黑龙江、安徽、江西、河南、湖北、湖南、广西、海南、重庆、四川、宁夏，5% 以上的有 7 个，分别是贵州、云南、西藏、陕西、甘肃、青海、新疆。贫困发生率最高的是甘肃省，为 18.7%。

2009 年贵州、云南、甘肃三省的贫困人口在 300 万之上，陕西、四川、河南等 9 省的贫困人口在 100 万 - 300 万之间，内蒙、吉林、黑龙江等 19 省的贫困人口在 100 万之下。2009 年多数省份的贫困发生率呈下降态势，其中降幅在 10 个百分点以上的省份有 16 个，贫困人口减少 10 万人以上的省份有 15 个。但是，由于北方严重干旱等原因，山西、吉林、黑龙江贫困人口较上年有所增加。

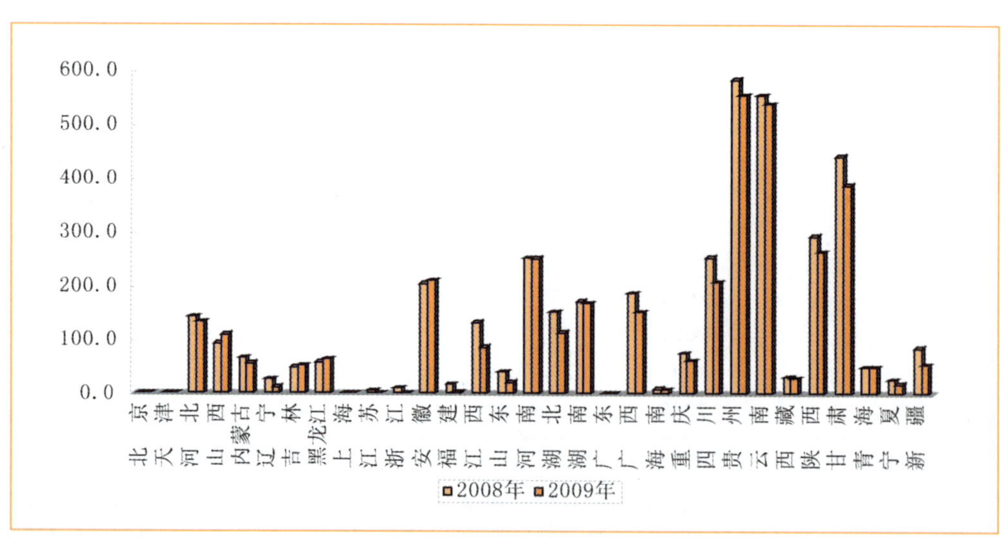

图 2-2 2008-2009 年分省贫困人口

分地势看，2009 年全国平原、丘陵和山区农村的贫困发生率分别为 1.9%、2.5% 和 6.5%，分别比上年下降 1.3、0.5 和 0.5 个百分点。贫困人口在平原、丘陵、山区的比重分别是 23.5%、23.6%、52.9%。

二、农民人均纯收入

2009年农村居民人均纯收入5153元，比上年增加393元，增长8.2%；扣除价格因素影响，实际增长8.5%，增速同比上升0.5个百分点。

贫困农户人均纯收入为983元，比上年下降0.6%，扣除价格上涨因素，比上年实际下降0.3%。贫困人口人均纯收入为全国平均水平的19.1%。

表2-2　2009年农村居民人均纯收入

指标名称	全国农户			贫困农户		
	金额（元）	增长率（%）	构成（%）	金额（元）	增长率（%）	构成（%）
人均纯收入	5153.2	8.2	100	983.1	-0.6	100
一、工资性收入	2061.3	11.2	40	290.3	3.4	29.5
二、家庭经营收入	2526.8	3.7	49	553.7	-7.0	56.3
1. 第一产业	1988.2	2.2	38.6	515.3	-5.9	52.4
#种植业	1497.9	5.0	29.1	461.2	-6.4	46.9
2. 第二产业	164.5	10.4	3.2	11.9	-17.9	1.2
3. 第三产业	374.1	9.8	7.3	26.5	-20.2	2.7
三、财产性收入	167.2	12.9	3.2	13.1	7.4	1.3
四、转移性收入	398.0	23.1	7.7	125.9	25.4	12.8

数据来源：全国农村住户抽样调查

2000-2009年，农民人均纯收入从2253元增加到5153元，增长1.3倍，年均增长9.6%，扣除价格因素，年均增长6.7%。

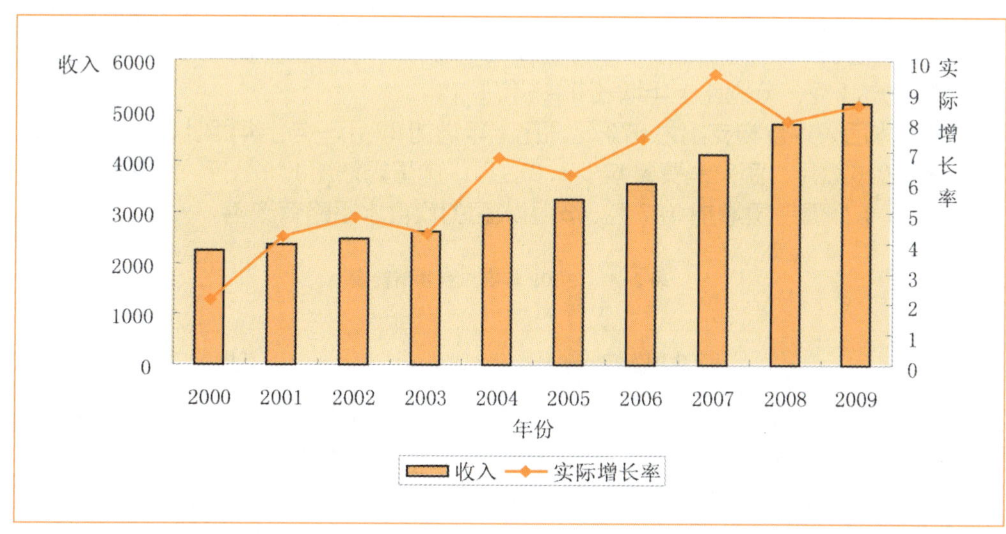

图2-3　2000年以来农民人均纯收入及实际增长率

三、生活消费支出

2009年我国农村居民人均生活消费支出3993元，比上年增加332元，增长9.1%，扣除价格因素影响，实际增长9.4%。其中，人均商品性支出2837元，占生活消费总支出的 71.1%。

2009 年农村贫困人口人均生活消费支出 1022 元，比上年增加 1.3 元，增长 0.1%，扣除价格因素影响，实际增长 0.4%。贫困人口的人均生活消费支出为全国平均水平的 25.6%。

表 2-3　2009 年农村居民生活消费支出

指标名称	全国农户			贫困农户		
	金额（元）	增长（%）	构成（%）	金额（元）	增长（%）	构成（%）
生活消费支出	3993.5	9.1	100.0	1021.7	0.1	100.0
# 服务性支出	1155.9	10.9	28.9	150.5	4.5	14.7
1. 食品支出	1636.0	2.3	41.0	691.6	-1.6	67.7
2. 衣着支出	232.5	9.8	5.8	58.4	3.0	5.7
3. 居住支出	805.0	18.6	20.2	88.9	2.9	8.7
4. 家庭设备用品和服务支出	204.8	17.7	5.1	37.0	6.9	3.6
5. 交通和通讯费支出	402.9	11.9	10.1	55.7	2.8	5.5
6. 文教娱乐支出	340.6	8.3	8.5	29.6	-6	2.9
7. 医疗保健支出	287.5	16.9	7.2	48.0	14	4.7
8. 其他商品和服务	84.1	9.6	2.1	12.4	5.1	1.2

数据来源：全国农村住户抽样调查

四、食物消费和营养情况①

2009 年全国农村居民食品消费支出人均 1636 元，比上年增加 37 元，增长 2.3%，增速下降 12.8 个百分点。食品支出占生活消费总支出的比重，即恩格尔系数为 41%，比上年下降 2.7 个百分点。2009 年食品支出份额下降的主要原因是食品价格下降幅度明显大于其他消费品。

全国农村居民全年平均每人消费谷物 242 公斤，较上年下降 1.6%；蔬菜 129 公斤，较上年增长 1.1%；肉蛋奶 40 公斤，较上年增长 9.8%。每人每天摄入热量 2386 大卡，蛋白质 71 克，分别比上年增长 0.4% 和 1.1%。

贫困人口人均食物支出为 870 元，比上年增加 22 元。与上年相比，全年谷物消费量增加 0.6 公斤，蔬菜消费量减少 1.2 公斤，肉蛋奶增加 1.5 公斤。每天摄入热量增加 19 大卡，蛋白质增加 0.7 克。贫困人口的饮食水平略有改善。

表 2-4　2009 年农户食物消费量

指标名称	全国农户		贫困农户	
	消费数量（公斤）	较上年增长（%）	消费数量（公斤）	较上年增长（%）
谷物	242	-1.6	189	0.3
蔬菜	129	1.1	76	-1.5
肉类	28	9.8	13	9.8
蛋类	7	0.3	2	4.9
奶类	4	7.9	2	16.9

数据来源：全国农村住户抽样调查

① “农户食物消费情况”的分析采用“标准人”概念，即将不同人群按照一定的系数折合为标准人计算食物消费量和营养素摄入。

五、住房、耐用消费品拥有和生活设施

2009 年农村居民人均住房面积达 33.6 平方米，比上年增加 3.6%。其中，钢筋混凝土和砖木结构住房面积的比重为 88.2%，比上年提高 0.9 个百分点。人均住房价值为 12067 元，比上年提高 11.8%。贫困农户人均居住面积为 20.1 平方米，与上年持平。其中，钢筋混凝土和砖木结构住房面积的比重为 67.7%，比上年提高 2 个百分点。人均住房价值为 4283 元，比上年提高 7.9%。

2009 年全国农村住户和贫困户的耐用消费和生活设施拥有情况都有明显好转。

表 2-5　平均每百户年末主要耐用消费品拥有量

指标名称	全国农户		贫困农户	
	数量（台、辆、部）	增长率（%）	数量（台、辆、部）	增长率（%）
洗衣机	53.1	8.1	32.8	13.1
电冰箱	37.1	22.8	12.7	22.1
空调	12.2	24.5	1.9	58.3
摩托车	56.6	7.8	35.4	14.2
固定电话机	62.7	-6.4	42.1	-6.7
移动电话机	115.2	19.9	72.1	29.2
彩色电视机	108.9	9.8	87.2	7.4
家用计算机（连入互联网）	5.0	47.1	0.2	100.0

数据来源：全国农村住户抽样调查

表 2-6　2009 年农户住房及生活设施情况

指标名称	全国农户		贫困农户	
	数值	增长（%、百分点）	数值	增长（%、百分点）
1. 人均住房面积	33.6	3.6	20.1	0
2. 钢筋混凝土和砖木结构住房面积比重（%）	88.2	0.9	67.7	2.0
3. 人均住房价值（元）	12066.5	11.8	4282.9	7.9
4. 有自来水或深井水的农户比重（%）	76.9	1.3	61.7	1.2
5. 水冲式厕所的农户比重（%）	19.6	2.1	3.4	-0.4
6. 使用清洁能源作为炊事主要能源农户比重	30.3	1.4	13.3	-0.6

数据来源：全国农村住户抽样调查

六、教育情况

（一）儿童在校率

2009 年，全国农户 7-15 岁儿童在校率为 97.9%，比上年提高 0.3 个百分点。其中，7-12 岁儿童在校率为 97.8%；13-15 岁儿童在校率为 97.9%。

贫困农户 7-15 岁儿童在校率为 97.3%，较上年提高 0.9 个百分点。其中 7-12 岁

儿童在校率为96.9%，较上年提高0.4个百分点；13-15岁儿童在校率为98.2%，较上年提高1.9个百分点。

（二）成人文盲率

2009年全国农村16岁以上成人文盲率为8.2%，比上年下降0.3个百分点；15-24岁青年文盲率为1.0%，与上年基本持平。

贫困农户的文盲率率较高，其中16岁以上成人文盲率15.1%，比上年下降1个百分点；15-24岁青年文盲率3.4%，上升0.4个百分点。

（三）劳动力文化程度

2009年农村劳动力平均受教育年限为8.3年。从文化程度构成上来看，小学及以下文化程度占30.1%，比上年下降1.6个百分点；初中文化程度占53.1%，比上年下降0.5个百分点；高中及以上文化程度占16.8%，比上年提高1个百分点。

贫困农户中，劳动力平均受教育年限为7.4年。从文化程度构成上来看，小学及以下文化程度占43.4%，比上年下降2.5个百分点；初中文化程度占46.8%，比上年上升0.9个百分点；高中及以上文化程度占9.8%，比上年提高1.6个百分点。

图2-4　全国农户和贫困农户中劳动力文化程度的分布

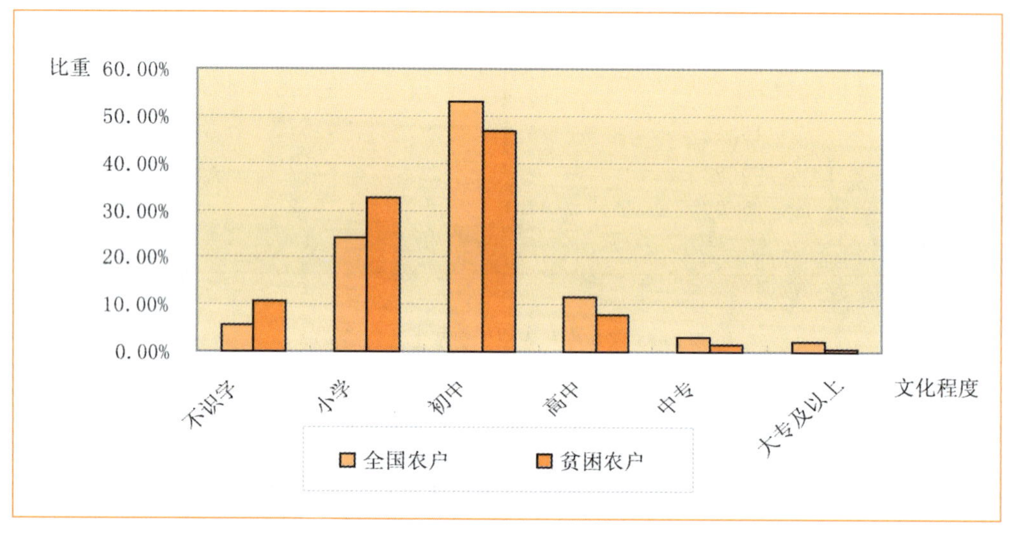

数据来源：全国农村住户抽样调查

（四）劳动力接受专业技能培训情况

2009年全国农户16周岁以上成员中31.3%接受过专业技能培训，其中，接受农业生产培训11.5%，接受非农业生产培训9.8%，学徒工培训2.7%，其他形式培训7.3%。

贫困农户中16周岁以上成员23.5%接受过专业技能培训，其中，接受农业生产培训12.4%，接受非农业生产培训5.3%，学徒工培训1.8%，其他形式培训3.9%。

七、劳动力外出情况

（一）外出从业比重

2009年，全国农户中20.7%的劳动力选择外出从业，比上年下降0.1个百分点。外出从业劳动力平均在外从业时间为8.6个月，比上年高0.1个月，其中外出从业时间在6个月以上的占83.2%。

贫困农户中18.5%的劳动力外出从业，比上年下降0.7个百分点。贫困农户外出劳动力平均在外从业时间为8个月，与上年持平，其中外出从业时间在6个月以上的占74.9%。

（二）外出农民工年龄结构

2009年在全国外出农民工中，50岁以下占94.6%，其中，16-25岁占41.6%；26-30岁占20%；31-40岁占22.3%；41-50岁占11.9%；51岁以上占4.2%。

在贫困农户外出农民工中，50岁以下占96.8%，其中，16-25岁占30.9%；26-30岁占26.4%；31-40岁占30.7%；41-50岁占8.9%；51岁以上占3.2%。

（三）行业结构

2009年，全国外出农民工中，从事制造业占39.1%，建筑业占17.3%，服务业占11.8%，住宿餐饮业占7.8%，批发零售业占7.8%，交通运输仓储邮政占5.9%。

贫困农户外出从事的行业主要集中在制造业和建筑业。其中，制造业占37.9%，建筑业占18.8%，服务业占12.4%，住宿餐饮业占9.9%，批发零售业占6.4%，交通运输仓储邮政占3.5%。

（四）外出农民工月收入水平

全国农户中，外出农民工平均月收入为1417元。其中，月收入在600元以下的占2.1%；600-800元的占5.2%；800-1200元的占31.5%；1200-1600元的占33.9%；1600-2400元的占19.7%；2400元以上的占7.6%。

贫困农户中，外出农民工平均月收入为1217元。其中，月收入在600元以下的占3.8%；600-800元的占8.7%；800-1217元的占51.6%；1217-1600元的占17.5%；1600-2400元的占15.2%，2400元以上的占3.1%。

贫困农户的外出农民工平均月收入比全国平均水平低200元。

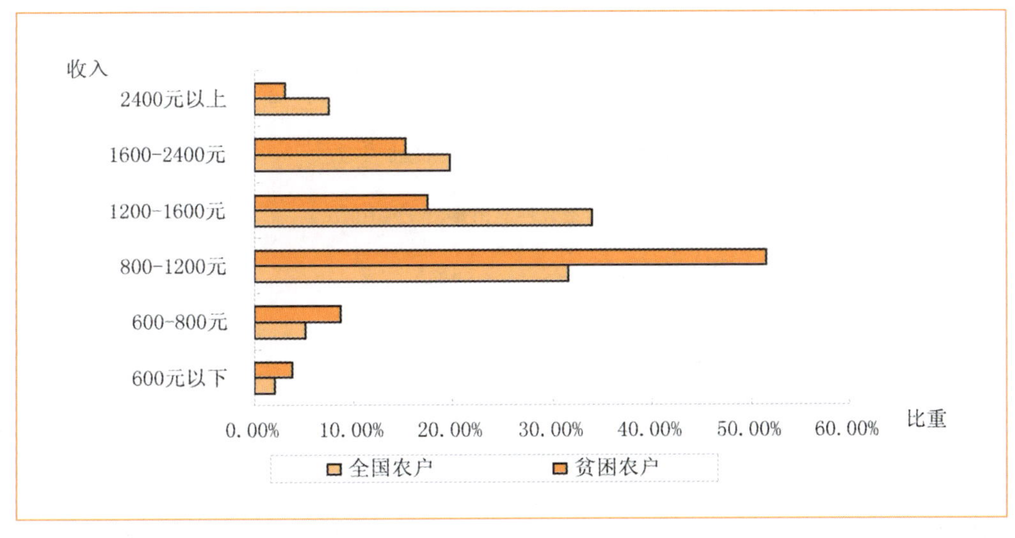

图2-5 全国农户和贫困农户外出劳动力收入分布

数据来源：全国农村住户抽样调查

八、收入差距

2009年城镇居民人均可支配收入为17175元，农村居民人均纯收入为5153元，城乡居民收入的比值为3.33，比上年高0.02。

2009年农村居民人均纯收入的基尼系数为0.3850，比上年提高0.0074。从分组数据来看，收入最低的20%人口拥有全部纯收入的5.5%；收入最高的20%人口拥有全部纯收入的44.3%。高收入组和低收入组农民人均纯收入的比值为7.95:1。

表2-7　全国农村居民人均纯收入五等分组

指标名称	人均纯收入	占全部纯收入比重（%）
低收入组	1549	5.5
次低收入组	3110	11.2
中等收入组	4502	16.0
次高收入组	6468	23.0
高收入组	12319	44.3

数据来源：全国农村住户抽样调查

九、收入市场化程度

（一）现金收入比重

2009年农村居民人均现金纯收入4543元，占纯收入的比重为88.2%，较上年上升3.6个百分点。

贫困农户人均现金纯收入627元，占纯收入的比重为63.8%，较上年上升9.3个百分点。

（二）粮食、畜禽出售率提高

2009年农村居民粮食出售率59.2%，比上年上升3.7个百分点；油料出售率35.5%，比上年下降10.3个百分点；蔬菜出售率69.2%，比上年上升1.6个百分点；水果出售率88.5%，比上年上升3.5个百分点；畜禽出售率86.8%，比上年上升2.1个百分点。

贫困农户粮食出售率为36.8%，比上年上升7个百分点；油料出售率41.1%，比上年上升6个百分点；蔬菜出售率36.6%，比上年下降4个百分点；水果出售率77.9%，比上年上升10.1个百分点；畜禽出售率62.4%，比上年上升1.2个百分点。

表2-8　主要农产品出售率（2009年）

指标名称	全国农户		贫困农户	
	产量（公斤）	出售率（%）	产量（公斤）	出售率（%）
谷物	766.5	59.2	320.3	36.8
棉花	23.5	96.2	6.4	100.8
油料	35.5	63.7	13.6	41.1
蔬菜	246.9	69.2	85.5	36.6
水果和果用瓜	117.2	88.5	30.0	77.9
畜禽肉产量	56.1	86.8	15.9	62.4
蛋类	15.0	86.0	2.8	70.5
奶类	13.7	92.7	3.2	66.7

数据来源：全国农村住户抽样调查

十、性别平等

（一）分性别儿童在校率

2009年全国农户中，7-15岁女童在校率为97.9%，比上年提高0.2个百分点；7-15岁男童在校率为97.8%，比上年提高个0.3百分点。

在贫困农户中，7-15岁女童在校率为97.4%，比上年提高1个百分点；7-15岁男童在校率为97.2%，比上年提高1个百分点。在贫困农户儿童在校率不断提高的同时，女童和男童在受教育方面的差异也基本消除。

（二）分性别劳动力受教育程度

从文化程度上来看，男性劳动力受教育程度普遍高于女性。2009年男性劳动力平均受教育年限为8.9年，比上年提高0.1年。其中，不识字占2.7%，小学文化程度占19.3%，初中文化程度占57.3%；高中文化程度占14.7%；中专、大专及以上占6.1%。

女性劳动力受教育年限为7.7年，比上年提高0.2年。其中，不识字占9.4%，小学文化程度占30.0%，初中文化程度占48.4%；高中文化程度占7.8%；中专、大专及以上占4.4%。

男性劳动力平均受教育年限比女性高1.2年，高中以上文化程度所占比重高8.6个百分点。

（三）分性别劳动力外出从业比重

在外出从业的劳动力中，男性所占比重为65.8%，女性所占比重为34.2%。

从外出劳动力占全部劳动力的比重来看，男性也远高于女性。2009年，农村常住户中男性劳动力外出从业的比重为21.6%；女性劳动力外出从业的比重为12.2%，两者相差9.4个百分点。

（四）分性别外出从业平均工资

2009年在全国农户中，男性外出从业人均月收入1499元，女性外出从业人均月收入1192元。两者相差307元。

贫困农户中，男性外出从业人均月收入1287元，女性外出从业人均月收入1096元。两者相差191元。

十一、基础设施及社会保障情况

（一）四通比例

2009年全国农户中通公路的比重为98.9%，比上年提高0.2个百分点；通电话的比重为99.2%，比上年提高0.3个百分点；通电的比重为99.7%，与上年持平；接收电视节目的比重为99.5%，与上年持平。

贫困农户中通公路的比重为97.2%，比上年提高0.6个百分点；通电话的比重为97.6%，比上年提高1.1个百分点；通电的比重为99.3%，比上年提高0.1个百分点；接收电视节目的比重为98.7%，比上年提高1.1个百分点。

表 2-9　2009 年农户“四通”比重

指标名称	全国农户（%）	贫困农户（%）
通公路农户比重	98.9	97.2
通电农户比重	99.7	99.3
通电话农户比重	99.2	97.6
能接收电视节目农户比重	99.5	98.7

数据来源：全国农村住户抽样调查

（二）离小学距离

2009 年全国农户中 94.6% 距离小学在 5 公里以内，0.5% 距离最近小学在 20 公里以上。全国农户中 88.8% 距离初中在 10 公里以内。

贫困农户中 94% 距离最近小学在 5 公里以内，0.8% 距离最近小学在 20 公里以上。贫困农户中 81.3% 距离初中在 10 公里以内。

（三）离医疗卫生服务距离

2009 年，全国农户中 67% 距离卫生所在 2 公里以内，0.6% 距离卫生所在 20 公里以上。

贫困农户中 52.2% 距离卫生所在 2 公里以内，2.3% 距离卫生所在 20 公里以上。

（四）参加农村新型合作医疗保险比例

2009 年，全国农户成员中 95.7% 参加医疗保险，其中，91.5% 参加新型农村合作医疗保险，2.5% 参加城镇医疗保险，0.9% 参加商业保险，0.8% 参加其他医疗保险。未参加任何医疗保险的比例为 4.3%。

贫困农户成员中 95.1% 参加医疗保险，其中，93.9% 参加新型农村合作医疗保险，0.5% 参加城镇医疗保险，0.3% 参加商业医疗保险，0.3% 参加其他医疗保险。未参加任何医疗保险的比例为 4.9%。

（五）养老保险覆盖率

2009 年，全国农户成员中 13% 参加养老保险，其中，6.2% 参加农村养老保险，4.4% 参加城镇基本养老保险，1.2% 参加商业养老保险，1.2% 参加其他养老保险。未参加养老保险的比例为 87%。

贫困农户成员中 4.3% 参加养老保险，其中，1.6% 参加农村养老保险，1.8% 参加城镇基本养老保险，0.5% 参加商业养老保险，0.5% 参加其他养老保险。未参加养老保险的比例为 95.7%。

十二、小结

2009 年我国农村居民生活不断改善，生活水平进一步提高，贫困人口继续减少。

1. 农村居民收入稳步增长，工资性收入和家庭经营性收入构成农民收入的主要来源。农民现金收入所占比重、粮食和畜禽商品化率均进一步提高。但城乡收入差距仍在加大，农村内部的收入差距也在增加。

2. 农村居民消费支出平稳增加，居住类支出、家庭设备及服务支出、医疗保健支出、交通通讯支出均较快增长，食品支出增速有所回落。整体来看，全国农民处于小康型消费结构。在贫困农户中，每个标准人折算的食品消费支出有所增加，摄入的热量和蛋白质也有所上升，饮食质量不断改善。

3. 农村居民住房面积逐渐增加，住房质量继续提高，家庭拥有耐用消费品数量增加，房屋配套设施不断优化。生活条件进一步得到改善。

4. 贫困农户整体受教育程度偏低。户主文化程度、成人文化程度以及劳动力文化程度均低于全国农户平均水平，但儿童入学率与全国水平基本相当。受教育程度的提高能有效降低贫困发生率，保证儿童受到良好教育有助于消除代际贫困，进而促进减贫事业的开展。

5. 农户所处的基础设施条件，包括“四通”情况继续提高。农村居民医疗保险覆盖率较高，但养老保险比率较低，社会保障有待加强。

（国家统计局农村司　张毅　徐鑫）

第三部分：国家扶贫开发工作重点县贫困监测结果

3

2009年，592个国家扶贫开发工作重点县（以下简称扶贫重点县）的经济基本保持平稳发展，国家各项扶贫政策继续得到落实，各项社会保障体系逐步完善。与国家实施扶贫开发纲要之初的2002年相比，扶贫重点县农村居民的生产、生活条件和基础设施建设等各项指标都有很大程度改善。但与全国平均水平相比，扶贫重点县在经济发展方面的各项指标仍明显偏低，且呈现差距加大的特点，基础设施方面的差距也在缩小。

一、贫困规模和贫困程度

（一）2009年贫困人口规模和减贫成效

按照2009年的贫困标准，2009年扶贫重点县的农村贫困人口2175万人，占全国农村贫困人口3597万人的60.5%；贫困发生率10.7%，是全国平均水平的2.8倍。与上年相比，贫困人口减少247万人，贫困发生率比上年下降1.2个百分点。

图3-1　2002-2009年扶贫重点县贫困人口及贫困发生率

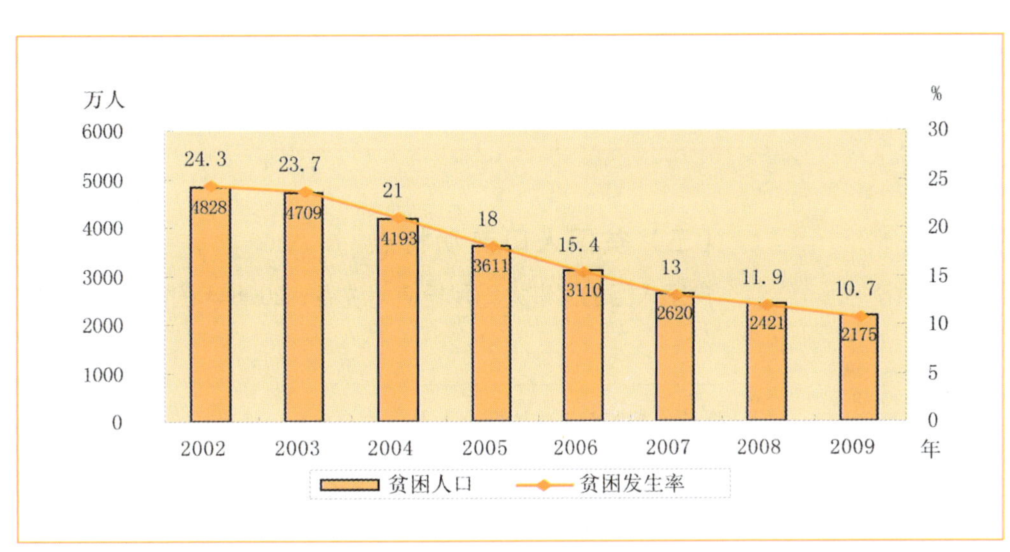

数据来源：国家贫困监测抽样调查

分地区看，西部扶贫重点县[①]的贫困人口1515万人，贫困发生率13.5%；中部扶贫重点县[②]的贫困人口591万人，贫困发生率7.9%；东部扶贫重点县[③]的贫困人口69万人，贫困发生率5.4%。

与上年相比，西部扶贫重点县的贫困人口减少190万人，减少11.2%，贫困发生率下降了1.7个百分点；中部扶贫重点县的的贫困人口减少54万人，减少8.3%，贫困发生率下降了0.8个百分点；东部扶贫重点县的贫困人口减少3万人，减少4.1%，贫困发生率下降了0.2个百分点。

2009年，国家低保制度的保障标准提高，覆盖面继续扩大，对贫困人口减少发挥了比较大的作用。扶贫重点县低保户的比重由上年的7.1%提高到8.8%，户均领取的低保金由上年的461元增加到693元，增长50.3%。由于发放低保金，扶贫重点县的脱贫人口多增加了50万人，贫困发生率多下降了0.2个百分点。

（二）扶贫纲要实施以来贫困人口变化

从2002年到2009年的7年间，在各级政府和全社会的共同努力下，扶贫重点县的贫困人口从4828万人减少到2175万人，减少了55%。扶贫重点县的贫困发生率从24.3%下降到10.7%。

扶贫重点县贫困人口的减少速度慢于全国平均水平，因此，扶贫重点县贫困人口占全国农村贫困人口的比重，从2002年的55.9%提高到2009年的60.5%。在国家加大对扶贫重点县扶持力度的基础上，扶贫重点县的脱贫速度依然比全国平均水平要低，说明扶贫重点县的扶贫形势依然严峻，扶贫任务依然繁重。

表3-1　全国农村贫困人口和扶贫重点县贫困规模及比重

单位：万人、%

年　份	全国农村贫困人口	扶贫重点县贫困人口	扶贫重点县占全国的比重
2002	8645	4828	55.8
2003	8517	4709	55.3
2004	7587	4193	55.3
2005	6432	3611	56.1
2006	5698	3110	54.6
2007	4320	2620	60.6
2008	4007	2421	60.4
2009	3597	2175	60.5

数据来源：国家贫困监测抽样调查

（三）贫困人口变动特点

贫困人口的大进大出现象值得注意：2008年的贫困人口中，有56.3%在2009年

① 西部扶贫重点县包括广西、内蒙古、重庆、四川、云南、贵州、陕西、甘肃、青海、宁夏、新疆11个省市区的国家扶贫开发工作重点县。

② 中部扶贫重点县包括山西、吉林、黑龙江、安徽、江西、河南、湖北、湖南8个省的国家扶贫开发工作重点县。

③ 东部扶贫重点县包括河北和海南2个省的国家扶贫开发工作重点县。

脱贫，只有43.6%的贫困人口到2009年还保持贫困状态；2009年的贫困人口中，有50.5%是当年的返贫人口，连续两年都是贫困人口的，只占49.5%。

二、经济发展水平

根据县市社会经济统计结果，与上年相比，2009年592个国家扶贫重点县人均国民生产总值、人均地方财政预算内收入、城乡居民储蓄存款等主要经济指标继续保持2位数的增长速度，金融市场存贷能力继续增强，经济实力显著提高。

（一）地区生产总值规模与人均水平

2009年，国家扶贫重点县地方生产总值④首次超过2万亿元，达到2.2万亿元，比上年增长11.3%。其中，第一产业增加值5199亿元，比上年增长5.4%。第二产业增加值9758亿元，比上年增长9.9%。第三产业增加值7242亿元，比上年增长18.3%。

与2000年相比，地方生产总值年均递增16.6%，其中，第一产业增加值年均递增10.4%。第二产业增加值年均递增20.6%。第三产业增加值年均递增17.3%。

扶贫重点县的经济发展水平仍然很低，与全国县市经济发展的平均水平比有很大差距，2009年的人均地方生产总值9348元，仅为全国县市的平均水平（18878元/人）的49.5%。其中，人均第一产业增加值2190元，是与全国县市的平均水平（2997元/人）73.1%；人均第二产业增加值4110元，仅为是全国县市的平均水平（9702元/人）的42.4%；人均第三产业增加值3050元，是全国县市的平均水平（6179元/人）的49.4%。

2009年，国家扶贫重点县的发展模式继续调整，第一产业增加值占地方生产总值的比重继续下降，第二产业比重开始下降，第三产业比重在连续两年下降后开始回升。与全国县市的平均水平相比，国家扶贫重点县的第一产业比重较高，其产业结构相当于全国县市2002年的水平。第一产业增加值占地方生产总值的23.4%，比全国县市的平均水平高了7.5个百分点；第二产业占44%，比全国县市的平均水平低了7.4个百分点；第三产业占32.6%，比全国县市的平均水平低0.1个百分点。

表3-2　2000-2009年全国县市和扶贫重点县地方生产总值构成

单位：%

年份	全国县市平均			592个扶贫重点县		
	第一产业增加值	第二产业增加值	第三产业增加值	第一产业增加值	第二产业增加值	第三产业增加值
2000	26.6	41.8	31.6	37.7	31.9	30.4
2001	25.5	42.0	32.5	36.3	32.0	31.7
2002	24.1	43.0	33.0	35.0	33.1	32.0
2003	22.0	45.5	32.5	32.5	35.9	31.5
2004	21.7	46.9	31.4	32.5	37.4	30.1
2005	20.4	47.9	31.7	29.7	37.5	32.9
2006	18.5	49.6	31.9	27.4	40.0	32.6
2007	17.5	50.9	31.6	26.1	42.2	31.7
2008	16.6	52.0	31.4	24.7	44.5	30.7
2009	15.9	51.4	32.7	23.4	44.0	32.6

数据来源：国家贫困监测抽样调查

④ 生产总值及产业增加值的增长速度计算没有扣除物价因素的影响。

（二）地方财政收支

2009年国家扶贫重点县的地方财政一般预算收入超过1000亿元，达到1018亿元，比上年增长20.5%；人均财政收入429元，比上年增长21%。与扶贫纲要实施起始年的2000年相比，地方财政一般预算收入年均递增16.4%，人均财政收入年均递增15.6%。

中央财政对扶贫重点县的扶持力度逐年增加，提高了扶贫重点县的财政支付能力，弥补了扶贫重点县的收支缺口，在地方财政收入增加的同时，财政支付能力以更快速度增长。2000年，地方财政预算内收入与支出的比为1∶2.6，到2009年扩大到1∶5.3。

图3-2　国家扶贫重点县地方财政一般预算内收入与支出

数据来源：国家贫困监测抽样调查

2009年国家扶贫重点县的财政支出5431亿元，其中：农林水事务支出799亿元，医疗卫生支出448亿元，教育支出1177亿元，三项费用占总支出的比重超过40%。与上年相比，财政支出增长28.8%。与2000年相比，财政支出年均递增25.9%。贫困地区的财政支出也开始由以经济建设为中心逐步转向重视民生，经济建设和社会发展并举的方向。

国家的各项惠农补贴也较好地落实到农户。从农户的收入来看，2009年，人均得到的各项政策性补贴160元，比上年增加了27元，增长20.5%。

此外，国家扶贫重点县的农民负担的各种税负主要是第二、三产业税和其他收费。农民税费负担率（税费负担占农民人均纯收入的比重）由2002年的4.1%下降到2009年的不到0.1%。

（三）农村金融

1. 金融机构存款增加

金额机构的贷款增长速度明显加快。2009年末，金融机构年末各项贷款余额达到9459亿元，比上年增长25.8%。人均贷款余额3984元，比上年增加828元，增长26.2%。

金融机构的年末各项存款余额20485亿元，比上年增长21.5%，增速是2000年以来最高的一年；人均存款余额8628元，比年增加1554元，增长22%，其中，人均城乡居民年末存款余额5651元，比上年增加819元，增长16.9%。历年来，扶贫重点县的存款增速高于贷款增速，但2009年是贷款增速高于存款增速。

与2000年相比，扶贫重点县人均金融机构各项存款余额的年均递增19.5%，贷款余额的年均递增9.9%。与全国县市平均水平相比，存款余额的年均递增速度比全国县市平均水平高出1.1个百分点，但贷款余额的增长速度低4.3个百分点。

2．农户贷款规模扩大

2009年，不仅从金融机构得到贷款（不包括扶贫贷款）的农户数量上升，贷款规模也有较大幅度的增加。当年从银行或信用社得到贷款的农户占全部农户的3.9%，比上年提高了0.5个百分点，贷款户的户均贷款额度10575元，比上年增加了2253元，增长21.3%。同时，贷款投向有所改变：个体工商户得到贷款比例和金额都减少了，种养大户和贫困农户的贷款比例有了较大幅度的上升，特别是种养大户，得到贷款的比例上升了1.8个百分点，户均贷款规模提高了41.9%。

表3-3　国家扶贫重点县不同类型农户得到贷款的比例和户均金额

单位：元、%

指标名称	2007年		2008年		2009年	
	得到贷款户比重	户均贷款金额	得到贷款户比重	户均贷款金额	得到贷款户比重	户均贷款金额
全部农户	4.2	5614.4	3.3	8322.3	3.9	10575.4
个体工商户	3.4	8100.0	4.1	24531.4	4.8	22226.6
种养业大户	8.0	5888.8	7.6	8094.3	9.4	13942.6
贫困户	3.3	5114.0	2.2	5421.3	2.7	7382.6

数据来源：国家贫困监测抽样调查

除从金融机构融资外，农户的融资对象还包括各种民间组织和亲戚朋友。2009年，无论是当年借贷还是年末余额，扶贫重点县农户借贷规模都突破了徘徊多年的局面，有了较大增长。农户年末人均借贷余额270元，比上年增加47元，增长20.8%。其中：来自亲戚朋友的人均借款余额为131元，增长8.6%；来自银行的人均商业贷款余额为122元，增长41.4%；人均扶贫贷款余额为8元，与上年持平略降；来自其他渠道的人均普通借贷款余额为10元，增长6.2%。

3．农户借贷主要在个人之间进行

从农户当年借贷款来源看，来自金融机构的贷款比例与来自个人的借款比例平分秋色。2009年，扶贫重点县农户的当年借贷款中，有48.48%来自亲戚朋友间的借贷，有46.9%的借贷款来自国有金融机构，其中1.8%是国家专项扶贫贷款。在当年新增的人均借贷款中，来自亲友处的借款占46.8%，来自银行或信用社的商业贷款占46.9%，来自政府的扶贫贷款占2.4%，其他渠道占3.8%。

4．农户逾期还款的比例下降

到2009年底，在农户年末借贷余额中，逾期未还的比例为59.2%，比上年提高了1.9个百分点。从表3-4中可以看出，国家扶贫贷款逾期未还的比率是所有来源中最低的，其他扶贫贷款逾期未还的比率也低于其他借贷款。从不同来源看，来自亲戚朋友的年末借贷余额中借款逾期未还的比重为64.4%，来自银行的普通商业贷款的年末借贷余额中逾期未还的比重为56.9%，国家扶贫贷款的年末借贷余额中逾期未还的比重为24.8%，其他贷款的年末借贷余额中逾期未还的比重为45.4%。

表 3-4　农户年末借贷款余额中逾期未还的比例

单位：%

年　份	全部借贷款	1. 亲戚朋友	2. 银行及信用社一般商业贷款	3. 国家扶贫贴息贷款	4. 其他扶贫贷款	5. 其他来源借贷款
2002	70.0	72.0	67.6	61.3	71.0	73.6
2003	69.3	72.0	68.8	51.3	54.8	72.0
2004	69.8	67.6	69.4	89.8	70.3	79.1
2005	70.4	73.1	66.1	91.3	71.2	71.1
2006	62.8	65.0	63.4	37.5	54.1	51.2
2007	57.3	59.8	55.7	45.2	35.6	56.1
2008	57.3	60.0	58.4	27.8	11.9	42.0
2009	59.2	64.4	56.9	24.8	26.3	45.4

数据来源：国家贫困监测抽样调查

5．扶贫贷款的瞄准情况

2009 年，扶贫贷款更多地贷给了高收入的农户。按收入三等份分组，2008 年低收入组农户得到扶贫货款的比例为 36.9%，到 2009 年下降为 33.3%，而 2008 年高收入组的农户得到扶贫货款的比例为 29.4%，到 2009 年上升到 32.8%。

（四）农村市场

与全国农村的平均水平相比，扶贫重点县的市场化水平较低。2009 年农户在产品出售与商品购买方面，都比全国农村平均水平低 10-12 个百分点。与上年相比，农户的产品出售水平首次出现下降的情况。

1．农户收入中现金收入比例上升

2009 年，农民人均现金总收入 3007 元，占全年人均总收入的 76.1%；农民人均现金纯收入 2147 元，占全年人均纯收入的 75.4%。与 2002 年相比，总收入中现金收入的比重提高了 11.5 个百分点，纯收入中现金收入的比重提高了 11.6 个百分点。

表 3-5　扶贫重点县农民人均现金收入占总收入的比重

单位：%

年　份	总收入中现金收入比重	纯收入中现金收入比重
2002	64.6	63.8
2003	67.5	63.0
2004	66.9	61.6
2005	71.5	66.2
2006	73.2	73.1
2007	75.6	76.2
2008	73.3	71.6
2009	76.1	75.4

数据来源：国家贫困监测抽样调查

2．主要农、牧产品的出售率提高

2009年，国家扶贫重点县农民人均农产品的出售收入734元，占农业收入的48.4%；与2002年相比，这个比例提高了14.4个百分点。

主要农产品中，除油料、瓜果外，其他产品的出售量均有不同程度的增加。如果看农产品的出售率（指出售量占产量的比重），与2002年相比，除油料外，虽然年度间有波动，主要农产品的出售率都是上升的。

表3-6　国家扶贫重点县农户主要农产品出售率

单位：%

指标名称	2002年	2003年	2004年	2005年	2006年	2007年	2008年	2009年
1. 谷物	24.0	27.0	26.6	31.1	32.8	35.2	33.2	35.2
2. 棉花	83.1	82.2	77.0	89.7	83.0	85.5	74.9	94.9
3. 油料	48.8	50.8	45.9	45.8	50.2	49.5	35.4	38.7
4. 蔬菜	28.3	31.7	32.7	34.2	38.7	42.7	41.1	41.5
5. 瓜果	62.5	64.8	69.6	83.6	80.3	91.7	78.8	77.7
7. 肉类	45.3	50.3	48.9	54.6	70.1	73.9	64.9	67.9
8. 禽蛋	49.3	54.5	55.5	59.1	62.0	70.3	62.6	60.9
9. 奶类	53.3	64.6	74.5	78.4	87.3	90.5	86.9	84.7

数据来源：国家贫困监测抽样调查

3．农村居民生活消费中现金购买的比率提高

2009年，扶贫重点县农村居民人均现金生活消费支出1845元，占全部生活消费支出的比重为77.9%，比2002年增加11.8个百分点。自2002年以来，扶贫重点县农村居民人均现金生活消费支出比重呈逐年上升态势。

表3-7　国家扶贫重点县农户生活消费中现金消费的比重

年　份	生活消费支出（元）		现金支出比重（%）
		现金支出（元）	
2002	1131.4	747.6	66.1
2003	1220.1	826.4	67.7
2004	1394.4	973.5	69.8
2005	1528.5	1113.8	72.9
2006	1679.6	1227.4	73.1
2007	1931.3	1415.2	73.3
2008	2200.3	1651.5	75.1
2009	2367.4	1845.2	77.9

数据来源：国家贫困监测抽样调查

（五）农户家庭经营

1．农产品和畜产品产量有增有减

2009年扶贫重点县农户人均谷物产量509公斤；人均棉花产量9公斤；人均水果和果用瓜产量55公斤；人均禽蛋产量3公斤；人均奶类产量8公斤；人均油料产量22公斤；人均蔬菜产量122公斤；人均肉类产量37公斤。扶贫重点县农户生产能力比较低，多数农产品和畜产品的人均产量比全国平均水平低三分之一以上，且自用为主，出售率明显偏低。

与2002年相比，农户人均谷物产量增长6.9%；人均棉花产量增长186.7%；人均水果和果用瓜产量增长21.7%；人均禽蛋产量增长18.4%；人均奶类产量增长48.2%；人均油料产量22公斤下降2.5%；人均蔬菜产量下降15.9%；人均肉类产量下降了16.5%。

表3-8　2009年全国和扶贫重点县农牧产品产量和出售率

指标名称	全　国		扶贫重点县	
	产量（公斤）	出售率（%）	产量（公斤）	出售率（%）
1. 谷物	766.5	59.2	509.2	35.2
2. 棉花	23.5	96.2	8.7	94.9
3. 油料	35.5	63.7	22.2	38.7
4. 蔬菜	246.9	69.2	121.8	41.5
5. 水果和果用瓜	117.2	88.5	54.7	77.7
6. 畜禽肉产量	56.1	86.5	37.4	67.9
7. 蛋类	15.0	86.0	3.0	60.9
8. 奶类	13.7	92.7	8.2	84.7

数据来源：全国农村住户调查和国家贫困监测调查

2. 2009年农户家庭经营收益下降

2009年扶贫重点县农户人均家庭经营总收入2600元，农户人均第一产业总收入2331元，其中，人均种植业总收入1516元，人均林业总收入96元，人均牧业总收入705元，人均渔业总收入14元。农户人均第二产业生产总收入68元，农户人均第三产业总收入201元。

表3-9　农户家庭经营总收入与费用支出之比（以费用为100）

单位：元

年　份	百元费用得到的总收入	其中：		
		第一产业	第二产业	第三产业
2002	300.5	296.7	264.6	369.0
2003	294.5	290.5	264.7	367.1
2004	286.1	281.3	287.9	362.2
2005	268.9	263.1	255.3	368.5
2006	273.2	266.6	268.0	384.1
2007	271.7	264.7	271.2	392.8
2008	259.5	253.3	252.3	379.7
2009	265.8	259.6	262.4	371.7

数据来源：国家贫困监测调查

与2002年相比，扶贫重点县农户人均家庭经营总收入年均递增9.8%，农户人均第一产业总收入年均递增10%，人均种植业费用支出年均递增10%，人均林业费用支出年均递增13.6%，人均牧业费用支出年均递增9.4%，人均渔业费用支出年均递增 15.1%。农户人均第二产业生产费用支出年均递增 7.7%，农户人均第三产业生产费用支出年均递增 8.5%。

由于生产资料价格的上涨速度快于农产品价格的涨幅，农户在家庭经营中的投入产出效益逐年下降，每百元费用得到的收入（无论是总收入还是纯收入）逐年递减。2002 年，每投入一百元生产费用得到的总收入为 301 元，得到的纯收入为 177 元；到 2009 年，每投入一百元生产费用得到的总收入为 266 元，得到的纯收入为 155 元。分产业看，主要是第一产业的下降幅度较大，第二产业略降，第三产业略升。

3. 2009 年家庭经营费用缓慢增长

2009 年扶贫重点县农户人均生产支出（家庭经营费用支出和购置生产性固定资产支出）1080 元，比上年增长 0.5%；剔除物价因素影响，实际增长 3.1%。农户人均第一产业生产费用支出 898 元，其中，人均种植业费用支出 512 元，人均林业费用支出 15 元，人均牧业费用支出 365 元，人均渔业费用支出 6 元。农户人均第二产业生产费用支出 26 元，农户人均第三产业生产费用支出 54 元。扶贫重点县农户的生产性支出仅为全国平均水平的一半左右，相当于全国 2004 年的水平。

与 2002 年相比，扶贫重点县农户人均生产支出年均递增 11.8%，农户人均第一产业生产费用支出年均递增 12.1%，人均种植业费用支出年均递增 11.9%，人均林业费用支出年均递增 12.9%，人均牧业费用支出年均递增 12.3%，人均渔业费用支出年均递增 18.6%。农户人均第二产业生产费用支出年均递增 7.8%，农户人均第三产业生产费用支出年均递增 8.4%。农户各项费用支出的递增速度高于农户家庭经营收入的递增速度。

表 3-10　农户家庭经营费用支出

单位：元

年　份	1. 家庭经营费用支出	其中：第一产业	第二产业	第三产业	2. 购置生产性固定资产支出
2002	449.2	403.3	15.2	30.7	38.9
2003	496.6	449.4	15.8	31.4	61.3
2004	583.2	535.4	14.2	33.6	69.4
2005	662.1	604.5	19.8	37.8	70.1
2006	705.6	645.4	20.7	39.5	72.8
2007	809.3	743.4	23.0	42.9	75.3
2008	977.3	903.4	25.9	48.1	96.8
2009	977.9	898.1	25.7	54.1	101.8

数据来源：国家贫困监测调查

4. 贫困农户人均生产投入减少更快

2009 年扶贫重点县贫困农户人均生产投入为 571 元，仅为扶贫重点县平均水平的 52.9%；比上年减少 44 元，减少 7.2%，减幅快于扶贫重点县平均水平。其中，人均种植业和牧业费用支出分别为 289 元和 212 元，分别减少 4.8% 和 11.2%。人均第二、三产业生产费用支出为 19 元，减少 42.1%。购置生产性固定资产支出为 43 元，比上年增长 35.2%。

（六）农村劳动力就业与劳动力流动

1．外出就业人数增加

除了国际金融危机影响较重的2008年，从2002年到2009年，扶贫重点县在本乡以外就业时间超过1个月的劳动力逐年增长：2002年，外出就业的劳动力占全部劳动力的14.5%，到2009年，外出就业的劳动力占全部劳动力的20.5%。

按扶贫重点县有1.11亿乡村劳动力推算，外出的劳动力从2002年1504万人增加到2009年的2286万人，年均增长7.4%。

表3-11　扶贫重点县农村劳动力及外出情况

年　份	乡村从业人员数（万人）	外出就业比重（%）	外出从业人员数（万人）
2002	10354.0	14.5	1503.5
2003	10484.8	14.4	1505.4
2004	10633.5	16.6	1768.2
2005	10784.9	17.8	1918.3
2006	10869.7	19.8	2150.0
2007	11001.7	20.5	2255.2
2008	11147.3	19.7	2196.6
2009	11147.3	20.5	2285.6

注：乡村从业人员数来自分县统计资料，外出就业劳动力比重来自贫困监测调查

图3-3　当年外出打工劳动力比重（%）

数据来源：国家贫困监测调查

2．外出就业劳动力收入逐年提高

2009年，扶贫重点县每个外出劳动力在外工作时间7.8个月，月工资为1073元，与2002年相比，工作时间增加了0.5个月，月均收入提高了704元。因此，每个外出劳动力的收入由2002年的2713元提高到2009年的8403元。

与全国农村的平均水平相比，月均收入差距缩小。

表 3-12　外出劳动力的从业时间和月均收入

年　份	全国农村		扶贫重点县	
	从业时间（月/人）	月均收入（元/月/人）	务工时间（月/人）	月均收入（元/月/人）
2002	8.0	644.1	7.3	369.2
2003	8.1	692.9	7.4	372.3
2004	8.2	777.7	7.7	518.8
2005	8.2	861.3	8.0	613.2
2006	8.3	946.3	7.9	728.7
2007	8.5	1060.4	8.0	807.9
2008	8.5	1204.5	7.8	944.7
2009	8.9	1343.9	7.8	1073.0

数据来源：全国农村住户调查和国家贫困监测调查

此外，外出劳动力的收入的地区差异表现在就业时间上而不是月均工资。从2002年到2009年，在各地区就业的月均收入相差不多，但就业时间相差超过2个月。因此，2009年，每个在东部就业的劳动力得到的收入比在西部就业的高出32.5%。

表 3-13　2009 年按外出地区分组的劳动力从业时间和月均收入

年　份	东部地区		中部地区		西部地区		国　外	
	从业时间（月/人）	月均收入（元/月/人）	从业时间（月/人）	月均收入（元/月/人）	从业时间（月/人）	月均收入（元/月/人）	从业时间（月/人）	月均收入（元/月/人）
2002	8.0	353.9	6.8	384.4	5.9	392.9	10.5	343.4
2003	7.7	371.5	6.9	400.9	5.9	396.0	9.8	649.8
2004	8.3	519.6	7.2	528.9	6.4	503.9	7.0	958.7
2005	8.6	618.7	7.5	612.6	6.5	594.4	8.1	1117.8
2006	8.8	727.1	7.3	757.9	6.3	713.3	8.8	1706.5
2007	8.7	814.2	7.3	821.0	6.5	782.9	7.9	1369.8
2008	8.6	937.6	7.4	970.5	6.3	945.4	8.1	1985.9
2009	8.7	1067.8	7.3	1080.0	6.5	1079.0	9.0	1411.8

数据来源：国家贫困监测调查

3．劳动力外出就业方向：地点和行业

（1）就业地点

从劳动力外出就业地点看，2002-2009年的8年间，每年都有2/3左右的外出劳动力选择省外就业。从工资水平看，无论远近，收入水平相差不大，但省外就业的工作时间明显比本省和本县要长，因此，对每个劳动力来说，在省外就业得到的总收入和寄回带回给家庭的收入比在本县就业要多。

表 3-14　扶贫重点县按就业地点分组的外出劳动力构成（%）

年　份	县内乡外	省内县外	省　外
2002	19.3	25.9	54.8
2003	13.0	22.5	64.3
2004	12.6	21.1	66.3
2005	10.9	19.7	69.5
2006	11.5	19.1	69.4
2007	11.3	19.8	68.9
2008	12.3	19.3	68.4
2009	14.3	21.0	64.6

数据来源：国家贫困监测调查

表 3-15　按就业地点分组的外出从业时间和月均收入

年　份	县内乡外		省内县外		省　外	
	就业时间（月/人）	月均收入（元/月/人）	就业时间（月/人）	月均收入（元/月/人）	就业时间（月/人）	月均收入（元/月/人）
2002	5.3	417.2	6.6	397.6	7.9	348.9
2003	5.3	408.7	6.5	413.4	7.5	369.8
2004	5.8	514.2	6.8	507.7	8.2	519.7
2005	5.9	611.4	7.1	590.6	8.4	617.7
2006	5.9	712.8	6.7	693.6	8.5	737.3
2007	5.8	796.2	7.0	753.5	8.5	821.6
2008	5.6	948.9	6.7	927.3	8.4	947.3
2009	5.9	1067.1	6.8	1038.3	8.5	1082.2

数据来源：国家贫困监测调查

此外，从2009年的劳动力外出情况看，即使是省外就业，也有十分明显的趋向：主要是流向经济发达的东部地区或者生活习惯相近的邻近省份。

表 3-16　2009 年按外出地点和就业地点分组的外出劳动力构成（%）

指标名称		就业地区			
		东　部	中　部	西　部	国　外
外出地区	东部	93.5	3.0	3.5	0.0
	中部	59.6	37.6	2.5	0.3
	西部	38.6	5.3	56.0	0.0

数据来源：国家贫困监测调查

（2）行业

外出劳动力从事的主要行业是制造业和建筑业，分别占32.3%和24.4%，制造业的工资水平相对较低但就业相对稳定，建筑业的工资比较高但就业时间较短。此外以打零工为主没有固定行业的外出劳动力占12%。

分性别看，女性劳动力在制造业就业的比重为 41%。

表 3-17　2009 年扶贫重点县按行业分组的外出劳动力情况

行　业	调查人数（人）	行业构成（%）	就业时间（月／人）	月均收入（元／人．月）
1. 农业	1147	3.5	3.7	1078.1
2. 林业	127	0.4	6.1	1040.9
3. 牧业	228	0.7	7.6	859.9
4. 渔业	169	0.5	5.9	1047.6
5. 采矿业	1046	3.2	7.3	1253.8
6. 制造业	10574	32.3	8.7	1035.3
7. 电、煤及水的生产和供应	318	1.0	8.1	1221.8
8. 建筑业	8010	24.4	6.8	1176.8
9. 交通运输仓储和邮政业	989	3.0	8.4	1289.6
10. 批发和零售业	953	2.9	8.5	1050.0
11. 住宿和餐饮业	1929	5.9	8.3	973.3
12. 居民服务和其他服务业	2881	8.8	8.4	998.7
13. 教育	122	0.4	8.0	972.1
14. 卫生社会保障和社会福利人	170	0.5	9.1	964.6
15. 文化体育和娱乐业	182	0.6	8.9	1078.1
16. 其他	3928	12.0	7.7	1024.9

数据来源：国家贫困监测调查

4．外出就业劳动力以初中文化程度为主

从 2009 年的数据看，外出就业劳动力以初中文化程度为主，占外出就业劳动力的 60.9%。其次是小学文化程度，占 21%。一般来说，文化程度越高，收入水平越高。

表 3-18　2009 年按文化程度分组的外出劳动力情况

文化程度	调查人数（人）	劳动力文化程度构成（%）	就业时间（月）	月均收入（元）
文盲	1041	3.2	6.0	1005.3
小学	6887	21.0	7.2	1043.7
初中	19953	60.9	8.0	1071.8
高中	3162	9.6	7.9	1131.1
中专及以上	1735	5.3	8.5	1117.7

数据来源：国家贫困监测调查

5．外出就业劳动力以年轻人为主

从 2009 年的数据看，外出就业以 30 岁以下的劳动力为主，占外出就业劳动力的 55.6%。其次是 30-40 岁，占 24%。从收入水平看，30-50 岁的劳动力工资水平更高些。

表3-19　2009年按年龄分组的外出劳动力情况

年　龄	调查人数（人）	年龄构成（%）	外出就业时间（月）	月均收入（元）
小于30岁	18236	55.6	8.2	1026.0
30-40岁	7975	24.3	7.7	1124.8
40-50岁	4866	14.8	6.9	1178.7
大于50岁	1701	5.2	6.0	1101.1

数据来源：国家贫困监测调查

三、农村社会发展

（一）农村教育

1．义务教育阶段的儿童在校率接近全国平均水平

2009年，扶贫重点县7-15岁学龄儿童在校率为97.4%，其中，7-12岁儿童在校率为98.2%；13-15岁儿童在校率为96.2%。

从2002年到2009年，7年间7-15岁学龄儿童的在校率提高了6.4个百分点，平均每年提高0.9个百分点，特别是13-15岁儿童的在校率，7年提高了10.8个百分点。

与全国平均水平相比，扶贫重点县7-15岁学龄儿童在校率仅低了0.5个百分点。

表3-20　扶贫重点县分年龄段儿童在校率（%）

年　份	7-15岁	其中：7-12岁	其中：13-15岁
2002	91.0	94.9	85.4
2003	92.2	95.2	88.4
2004	93.5	95.8	90.7
2005	94.6	96.9	91.7
2006	95.3	97.0	92.9
2007	96.4	97.7	94.4
2008	97.0	97.9	95.7
2009	97.4	98.2	96.2

数据来源：国家贫困监测调查

2．扶贫重点县因贫困而失学的儿童数量下降

从2002年到2009年底，扶贫重点县7-15岁的儿童中，失学儿童的比例从9%下降到2.6%，平均每年下降0.9个百分点。其中7-12岁失学儿童的比例从5.1%下降到1.8%。13-15岁失学儿童的比例从14.6%下降到3.8%。

对失学儿童的调查表明，教育环境改善和经济水平提高使得儿童失学的原因越来越多样化：从2002年到2009年，由于家庭的经济困难不上学的儿童比例由48.6%下降到17.2%；因为教育环境原因如无校舍、无教师、附近无学校等等不上学的儿童比例从3.5%下降到只有2.1%，由于自己不想上学的失学儿童比例从26.1%上升到

35.6%；其他因生活环境因素和自身因素如家庭缺少劳动力、没考上高一年级学校、因病休学以及认为读书不如早点工作而失学的儿童比例由 21.8% 上升到 45.1%。分年龄段看，13-15 岁失学儿童中有 48.2% 的人是因为自己不想上而弃学，因贫困而失学的比例只有 16%。

3．青壮年文盲率下降

2009 年扶贫重点县 15-50 周岁的青壮年劳动力平均受教育年限 7.9 年，比 2002 年的 7.1 年提高了 0.8 年，青壮年文盲率 7.5%，比 2002 年的 12.4% 下降了 4.9 个百分点，平均每年下降 0.7 个百分点。其中，男性青壮年劳动力的文盲率为 4%，比 2002 年的 6.4% 下降了 2.4 个百分点；女性青壮年劳动力的文盲率 11.3%，比 2002 年的 18.9% 下降了 7.6 个百分点。

（二）农村医疗与农户健康

总体而言，2009 年扶贫重点县医疗卫生条件和农户的健康状况在改善，参加农村新型合作医疗的农户比例大幅提高，但扶贫重点县农村医疗条件和农户的健康状况依然令人担忧，农民医疗支出继续大幅上升的现象应引起高度关注。

1．新农合覆盖面扩大

2009 年，在扶贫重点县农户中，参加新农合的农户比例达到 92.1%，比上年提高了 4.7 个百分点，人均报销医疗费 11 元，占人均医疗费支出的 6.9%。

扶贫重点县参加新农合的农户比重比全国平均 98.5% 的水平低了 6.4 个百分点，人均报销医疗费比全国平均 20 元的水平低了近一半。

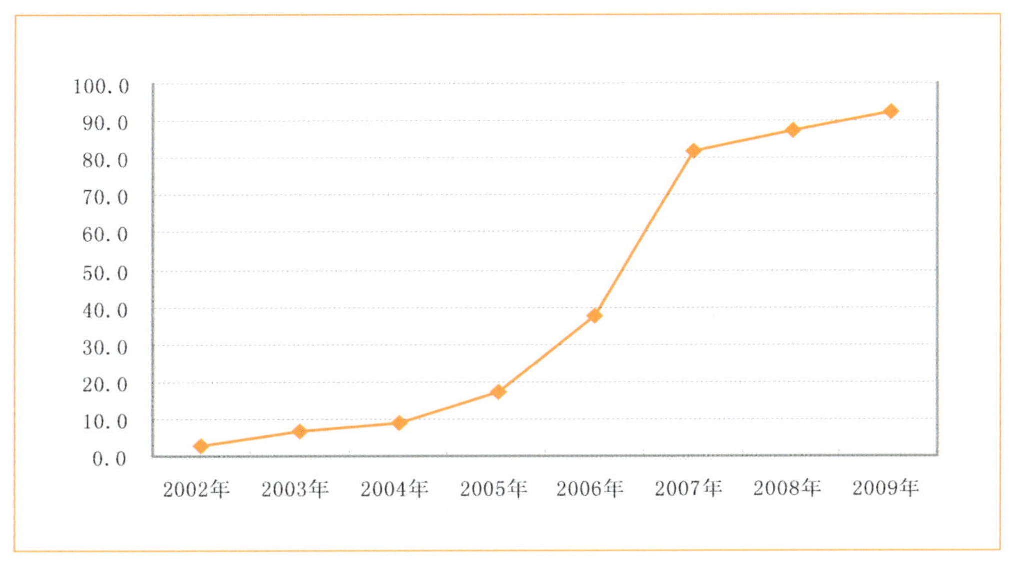

图 3-4　扶贫重点县参加新型农村合作医疗的农户比例

数据来源：国家贫困监测调查

2．经济因素仍是农户及时就医的主要原因

2009 年，扶贫重点县身体健康的人口占调查人口的 92.9%，比 2002 年上升了 1.2 个百分点，体弱多病和患长期慢性病的人口分别占 1.5% 和 3.9%，分别比 2002 年下降了 0.4 和 0.5 个百分点，农村居民的整体身体素质在改善。此外，有病能够及时就医的比重达到 91.2%，比 2002 年提高了 4.8 个百分点。有病不能及时就医的主要原因是经济困难，其次是因为医院太远。

表3-21　按健康状况分组的人口结构（%）

年　份	健　康	有残疾	患有大病	长期慢性病	体弱多病	有病能及时就医的人口比重
2002	91.7	1.4	0.6	2.0	4.3	83.8
2003	92.8	1.2	0.5	1.6	3.8	85.3
2004	93.0	1.2	0.5	1.6	3.8	85.2
2005	93.3	1.0	0.4	1.6	3.7	86.1
2006	93.2	1.1	0.4	1.5	3.8	86.5
2007	93.2	1.1	0.4	1.5	3.8	88.6
2008	93.3	1.0	0.4	1.4	3.8	90.1
2009	92.9	1.3	0.4	1.5	3.9	91.2

数据来源：国家贫困监测调查

表3-22　按原因分组的不能及时就医的人口结构（%）

年　份	经济困难	医院太远	没有时间	本人不重视	小病不用医	其　他
2002	63.3	23.8	0.6	2.0	6.5	3.7
2003	62.2	24.6	0.6	2.8	5.2	4.5
2004	61.8	25.8	0.8	2.5	4.7	4.4
2005	61.9	26.4	0.6	2.2	4.6	4.2
2006	62.7	28.3	0.6	1.8	3.3	3.2
2007	58.5	31.9	0.7	2.1	3.0	3.6
2008	56.3	32.9	0.7	2.8	3.6	3.7
2009	55.5	33.9	0.8	2.7	3.5	3.6

数据来源：国家贫困监测调查

3．医疗卫生条件改善缓慢

总体来看，扶贫重点县的医疗卫生条件改善缓慢，硬件设施改善停滞不前，人员配置略有改善，但改善速度明显低于全国平均水平。2009年每万人拥有医院、卫生院0.6个；每万人拥有医院、卫生院床位18.7张；每万人拥有卫生技术人员19.2人，其中医生9.4人。

与2002年相比，每万人拥有医院、卫生院是下降的，年均减少3.3%；每万人拥有的医生人数也是下降的，年均下降0.5%；但每万人拥有医院、卫生院床位是上升的，年均递增3.5%；每万人拥有卫生技术人员也是上升的，年均递增0.1%。

与全国县市的平均水平相比，扶贫重点县每万人拥有医院、卫生院数（所）的下降幅度要大0.6个百分点，每万人拥有卫生技术人员数的提高速度要低12倍。

表3-23　全国和扶贫重点县每万人拥有的医疗设施

指标名称	每万人拥有		2009年比2002年递增（%）	
	全国县市	扶贫重点县	全国县市	扶贫重点县
医院、卫生院数（所）	0.561	0.557	-2.7	-3.3
医院、卫生院床位数（床）	17.1	18.7	3.3	3.5
医院、卫生院卫生技术人员数（人）	18.3	19.2	1.2	0.1
其中：医生（人）	9.3	9.4	0.2	-0.5

数据来源：中国县市社会经济统计年鉴

但医疗设施分布不均、重城镇轻乡村的情况依然存在。村级医疗室和卫生人员依然不足。到2009年底，扶贫重点县有79.6%的行政村有医疗室，有79%的行政村有乡村医生或卫生员，比上年分别提高2.2和1.6个百分点。分地区看，东部扶贫重点县有86.7%的行政村有医疗室，有87%的行政村有乡村医生或卫生员，中部地区有医疗室和乡村医生的行政村占82.5%和80.6%，西部地区有医疗室和乡村医生的行政村分别占77.1%和77%，东北地区有医疗室和乡村医生的行政村分别占83.3%和82.8%。

（三）农村低保

国家低保制度的保障标准提高，覆盖面继续扩大，对贫困人口减少发挥了比较大的作用。2009年，扶贫重点县低保户的比重为8.8%，比上年的7.1%提高了1.7个百分点；户均领取的低保金693元，比上年的461元增加了332元，增长50.3%。由于发放低保金，扶贫重点县的脱贫人口多增加了50万人，贫困发生率多下降了0.2个百分点。

扶贫重点县的低保户比重比全国平均4.4%的水平要高一倍，但户均保障水平低。

（四）性别平等

1．分性别贫困状况

在扶贫重点县中，女性[⑤]的贫困程度仍高于男性，但二者的差距一直在逐年缩小。

2009年，女性人口的贫困发生率为12%，男性为11.6%，女性比男性高0.4个百分点。

与2002年相比，女性的贫困发生率下降了12.2 个百分点，男性的贫困发生率下降了11.9个百分点，女性贫困发生率的下降速度比男性高0.3个百分点。

表3-24　2002-2009年按性别分组的贫困发生率

单位：%、百分比

年　份	男　性	女　性	女性比男性
2002	23.5	24.2	0.7
2003	23.7	24.3	0.6
2004	21.5	22.1	0.6
2005	19.6	20.3	0.7
2006	15.2	15.8	0.6
2007	13.8	14.3	0.5
2008	13.2	13.5	0.3
2009	11.6	12.0	0.4

数据来源：国家贫困监测抽样调查

2．分性别的受教育情况

（1）男童和女童的在校率在义务教育阶段差异很小

在贫困地区，义务教育阶段是性别差异最小的领域，女童的在校率、教育费用和接受社会捐助的比例都接近或略高于男童。

2009年年末，7-15岁女童在校学生的比重（在校率）为97.2%，其中：7-12岁女童的在校率为98%，13-15岁女童的在校率为96%；男童的在校率为97.6%，其中：7-12岁男童的在校率为98.4%，13-15岁男童的在校率为96.3%。7-15岁女童比男童

⑤　由于贫困度量以家庭为单位，无法测算到个人，因此，这里分性别的贫困人口为贫困家庭的人口的性别比例。

低了0.4个百分点，其中：7-12岁女童比男童低了0.4个百分点；13-15岁女童比男童低了0.3个百分点。

与2002年相比，7-15岁女童的在校率提高了8个百分点，其中：7-12岁女童的在校率提高了4.2个百分点，13-15岁女童的在校率提高了13个百分点；男童的在校率为提高了5.1个百分点，其中：7-12岁女童的在校率提高了2.6个百分点，13-15岁女童的在校率提高了8.6个百分点。女童的在校率比男童提高的更快，特别是初中阶段。

2009年，女童在小学的人均教育费用290元，比男童略高，初中的费用达到人均869元，比男童低14元。

2009年，女童接受社会捐助的比例为10.9%，男童接受社会捐助的比例为10.1%，女童比男童高出0.8个百分点。

表3-25　2002-2009年按性别分组的儿童在校率

单位：%

年　份	7-15岁		7-12岁		13-15岁	
	男　童	女　童	男　童	女　童	男　童	女　童
2002	92.5	89.2	95.8	93.8	87.7	83.0
2003	93.3	91.0	96.1	94.3	89.7	87.0
2004	94.1	92.8	96.3	95.2	91.3	90.0
2005	95.1	94.1	97.4	96.3	92.2	91.2
2006	95.4	95.1	97.1	96.9	93.0	92.8
2007	96.4	96.3	97.8	97.7	94.4	94.4
2008	97.3	96.7	98.0	97.7	96.1	95.3
2009	97.6	97.2	98.4	98.0	96.3	96.0

数据来源：国家贫困监测抽样调查

表3-26　2002-2009年按性别分组的教育费用（一）

单位：元

年　份	小学生教育费用		其中：学杂费和书本费		中学生教育费用		其中：学杂费和书本费	
	男　生	女　生	男　生	女　生	男　生	女　生	男　生	女　生
2002	317.4	307.7	215.2	211.2	866.3	855.4	492.6	488.4
2003	317.4	318.6	210.0	209.1	874.8	864.2	480.9	475.8
2004	301.0	300.3	187.6	185.7	806.9	797.9	415.5	410.3
2005	309.6	305.4	173.5	174.2	852.0	847.6	397.3	388.4
2006	271.0	268.0	133.8	132.7	794.5	792.0	333.5	330.3
2007	273.2	268.5	106.3	106.2	832.4	825.1	272.4	265.4
2008	263.5	259.7	74.7	75.0	802.1	811.8	203.1	198.6
2009	282.9	289.9	76.8	77.5	883.2	868.9	218.3	206.3

数据来源：国家贫困监测抽样调查

（2）女生在高中及高等教育阶段的人数低于男生

高中及高等教育阶段的性别差异要大于义务教育阶段，但这种差距正在逐步缩小。在校男学生与女学生的性别比（以女性为100）很能说明问题。2009年在小学、初中和高中阶段男生与女生的性别比已经接近同年龄段人口的性别比，但高等教育阶段男生与女生的性别比依然是122.6:100，远远高于同年龄段（19-22岁）的人口性别比（109:100）。与2002年相比，高中及高等教育阶段的性别差异有了较大幅度的下降。

表3-27　2002-2009年在校学生的性别比（以女生为100）

年　份	小　学	初　中	高　中	大专以上
2002	115.8	116.0	145.1	135.0
2003	116.0	115.7	134.2	135.5
2004	115.9	112.1	125.3	138.0
2005	116.4	110.3	119.0	127.0
2006	117.7	112.4	118.2	123.6
2007	117.5	112.9	112.9	125.4
2008	116.9	114.3	112.0	120.6
2009	119.6	115.9	107.8	122.6

数据来源：国家贫困监测抽样调查

从农户家庭支付的教育费用看，女生的教育费用低于男生。2009年每个高中女生人均教育费用支出3011元，比男生低234元；每个大专以上女生人均教育费用支出6742元，比男生低462元。可以看出，在接受高中及高等教育时，女生会选择收费更低的学校，并花费更少的其他教育支出。

表3-28　2002-2009年按性别分组的教育费用（二）

单位：元

年　份	高中生教育费用		其中：学杂费和书本费		大专以上教育费用		其中：学杂费和书本费	
	男　生	女　生	男　生	女　生	男　生	女　生	男　生	女　生
2002	2472.9	2508.3	1332.4	1362.3	5448.6	4951.2	3167.7	2870.2
2003	2671.0	2526.1	1406.3	1322.2	6087.0	5598.9	3340.5	3067.4
2004	2303.9	2222.8	1156.9	1100.7	5237.4	4819.3	2655.7	2221.3
2005	2538.7	2431.1	1152.1	1141.9	5769.3	4986.3	2791.0	2428.3
2006	2666.0	2566.6	1260.5	1206.3	6384.2	5970.2	3188.0	2979.6
2007	2964.6	2787.3	1229.4	1178.4	6591.7	6196.4	3116.1	2884.1
2008	3051.0	2868.6	1217.3	1143.9	6926.0	6534.0	3050.4	2863.8
2009	3245.1	3010.5	1233.1	1151.9	7203.7	6741.8	3020.4	2829.9

数据来源：国家贫困监测抽样调查

（3）女性接受就业培训的比例比男性低，并且差距拉大

在劳动力就业培训方面，2009年女性劳动力接受过各种职业技术培训的比例为11.3%，男性劳动力接受过各种职业技术培训的比例为21.7%，女性比男性参加劳动力培训比重低10.4个百分点。

与2002年相比，女性劳动力接受过各种职业技术培训的比例提高了6.1个百分点，男性劳动力接受过各种职业技术培训的比例提高了7.8个百分点。女性的提高速度慢于男性。

（4）女性劳动力的受教育程度低于男性，但差距缩小

从受教育的整体水平来说，女性劳动力的受教育程度低于男性，同时，在贫

困地区义务教育阶段免费政策的实施，也使得女性劳动力受教育程度的提高速度超过了男性。到2009年，在扶贫重点县的女性劳动力中，文盲占16.5%，小学文化程度的占37.3%，初中文化程度的占38.7%，高中占5.2%，中专及以上占2.3%；男性劳动力中，文盲率为5.8%，小学文化程度的占28.4%，初中文化程度的占51.5%，高中占10.6%，中专及以上占3.6%。女性劳动力的文盲比例和小学文化程度比例分别比男性高了10.7和9.9个百分点。

与2002年相比，女性劳动力中的文盲率下降了6.6个百分点，小学文化程度的比例下降了4.5个百分点，初中文化程度的比例提高了8.1个百分点，高中文化程度的比例比上年提高了1.9个百分点，中专及以上文化程度的比例比上年提高了1.1个百分点。而男性文盲率下降了2.6个百分点，小学文化程度的比例下降了6个百分点，初中文化程度的比例提高了5.4个百分点，高中文化程度的比例比上年提高了1.5个百分点，中专及以上文化程度的比例比上年提高了1.5个百分点。女性劳动力初中以上文化程度的比例提高了10.1个百分点，男性劳动力初中以上文化程度的比例提高了8.4个百分点。

表3-29　2002-2009年按性别分组的劳动力文化程度

单位：%

年份	文盲		小学		小学		高中		中专及以上	
	男性	女性	男性	女性	男性	女性	男性	女性	男性	女性
2002	8.4	23.1	34.4	41.8	46.1	30.8	9.1	3.3	2.1	1.2
2003	7.9	22.4	33.2	40.8	47.6	32.2	9.0	3.4	2.3	1.3
2004	7.6	21.2	32.0	40.2	48.6	33.5	9.4	3.7	2.4	1.5
2005	6.9	19.3	31.1	39.6	50.0	35.9	9.5	3.7	2.5	1.5
2006	6.6	18.6	30.2	38.8	50.7	36.9	9.9	4.1	2.7	1.6
2007	6.2	17.7	29.6	38.5	51.4	37.8	10.0	4.3	3.0	1.8
2008	5.9	16.9	29.2	38.1	51.3	38.3	10.3	4.7	3.2	1.9
2009	5.8	16.5	28.4	37.3	51.5	38.7	10.6	5.2	3.6	2.3

数据来源：国家贫困监测抽样调查

3．劳动力就业情况和收入水平

（1）女性劳动力在第一产业就业的比例高于男性劳动力，并且向非农产业转移的速度更慢

从劳动力在各产业的分布看，女性劳动力在第一产业就业的比重高于男性，并且从第一产业向第二、三产业转移的速度也慢于男性。从就业时间看，男性劳动力的总就业时间长于女性，但从事第一产业的时间比女性短。

2009年有84.4%的女性劳动力在第一产业就业，有7.2%和8.4%的女性劳动力分别从事第二、三产业；男性劳动力中，有70.2%在第一产业就业，有17.4%和12.4%的分别从事第二、三产业。与男性劳动力相比，女性从事第一产业的比重比男性劳动力高14.2个百分点，从事第二产业的比重比男性低10.2个百分点，从事第三产业的比重比男性低4个百分点。

与2002年相比，从事第一产业的女性劳动力下降了5.7个百分点，从事第二、三产业的女性劳动力分别提高了3.6个和2.2个百分点；而从事第一产业的男性劳动力下降了10.5个百分点，从事第二、三产业的男性劳动力分别提高了7.5个和3个百分点。男性向第二、三产业的转移速度快于女性。

2009年，扶贫重点县女性劳动力平均从业时间为8.8个月，其中，平均从事农业劳动时间为6.4个月，从事非农劳动力时间为2.3个月；男性劳动力平均从业时间为9.3个月，其中，平均从事农业劳动时间为5.7个月，从事非农劳动力时间为3.6个月。女性劳动力的平均从业时间比男性少0.5个月。从结构看，女性劳动力从事农业的劳动力时间比男性劳动力长0.7个月，从事非农劳动力时间少1.3个月。

与2002年相比，女性的就业时间减少了近1个月的时间，其中，在第一产业就业的时间减少了1.3个月，在第二、三产业的就业时间增加了0.3个月；男性的就业时间减少了0.8个月的时间，其中，在第一产业就业的时间减少了1.4个月，在第二、三产业的就业时间增加了0.6个月。

表3-30　2002-2009年按性别分组的就业结构和从业时间

单位：%

年　份	第一产业		第二产业		第三产业		从事农业时间		从事非农时间	
	男　性	女　性	男　性	女　性	男　性	女　性	男　性	女　性	男　性	女　性
2002	80.7	90.1	9.9	3.6	9.4	6.2	7.1	7.7	3.0	2.0
2003	79.7	89.7	5.3	3.3	15.0	7.0	7.1	7.7	2.9	2.0
2004	76.9	88.3	6.6	4.1	16.5	7.6	6.6	7.2	3.1	2.0
2005	74.8	86.5	7.7	5.3	17.5	8.2	6.2	6.9	3.3	2.2
2006	72.7	85.7	8.5	5.8	18.8	8.5	6.0	6.7	3.4	2.2
2007	71.6	85.1	16.4	7.0	11.9	7.8	5.8	6.6	3.5	2.2
2008	71.5	85.0	16.6	6.9	11.8	7.7	5.8	6.5	3.5	2.3
2009	70.2	84.4	17.4	7.2	12.4	8.4	5.7	6.4	3.6	2.3

数据来源：国家贫困监测抽样调查

2009年，不同年龄段的劳动力在三次产业之间的分布有比较大的差异，年轻人中，从事非农产业的比重更高。但是各年龄段中女性劳动力从事非农产业的比重都低于男性，差距最大的是30-45岁的劳动力，从事非农产业的男性劳动力比女性高出20个百分点。

表3-31　2009年按性别分组的各年龄段产业构成

单位：%

年　龄	第一产业		第二产业		第三产业	
	男　性	女　性	男　性	女　性	男　性	女　性
20岁以下	64.2	67.1	20.2	15.9	15.6	17.0
20-25岁	55.7	66.3	25.7	15.9	18.6	17.8
25-30岁	55.5	73.6	25.8	13.4	18.7	13.0
30-35岁	58.7	80.0	25.7	10.6	15.6	9.4
35-40岁	64.0	87.2	22.9	6.0	13.0	6.9
40-45岁	70.8	91.3	17.9	3.4	11.3	5.3
45-50岁	78.2	94.3	12.2	1.6	9.5	4.1
50-55岁	84.5	96.5	7.5	0.7	7.9	2.8
55-60岁	89.4	97.6	5.2	0.5	5.4	2.0
60岁以上	93.6	97.5	2.5	0.4	3.9	2.1

数据来源：国家贫困监测抽样调查

（2）女性劳动力的外出就业比例和收入状况低于男性劳动力，但增速高于男性外出打工是贫困地区劳动力的重要收入来源，女性劳动力的外出就业能力低于男性，表现在不仅外出的人数少、比例低、增长慢，同时工资水平也低于男性。

2009年，女性外出就业受金融危机的影响小于男性。女性外出务工劳动力占女性全部劳动力的比重为13.6%，恢复到2007年的水平，而男性劳动力外出的水平依然比2007年低0.1个百分点。

与2002年相比，女性外出务工劳动力的比重提高了4.9个百分点，男性提高了6.8个百分点。

从外出就业时间看，女性外出就业时间比男性要长。2009年，女性外出就业时间平均为8.2个月，比男性长0.5个月。

2009年女性的工资水平依然低于男性，与男性工资水平的绝对差距比以往更大，但工资水平的增长速度高于男性，收入的相对差距在缩小。2009年女性外出劳动力的人均月工资为979元，与2002年相比，年均递增17.8%，男性外出劳动力的人均月工资为1118元，年均递增16%。 女性人均月工资与男性人均月工资的比，在2002年为1∶1.27，2009年为1∶1.14。

女性的月工资水平虽然低于男性，但由于外出时间长，从个人收入看，平均每个劳动力的全年收入8022元，仅比男性外出劳动力低552元。

表3-32　2002-2009年按性别分组的劳动力从业结构、从业时间和月均工资

单位：%、月、元

年　份	当年外出打工比例		外出时间(月)		月均工资（元／月）	
	男　性	女　性	男　性	女　性	男　性	女　性
2002	19.8	8.7	7.1	8.1	395.7	311.0
2003	19.3	8.9	6.9	8.7	412.1	295.3
2004	21.9	10.7	7.5	8.2	545.8	462.4
2005	22.9	12.0	7.8	8.4	646.3	547.6
2006	25.7	13.2	7.7	8.3	765.1	655.4
2007	26.7	13.6	7.8	8.3	841.3	739.0
2008	25.5	13.1	7.7	8.1	987.5	855.5
2009	26.6	13.6	7.7	8.2	1118.2	979.0

数据来源：国家贫困监测抽样调查

表3-33　2009年按性别分组的不同年龄段

年　龄	年龄结构（%）		月均工资（元）	
	男　性	女　性	男　性	女　性
20岁以下	9.7	18.2	992.1	959.3
20-25岁	23.2	32.2	1064.5	960.7
25-30岁	17.4	17.2	1098.6	986.9
30-35岁	13.3	11.8	1135.8	977.1
35-40岁	12.6	9.1	1205.2	1057.5
40-45岁	11.2	6.5	1229.8	1003.7
45-50岁	6.2	2.7	1201.4	1033.3
50-55岁	3.6	1.2	1171.1	895.0
55-60岁	1.9	0.7	1079.2	1079.2
60岁以上	1.0	0.5	1040.3	970.2

数据来源：国家贫困监测抽样调查

无论是男性还是女性劳动力，一般而言，30到50岁的劳动力工作经验更多，工资水平也比较高。相应地，男性与女性劳动力之间的工资差距也是30-50岁最大。但从年龄构成看，大部分外出的女性劳动力年龄在30岁以下，占67.5%。

（3）月工资水平与劳动力文化程度相关

无论是男性劳动力还是女性劳动力，文化程度越高，收入水平也越高。2009年，在女性外出劳动力中，外出劳动力是文盲的月工资收入为944元，是小学文化程度的劳动力月工资收入为954元，是初中文化程度的劳动力月工资收入为977元，是高中文化程度的劳动力月工资收入为1026元，是大专以上文化程度的劳动力月工资收入为1056元；大专以上文化程度的劳动力月工资收入比文盲要高11.9%。

与男性相比，即使文化程度相同，月工资收入也是偏低的。但文化程度低的劳动力，女性与男性月工资收入的差距更大：男性和女性文盲劳动力的收入差距为1.13:1，而男性和女性大专以上文化程度劳动力的收入差距下降到1.09:1，

表3-34　2009年按性别分组的不同劳动力月工资收入

单位：元

指　标	男　性	女　性	性别比
文盲	1067.7	943.6	1.131
小学	1092.3	954.2	1.145
初中	1115.6	976.7	1.142
高中	1167.6	1025.5	1.139
大专以上	1153.9	1055.6	1.093

数据来源：国家贫困监测抽样调查

（4）女性的社会参与程度低于男性但仍有很大改善

在基层的社会职务（指乡村干部，村民代表，乡村集体企业和各种群众组织负责人等）中，依然是男性远多于女性。2009年底，担任社会职务的女性占12.8%，男性占87.2%。如果以担任社会职务的女性为1，男性与女性的性别比为6.8:1。

与2002年担任社会职务的女性占9.9%的水平相比，女性担任担任社会职务的比重上升了2.9个百分点，应该算是有比较大的进步。

此外，一些对扶贫重点县的专项调查表明，妇女参加村民大会和村民小组会议的比重，妇女对扶贫项目的了解程度，通过公开途经了解村内事务的比重仍显著低于男性。

四、农民生活状况

（一）农民人均纯收入

1.2009年扶贫重点县农民人均纯收入增长9.2%

扶贫重点县农村居民人均纯收入2842元，比上年增加了231元，增长8.9%，剔除物价因素影响，实际增长9.2%，增速略高于全国农村平均水平。

从收入来源看，工资性收入稳定增长，2009年人均工资性收入1011元，比上年增加124元，增长13.9%。工资性收入对人均纯收入增长的贡献率为53.4%；家庭经营纯收入小幅增长，人均家庭经营纯收入1522元，比上年增加55元，增长3.8%，是自2002年以来增速最低的一年。家庭经营纯收入对人均纯收入增长贡献率为23.9%，其中：第一产业纯收入为1344元，比上年增加42元，增长3.2%，非农产业纯收入为

178元，比上年增加13元，增长8.2%；人均转移性收入为268元，比上年增加54元，增长25.2%，其中，来自国家的政策性转移支付人均187元，比上年增加33元，增长21.7%，占转移性收入的69.6%；人均财产性收入41元，比上年减少2元，下降3.9%。

表3-35　扶贫重点县农民人均纯收入（元）

年　份	合　计	1. 工资性收入	2. 家庭经营纯收入	3. 财产性纯收入	4. 转移性纯收入
2002	1305	435	796	13	61
2003	1406	451	865	26	63
2004	1585	489	997	29	70
2005	1726	561	1043	28	94
2006	1928	644	1144	32	108
2007	2278	784	1306	52	136
2008	2611	888	1467	42	214
2009	2842	1011	1522	41	268

2. 2002年以来扶贫重点县农民人均纯收入增速略高于全国平均水平

自2002年以来，扶贫重点县农村居民人均纯收入年均递增8.5%，略高于全国农村平均7.8%的水平。值得注意的是，2002年以来，虽然扶贫重点县农村居民人均纯收入的增速高于全国平均水平，但收入只有全国平均水平的一半，且绝对差距在逐年扩大：2002年，扶贫重点县农村居民人均纯收入比全国低1171元，2009年则低了2311元。

表3-36　全国与扶贫重点县农民人均纯收入比较

年　份	全国（元）	扶贫重点县（元）	重点县是全国的（%）	重点县比全国（元）
2002	2476	1305	52.7	-1171
2003	2622	1406	53.6	-1216
2004	2936	1585	54.0	-1351
2005	3255	1726	53.0	-1529
2006	3587	1928	53.7	-1659
2007	4140	2278	55.0	-1862
2008	4761	2611	54.8	-2150
2009	5153	2842	55.2	-2311

数据来源：全国农村住户抽样调查和国家贫困监测调查

3. 内部收入差距继续扩大

按收入五等份分组，2009年最高收入组的农民人均纯收入达到5985元，最低收入组的农民人均纯收入为1008元，二者之比为5.5:1，高于2002年4.6:1的比例。

从增长速度看，收入越高的组，农民人均纯收入的增长速度越快。从2002年到2009年的7年间，最低收入组的农民人均纯收入年均递增11%，中低收入组的农民人均纯收入年均递增11.2%，中等收入组的农民人均纯收入年均递增12%，中高收入组的农民人均纯收入年均递增12.6%，最高收入组的农民人均纯收入年均递增13.9%。

表3-37　扶贫重点县按五等份分组的农民人均纯收入

单位：元

年　份	20%低收入户	20%中低收入户	20%中等收入户	20%中上收入户	20%高收入户
2002	519.3	903.4	1174.9	1522.5	2405.8
2003	501.4	934.2	1278.4	1725.4	2930.4
2004	567.4	1050.8	1446.2	1958.8	3354.4
2005	649.4	1172.1	1589.6	2106.1	3506.6
2006	734.4	1284.9	1746.8	2359.2	4048.0
2007	810.3	1504.8	2066.3	2785.2	4830.6
2008	1007.5	1761.4	2392.0	3218.2	5421.7
2009	1081.5	1894.3	2590.2	3502.5	5984.5

数据来源：国家贫困监测抽样调查

（二）农户生活消费

1.2009年扶贫重点县生活消费增长7.9%

2009年扶贫重点县农村居民人均生活消费支出2367元，比上年增加167元，增长7.6%，剔除物价影响，实际增长7.9%。

分项看，扶贫重点县农村居民人均食品支出1156元，人均衣着支出134元，人均医疗保健支出155元，人均居住支出413元，人均家庭设备用品及服务支出109元，人均交通通讯支出195元，人均文教娱乐支出167元，人均其他商品和服务支出38元。

与2002年相比，农村居民人均生活消费年均递增11.2%，其中，食品支出年均递增8.6%，人均衣着支出年均递增9.9%，人均居住支出年均递增18.4%，人均家庭设备用品及服务支出年均递增18.3%，人均交通通讯支出年均递增22.3%，人均文教娱乐支出年均递增4.7%，人均医疗保健支出年均递增13.2%，人均其他商品和服务支出年均递增9.2%。

从消费结构看，2009年扶贫重点县农村居民人均食品支出占生活消费支出比重（恩格尔系数）48.8%，首次低于50%，比2002年下降7.8个百分点。相应的，居住支出的比重提高最快，由11.2%提高到17.5%。

表3-38　扶贫重点县农民人均消费构成（%）

年　份	食　品	衣　着	居　住	家庭设备.用品	交通和通讯	文化教育.娱乐	医疗保健	其　他
2002	57.4	6.1	11.2	3.0	4.0	10.7	5.8	1.8
2003	53.7	5.7	12.7	3.7	5.5	11.3	5.7	1.7
2004	53.2	5.3	11.8	3.5	6.1	12.7	5.6	1.7
2005	51.9	5.6	12.6	3.7	6.9	11.9	5.7	1.7
2006	50.0	5.7	14.4	4.0	8.1	10.0	6.0	1.8
2007	50.8	5.8	15.0	4.1	8.4	8.3	5.9	1.7
2008	51.7	5.6	15.6	4.2	8.0	7.2	6.1	1.6
2009	48.8	5.7	17.5	4.6	8.2	7.1	6.6	1.6

数据来源：国家贫困监测调查

2．2002年以来，扶贫重点县与全国农民消费水平差距持续扩大

扶贫重点县的农村居民生活消费水平与全国平均水平的差距在扩大：2002年以来，扶贫重点县农村居民人均生活消费支出年均实际递增速度为7．9%，比全国农村平均水平低0．6个百分点。

从绝对数值看，2002年，扶贫重点县的农村居民人均生活消费水平相当于全国平均水平的61．7%，相差703元，到2009年，相当于全国平均水平的59．3%，相差1627元。

从消费结构看，2009年，扶贫重点县农村居民的恩格尔系数比全国农村平均水平低7．8个百分点，相当于全国农村2001年的水平。

表3-39　全国与扶贫重点县农民人均消费比较

年　份	全国(元)	扶贫重点县（元）	重点县是全国的（%）	重点县比全国（元）
2002	1834	1131	61．7	-703
2003	1943	1220	62．8	-723
2004	2185	1394	63．8	-791
2005	2555	1529	59．8	-1026
2006	2829	1680	59．4	-1149
2007	3224	1931	59．9	-1293
2008	3661	2200	60．1	-1461
2009	3994	2367	59．3	-1627

数据来源：全国农村住户抽样调查和国家贫困监测调查

（三）农民人均食品消费量有增有减

2009年扶贫重点县农民人均食物消费量中，谷物消费量185．4公斤，食用油4．7公斤，蔬菜及制品84．1公斤，果用瓜3．7公斤，水果8．7公斤，肉类及制品18．7公斤，蛋类2．8公斤，奶及奶制品3．9公斤、水产品及制品1．5公斤。

与2002年相比，人均谷物消费量下降了9．6公斤，食用油下降了2公斤，蔬菜及制品下降了8公斤，水果和果用瓜的消费量增加了0．3公斤，肉类及制品增加了2．3公斤，蛋类增加了0．8公斤，奶及奶制品增加了1．9公斤、水产品及制品增加了0．5公斤。

表3-40　国家扶贫重点县人均食物消费量

单位：公斤、%

年份	谷物	薯类	豆类	油脂类	蔬菜及菜制品	果用瓜类	水果类	肉类及其制品	蛋类及蛋制品	奶和奶制品	水产品
2002	175．8	10．6	4．8	6．7	92．1	-	10．5	16．4	2．0	2．0	1．0
2003	205．5	10．4	4．2	5．1	86．2	-	7．4	17．1	1．7	1．5	1．3
2004	196．2	8．5	3．9	5．0	87．5	-	7．4	17．8	1．7	1．3	1．3
2005	195．8	7．0	4．0	5．2	86．9	-	7．4	19．6	1．8	1．6	1．3
2006	193．7	5．5	4．0	4．4	86．9	3．5	7．0	20．0	2．3	1．7	1．4
2007	187．7	5．3	3．8	4．4	87．3	2．9	8．0	19．6	2．2	1．8	1．6
2008	189．2	5．0	3．7	4．4	84．7	2．8	8．0	18．3	2．7	1．8	1．6
2009	185．4	4．5	3．6	4．7	84．1	3．7	8．7	18．7	2．8	3．9	1．5

数据来源：国家贫困监测抽样调查

与全国平均水平相比，扶贫重点县人均食品消费水平略低。谷物消费量低了23公斤，食用油低了1.5公斤，蔬菜及制品低了16公斤，肉类及制品高了4.8公斤，蛋类低了2.6公斤，奶及奶制品高了0.5公斤、水产品及制品低了3.7公斤。

从食品消费提供的营养和能量看⑥，扶贫工作重点县农村居民的能量和蛋白质摄入量仅处于能够满足中等体力劳动需要的阶段。按标准人计算2009年扶贫重点县农民每人每天摄取的热量为3019大卡，比2002年下降25大卡；每人每天摄取的蛋白质为75.7克，比2002年下降4.9克；每人每天摄取的脂肪为64.5克，比2002年提高5.1克。

表3-41　国家扶贫重点县农户按标准人折算的热量、蛋白质及脂肪消耗量

年　份	热量（千卡／人、天）	蛋白质（克／人、天）	脂肪（克／人、天）
2002	3034.1	80.6	59.4
2003	2865.6	79.5	56.7
2004	2772.6	76.8	56.8
2005	2852.0	79.1	61.0
2006	3014.6	75.4	64.2
2007	2958.7	74.2	63.0
2008	2987.0	75.2	61.5
2009	3019.1	75.7	64.5

数据来源：国家贫困监测抽样调查

（四）生产和生活条件逐步改善

1．交通、通讯和供电能力明显提高

多年来，改善交通条件是扶贫重点县的重要扶贫措施。在落实到国家扶贫重点县的中央扶贫资金中，2009年用于交通建设的资金达到67.9亿元，占当年全部扶贫资金的14.9%，比2002年增加了18亿。

2009年，扶贫重点县的公路里程达到89.6万公里，当年新增公路里程5.9万公里，其中，高等级公路5.2万公路，当年新增路0.3万公里。与2002年相比，公路里程增加了35.3万公里，年均递增7.1%。

与交通条件改善同步，民用汽车拥有量322.6万辆，其中，私人汽车达到235.7万辆，占全部民用汽车拥有量的73.1%。与2002年相比，民用汽车拥有量年均递增18.3%，私人汽车拥有量年均递增21.4%，

国家扶贫重点县的通讯设施发展较快，2009年，通电话的行政村占全部行政村的比例达到96.4%，固定电话用户达到2625万户，移动电话用户达到6677万户；每百人拥有固定电话11.1部，移动电话28.8部。与2002年相比，通电话的行政村占全部行政村的比例提高了14.2个百分点，每百人拥有固定电话增加了5.4部，移动电话增加了24.2部。

供电能力有所提高。2009年，国家扶贫重点县农村用电量人均155千瓦小时，比全国县市人均512千瓦小时农村用电量的水平低357千瓦小时。通电的行政村占全部行政村的98.7%，接近全国平均水平。与2002年相比，农村用电量人均增加了75千瓦小时，年均递增9.2%，通电的行政村占全部行政村的比重提高了1.9个百分点。

有98%的行政村可以接收到电视节目，与全国的平均水平差距不大。但可以收

⑥　能量和营养摄取按标准人口折算。具体折算方法为，首先，依据中国营养学会推荐的关于不同年龄能量推荐摄入量（RNI）的数据折人口折算标准人，其次对外出人口和在校学生，按在家居住时间折算。得到人口是标准人口。

看有线电视的行政村仅占全部行政村的50.7%，比全国县市63.7%的平均水平差18个百分点。与2002年相比，可以接收到电视节目的行政村提高了2.2个百分点。

2．住房面积扩大，房屋质量提高

2009年，扶贫重点县农户人均住房面积24.4平方米，比2002年的20.1平方米扩大了4.3平方米，增长21.5%。居住钢筋混凝土结构住房的农户比重为18.3%，比2002年的11.1%提高7.2个百分点；砖木结构住房的农户比重为45.1%，比2002年的38.2%提高6.9个百分点；土坯结构住房的农户比重为19.9%，比2002年的31.2%下降了11.3个百分点。同时，单位住房价值由2002年每平米119元提高到2009年每平米217元，增长82%。

与全国平均水平相比，扶贫重点县农户的居住面积低了三分之一，居住钢筋混凝土结构住房的农户比重低了26.6个百分点。

表3-42　扶贫重点县农户住房面积、价值和住房结构

年　份	住房面积（平方米/人）	住房价值（元/平方米）	住房结构（%）				
			1. 砖木	2. 竹草屋	3. 土坯屋	4. 钢筋混凝土	5. 其它
2002	20.1	119.5	38.2	0.9	31.2	11.1	18.6
2003	20.5	127.7	39.7	0.7	28.6	11.3	19.6
2004	21.1	134.1	40.0	0.5	27.1	12.5	19.9
2005	22.0	152.8	40.7	0.5	25.1	14.2	19.5
2006	22.5	167.5	42.7	0.7	23.8	14.8	18.1
2007	23.1	180.5	43.2	0.7	22.5	15.7	17.9
2008	23.6	195.3	46.5	0.7	20.6	15.9	16.2
2009	24.4	217.4	45.2	0.7	19.9	18.3	16.0

数据来源：国家贫困监测抽样调查

3．耐用消费品拥有量迅速增加

2009年扶贫重点县农户，每百户拥有冰箱、冰柜18.6台，比2002年增长2.8倍；电视机101.2台，增长27.4%；摩托车40.8辆，增长2.2倍；固定电话和移动电话114.6部，增长4.4倍。

扶贫重点县每百户农户耐用消费品拥有量的水平相当于2005年左右的全国平均水平。

表3-43　扶贫重点县每百户农户耐用消费品拥有量

年　份	冰箱、冰柜（台/百户）	电视机（台/百户）	其中：彩色电视机	摩托车（辆/百户）	固定电话和移动电话（部/百户）
2002	4.8	79.5	--	12.9	21.2
2003	5.4	85.0	47.2	16.1	28.1
2004	6.2	88.4	52.8	19.1	35.9
2005	7.5	91.3	65.3	24.7	54.5
2006	9.2	95.7	74.5	29.0	70.5
2007	11.4	98.1	81.2	33.0	86.3
2008	14.1	99.4	85.5	36.4	99.9
2009	18.6	101.2	90.0	40.8	114.6

数据来源：国家贫困监测调查

4．生活用燃料的结构逐步改善

2009 年，柴草仍是扶贫重点县农户炊事用燃料的首要选择。扶贫重点县主要使用柴草的农户占68.6%，与2002年相比，只降低了1.9个百分点。使用燃气的农户占3.7%，只提高了2.3个百分点；使用煤炭的用户占22.8%，降低了3.1个百分点；使用其他燃料的农户略有提高。

同时，2009年扶贫重点县仍有31.5%的农户感到取得炊事用燃料越来越困难，与2002年相比，下降了 13.5个百分点。

与全国平均水平相比，使用清洁燃料如燃气（煤气、液化气）的农户比重低了18.1个百分点，使用柴草的农户比重高了20.5个百分点。

表3-44　按炊事用燃料主要来源分的农户比重(%)

年　份	炊事用燃料主要来源构成				取得炊事燃料越来越困难的农户比重
	1. 煤炭	2. 燃气	3. 柴草	4. 其他	
2002	25.9	1.5	70.5	2.1	45.0
2003	27.5	1.5	68.9	2.1	44.5
2004	26.1	1.6	70.0	2.3	36.5
2005	25.3	2.0	70.4	2.3	37.1
2006	24.2	3.2	69.1	3.4	35.1
2007	23.4	4.8	68.4	3.4	34.2
2008	22.8	4.3	69.0	3.8	33.0
2009	22.8	3.7	68.6	4.8	31.5

数据来源：全国农村住户调查和国家贫困监测调查

5．饮用水困难逐步缓解，问题依然存在

到2009年底，扶贫重点县依然有9.5%的农户存在饮水困难。但2002年到2009年的7年间，有10.3%的农户解决了饮水困难。按饮用水水源分组，2009年，扶贫重点县饮用自来水的农户占40.7%，比2002年提高了10.5个百分点；饮用深井水的农

表3-45　扶贫重点县按饮用水来源分的农户比重(%)

年　份	饮用水来源构成						饮用水水源有污染的农户比重	取得饮用水困难的农户比重
	1. 自来水	2. 深井水	3. 浅井水	4. 江湖河泊水	5. 塘水	6. 其他水		
2002	30.2	21.5	25.2	7.9	2.4	12.8	15.5	19.8
2003	32.2	20.9	24.9	6.9	2.3	12.7	14.1	17.7
2004	33.4	20.3	25.7	6.4	2.2	12.1	11.1	13.2
2005	34.6	20.6	24.2	5.3	2.2	13.0	9.5	13.7
2006	35.0	20.8	24.6	5.5	2.0	12.1	7.8	11.5
2007	35.9	20.7	24.4	5.3	1.8	11.8	6.7	10.7
2008	38.1	20.0	23.7	5.2	1.8	11.1	6.3	10.5
2009	40.7	19.6	22.6	5.0	1.6	10.5	5.8	9.5

数据来源：国家贫困监测调查

户占19.6%，下降了1.9个百分点；饮用浅井水的农户占22.6%，下降了2.6个百分点；饮用江河湖泊水、塘水以及其他水的农户分别占5%、1.6%和10.5%，分别下降2.9、0.8和2.3个百分点。从饮水安全来看，2009年，扶贫重点县仍有5.8%的农户饮用水源受污染。

与全国平均水平相比，扶贫重点县饮用自来水和深井水的农户比重分别低了5.3和10.3个百分点。

6．卫生条件缓慢改善

2009年，扶贫重点县使用旱厕的农户比重为82.5%，比2002年的80.5%提高了2个百分点；使用水冲式厕所的占5.5%，比2002年的1.8%提高了3.8个百分点；没有厕所的占12%，比2002年的17.7%下降了5.7个百分点。分地区看，没有厕所的农户比重在西部地区从23.3%下降到17.1%；东北地区从11.5%下降到6.5 %；东部和中部地区均降到了5%以下。

与全国平均水平相比，扶贫重点县使用水冲式厕所的农户比重低了14.1个百分点。

表3-46　扶贫重点县按卫生设备类型分的农户比重（%）

年　份	1. 有水冲式厕所农户比重	2. 有旱厕农户比重	3. 无厕所农户比重
2002	1.8	80.5	17.7
2003	2.1	81.8	16.1
2004	2.1	82.9	15.0
2005	3.0	83.2	13.8
2006	3.5	82.1	14.4
2007	3.8	82.6	13.5
2008	4.7	82.1	13.2
2009	5.5	82.5	12.0

数据来源：国家贫困监测调查

五、扶贫活动情况

（一）扶贫投入大幅增加

1．扶贫资金总量增加，社会扶贫资金增长迅速

据592个国家扶贫重点县上报的统计数据，2009年国家扶贫重点县得到的与扶贫有关的资金达457.3亿元，无论是资金规模还是增长速度，均创历史最高水平。其中：中央财政扶贫资金99.8亿元，以工代赈资金39.4亿元，中央扶贫贴息贷款累计发放额达108.1亿元，发放专项退耕还林还草工程补助64.2亿元，省级财政安排的扶贫资金23.4亿元，利用外资22.2亿元，其他扶贫资金100.2亿元。

与2002年相比，扶贫资金总额增加了207亿元，年均递增9%。其中：中央财政扶贫资金增加了64亿元，年均递增15.8%，以工代赈资金下降了0.5亿元，年均递减0.2%，中央扶贫贴息贷款累计发放额达增加了5.6亿元，年均递增0.8%，发放专项退耕还林还草工程补助增加了41.6亿元，年均递增16.1%，省级财政安排的扶贫资金增加了12.5亿元，年均递增13.1%，利用外资增加了4.7亿元，年均递增3.4%，其他扶贫资金增加了78.2亿元，年均递增24.2%。

从资金构成看，中央扶贫资金占68.1%，地方政府配套资金占5.1%，外资占4.8%，其他如对口帮扶、非政府组织资金和社会公众捐款等资金占21.9%。虽然中央政府的资金投入占全部扶贫资金投入的比例较2002年的804%，下降了11.9个百分点，但高达68.1%的比例说明中央政府的资金投入依然是扶贫重点县扶贫投入的中坚力量。此外，随着地方经济实力的增强和社会扶贫意识的提高，地方政府和非政府资金正越来越多地投入到扶贫活动中，各省级扶贫资金和社会扶贫投入的增长速度高于中央扶贫资金的增长速度，特别是东西协作和对口帮扶资金的增长速度加快，使扶贫资金的来源正变得更加多元化，大大改善了扶贫资金的投入结构。

2009年，平均每个扶贫重点县得到的扶贫资金为7725万元，比2002年增加3488万元，年均递增9%。各省资金分配的强度不同：宁夏平均每个县得到的扶贫资金超过2亿元，黑龙江、湖南和云南3个省平均每个县得到的扶贫资金超过亿元，但河北、山西、内蒙和甘肃等4省平均每个县得到的扶贫资金不到5000万元，其他省平均每个县得到扶贫资金在5000-10000万元之间。与2002年相比，山西、黑龙江、海南、云南、陕西、宁夏和新疆等7省区扶贫资金的年均递增速度超过10%，其他省区市的年均递增速度不到10%，没有资金减少的省。

表3-47 国家扶贫重点县扶贫投资总额和县平均资金

单位：亿元、%

指标名称	2002年	2009年	2009比2002年	
			绝对值	年均递增
一、扶贫资金总额	250.2	456.7	206.5	9.0
1.中央扶贫贴息贷款累计发放额	102.5	108.7	6.2	0.8
2.中央财政扶贫资金	35.8	99.5	63.8	15.7
3.以工代赈	39.9	39.3	-0.5	-0.2
4.中央专项退耕还林还草工程补助	22.6	64.2	41.6	16.1
5.省级财政安排的扶贫资金	9.9	23.4	13.5	13.2
6．利用外资（实际投资额）	17.6	21.3	3.7	2.7
7.其他资金	22.0	100.2	78.2	24.2
二、平均每个县得到的扶贫资金	4227	7715	3488	9.0

数据来源：国家贫困监测抽样调查

2．资金分配继续向农业倾斜

2009年的扶贫资金中，投向农林牧渔业和农产品加工业的资金占全部资金的比重达到46.4%，其中：种植业的扶贫资金为68.9亿元，占全部资金的15.2%；林业的扶贫资金为69.9亿元，占15.4%；养殖业的扶贫资金为52.4亿元，占11.5%；还有19.7亿元的资金用于农产品加工业，占4.3%。

用于基础建设的扶贫资金占全部扶贫资金的28.9%，其中：67.8亿元用于道路修建和改扩工程，占全部扶贫资金的14.9%； 21.4亿元用于基本农田建设，占全部扶贫资金的4.7%；21.2亿元用于人畜饮水工程，占全部扶贫资金的 4.7%；7.5亿元用于电力设施建设，占全部扶贫资金的1.7%；用于学校建设和教学设施的7.3亿元，占全部扶贫资金的1.6%；4.4亿元用于卫生设施建设，占全部扶贫资金的1%。

此外，用于社会服务的资金占扶贫资金的2%，其中：用于技术推广及培训的5.2亿元，占1.2%；用于资助儿童入学和扫盲教育的3.5亿元，占0.8%。此外，还有85.5亿元、约占全部扶贫资金18.8%的资金用于等其他项目。

总体来看，与2002年相比，扶贫资金分配由基础设施建设向农业生产和社会服务倾斜，2009年投向农林牧渔业和农产品加工业的扶贫资金比重比2002年的36.2%提高了10.4个百分点，用于社会服务的扶贫资金比重提高了0.5个百分点，用于基础建设的扶贫资金比重下降了13个百分点。

表3-48　国家扶贫重点县扶贫资金投向比例

单位：亿元、%

指标名称	2002年	2009年	2009比2002年	
			绝对值	年均递增
扶贫资金总额	250.1	453.9	203.8	8.9
一、生产项目				
1. 种植业	25.2	68.9	43.7	15.5
2. 林业	27.0	69.9	42.9	14.6
3. 养殖业	22.9	52.4	29.5	12.5
4. 农产品加工	15.6	19.7	4.1	3.4
5. 其他生产行业	22.0	17.3	-4.7	-3.4
二、基建项目	0.0	0.0	0.0	
6. 基本农田建设	15.3	21.4	6.1	4.9
7. 人畜饮水工程	12.2	21.2	9.0	8.2
8. 道路修建及改扩建	49.5	67.8	18.4	4.6
9. 电力设施	14.5	7.5	-7.0	-9.0
10. 电视接收设施	1.6	1.8	0.3	2.1
11. 学校及设备	6.3	7.3	1.1	2.3
12. 卫生室及设施	3.5	4.4	0.9	3.3
三、培训及教育项目				
13. 技术培训／技术推广	2.0	5.2	3.3	15.1
14. 资助儿童入学／扫盲	1.8	3.5	1.8	10.2
四、其他	30.8	85.5	54.6	15.7

数据来源：国家贫困监测抽样调查

从扶贫资金的使用成果看，在592个扶贫开发工作重点县中，2009年新增基本农田402千公顷，占全部耕地的1.5%；当年新增及改扩建公路里程达10.4万公里，占全部公里里程的11.5%

3．到村的扶贫资金强度增加

直接投入到村的扶贫资金（包括实物折价）无论是数量还是增幅都是历年之最。2009年，平均每村当年落实的到村到户资金16.9万元，当年使用资金16.4万元，其中，用于退耕还林还草的有3.6万元，用于新修及改扩建公路3.4万元，用于人畜饮水工程1.5万元，用于养殖业1.1万元，用于种植业1万元，用于基本农田建设0.8万元，用于卫生设施建设、技术培训、电力设施建设、资助儿童入学等费用都少于0.5万元。

与2002年相比，当年落实的到村到户的资金增加了13万元，年均递增23.5%。当年使用的资金也增加了13万元，年均递增25.1%。分项看，增幅比较高的是卫生设施建设、技术培训、资助儿童入学和其他如公共环境设施建设等费用，年均递增分别为60.6%、32.6%、32.6%和33.3%。

2009年，扶贫重点村和非重点村的扶贫资金强度都比上年增加了，非重点村的增加幅度更大，但资金量仍低于重点村。扶贫重点村平均每村当年得到资金21万元，比2002年年均递增22.7%，其中扶贫贷款2.8万元，比2002年年均递增11.6%。非扶贫重点村平均每村当年得到资金12.3万元，比2002年年均递增31.9%，其中扶贫贷款1.1万元，比上年增长11.9%。

表3-49　国家扶贫重点县2009年到村的扶贫资金强度

单位：亿元、%

指　标	重点村		非重点村	
	金　额	比2002年递增	金　额	比2002年递增
平均到村扶贫资金总额：	21.0	22.7	12.3	31.9
1. 种植业	1.6	19.1	0.5	12.3
2. 林业	0.3	4.8	0.1	28.9
3. 养殖业	1.7	15.3	0.6	11.2
4. 农产品加工业	0.0	0	0.0	0
5. 其他生产行业	0.1	6.9	0.1	34.1
6. 修建基本农田	0.8	15.4	0.9	28.0
7. 人畜饮水工程	1.7	12.9	1.3	21.5
8. 修建及改建公路	4.2	32.8	2.6	46.9
9. 电力设施	0.5	5.0	0.6	33.3
10. 电视接收设施	0.1	26.3	0.0	0
11. 学校及学校设施	0.4	2.8	0.2	15.1
12. 卫生室及设施	0.2	57.4	0.1	63.7
13. 技术培训	0.1	38.8	0.1	38.3
14. 扫盲、资助儿童入学	0.1	46.1	0.0	0
15. 退耕还林还草	4.8	39.9	2.5	40.6
16. 其他	4.5	28.2	2.7	51.2

数据来源：国家贫困监测抽样调查

4．资金覆盖率提高，户均资金规模上升

当年得到项目资金的农户占全部农户数的19.5%，其中：扶贫重点村当年直接得到过扶贫资金的农户比重为25.4%，非重点村的比重为14.3%。

与2002年相比，当年得到项目资金的农户占全部农户的比重提高了12.9个百分点。其中：扶贫重点村提高了16.6个百分点；非重点村提高了10.2个百分点。

在直接得到资金的农户中，户均得到的扶贫资金为1349元，其中：扶贫重点村户均资金1408元，非重点村1258元。

表3-50　2002年和2009年按资金规模分组的农户比重

单位：%

指　标	重点村		非重点村	
	2002年	2009年	2002年	2009年
500元以下	60.0	36.4	65.8	45.2
500-1000元	17.1	22.1	18.0	21.7
1000-2000元	15.1	22.7	9.9	18.6
2000-5000元	6.1	14.0	4.5	10.6
5000元以上	1.7	4.9	2.0	3.9

数据来源：国家贫困监测抽样调查

与2002年相比，户均得到的扶贫资金提高了543元，年均递增7.6%。其中：扶贫重点村提高了579元，年均递增7.9%；非重点村提高了503元，年均递增7.5%。

从农户的资金结构看，2009年，重点村得到资金在500元以下的农户占36.4%，比非重点村低了8.8个百分点，超过2000元的农户仅为18.9%，比非重点村高出4.4个百分点。与2002年相比，无论是贫困村还是非贫困村，得到资金在500元以下的农户比例都在下降，2000元以上的农户比例都在上升。

（二）项目覆盖率提高

1．村级覆盖率提高

2002年到2009年的7年间，当年参加过扶贫活动的村占全部村的比重由2002年的29.6%提高到2009年的50.7%，提高了21.1个百分点；在各种扶贫形式中，接受资金扶持的村占全部村的比重由2002年的19.9%提高到2009年的44.1%，提高了24.2个百分点，提高地最快；其次是技术援助由2002年的10%提高到2009年的14.8%，提高了4.8个百分点；实物扶持的形式所占比重略有下降，7年间下降了0.1个百分点。

图3-5　村级扶贫项目覆盖率

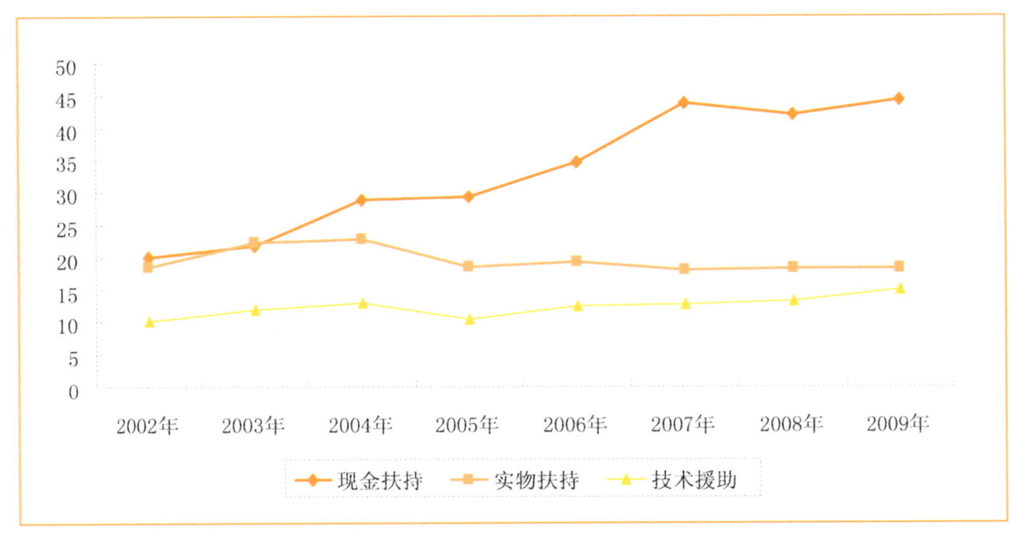

数据来源：国家贫困监测调查

扶贫重点村受到的扶持明显多于非重点村。2009年，扶贫重点村参与项目的比重是62.7%，比非重点村40.2%的比例高出22.5个百分点，其中得到现金扶持的扶贫重点村占全部重点村的比重为54.4%，得到实物扶持的重点村占25.3%，得到技术援助的村占19.9%，分别比非重点村高19.3、13.1和9.5个百分点。与2002年相比，重点村和非重点村的项目覆盖率分别提高了22.8和21.4个百分点。

2．农户参与扶贫项目的比重

2009年，扶贫重点县有23.8%的农户参加了各种形式的到户项目或从公益项目中受益，其中，扶贫重点村有30.5%的农户参加了各种形式的到户项目或从公益项目中受益，非重点村有17.9%的农户参加了各种形式的到户项目或从公益项目中受益。

与2002年相比，参加了各种形式的到户项目或从公益项目中受益地农户比重提高了13.1个百分点，其中，扶贫重点村提高了15.7个百分点，非重点村提高了11.5个百分点。

3．项目瞄准略有改善

与其他农户相比，贫困农户在参与扶贫项目上有一定的优先权，但在得到扶贫资金支持的强度上并没有优先权。在连续调查户中，2008 年的贫困户中有 24.3% 的户在 2009 年参加了扶贫项目，比 2008 年的其他农户（21.1%）高 2.2 个百分点。贫困户中得到扶贫资金的农户占 20.2%，比其他农户（17.25）高了 3 个百分点。但在参加项目的农户中，贫困户的户均资金 1233 元，其他农户为 1365 元，贫困农户的户均资金只有其他农户的 90%。

与 2007 年和 2008 年相比，项目瞄准的改善程度还是比较大的，贫困户项目覆盖提高的速度快于其他农户，但扶持资金强度的差别确是在逐年扩大。

表 3-51　国家扶贫重点县 2008 年农户获得项目和资金情况

单位：%

指　标	2007 年		2008 年		2009 年	
	上年贫困农户	上年其他农户	上年贫困农户	上年其他农户	上年贫困农户	上年其他农户
得到项目的农户比例	18.3	21.0	19.4	20.7	24.3	21.1
得到资金的农户比例	15.2	17.2	17.7	17.7	20.2	19.4
项目户户均资金	1089.2	1173.1	1145.8	1256.0	1232.7	1364.8

数据来源：国家贫困监测抽样调查

（三）参与式扶贫取得成效

1．了解村级扶贫项目的农户超过九成

多数农户了解在本村开展的项目。2009 年，在当年有扶持项目的村中，93.1% 的农户知道本村当年是否落实了新的项目或资金；有 45.9% 的农户参与了项目的规划；有 77.8% 的到户项目得到了农户的事先同意；而项目是自选的农户占当年参与项目的农户的 52.3%。

与 2002 年相比，7 年间，当年参加过扶贫活动的农户占全部农户的比重提高了 13.1 个百分点。项目内容是自选的农户比重提高了 14.2 个百分点，但在项目内容确定前有机会参与意见的农户比重有所下降。

表 3-52　扶贫活动农户参与情况（%）

年　份	知道本村当年有扶贫活动的农户比重	项目内容是自选的农户比重	项目内容确定前有机会参与意见的农户比重
2002	91.4	38.1	54.6
2003	94.3	42.8	59.2
2004	94.8	36.1	50.7
2005	93.2	37.3	52.6
2006	92.1	49.4	46.4
2007	94.3	47.8	44.0
2008	92.7	49.3	47.3
2009	93.1	52.3	45.9

数据来源：国家贫困监测抽样调查

参与式扶贫活动的推行进展顺利。2009 年，在当年有扶持项目的村中，通过公开渠道了解项目内容的农户占了解项目内容的农户比例为 71.7%，比2002 年的63%提高了 8.7 个百分点，而通过村干部个别通知、亲朋好友的转告和其他非正规渠道了解项目内容的农户比重下降了 3.7 个百分点。

2．项目安排与农户需求基本接近

总体来看，种植、养殖、修建公路、人畜饮水工程、修建基本农田和技术培训是行政村及农户最迫切希望得到的项目。但实际实施的项目远低于农户的需求，并且实施的项目在照顾项目村和农户的需求方面还有较大的差距。在2008 年的项目村和项目户中，2008 年希望得到的扶贫项目与 2009 年本村实施的项目保持一致的村只占项目村的 12.9%，说明项目安排与项目村的需求有较大差距；项目农户的情况比较好，需求与项目安排一致的项目户占项目户的 49.2%。

表 3-53　项目村和项目户需求与愿望一致程度

单位：%

指标名称	愿望与实际一致	愿望与实际不一致
项目村	12.9	87.1
项目户	49.2	50.8

数据来源：国家贫困监测抽样调查

从汇总的情况看，2008 年村里的项目需求排序是：排在需求的第一位是种植业项目，选择种植业项目的村数占全部村数的比重为 49.8%；排在第二位的是养殖业，占 48.4%；排在第三位的是修建公路，占 24.2%；排在第四位的是人畜饮水工程，占 15.6%；排在第五位的是农田基本建设，占 15.1%。

从 2009 年村里的项目实施数量排序看，排在前五位的是：实施最多的项目是退耕还林项目，占全部村数的 18.8%；其次是修建及改扩建道路项目，占 4.8%；排在第三位的是实施养殖业项目占 2.4%，排在第四位的是人畜饮水项目的村数占 1.6%，第五位的是种植业 1.5%。

可以看出，村里最迫切的需求是发展农牧业生产，其次是修路和加强技术培训，但实际项目安排则突出了国家长远发展愿望，得到改善环境、修路项目的村最多，发展农牧业生产排在后面。项目安排与村里的需要相差甚远。

从农户的项目需求排序看，2008 年排在前五位的是：希望得到养殖业项目的农户占全部农户的比重为 47.1%，种植业 46.8%，修建公路 23%，人畜饮水工程 12.7%，基本农田建设 11.9%。可以看出，发展自己熟悉的农牧业生产是农户最大愿望，其次是修路和基本生产生活设施建设。

从 2009 年农户参与项目的数量排序看，最多的是参与退耕还林项目的农户，占全部农户的 16%，第二位是种植业占 3%，第三、四、五位分别是修建及改扩建道路占 2.8%、人畜饮水工程占 1.5% 和养殖业占 1.2%，参与其他项目的户数占全部户数的比例都小于 1%。

表 3-54　国家扶贫重点县2009年扶贫项目的希望与实施情况

单位：%

指标名称	2008年希望得到下列项目的村占全部村的比重	2009年实施下列项目的村占全部村的比重	2008年希望参与下列项目的农户占全部农户的比重	2009年正在参加下列项目的农户占全部农户的比重
1. 种植业	49.8	1.6	46.8	3.0
2. 林业	9.6	0.6	7.6	0.5
3. 养殖业	48.4	2.4	47.1	1.2
4. 农产品加工	12.7	0.1	7.5	0.1
5. 其他生产行业	5.8	0.2	3.9	0.1
6. 基本农田建设	15.1	0.7	11.9	0.5
7. 人畜饮水工程	15.6	1.6	12.7	1.5
8. 改建及改扩建道路	24.2	4.8	23.0	2.8
9. 电力设施	2.5	0.7	4.2	0.3
10. 电视接收设施	1.2	0.2	2.0	0.2
11. 学校及设备	2.0	0.6	2.7	0.1
12. 卫生及设备	2.8	1.1	4.1	0.2
13. 技术培训	5.4	1.4	11.8	0.2
14. 儿童入学和扫盲	0.3	0.2	0.5	0.0
15. 退耕还林	1.7	18.8	5.6	16.0
16. 其他	1.9	15.5	5.1	4.0

数据来源：国家贫困监测抽样调查

（国家统计局农村司　关冰）

第四部分　特殊类型地区的贫困监测结果

一、少数民族地区贫困监测

据国家民委对民族自治地方农村贫困监测结果分析，2009年末民族自治地方农村贫困人口1954.7万人，比上年减少147.7万人。

2009年民族自治地方全年扶贫投资总额为165.4亿元，已完成整村推进扶贫规划的贫困村为24002个（除云南、西藏），占民族自治地方贫困村总数（38537个）的62.3%。云南整村推进以自然村为单位，全省有6513个自然村已完成整村推进扶贫规划，西藏有61个乡已完成整乡推进扶贫规划。少数民族群众生产生活条件进一步改善，农牧民收入增加，生活质量提高，经济社会各项事业发展进步。

（一）少数民族地区贫困状况

1．民族自治地方①贫困情况

（1）贫困人口继续减少。2009年末，民族自治地方农村贫困人口1954.7万人，比上年减少147.7万人，贫困发生率16.4%，比上年下降1.2个百分点。

据不完全统计，民族自治地方当年因灾因病返贫人口为276.2万人，比上年增加49.3万人；返贫率为14.1%，比上年（10.8%）上升3.3个百分点。民族自治地方还有4946.1万人未解决饮水安全问题，缺乏基本生存条件需易地搬迁对象有121.5万户、522.9万人（除新疆）。

（2）贫困人口继续向民族自治地方集中。2009年，民族自治地方农村贫困人口占全国农村贫困人口（3597万人）的比重为54.3%，比上年（52.5%）上升1.8个百分点；贫困发生率比全国（3.8%）高12.6个百分点。按照新的贫困标准，2006-2009年，民族自治地方农村贫困人口占同期全国农村贫困人口的比重分别为44.5%、52.2%、52.5%和54.3%，民族自治地方贫困人口占全国贫困人口的比例呈逐年增加的趋势。

（3）民族自治地方的贫困程度比其他地方更严重。2006-2009年民族自治地方

① 民族自治地方包括5个自治区、30个自治州、120个自治县。在统计过程中，自治区内的自治州、自治县，自治州内的自治县不重复统计。实际统计范围包括5个自治区、25个自治州、85个自治县。

的贫困发生率分别是18.9%、18.6%、17.6%和16.4%，虽逐年有所下降，但与全国同期贫困发生率（6.0%、4.6%、4.2%和3.6%）相比，分别高出12.9、14.0、13.4和12.8个百分点，民族自治地方的贫困发生率远远高于全国同期的贫困发生率。

表4-1　全国与民族自治地方农村贫困人口分布情况

指标名称		2006年	2007年	2008年	2009年
贫困人口（万人）	全国	5698	4320	4007	3597
	民族自治地方	2535	2255	2102	1955
民族自治地方贫困人口占全国比重（%）		44.5	52.2	52.5	54.3
贫困发生率（%）	全国	6.0	4.6	4.2	3.8
	民族自治地方	18.9	18.6	17.6	16.4

数据来源：全国数据来自农村住户抽样调查，民族自治地方数据来自民委上报数。

少数民族贫困地区是全国扶贫开发的重点和难点。在研究制定新十年扶贫纲要和“十二五”相关规划中，应针对不同民族聚居区域的贫困问题，采取因地制宜、分类指导的方针，重点研究解决少数民族贫困问题的特殊政策措施。

2．民族八省区②贫困情况

据国家统计局对全国31个省（区、市）6.8万个农村住户的抽样调查中民族八省区调查数据统计分析，2009年末，民族八省区农村贫困人口为1451.2万人，比上年减少134.3万人；贫困发生率为12.0%，下降1.0个百分点。2006-2009年，民族八省区贫困人口占全国农村贫困人口的比重分别为36.7%、39.3%、39.6%和40.3%，所占比重逐年增加。四年贫困发生率分别为16.9%、13.8%、13.0%和12.0%，虽逐年有所下降，但与全国同期贫困发生率（6.0%、4.6%、4.2%和3.6%）相比，分别高10.9、9.2、8.8和8.4个百分点，民族八省区的贫困程度更深，贫困面更大。

图4-1　全国与民族八省区贫困发生率（%）

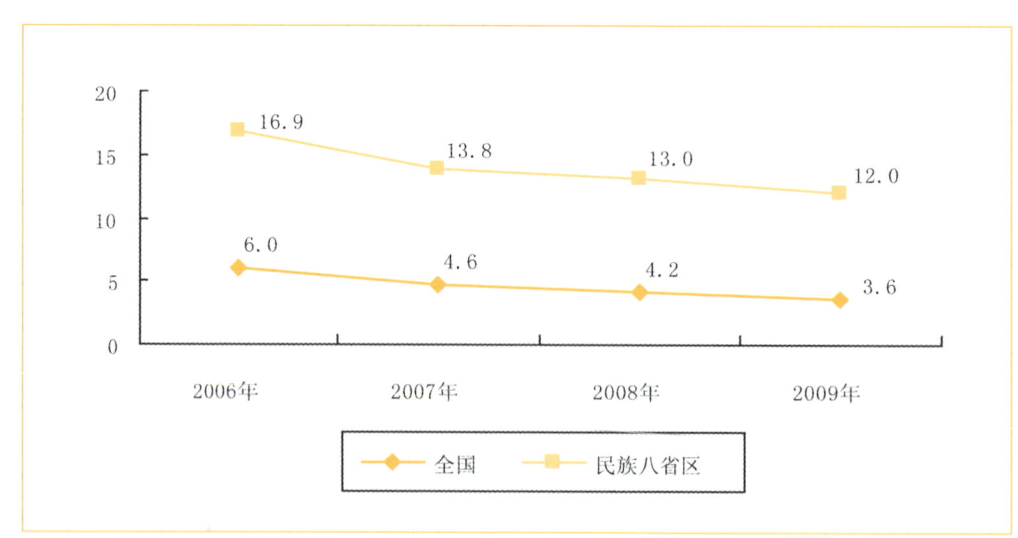

数据来源：农村住户抽样调查

② 民族八省区：指少数民族人口相对集中的内蒙古、广西、贵州、云南、西藏、青海、宁夏和新疆八个省、自治区。

3．267 个少数民族扶贫开发工作重点县的贫困情况

根据国家统计局对 267 个少数民族扶贫开发工作重点县（以下简称民族扶贫县）开展的贫困监测调查，2009 年，265 个民族扶贫县的贫困人口约 880.4 万人，比上年减少了 94.2 万人；贫困发生率（贫困人口占乡村人口的比重）为 14%，比上年下降 1.5 个百分点。

民族扶贫县的贫困程度比全国平均水平和国家扶贫重点县的平均水平更严重，贫困发生率比扶贫重点县（10.7%）高 3.3 个百分点，比全国平均水平（3.8%）高 10.2 个百分点。

（二）农户生产和生活条件

2009 年，国家统计局对民族扶贫县开展的贫困监测调查结果显示，国家对民族扶贫县的扶持力度进一步加大，乡村基础设施和公共服务设施得到有效改善，农牧民生活水平有所提高，教育、医疗、文化等各项社会事业稳步发展。

1．人口及耕地资源

在民族扶贫县的 2341 个被调查村中，山区占 72.4%，丘陵（半山区）占 14.3%，平原占 13.3%。少数民族聚居村占 74.1%，陆地边境县的村占 14.0%。

平均每个村有农户 451.9 户、1883.3 人；户均人口 4.5 人，其中男性 2.4 人；平均每个村有劳动力 1039.0 人，劳动力负担系数为 1.4。

2009 年民族扶贫县人均耕地 1.7 亩，其中水田、梯田、25 度以上坡耕地面积比重分别为 35.7%、8.5%、15.6%，与上年相比，水田面积比重上升了 0.4 个百分点，梯田面积比重下降了 0.4 个百分点，25 度以上坡耕地面积比重与上年持平；人均桑园、茶园、果园 0.2 亩，与上年持平；人均林地 2.5 亩，比上年增加了 0.1 亩；人均草场为 4.9 亩，比上减少了 0.3 亩；人均荒山荒坡 0.8 亩，比上年增加了 0.1 亩。民族扶贫县人均资源略高于国家扶贫重点县和全国平均水平。

2．自然村基础设施

基础设施继续改善，2009 年通公路的自然村占 85.6%、通电的自然村占 96.8%、通电话的自然村占 87.3%、能接收电视节目的自然村占 92.6%，所占比重逐年上升，分别比上年提高 3.8、1.6、6.0 和 2.5 个百分点。表明少数民族重点县的基础设施逐年有所改善。

表 4-2　民族扶贫县社区基础设施

单位：%

指标名称	2006 年	2007 年	2008 年	2009 年
通公路的自然村比重	79.0	80.3	81.8	85.6
通电的自然村比重	93.4	94.5	95.2	96.8
通电话的自然村比重	69.8	77.8	81.3	87.3
能接收电视节目的自然村比重	84.1	89.1	90.1	92.6

数据来源：国家贫困监测抽样调查

3．农户生活条件

2009 年民族扶贫县人均住房面积为 23.3 平方米，比上年增加 0.7 平方米，但比国家扶贫重点县少 1.1 平方米。从单位住房价值看，每平米房屋的价值为 190.8 元，比国家扶贫重点县低 26.6 元，与东部地区、中部地区、西部十二省区、东北地区和重点村被调查农户的单位住房价值相比，民族扶贫县农户的每平米房屋价值都

是最低的，这表明民族扶贫县农户的住房质量仍然较差，住房困难问题应继续给予关注解决。

表 4-3　民族扶贫县农户住房状况

指标名称	国家扶贫重点县	民族扶贫县	
	2009 年	2008 年	2009 年
1．面积（平方米／人）	24.4	22.6	23.3
2．价值（元／平方米）	217.4	173.2	190.8
3．结构（%）			
(1) 砖木	45.1	40.4	39.5
(2) 竹草屋	0.7	1.3	1.4
(3) 土坯屋	19.9	22.0	21.6
(4) 钢筋混凝土	18.3	11.9	13.5
(5) 其他	16.0	24.4	24.0

数据来源：国家贫困监测抽样调查

从住房结构看，居住钢筋混凝土结构住房和砖木结构住房的农户比例都低于国家扶贫重点县，分别低 4.8 和 5.6 个百分点；与上年相比，住房条件有所改善，居住钢筋混凝土结构住房的农户比例提高了 1.6 个百分点。其他结构住房的农户占 24.0%，包括毡房、石板房等。

图 4-2　2009 年民族扶贫县农户住房构成

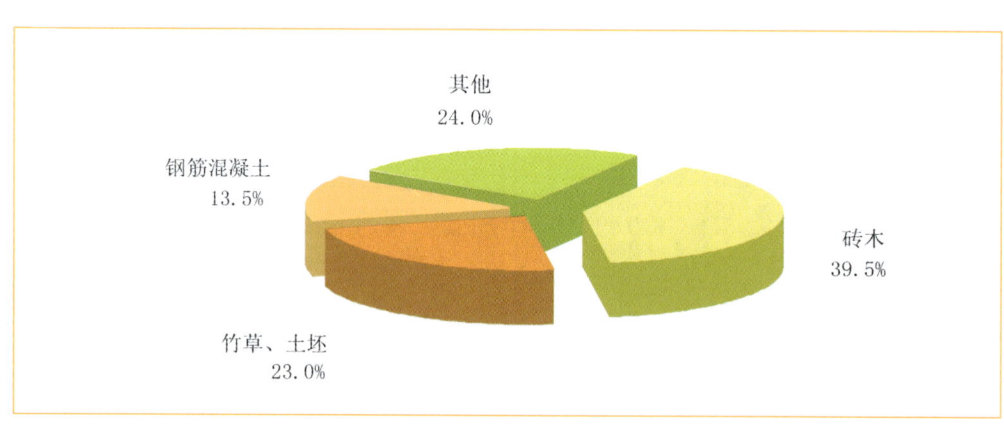

表 4-4　民族扶贫县农户耐用消费品拥有情况

指标名称	单　位	国家扶贫重点县	民族扶贫县	
		2009 年	2008 年	2009 年
1.冰箱、冰柜	台／百户	18.6	13.1	17.1
2.电视机	台／百户	101.2	94.1	96.0
其中：彩色电视机	台／百户	90.0	81.6	86.0
3.自行车	辆／百户	47.5	31.3	30.5
4.摩托车	辆／百户	40.8	34.8	39.1
5.固定电话、移动电话	部／百户	114.6	90.6	107.5

数据来源：国家贫困监测抽样调查

民族扶贫县生活耐用品消费水平逐年上升。2009年每百户拥有电冰箱、冰柜17.1台，拥有电视机96.0台，其中彩色电视机86.0台，拥有固定电话和移动电话107.5部，拥有摩托车39.1辆，与2008年相比均有增加，但比国家扶贫重点县的平均水平仍然偏低。

对民族扶贫县2341个调查村的监测显示，农户生活设施状况与上年相比有所改善，其中用电户比重为95.6%，有取暖设备的农户比重为65.1%，饮用自来水、深井水的农户比重为55.1%，有厕所的农户比重为77.9%，分别比上年提高0.4、0.4、1.8、2.2个百分点。有12.6%的农户未解决饮水困难，比上年下降1.0个百分点；有46.0%的农户对取得生活燃料感到越来越困难，比上年下降0.2个百分点。表明民族扶贫县农户生活条件虽然相对较差，但与自身相比正在逐步改善。

表4-5　民族扶贫县农户生活设施状况

单位：%

指标名称	国家扶贫重点县	民族扶贫县	
	2009年	2008年	2009年
1. 有厕所的农户比例	88.0	75.7	77.9
2. 用电户比例	97.7	95.2	95.6
3. 有取暖设备的农户比例	63.2	64.7	65.1
4. 饮用自来水和深井水的农户比例	60.3	53.3	55.1
5. 饮水困难的农户比例	9.5	13.6	12.6
6. 取得生活燃料越来越困难的农户比例	31.5	46.2	46.0

数据来源：国家贫困监测抽样调查

4. 村级经济及科技推广

2009年，民族扶贫县人均粮食作物播种面积1.6亩，人均粮食总产量390.0公斤。平均每个村乡镇企业0.7个，平均每个企业的就业人数9.3人，平均每个企业的销售总收入28.2万元。民族扶贫县村级企业规模较小、效益较低。

在科技推广方面，使用节水栽培技术的村占10.5%，有塑料大棚或温室的村占17.5%，有农牧业新技术示范户的村占33.2%，举办过专业技术培训的村占47.4%。各项比重均高于国家扶贫重点县的平均水平，表明民族扶贫县的科技推广和技术培训工作开展较好，群众的科技文化素质进一步提高。

表4-6　民族扶贫县科技推广及培训情况

单位：%

指标名称	国家扶贫重点县	民族扶贫县	
	2009年	2008年	2009年
1. 使用节水栽培技术的村比重	7.1	9.2	10.5
2. 有塑料大棚/温室的村比重	15.8	16.4	17.5
3. 有农牧业新技术示范户的村比重	29.3	31.3	33.2
4. 举办过专业技术培训的村比重	43.3	45.6	47.4

数据来源：国家贫困监测抽样调查

5. 当年受灾情况

在2341个被调查村中，2009年遭遇严重自然灾害的村占34.9%，比上年下降1.1个百分点。在各类自然灾害（旱灾、水灾、病虫害、冷冻灾害、干热风灾、动物疫情、泥石流或山体滑坡、地震等）中，旱灾是最主要的自然灾害，占70.8%，所占比例大幅增加，比上年增加32.2个百分点；水灾占7.3%，比上年下降4.2个百分点。

图4-3 2009年民族扶贫县自然灾害构成

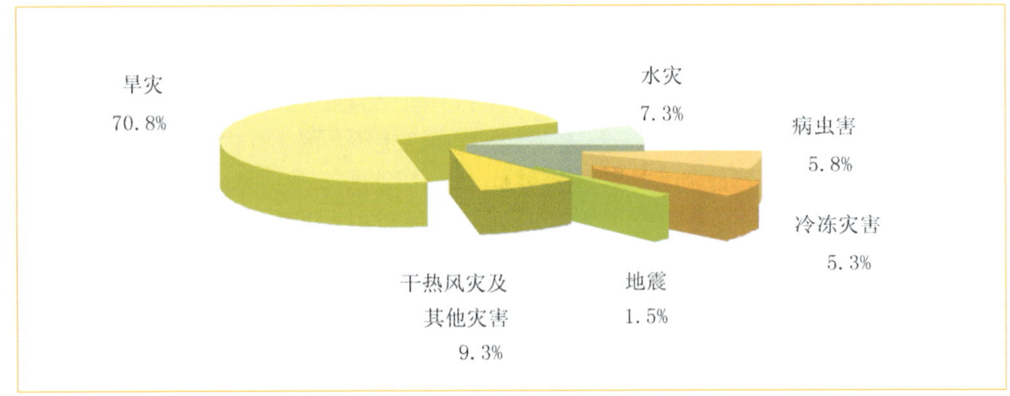

数据来源：国家贫困监测抽样调查

从受灾情况看，农作物、大牲畜、猪羊、家禽、住房和生产用房受灾超过3成以上的村分别占34.6%、20.0%、20.3%、19.9%、17.9%，地方病病（疫）区超过3成以上的村占19.2%。当年缺粮需要救济的农户比例为7.2%，当年收到过救济救灾款物的农户比例为8.8%，实际得到救济的农户比重高于需要救济的农户比重。

在调查期内，人均期末存粮391.6公斤，低于国家扶贫重点县406.9公斤的水平。表明民族扶贫县农户生活仍不宽裕，在遭遇自然灾害时通过救济渡过难关。

（三）农民收入和生活消费

1. 农户收入

表4-7　民族扶贫县农民人均纯收入及构成

单位：元/人、%

指标名称	国家扶贫重点县	民族扶贫县	
	2009年	2008年	2009年
一、农民人均纯收入	2842.1	2468.3	2688.1
1. 工资性收入	1011.2	669.9	772.9
其中：外出务工收入	495.1	303.1	332.0
2. 家庭经营收入	1522.4	1554.6	1612.6
其中：种植业收入	951.6	872.2	905.0
牧业收入	306.1	420.2	418.4
3. 财产性收入	40.4	42.1	38.5
4. 转移性收入	268.0	201.7	264.1
其中：政策性转移支付	159.9		165.9
二、纯收入构成			
1. 工资性收入	35.6	27.1	28.8
其中：外出务工收入	17.4	12.3	12.4
2. 家庭经营收入	53.6	63.0	60.0
其中：种植业收入	33.5	35.3	33.7
牧业收入	10.8	17.0	15.6
3. 财产性收入	1.4	1.7	1.4
4. 转移性收入	9.4	8.2	9.8
其中：政策性转移支付	5.6	5.2	6.2

数据来源：国家贫困监测抽样调查

2009年，民族扶贫县农民人均纯收入为2688.1元，比上年增加219.8元，增长8.9%，比国家扶贫重点县（2842.1元）少154.0元。在农民人均纯收入中，工资性收入占28.8%，比上年增加1.7个百分点；家庭经营收入占60.0%，比上年减少3.0个百分点；财产性收入占1.4%，比上年减少0.3个百分点；转移性收入占9.8%，比上年增加1.6个百分点。在家庭经营收入中，种植业和牧业纯收入占49.3%，在民族扶贫县，外出打工等其他收入虽有所增加，但种植业和牧业收入仍是农民人均纯收入的主要来源。国家对贫困地区的扶贫救济、粮食直补等惠农补贴政策直接增加了农民收入，政策性转移支付占农民人均纯收入的6.2%，比上年增加1.0个百分点。

2. 农户消费

农民人均生活消费支出2228.9元，比国家扶贫重点县少138.5元。食品、衣着、居住等基本生活消费支出1640.0元，占生活消费支出的73.6%。人均生活消费支出中食品支出构成即恩格尔系数为51.8%，比上年下降3.1个百分点，比国家扶贫重点县恩格尔系数（48.8%）高3.0个百分点。

表4-8　民族扶贫县农民生活消费及生产支出

单位：元/人、%

指标名称	国家扶贫重点县	民族扶贫县	
	2009年	2008年	2009年
一. 生活消费支出	2367.4	2083.7	2228.9
1. 食品	1155.6	1143.1	1154.8
2. 衣着	134.1	112.6	122.7
3. 居住	413.3	300.4	362.5
4. 家庭设备用品	108.7	80.2	95.4
5. 交通通讯	194.7	166.8	188.7
6. 文化教育	167.3	129.5	127.9
7. 医疗保健	155.3	120.0	142.2
8. 其他	38.5	31.1	34.8
二. 生活消费构成			
1. 食品	48.8	54.9	51.8
2. 衣着	5.7	5.4	5.5
3. 居住	17.5	14.4	16.3
4. 家庭设备用品	4.6	3.9	4.3
5. 交通通讯	8.2	8.0	8.5
6. 文化教育	7.1	6.2	5.7
7. 医疗保健	6.6	5.8	6.4
8. 其他	1.6	1.5	1.6

数据来源：国家贫困监测抽样调查

从农民人均生产支出情况看，家庭经营支出为1091.0元，比上年增加4.7元，比国家扶贫重点县多113.1元。家庭经营支出主要用于种植业和牧业生产，占90.1%，其中牧业生产支出比国家扶贫重点县多106.4元。

（四）农村教育和卫生健康

1. 农村教育

2009年底，民族扶贫县农村7-15岁儿童在校率为96.2%，比上年提高0.5个百分点，低于国家扶贫重点县1.2个百分点。分年龄段看，7-12岁儿童在校率为97.1%，13-15岁儿童在校率为94.8%，均比上年提高0.5个百分点，但均低于国家扶贫重点县水平。平均每个小学生教育费用220.6元，初中生教育费用720.3元，分别比国家扶贫重点县少65.6元和156.2元。与上年相比，增加16元和48.3元。年内受到社会捐助的学生比重为14.2%，比上年提高0.4个百分点，且高于国家扶贫重点县3.7个百分点。国家实施的“两免一补”政策，使得少数民族重点县学生教育费用负担减轻，并在捐资助学方面得到了较多的社会帮扶。

表4-9　民族扶贫县7-15岁儿童在校率和平均教育费用

指标名称	国家扶贫重点县	民族扶贫县	
	2009年	2008年	2009年
1．7-15岁儿童在校率（%）	97.4	95.7	96.2
其中：7-12岁儿童在校率	98.2	96.6	97.1
13-15岁儿童在校率	96.2	94.3	94.8
2．平均每个学生教育费用（元）	1650.6	1125.9	1253.8
其中：平均每个小学生教育费用	286.2	204.6	220.6
平均每个初中生教育费用	876.5	672.0	720.3

数据来源：国家贫困监测抽样调查

在民族扶贫县中，有66.8%的小学生上学所需时间少于0.5小时，有16.7%的小学生上学所需时间在0.5-1小时之间。有12.8%的小学生住校，住校生的比例比上年提高0.8个百分点，高于国家扶贫重点县住校生占10.9%的水平。中学生以住校为主，上学时间在半小时之内的只占22.2%，住校生比例高达58.7%。民族扶贫县小学生上寄宿制学校的人数呈增长趋势，且住校比例高于国家扶贫重点县的平均水平。

对失学儿童的调查表明，7-15岁儿童的失学原因变得多样化，因家庭经济困难而失学的儿童，由2005年的41.1%下降到2009年的18.3%，自己不愿意上学的比重为30.8%，比上年增加3.2个百分点，因环境原因（没老师、没校舍、离校太远）不上学的儿童只占1.8%，有半数的失学儿童是因没考上高一级学校、家中缺少劳动力、家长疏于管理等其他原因而没有上学。

表4-10　民族扶贫县7-15岁儿童失学原因

单位：%

指标名称	国家扶贫重点县	民族扶贫县	
	2009年	2008年	2009年
1．经济困难	17.2	21.2	18.3
2．自己不愿意	35.6	27.6	30.8
3．家中缺少劳动力	4.6	5.5	6.0
4．没考上高一级学校	3.4	2.2	2.8
5．没老师、没校舍、离校太远	2.1	2.7	1.8
6．其他	37.1	40.8	40.1

数据来源：国家贫困监测抽样调查

有51.4%的学生有继续读书的愿望，比上年下降3.4个百分点。失学儿童中想继续上学的人数减少，反映出民族扶贫县教育观念尚需转变。

2．卫生及健康状况

医疗条件逐年改善，但仍落后于国家扶贫重点县平均水平。到2009年底，民族扶贫县有74.5%的村有卫生室，有74.6%的村有乡村医生或卫生员，有70.7%的村有合格接生员，分别比上年提高2.3、2.7和2.4个百分点。

表4-11　民族扶贫县社区医疗条件

单位：%

指标名称	国家扶贫重点县	民族扶贫县	
	2009年	2008年	2009年
一. 卫生设施			
1. 有卫生室的村比重	79.6	72.2	74.5
2. 有合格乡村医生/卫生员的村比重	79.0	71.9	74.6
3. 有合格接生员的村比重	75.0	68.3	70.7
二. 参加新型合作医疗的农户比重	92.1	89.2	92.7
三. 健康状况			
1. 残疾	1.3	1.1	1.5
2. 患有大病	0.4	0.3	0.4
3. 长期慢性病	1.5	1.2	1.2
4. 体弱多病	3.9	3.9	3.8
5. 健康	92.9	94.2	93.1
四. 有病是否能及时就医			
1. 是	90.4	85.4	86.4
2. 否	9.6	14.6	13.6
五. 不能及时就医的原因			
1. 经济困难	55.5	54.8	53.8
2. 医院太远	33.9	33.2	33.6
3. 没有时间	0.8	0.9	1.0
4. 本人不重视	2.7	3.3	3.3
5. 小病不用医	3.5	3.4	3.8
6. 其他	3.6	4.3	4.4

数据来源：国家贫困监测抽样调查

新型合作医疗的开展，对农户的及时就医起到了积极作用。2009年，参加新型合作医疗的农户达到92.7%，比上年提高3.5个百分点。生病时能及时就医的农户比例占86.4%，比上年提高了1.0个百分点，不能及时就医的人数占调查人数的13.6%，比上年下降1.0个百分点。不能及时就医的主要原因中，经济困难占53.8%，医院太远占33.6%。家庭收入低、医疗费用高、乡村医疗点少等是造成群众有病不能及时就医的主要原因。

（五）劳动力素质及就业

1．劳动力素质

2009年在民族扶贫县农村劳动力中，文盲半文盲占14.2%、小学文化程度占35.9%、初中占40.6%、高中及以上占6.7%。与上年相比，文盲劳动力降低了0.3个百分点，小学劳动力降低了1.1个百分点，初中劳动力上升了0.6个百分点，高中及以上劳动力上升了0.8个百分点。民族扶贫县农村劳动力具有初中及以上文化程度的占49.9%，低于国家扶贫重点县所占比重（56.6%）。

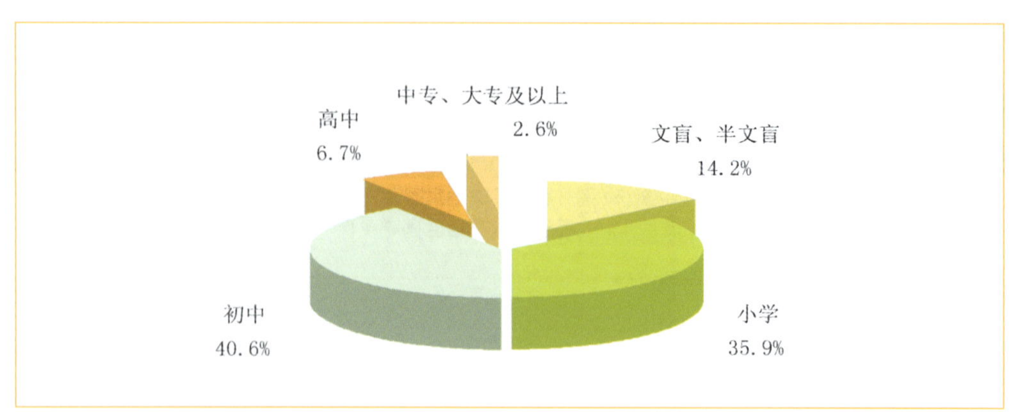

图 4-4　2009 年民族扶贫县劳动力文化程度构成

数据来源：国家贫困监测抽样调查

2．劳动力就业

从劳动力从事的主要行业看，第一产业劳动力占全部劳动力的比重为 83.5%，比 2006 年下降了 5.8 个百分点；第二和第三产业为 9.0% 和 7.5%，分别比 2006 年上升了 3.5 和 2.4 个百分点。与国家扶贫重点县相比，民族扶贫县第一产业所占比重较大，高 6.7 个百分点，特别是从事种植业的劳动力所占比重（77.5%）比国家扶贫重点县所占比重（73.6%）高 3.9 个百分点，表明民族扶贫县大部分劳动力仍然分布在第一产业并主要从事农业生产，但所占比重逐年下降。

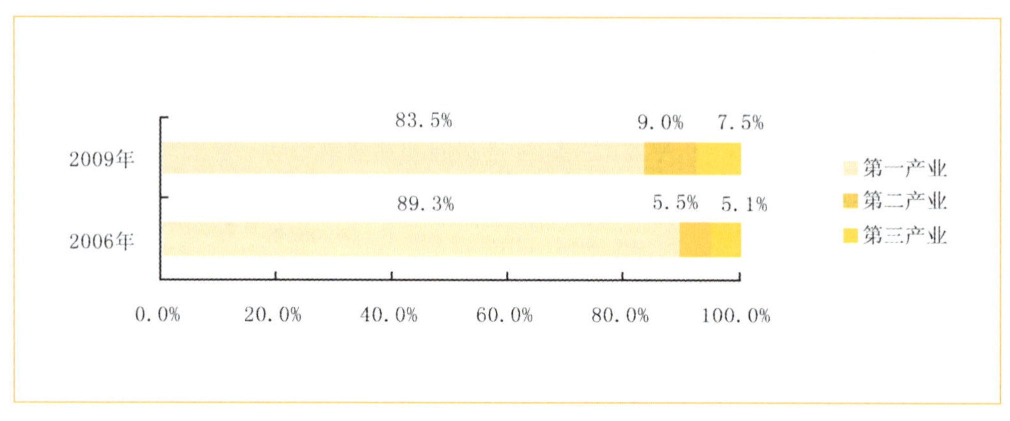

图 4-5　民族扶贫县劳动力当年从事主要行业构成

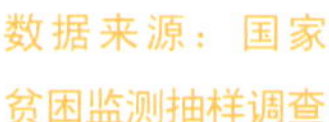
数据来源：国家贫困监测抽样调查

曾受过技能培训的劳动力比重为 17.9%，比上年提高 0.5 个百分点。说明在民族扶贫县对劳动力的技能培训逐年增强。

从劳动力外出情况看，无论是外出人数、从业时间还是收入，民族扶贫县的都低于国家扶贫重点县。劳动力外出打工比重为 16.6%，比上年提高了 0.7 个百分点。农民外出务工收入占全年纯收入的比重为 12.4%，低于国家扶贫重点县（17.4%）5.0 个百分点。在调查人群中，少数民族会汉语的人口比例为 74.1%，比上年提高了 0.4 个百分点，但仍有近 1/3 的少数民族不会汉语。因此，虽然对劳动力的技能培训在加强，但少数民族由于地处偏远、文化程度低、语言不通、生活习俗差异等因素，外出打工难度大。

（六）扶贫活动

1．项目开展和资金投入情况

国家大力支持民族扶贫县的扶贫开发工作，对民族扶贫县的村级扶贫投入和开展的各项扶持活动均多于其他国家扶贫重点县的平均水平。在民族扶贫县

2341个被调查村中，当年有62.8%的村参加了各类到村到户扶贫项目，比上年上升4.4个百分点，比国家扶贫重点县高12.0个百分点。平均每村当年落实的扶贫资金为25.8万元，比上年增加了8.4万元；当年使用的扶贫资金为26.8万元，比上年增加9.8万元。按扶持形式分，得到现金扶持的村占52.3%，比上年提高3.4个百分点；得到实物扶持的村占28.3%，比上年提高2.5个百分点；得到技术扶持的村占23.9%，比上年提高4.0个百分点；这3种扶持形式所占比重分别比国家扶贫重点县高8.2、10.0、9.1个百分点。

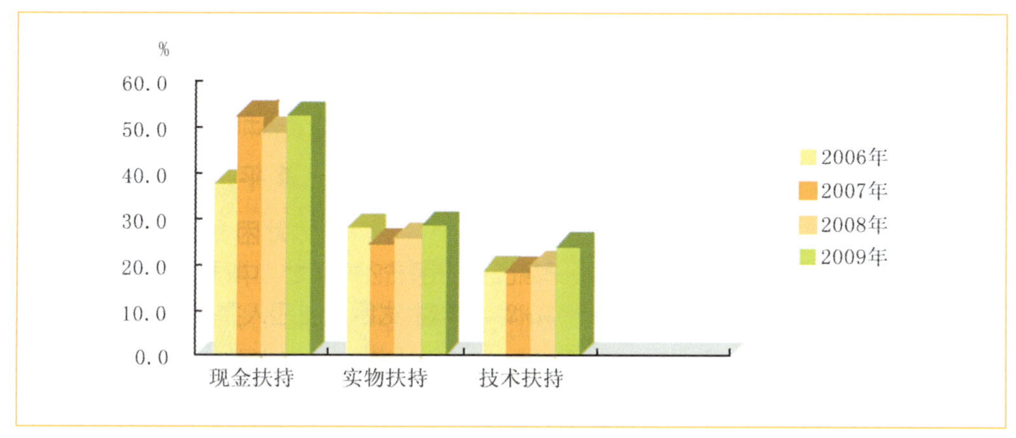

图4-6 民族扶贫县得到扶贫项目的村按扶持形式分所占比重

数据来源：国家贫困监测抽样调查

2．项目成果

到村到户的扶贫项目主要包括种植业、养殖业、林业、修建基本农田、人畜饮水工程、技术培训等。平均每个项目村扶持农户和公共项目成果主要有：修建基本农田17.0亩，退耕还林还草284.1亩，修建道路1.0公里，架电0.9公里，安装电视接收设施0.8个，修建卫生室及设施0.2个，种植业扶持17户，养殖业扶持6.3户，林业扶持5.2户，农产品加工及其他行业扶持0.2户，解决人畜饮水困难15.8户，有18.6人次参加了技术培训等。

3．村及农户需求

表4-12 民族扶贫县村级扶贫活动情况

单位：%

指标名称	最希望得到的扶持项目构成	
	2006年	2009年
1．种植业	41.1	40.6
2．林业	2.8	3.2
3．养殖业	20.3	21.6
4．农产品加工业	3.2	3.7
5．其他生产行业	1.1	1.0
6．基本农田建设	5.3	6.1
7．人畜饮水工程	8.1	6.5
8．修建及改扩建道路	9.6	9.8
9．电力设施	1.1	1.1
10．电视接收设施	0.9	0.2
11．学校及设备	1.0	0.7
12．卫生及设备	0.6	0.9
13．技术培训	2.0	2.2
14．儿童入学和扫盲	0.1	0.3
15．退耕还林还草	2.3	0.7
16．其他	0.5	1.4

数据来源：国家贫困监测抽样调查

从2009年村级扶贫项目实施和农户参与扶贫活动的情况看，种植、养殖、修路、人畜饮水和退耕还林还草是民族扶贫县村实施及农户参与完成的主要扶持项目，种植、养殖、修路、人畜饮水、修建基本农田、技术培训和退耕还林还草是行政村及农户最迫切希望得到的项目。

在民族扶贫县被调查的村中，希望得到的扶持项目排在前七位的是：种植业40.6%，养殖业21.6%，修建道路9.8%，人畜饮水6.5%，修建基本农田6.1%，农产品加工业3.7%，林业3.2%。表明被调查村希望在基础设施、改善生产生活条件、种植养殖等项目上得到更多的扶持。

（国家民委经济司　袁彦）

二、革命老区扶贫县贫困监测

中国革命老根据地简称革命老区或老区，是指土地革命时期和抗日战争时期，在中国共产党和毛泽东等老一辈无产阶级革命家领导下创建的革命根据地。由于老区大都处于在山高路远的偏僻地带，经济发展缓慢，基础设施落后，交通不便，信息不灵，多数仍处于比较贫困的状态。

革命老区的具体划分方法分二步：第一步，明确基本标准：在土地革命时期，曾经有中共组织，有革命武装，发动了群众，进行了打土豪、分田地、分粮食牲畜等运动，建立工农政权并进行武装斗争坚持半年以上的；或是在抗日战争时期，曾经有中共组织，有革命武装，发动了群众，进行了减租减息运动，建立抗日民主政权并进行武装斗争坚持一年以上的。第二步，分层认定：以村为最小认定单位，如果1个乡镇有超过50%的村属于革命老根据地，则这个乡镇可以认定为老区乡镇。

据中国老区建设促进会的统计，至少有1个老区乡镇的县共有1389个。其中：老区乡镇比例超过90%的县有409个，老区乡镇比例在50%-89%之间的县有486个，老区乡镇比例在10%-49%之间的县有419个，老区乡镇比例不足10%的县有75个。

从准确反映老区扶贫县社会经济发展现状的角度考虑，老区乡镇比例高的县更能反映老区扶贫县的特点。在国家确定的592个扶贫重点县中，老区乡镇比例超过90%的县有146个[③]。我们将根据这146个县的调查数据，描述2009年革命老区扶贫重点县（以下简称老区扶贫县）的社会经济发展水平。

到2009年底，146个革命老区扶贫县的总面积47.4万平方公里，总人口5304.8万人，其中乡村人口4423.7万人。国家统计局对其中1322个村、13190个调查户、55464人开展了贫困监测抽样调查。调查结果显示，2009年，老区扶贫县的贫困程度继续下降，乡村基础设施进一步改善，农民生活水平进一步提高，各项社会事业持续稳步发展。

（一）贫困状况及区域经济

1．贫困程度

2009年，146个老区扶贫县低于1196元标准的贫困人口约369.7万人，比上年减少了60.8万人[④]；贫困发生率（贫困人口占乡村人口的比重）为8.4%，比上年下降

③ 因为去年纳入统计范围的黔江县今年由县改区，所以今年纳入统计范围的老区扶贫县减少为146个。

④ 为方便比较，部分2008年的统计数据中除去了原黔江县的相关数据。

了1.4个百分点。

老区扶贫县的贫困程度轻于扶贫重点县的平均水平，但明显高于全国平均水平：贫困发生率比扶贫重点县（10.9%）低2.5个百分点，是全国平均水平（3.8%）的2.2倍。

2．区域经济发展

2009年，老区扶贫县的地方生产总值5464.4亿元，比上年增长[⑤]9.5%，增速低于扶贫重点县11.3%的平均水平。其中，第一产业增加值1141.3亿元，比上年增长6.3%。第二产业增加值2628.4亿元，比上年增长4.6%。第三产业增加值1694.7亿元，比上年增长20.7%。

2009年，老区扶贫县的第一产业增加值比重继续下降，第二产业和第三产业的总增加值占地方生产总值中的比重上升，特别是第三产业增加值所占比重上升了2.9个百分点。但与全国县市的平均水平相比，老区扶贫县的第一产业比重明显偏高，而二、三产业比重较低。第一产业增加值占地方生产总值的20.9%，比全国县市的平均水平（15.9%）高了5个百分点；第二产业占48.1%，比全国县市的平均水平（51.4%）低了3.3个百分点；第三产业占31.0%，比全国县市的平均水平（32.7%）低了个1.7百分点。

4-13　老区扶贫县地方生产总值

指标名称	2008年	2009年	比上年增长
1．地区生产总值（万元）	4990.2	5464.4	9.5
第一产业增加值	1073.7	1141.3	6.3
第二产业增加值	2512.1	2628.4	4.6
第三产业增加值	1404.5	1694.7	20.7
2．地区生产总值构成（%）			
第一产业增加值	21.5	20.9	-0.6
第二产业增加值	50.3	48.1	-2.2
第三产业增加值	28.1	31.0	2.9
3．人均地区生产总值（元）	9463.4	10300.8	8.8
第一产业增加值	2036.1	2151.5	5.7
第二产业增加值	4764.0	4954.8	4.0
第三产业增加值	2663.4	3194.6	19.9

数据来源：国家扶贫重点县贫困监测调查

老区扶贫县的经济发展水平略高于扶贫重点县，但与全国县市的平均水平相比，仍存在很大差距。2009年的人均地方生产总值10301元，比扶贫重点县（9348元/人）高10.2%，仅为全国县市的平均水平（18878元/人）的54.6%。

2009年老区扶贫县的地方财政预算内收入为282.2亿元，与上年相比，增长了23.2%；人均财政收入531.9元，比上年增加了97.5元，增长22.4%，人均水平和增长速度均高于扶贫重点县429元和21.0%的水平。

虽然财政收入稳步增长，但是老区扶贫县仍处于入不敷出的境地。2009年地方财政预算内支出为1287.9亿元，与上年相比，增长33.1%；人均财政支出2427.8元，比上年增加了592.9元，增长32.3%。财政支出的人均水平和增长速度都远高于地

⑤ 生产总值及产业增加值的增长速度计算没有扣除物价因素的影响。

方财政预算内收入，财政赤字有进一步扩大的趋势。

2009 年老区扶贫县的年末金融机构各项存款余额 5331.4 亿元，比上年增加了 953.1 亿元，增长 21.8%；其中，城乡居民储蓄存款余额为 3608.4 亿元，与上年相比，增长 17.3%；人均年末金融机构各项存款余额 10050.1 元，比上年增加了 1747.2 元，增长 21.0%；人均城乡居民储蓄存款余额为 6802.2 元，比上年增加了 969.4 元，增长 16.6%。人均城乡居民储蓄存款余额的水平高于扶贫重点县 5651 元的水平，但增长速度比扶贫重点县 16.9% 的水平低了 0.3 个百分点。

（二）农户生产与生活条件

1. 土地及基础设施

老区扶贫县多地处山区，人均耕地面积为 2.28 亩，较去年略有增加，其中旱地 1.74 亩，水田及水浇地 0.54 亩，低于全国和扶贫重点县的平均水平；另外，人均桑园、茶园、果园面积为 0.14 亩，与去年基本持平；人均草场 0.87 亩，较去年有所减少；而人均林地面积和人均荒山荒坡面积均较去年略有增加，分别为 0.94 亩 0.22 亩。

2009 年，老区扶贫县中通公路的自然村、通电的自然村、通电话的自然村和能够接受电视节目的自然村所占比例均有不同程度的增加。其中，通公路的自然村占 84.7%，比上年提高了 0.9 个百分点；通电的自然村占 98.3%，比上年提高了 0.7 个百分点；通电话的自然村占 90.7%，比上年提高了 1.5 个百分点；能接收电视节目的自然村占 93.7%，比上年提高了 0.5 个百分点。

图 4-7 老区扶贫县自然村基础设施条件

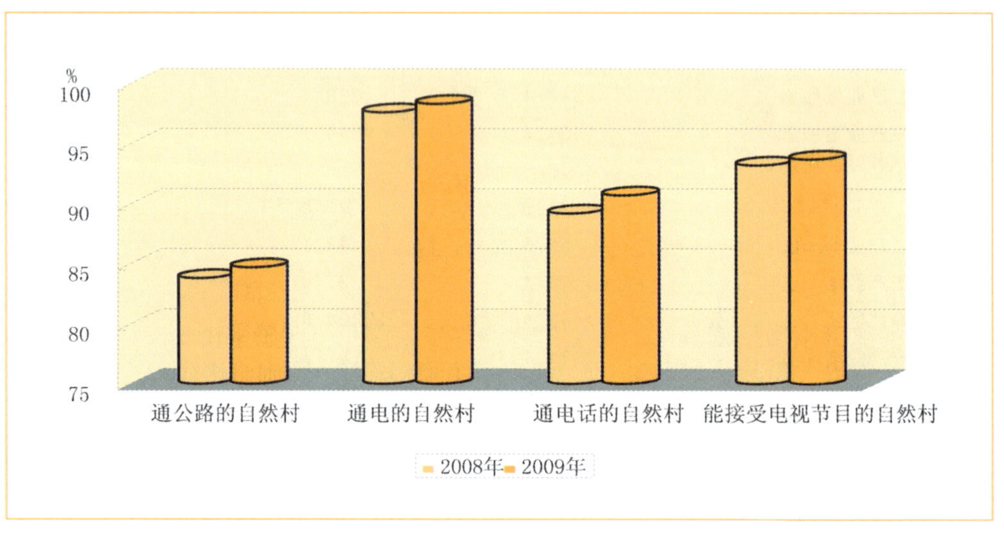

数据来源：国家贫困监测抽样调查

2. 生活设施及财产

2009 年老区扶贫县人均住房面积为 25.8 平方米，比上年增加了 0.7 平方米；每平米房屋的价值为 233 元，比上年提高了 22 元。可以看出，2009 年，老区扶贫县的住房条件得到了进一步的改善。

从住房结构看，居住钢筋混凝土结构住房的农户占 23.4%，比上年提高了 2.1 个百分点；居住砖木结构住房的农户占 48.8%，比上年下降了 0.7 个百分点；仍有 14.7% 的农户居住在竹草、土坯结构的住房中，但比去年下降了 0.8 个百分点；其他结构住房的农户占 13.1%，其中包括毡房、石板房等。

表 4-14　老区扶贫县农户住房状况

指标名称	国家扶贫重点县	老区扶贫县	
	2009 年	2008 年	2009 年
1. 面积（平方米/人）	24.4	25.1	25.8
2. 价值（元/平方米）	217.4	211.1	233.2
3. 住房结构比例（%）			
(1) 砖木结构	45.1	49.5	48.8
(2) 竹草结构	0.7	0.2	0.2
(3) 土坯结构	19.9	15.3	14.5
(4) 钢筋混凝土结构	18.3	21.3	23.4
(5) 其他	16.0	13.7	13.1

数据来源：国家贫困监测抽样调查

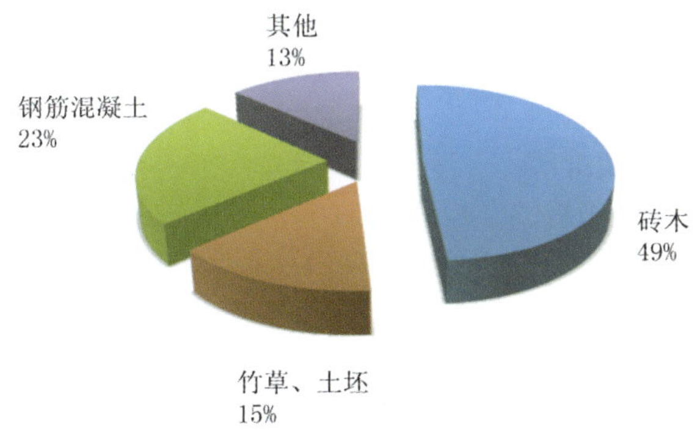

图 4-8　老区扶贫县农户住房结构（%）

总体来看，老区扶贫县无论是人均住房面积、单位住房价值还是住房结构都要明显好于扶贫重点县的平均水平。但距全国平均水平仍有一定差距。

随着老区扶贫县农户生活条件的进一步改善，2009 年，有厕所的农户比重为 92.8%，用电户比重为 99.3%，有取暖设备的农户比重为 61.6%，饮用自来水和深井水的农户比重为 57.0%，分别比上年提高了 0.8、0.1、1.6 和 3.3 个百分点。饮水困难的农户比重为 9.2%，比上一年下降了 1 个百分点；取得生活燃料越来越困难的农户比重为 23.6%，比上一年下降了 1.4 个百分点。总体来看，老区扶贫县的农户生活设施状况基本上与扶贫重点县的平均水平接近或略高，但用电户比重已达到全国平均水平。

表 4-15　老区扶贫县农户生活设施状况

单位：%

指标名称	国家扶贫重点县	老区扶贫县	
	2009 年	2008 年	2009 年
1. 有厕所的农户比例	88.0	92.0	92.8
2. 用电户比例	97.7	99.2	99.3
3. 有取暖设备的农户比例	63.2	60.0	61.6
4. 饮用自来水和深井水的农户比例	60.3	53.7	57.0
5. 饮水困难的农户比例	9.5	10.2	9.2
6. 取得生活燃料越来越困难的农户比例	31.5	25.0	23.6

数据来源：国家贫困监测抽样调查

2009年农户的耐用消费品拥有量继续增加，每百户拥有冰箱、冰柜19.7台；拥有电视机104.8台，其中彩色电视机92.0台；拥有自行车47.6辆；拥有摩托车45.7辆；拥有固定电话、移动电话122.4台。总体来看，老区扶贫县的农户耐用消费品拥有量高于扶贫重点县，但低于全国的平均水平。

表4-16　老区扶贫县农户耐用消费品拥有情况

指标名称	单　位	国家扶贫重点县	老区扶贫县	
		2009年	2008年	2009年
1. 冰箱、冰柜	台／百户	18.6	14.7	19.7
2. 电视机	台／百户	101.2	102.8	104.8
其中：彩色电视机	台／百户	90.0	87.2	92.0
3. 自行车	辆／百户	47.5	50.3	47.6
4. 摩托车	辆／百户	40.8	40.8	45.7
5. 固定电话、移动电话	部／百户	114.6	107.7	122.4

数据来源：国家贫困监测抽样调查

3. 村级经济及科技推广

受2008年全球经济危机的影响，2009年，老区扶贫县的乡镇企业个数继续减少，平均每个村乡镇企业0.4个，比上年减少了0.2个；但随着2009年中国经济的全面复苏，平均每个企业的销售总收入由2008年的30.5万元增长到2009年的56.7万元。

在科技推广方面，使用节水栽培技术的村占3.4%，有塑料大棚或温室的村占11.9%，有农牧业新技术示范户的村占22.1%，举办过专业技术培训的村占35.6%。虽然各项指标比上一年都略有提高，但老区扶贫县对科技推广的支持力度仍大大低于扶贫重点县的平均水平。

表4-17　老区扶贫县科技推广及培训情况

单位：%

指标名称	国家扶贫重点县	老区扶贫重点县	
	2009年	2008年	2009年
1. 使用节水栽培技术的村比重	7.1	2.2	3.4
2. 有塑料大棚／温室的村比重	15.8	10.2	11.9
3. 有农牧业新技术示范户的村比重	29.3	20.0	22.1
4. 举办过专业技术培训的村比重	43.3	34.5	35.6

数据来源：国家贫困监测抽样调查

4. 当年受灾情况

2009年，老区扶贫县中，遭遇严重自然灾害的村占44.4%，比上一年略有下降。但由于2009年中国西南地区遭遇了罕见的旱灾，在众多自然灾害（旱灾、水灾、病虫害、冷冻灾害、干热风灾、动物疫情、泥石流或山体滑坡以及地震等）中，旱灾所占的比例大幅增加，由2008年的48.5%增长到2009年的66.6%，增长了18.1个百分点；相比之下，除了水灾、干热风灾和动物疫情所占比例较2008年略有增加外，其他各项灾害所占比例都有明显下降，其中去年影响第二大的自然灾害水灾所占比例由2008年的23.8%下降到2009年的11.6%，下降了12.2个百分点。

在遭遇严重自然灾害的村中，种植业受灾的村占全部村的44.3%，大牲畜受灾的村占全部村的16.8%，住房和生产用房受灾的村占全部村的15.7%。此外，老区扶贫县中，地方病病（疫）区的村占全部村的13.4%，比上一年下降了10.3个百分点，其中84.2%是大骨节病，其次是碘缺乏病、地方性氟中毒、布氏杆菌病、克山病、鼠疫和地方性砷中毒。

2009年老区扶贫县收到过救济救灾款物的农户比重为25.1%，平均每户收到过救济救灾款物427元。

表4-18　老区扶贫县遭受自然灾害情况

单位：%

指标名称	国家扶贫重点县	老区扶贫重点县	
	2009年	2008年	2009年
1. 当年遭遇严重自然灾害的村比重	39.1	45.2	44.4
(1) 旱灾	68.2	48.5	66.6
(2) 水灾	8.1	8.9	9.2
(3) 病虫害	8.4	7.4	6.5
(4) 冷冻灾害	6.5	23.8	11.6
(5) 干热风灾	1.5	0.8	1.2
(6) 动物疫情	1.4	1.3	1.4
(7) 泥石流或山体滑坡	1.0	0.7	0.3
(8) 地震	1.0	3.0	0.2
(9) 其他灾害	4.0	5.5	3.1
2. 种植业受灾的村比重	38.8	45.0	44.3
3. 大牲畜受灾的村比重	18.0	24.1	16.8
4. 猪、羊受灾的村比重	18.3	23.2	16.3
5. 家禽受灾的村比重	18.0	22.7	16.5
6. 住房和生产用房受灾的村比重	16.3	22.5	15.7
7. 地方病病（疫）区的村比重	15.1	23.7	13.4

数据来源：国家贫困监测抽样调查

（三）农户收入与消费

1. 农民收入情况

2009年，老区扶贫县农民人均纯收入为2810元，比上年增加194元，增长了7.4%，比国家扶贫重点县（2842元）少32元。在农民人均纯收入中，工资性收入占40.7%，比上一年增加了1.7个百分点；家庭经营纯收入占49.3%，比上一年减少了2.5个百分点；财产性收入占1.6%，与上一年基本持平。转移性收入占8.4%，比上一年增加了0.9个百分点。

在工资性收入中，外出务工收入占20.3%，比上一年增加了0.7个百分点；在家庭经营收入中，种植业收入和牧业收入共占40.5%。可以看出，虽然外出务工等工资性收入所占比例有所增加，而种植业和牧业等家庭经营收入所占比例有所下降，但种植业和牧业作为农民纯收入的一种主要来源，仍然具有重要的地位。

此外，在235元的人均转移性收入中，来自国家的扶贫救济、粮食直补、退耕还林还草等惠农政策性补贴占了145元。国家的转移支付直接增加了农民收入，对农民增收的贡献率8.2%。

表4-19　老区扶贫县农民人均纯收入

单位：元/人、%

指标名称	国家扶贫重点县	老区扶贫县	
	2009年	2008年	2009年
一、农民人均纯收入	2842.1	2615.7	2810.1
1.工资性收入	1011.2	1020.7	1144.7
其中：外出务工收入	495.1	513.1	571.2
2.家庭经营收入	1522.4	1355.5	1386.4
其中：种植业收入	951.6	889.7	922.4
牧业收入	306.1	222.9	215.2
3.财产性收入	40.4	42.8	43.7
4.转移性收入	268.0	196.8	235.3
二、纯收入构成			
1.工资性收入	35.6	39.0	40.7
其中：外出务工收入	17.4	19.6	20.3
2.家庭经营收入	53.6	51.8	49.3
其中：种植业收入	33.5	34.0	32.8
牧业收入	10.8	8.5	7.7
3.财产性收入	1.4	1.6	1.6
4.转移性收入	9.4	7.5	8.4

数据来源：国家贫困监测抽样调查

2.农民生活消费情况

2009年老区扶贫县农民人均生活消费支出2377元，比上年增加123元，增长了5.4%，略高于扶贫重点县的平均水平。其中，农民人均食品消费支出1144元，比上年增长了1.5%；人均衣着消费支出133元，比上年增长了8.5%；人均居住消费支出374元，比上年增长了6.7%；人均家庭设备用品支出111元，比上年增长了20.4%；人均交通通讯支出193元，比上年增长了7.3%；人均文化教育支出210元，比上年增长了7.4%；人均医疗保健支出167元，比上年增长了15.6%；人均其他商品支出46元，比上年增长了6.0%。

表4-20　老区扶贫县农民生活消费支出

单位：元/人、%

指标名称	国家扶贫重点县	老区扶贫县	
	2009年	2008年	2009年
一.生活消费支出	2367.4	2254.1	2376.8
1.食品	1155.6	1126.6	1144.0
2.衣着	134.1	122.9	133.3
3.居住	413.3	350.2	373.6
4.家庭设备用品	108.7	92.1	110.9
5.交通通讯	194.7	179.9	193.1
6.文化教育	167.3	195.1	209.6
7.医疗保健	155.3	144.3	166.8
8.其他	38.5	43.1	45.7
二.生活消费构成			
1.食品	48.8	50.0	48.1
2.衣着	5.7	5.5	5.6
3.居住	17.5	15.5	15.7
4.家庭设备用品	4.6	4.1	4.7
5.交通通讯	8.2	8.0	8.1
6.文化教育	7.1	8.7	8.8
7.医疗保健	6.6	6.4	7.0
8.其他	1.6	1.9	1.9

数据来源：国家贫困监测抽样调查

从消费结构看，老区扶贫县的恩格尔系数低于国家扶贫重点县的平均水平，而医疗保健支出、文化教育支出和家庭设备用品支出等都高于国家扶贫重点县的平均水平。

（四）农村教育和卫生健康

1. 农村教育

2009 年底，老区扶贫县农村 7-15 岁儿童在校率为 97.8%，与上年持平。分年龄段看，7-12 岁儿童在校率为 97.9%，比上年降低了 0.4 个百分点；13-15 岁儿童在校率为 97.5%，比上年提高了 0.3 个百分点。平均每个学生教育费用支出 2136 元，比上年增长了 12.7%。其中，小学生 386 元，比上年增长了 8.4%；初中生 1142 元，比上年增长了 7.0%。年内受到社会捐助的学生比重为 6.4%，比上年下降了 0.9 个百分点，低于扶贫重点县的 10.5%。总体来看，老区扶贫县的农户在教育费用方面的支出要高于扶贫重点县的平均水平，而老区扶贫县学生受到社会捐助的比例却低于扶贫重点县的平均水平。因此，政府仍需出台相关政策，来进一步减轻老区扶贫县在学生教育费用方面的负担。

表 4-21　老区扶贫县儿童在校率和平均教育费用

指标名称	国家扶贫重点县	老区扶贫县	
	2009 年	2008 年	2009 年
1. 7-15 岁儿童在校率（%）	97.4	97.8	97.8
其中：7-12 岁儿童	98.2	98.3	97.9
13-15 岁儿童	96.2	97.2	97.5
2. 平均每个学生教育费用（元）	1650.6	1894.7	2135.6
其中：小学生	286.1	356.3	386.3
初中生	876.6	1066.7	1141.7

数据来源：国家贫困监测抽样调查

在老区扶贫县中，超过 2/3 的小学生在居住地附近上学，花在交通上的时间较少。有 69.0% 的小学生上学所需时间少于 0.5 小时；有 16.2% 的小学生上学所需时间在 0.5-1 小时之间；有 10.5% 的小学生住校，略低于扶贫重点县住校生 10.9% 的水平。中学生以住校为主，上学时间在半小时之内的仅占 21.3%，住校生比例高达 62.5%。

表 4-22　老区扶贫县 7-15 岁儿童失学原因

单位：%

指标名称	国家扶贫重点县	老区扶贫县	
	2009 年	2008 年	2009 年
1. 经济困难	17.2	11.4	12.6
2. 自己不愿意	35.6	34.8	31.5
3. 家中缺少劳动力	4.6	9.1	7.9
4. 没考上高一级学校	3.4	4.5	6.3
5. 没老师、没校舍、离校太远	2.1	5.3	3.1
6. 其他	37.1	34.8	38.6

数据来源：国家贫困监测抽样调查

对失学儿童的调查表明，7-15岁儿童失学的原因越来越多样化。因家庭经济困难而失学的儿童，由2006年的24.3%下降到2009年的12.6%；因自己不愿意上学而失学的儿童所占比例为31.5%，虽然比上年下降了3.3个百分点，但仍然是7-15岁儿童失学的主要原因之一；因环境原因（没老师、没校舍、离校太远）而失学的儿童只占3.1%；将近半数的失学儿童是因为没考上高一年级、家中缺少劳动力或家长疏于管理等其他原因而没有继续上学。

在回答本人是否有继续读书的愿望这一问题时，答“是”的占47.2%，答“否”的占52.8%，有超过一半的失学儿童由于受各种因素影响，不想继续上学。

2．医疗条件及健康情况

老区扶贫县的医疗条件虽然在2009年有所改善，但仍低于扶贫重点县的平均水平。至2009年底，老区扶贫县有76.5%的村有卫生室，比上年提高了2.9个百分点；有73.4%的村有乡村医生或卫生员，比上年提高了0.8个百分点；有69.6%的村有合格接生员，比上年提高了0.5个百分点。

到2009年底，老区扶贫县每万人拥有的医院、卫生院床位数为19.5个；比上年增加了1.4个；每万人拥有的卫生技术人员数为21.7人；比上年增长了0.9人；其中每万人拥有医生数为10.4人。

参加新型合作医疗的农户占全部农户的比例达到86.8%，比上年增加了9.3个百分点，相应地，有病及时就医的比例也提高了0.9个百分点，达到91.5%。这个比例比扶贫重点县高出1.1个百分点。

生病时不能及时就医的人数占调查人数的8.5%。在有病不能及时就医的农户中，经济困难、无力承担高昂的医疗费用仍是主要的原因占59.1%；其次是医疗点少、医院太远，占34.5%。

表4-23　老区扶贫县社区医疗条件及农户就医情况

单位：%

指标名称	国家扶贫重点县	老区扶贫县	
	2009年	2008年	2009年
一. 卫生设施			
1. 有卫生室的村比重	79.6	73.6	76.5
2. 有合格乡村医生/卫生员的村比重	79.0	72.6	73.4
3. 有合格接生员的村比重	75.0	69.1	69.6
4. 每万人拥有医院、卫生院床位数	18.7	18.1	19.5
5. 每万人拥有卫生技术人员数	19.2	20.8	21.7
其中：医生(人)	9.4	9.8	10.4
二. 参加新型合作医疗的农户比重	92.1	77.5	86.8
三. 健康状况			
1. 残疾	1.3	1.0	2.1
2. 患有大病	0.4	0.5	0.6
3. 长期慢性病	1.5	1.7	1.8
4. 体弱多病	3.9	3.8	4.0
5. 健康	92.9	92.9	91.5
四. 有病是否能及时就医			
1. 是	90.4	90.6	91.5
2. 否	9.6	9.4	8.5
五. 不能及时就医的原因			
1. 经济困难	55.5	56.0	59.1
2. 医院太远	33.9	34.7	34.5
3. 没有时间	0.8	0.3	0.3
4. 本人不重视	2.7	1.9	1.8
5. 小病不用医	3.5	5.1	2.6
6. 其他	3.6	2.1	1.7

数据来源：国家贫困监测抽样调查

（五）劳动力素质及就业

1．劳动力素质

2009年，老区扶贫县农村劳动力的文化程度有明显提高，文盲、半文盲占6.8%，比上年下降了0.2个百分点；小学文化程度占29.5%，比上年下降了1个百分点；初中占50.7%，比上年上升了0.1个百分点；高中及以上占13%，比上年提高了1个百分点。

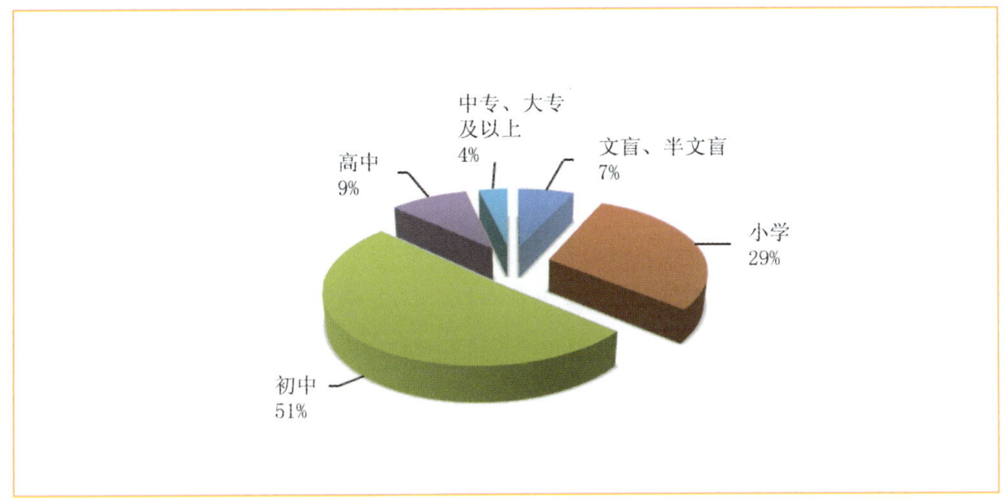

图4-9　老区扶贫县农村劳动力文化程度构成（%）

与扶贫重点县的平均水平相比，老区扶贫县农村劳动力的文化程度相对较高，文盲、半文盲的劳动力所占比例较扶贫重点县低4个百分点，高中以上文化程度的劳动力所占比例较扶贫重点县高1.9个百分点。

表4-24　老区扶贫县劳动力文化程度构成

单位：%

指标名称	国家扶贫重点县	老区扶贫县	
	2009年	2008年	2009年
1．文盲、半文盲	10.8	7.0	6.8
2．小学	32.6	30.5	29.5
3．初中	45.5	50.6	50.7
4．高中	8.1	8.9	9.5
5．中专	1.9	2.0	2.1
6．大专及以上	1.1	1.1	1.4

数据来源：国家贫困监测抽样调查

2．劳动力就业

从劳动力从事的主要行业来看，2009年，第一产业劳动力占全部劳动力的比重为71.8%，比上年下降了1.6个百分点；第二产业和第三产业所占比重分别为15.2%和12.6%，分别比上年上升了0.8和0.9个百分点。可以看出，老区扶贫县第一产业劳动力所占比重虽然有所下降，但第一产业依然是老区扶贫县的主导产业，吸纳了老区扶贫县超过2/3的农村劳动力。

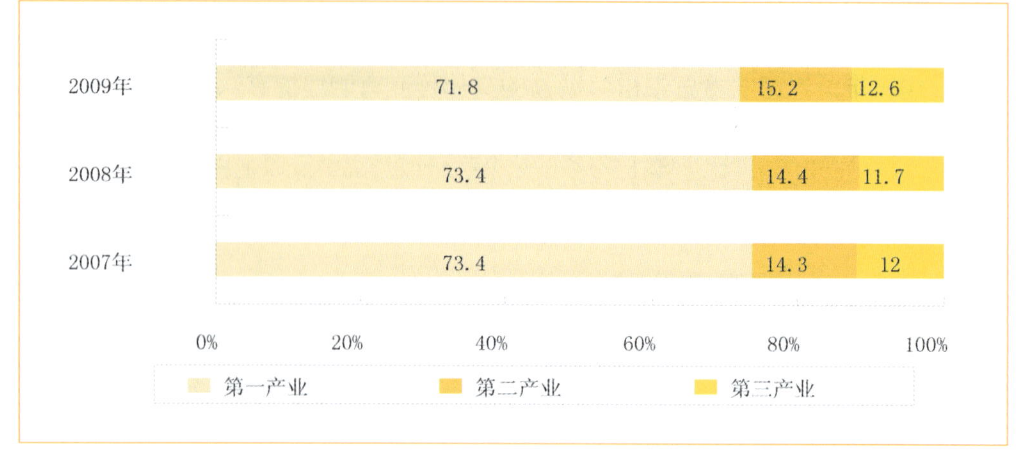

图4-10 老区扶贫县劳动力产业分布（%）

在全部劳动力中，曾受过技能培训的劳动力比重为12.7%，比上年提高了0.2个百分点；当年劳动力外出打工比重为23.4%，比上年上升了1.8个百分点。

与扶贫重点县的的平均水平相比，第一产业从业的劳动力比重低了5个百分点。第二产业劳动力比重高了2.6个百分点；第三产业劳动力比重高了2个百分点。

（六）扶贫活动

1. 项目规模

2009年，老区扶贫县的扶贫开发工作有了新的进展，政府对各项扶持活动的扶持力度均有所提高。在1322个被调查村中，有44.0%的村参加了各类到村到户扶贫项目。按扶持形式分，得到现金扶持的村占全部调查村的39.8%，比上年增加了3.9个百分点；得到实物扶持的村占11.2%，比上年下降了1.2个百分点；得到技术援助的村占10.3%，比上年提高了0.7个百分点。平均每村当年到位的扶贫资金为9.1万元，比上年减少了0.3万元；其中扶贫贷款为1.2万元，比上年增加了0.4万元。当年参与项目的农户占全部调查户的18.7%，比上年上升了1个百分点；平均每个项目户得到1066元的扶持资金，比上年增加了3元。

表4-25 老区扶贫县项目扶持情况

指标名称	国家扶贫重点县	老区扶贫县	
	2009年	2008年	2009年
1. 当年参加过扶贫项目的村比重（%）	50.7	40.6	44.0
2. 参加的扶贫活动形式：（%）			
其中：现金扶持	44.1	35.9	39.8
实物扶持	18.3	12.4	11.2
技术援助	14.8	9.6	10.3
3. 当年到位的扶贫资金总额（万元）	16.9	9.4	9.1
其中：扶贫贷款	1.9	0.8	1.2
4. 当年使用的扶贫资金总额（万元）	17.1	9.1	8.8
5. 当年参与项目的农户比重（%）	23.8	17.7	18.7
6. 项目户得到的户均扶贫资金（元）	1104.2	1062.8	1065.7

数据来源：国家贫困监测抽样调查

到村到户扶贫项目投资占前五位的是退耕还林还草占 25.5%，修建及改建公路占22.1%，人畜饮水工程占 13.3%，养殖业占 8.2%，种植业占 4.4%。

2. 项目成果

平均每个项目村有 18.1 个农户参与了人畜饮水工程项目；有 16.3 个农户参与了种植业项目，有 6.3 个农户参与了养殖业项目，有 2.8 个农户参与了林业项目；此外，平均每个项目村修建 13.4 亩基本农田，退耕还林还草 291.1 亩，修建道路 1.3 公里，12.7 人次参加了技术培训。

3. 农户参与

2009 年，老区扶贫县农户对扶贫活动的参与更加积极，无论是社会参与程度还是公平程度较上一年都有所提高，但距离扶贫重点县的平均水平还存在一定的差距。2009 年，在项目村中，有 91.9% 的农户知道本村开展了项目活动。这些农户得到扶贫项目信息的渠道主要是公开渠道：通过村民会议或村委会的公示知道的农户占 68.2%；作为村干部接到上级通知而知道的农户占 3.1%；通过村干部的个别通知而知道的农户 11.3%。此外，有 51.3% 的农户有机会在项目开始之前参与讨论。

在参与项目的农户中，有 53.5% 的农户所参与的项目是自选的，有 77.2% 的农户参与的项目在事前征求了农户的同意，有 83.2% 的农户当年就得到了扶贫项目资助。

表 4-26　老区扶贫县农户参与项目情况

单位：%

指标名称	国家扶贫重点县	老区扶贫县	
	2009 年	2008 年	2009 年
一. 知道村里落实了新项目的农户比重	93.1	91.2	91.9
二. 农户是如何知道的			
1. 到本次调查才知道	10.3	5.2	5.1
2. 通过村民会议、村委会的公示	71.1	67.7	68.2
3. 作为村干部接到上级的通知	3.4	3.8	3.1
4. 通过村干部的个别通知	6.9	10.3	11.3
5. 通过亲朋好友	3.1	4.7	4.3
6. 其他途径	5.1	8.4	8.1
三. 有机会在项目确定前参与讨论的农户比重	45.9	53.1	51.3
四. 当年得到扶贫项目资助的农户比重	81.9	83.4	83.2
五. 当年得到项目内容是自选的农户比重	52.3	46.7	53.5
六. 当年参与的项目征得本户同意的农户比重	77.8	75.1	77.2

数据来源：国家贫困监测抽样调查

本村正在参与的项目与本村迫切希望的项目多数不一致。2008 年，希望得到的扶持项目的村占全部村的比重排在前 5 位的是：种植业 44.7%，养殖业 38.1%，修建及改建公路 21.7%，人畜饮水工程 17.3%，农产品加工业 16.8%。2009 年实际安排了项目的村占全部村比重前 5 位是：退耕还林还草 18.4%，修建及改建公路 5.3%，养殖业 2.2%，人畜饮水工程 2.1%，技术培训 1.7%。可以看出，村里最迫切的需求是发展农牧业生产，但实际项目安排则突出了国家愿望，得到改善环境、修路项目的村最多。项目安排与村里的需要相差甚远，项目安排不能满足村级扶贫活动的需要。

农户实际参与的项目与希望参与的项目同样存在着比较大的差距，2008 年，迫切希望某种扶持项目农户数占全部农户数的比重（从高到低排列）：种植业 32.1%，养殖业 15.7%，修建道路 13.0%，人畜饮水工程 7.9%，修建基本农田 7.4%。可以看出，发展自己熟悉的农牧业生产是农户最大愿望，其次是修路和改善基本条件。而 2009 年农户实际参与的项目占全部农户比重的前 5 位的是：退耕还林还草 13.9%，修建道路 1.9%，人畜饮水 1.2%，种植业 1.0%，养殖业 0.6%。

表 4-27　老区扶贫县农户需求与项目安排的情况

单位：%

指标名称	2008 年希望得到下列项目的村比重	2009 年实际进行下列项目的村比重	2008 年希望得到下列项目的农户比重	2009 年实际进行下列项目的农户比重
1. 种植业	44.7	1.1	32.1	1.0
2. 林业	14.4	0.9	3.4	0.3
3. 养殖业	38.1	2.2	15.7	0.6
4. 农产品加工业	16.8	0.1	4.4	0.0
5. 其他生产行业	7.1	0.2	2.0	0.0
6. 修建基本农田	16.7	0.8	7.4	0.8
7. 人畜饮水工程	17.3	2.1	7.9	1.2
8. 修建及改建公路	21.7	5.3	13.0	1.9
9. 电力设施	1.7	0.3	1.9	0.3
10. 电视接收设施	2.0	0.1	0.6	0.2
11. 学校及学校设施	2.6	0.7	2.0	0.0
12. 卫生室及设施	3.3	1.2	1.6	0.0
13. 技术培训	5.5	1.7	4.1	0.1
14. 扫盲和资助儿童入学	0.0	0.3	0.2	0.0
15. 退耕还林还草	1.9	18.4	3.1	13.9
16. 其他	1.9	9.0	1.3	1.7

数据来源：国家贫困监测抽样调查

2009 年，老区扶贫县的的扶贫项目安排并不能满足村里和农户的需求。项目村和项目户中，2008 年希望得到的扶贫项目与 2009 年本户实施的项目保持一致的村只占项目村的 13.0%，虽然较上一年有所提高，但仍说明项目安排与项目村的需求有较大差距；项目农户的情况较好，需求与项目安排一致的项目户占全部项目户的 35.2%，但是比上一年下降了 23.3 个百分点。因此，政府对农户的扶持力度仍需加强，扶持政策仍需调整。

表 4-28　项目村和项目户项目需求与项目实施一致程度

单位：%

指标名称	愿望与实际一致	愿望与实际不一致
项目村	13.0	87.0
项目户	35.2	64.8

数据来源：国家贫困监测抽样调查

（中国人民大学统计学院　韩正宇）

三、陆地边境区扶贫县贫困监测

我国有9省（区）在陆地与其他国家接壤：内蒙古、辽宁、吉林、黑龙江、广西、云南、甘肃、新疆、西藏，共有135个县、旗、市、市辖区有边境线分布（以下简称陆地边境县）。总人口约2160万人，其中，少数民族人口占48%。土地面积约180万平方公里，占总国土面积的18.8%。除部分口岸城市外，大部分是我国经济发展比较落后的县。在135个陆地边境扶贫县（市、区）中，有国家扶贫开发工作重点县（以下简称边境扶贫县）42个，这42个县生活条件更为艰苦，经济发展更加落后。2009年，边境扶贫县的人均财政收入、农民人均纯收入等经济指标基本上都达不到其他陆地边境县一半的水平。

国家统计局在42个边境扶贫县中，对403个村、4000个调查户、17756人开展了贫困监测抽样调查。调查结果显示，与上年相比，2009年边境扶贫县贫困程度下降，乡村基础设施进一步改善，农牧民生活水平显著提高，各项社会事业稳步发展。

（一）贫困状况及区域经济

1. 贫困程度

2009年，42个边境扶贫县总人口834.7万人，其中乡村人口630.7万人，其中，低于1196元标准的贫困人口约113.7万人，比上年减少了18.1万人；贫困发生率（贫困人口占乡村人口的比重）为18%，比上年下降了3.2个百分点。

边境扶贫县的贫困程度明显高于扶贫重点县平均10.9%和全国平均3.8%的水平。但边境扶贫县的减贫速度也快于扶贫重点县下降1.2个百分点和全国下降0.4个百分点的速度。

2. 区域经济发展

2009年，边境扶贫县的地方生产总值785.5亿元，比上年增长⑦13.7%，增速高于扶贫重点县11.3%的平均水平。其中，第一产业增加值213亿元，比上年增长8.4%。第二产业增加值299.6亿元，比上年增长15.2%。第三产业增加值272.8亿元，比上年增长16.4%。

表4-29　边境扶贫县地方生产总值

指标名称	2008年	2009年	比上年增长
1. 地区生产总值（亿元）	691.0	785.5	13.7
第一产业增加值	196.5	213.0	8.4
第二产业增加值	260.2	299.6	15.2
第三产业增加值	234.2	272.8	16.5
2. 地区生产总值构成（%）			
第一产业增加值	28.4	27.1	-1.3
第二产业增加值	37.7	38.2	0.5
第三产业增加值	33.9	34.7	0.8
3. 人均地区生产总值（元）	8329.8	9410.1	13.0
第一产业增加值	2369.4	2552.3	7.7
第二产业增加值	3136.5	3589.6	14.4
第三产业增加值	2823.9	3268.1	15.7

数据来源：国家扶贫重点县贫困监测调查

⑦ 生产总值及产业增加值的增长速度计算没有扣除物价因素的影响。

2009年，与其他陆地边境县或全国县市的平均水平相比，边境扶贫县的第一产业比重明显偏高，第二产业比重偏低。第一产业增加值占地方生产总值的27.1%，比全国县市的平均水平（15.9%）高了11.2个百分点；第二产业占38.2%，比全国县市的平均水平（51.4%）低了13.2个百分点；第三产业占34.7%，比全国县市的平均水平（32.7%）高了个2百分点。

与上年相比，边境扶贫县的第一产业增加值占地方生产总值的比重继续下降，第二产业和第三产业增加值占地方生产总值的比重上升，其中，第二产业增加值所占比重上升了0.5个百分点，第三产业增加值所占比重上升了0.8个百分点。

边境扶贫县的经济发展水平略高于扶贫重点县，但与全国县市的平均水平相比，仍存在很大差距。2009年的人均地方生产总值9410元，比扶贫重点县（9348元/人）高0.7%，仅为全国县市的平均水平（18878元/人）的49.9%。

2009年边境扶贫县的地方财政预算内收入为45.5亿元，与上年相比，增长了22.2%；人均财政收入545元，比上年增加了97元，增长21.4%，边境扶贫县的人均财政收入低于全国县市908元的水平，但增长速度比全国县市17.6%的水平高出3.8个百分点。

虽然财政收入稳步增长，但是边境扶贫县财政入不敷出的情况依然严重。2009年地方财政预算内支出为312.5亿元，与上年相比，增长33.9%；人均财政支出3744元，比上年增加了931元，增长33.1%。财政支出的人均水平和增长速度都远高于地方财政预算内收入，收支差距进一步扩大。

2009年，边境扶贫县年末金融机构各项存款余额791.4亿元，比上年增加了145.5亿元，增长22.54%；其中，城乡居民储蓄存款余额为470亿元，比上年增长16.6%。

2009年，边境扶贫县人均年末金融机构各项存款余额9481元，比上年增加了1695元，增长21.8%；人均城乡居民储蓄存款余额为5631元，比上年增加了772元，增长 15.9%。人均城乡居民储蓄存款余额的水平低于全国县市10557元的水平，增长速度也比全国县市16.6%的水平低了0.7个百分点。

（二）农户生产与生活条件

1．土地及基础设施

边境扶贫县多地处山区，人均耕地面积为4.2亩，较去年略有增加，其中，水田及水浇地1.6亩；人均林地面积0.7亩，较去年略有增加；人均桑园、茶园、果园面积为0.2亩，与去年基本持平；人均草场10.5亩，较去年略有增加；人均荒山荒坡面积0.1亩。

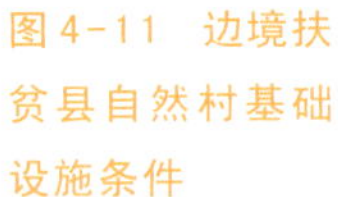

图4-11 边境扶贫县自然村基础设施条件

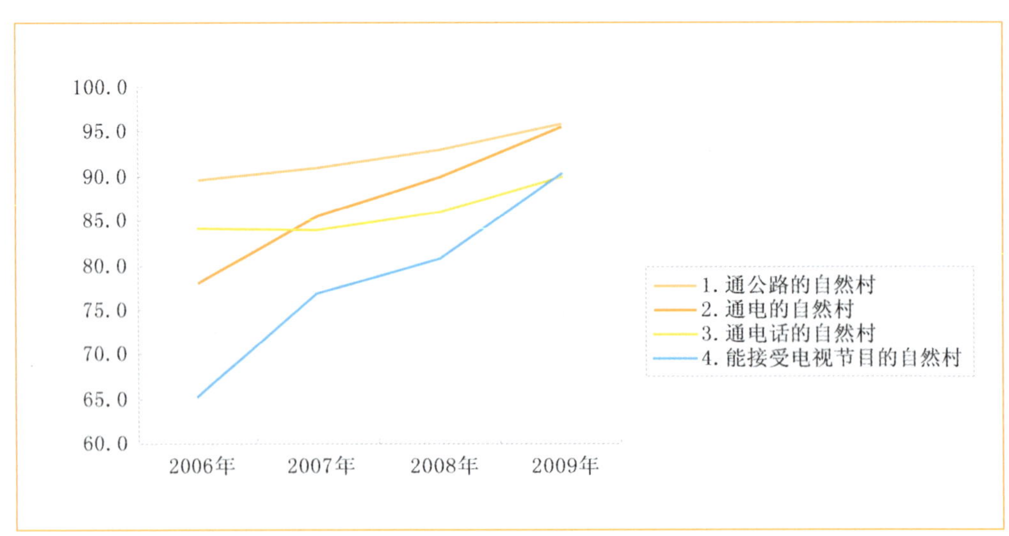

数据来源：国家贫困监测抽样调查

2009年，边境扶贫县中通公路的自然村、通电的自然村、通电话的自然村和能够接受电视节目的自然村所占比例均有不同程度的增加。其中，通公路的自然村占89.9%，比上年提高了3.9个百分点；通电的自然村占95.9%，比上年提高了2.8个百分点；通电话的自然村占90.3%，比上年提高了9.6个百分点；能接收电视节目的自然村占95.5%，比上年提高了5.6个百分点。

2．生活设施及财产

2009年边境扶贫县住房条件得到了进一步的改善。人均住房面积为18.9平方米，比上年增加了0.3平方米；每平米房屋的价值为190元，比上年提高了18元；从住房结构看，居住钢筋混凝土结构住房的农户占7.4%，比上年提高了1.5个百分点；居住砖木结构住房的农户占44.6%，比上年下降了1个百分点；仍有接近一半的农户居住在竹草、土坯结构等低质量的住房中。

表4-30　边境扶贫县农户住房状况

指标名称	国家扶贫重点县	边境扶贫县	
	2009年	2008年	2009年
1．面积（平方米/人）	24.4	18.6	18.9
2．价值（元/平方米）	217.4	171.6	189.7
3．住房结构比例（%）			
(1)砖木结构	45.1	45.6	44.6
(2)竹草结构	0.7	2.2	2.3
(3)土坯结构	19.9	25.9	25.9
(4)钢筋混凝土结构	18.3	5.9	7.4
(5)其他	16.0	20.6	19.8

数据来源：国家贫困监测抽样调查

总体来看，边境扶贫县无论是人均住房面积、单位住房价值还是住房结构都要明显差于扶贫重点县的平均水平，更是远低于全国平均水平，国家兴边富民项目的任务依然任重道远。

表4-31　边境扶贫县农户生活设施状况

单位：%

指标名称	国家扶贫重点县	边境扶贫县	
	2009年	2008年	2009年
1．有厕所的农户比例	88.0	58.1	57.9
2．用电户比例	97.7	93.4	93.8
3．有取暖设备的农户比例	63.2	59.0	56.7
4．饮用自来水和深井水的农户比例	60.3	69.9	69.5
5．饮水困难的农户比例	9.5	9.0	8.1
6．取得生活燃料越来越困难的农户比例	31.5	58.1	60.7

数据来源：国家贫困监测抽样调查

边境扶贫县农户生活条件的改善缓慢。2009年，有厕所的农户比重为57.9%；用电户比重为93.8%；有取暖设备的农户比重为56.7%；饮用自来水和深井水的农户比重为69.5%；有80.8%的农户使用柴草作为炊事用燃料。除用电的农户比重比上年略有上升外，其他指标分别比上年下降了0.2、2.3 、0.4和1.5个百分点。饮水困难的农户比重为8.1%，比上一年下降了0.9个百分点；取得生活燃料越来越困难的农户比重为60.7%，比上一年上升了2.6个百分点。

边境扶贫县农户生活条件更为艰苦，以农户炊事用燃料为例，使用柴草作为炊事用燃料的农户比重高达80.8%，比扶贫重点县的平均68.6%的水平高出12.2个百分点，比全国平均48.1%的水平高出32.7个百分点。

2009年农户的耐用消费品拥有量继续增加，每百户拥有冰箱、冰柜18台；拥有电视机96台，其中彩色电视机84台；拥有自行车34辆；拥有摩托车38辆；拥有固定电话、移动电话103台。总体来看，边境扶贫县的农户耐用消费品拥有量略低于扶贫重点县，远低于全国的平均水平。

4-32 边境扶贫县农户耐用消费品拥有情况

指标名称	单 位	国家扶贫重点县	边境扶贫县	
		2009年	2008年	2009年
1.冰箱、冰柜	台/百户	18.6	14.8	18.1
2.电视机	台/百户	101.2	92.2	95.6
其中：彩色电视机	台/百户	90.0	78.5	83.8
3.自行车	辆/百户	47.5	33.3	33.6
4.摩托车	辆/百户	40.8	33.7	38.0
5.固定电话、移动电话	部/百户	114.6	84.8	102.7

数据来源：国家贫困监测抽样调查

3.村级经济及科技推广

受2008年全球经济危机的影响，2009年，边境扶贫县的乡镇企业个数继续减少，平均每个村乡镇企业由2008年的1个减少到2009年的0.4个；企业从业人员由2008年的4人减少到2009年的2.6人，销售总收入由2008年的31.2万元减少到24.8万元。

边境扶贫县在科技推广方面值得称道，使用节水栽培技术的村占14%，有塑料大棚或温室的村占21.3%，有农牧业新技术示范户的村占46.3%，举办过专业技术培训的村占60.5%。各项指标比上一年都略有提高，并高于扶贫重点县的平均水平。

4-33 边境扶贫县科技推广及培训情况

单位：%

指标名称	国家扶贫重点县	老区扶贫重点县	
	2009年	2008年	2009年
1.使用节水栽培技术的村比重	7.1	13.5	14.0
2.有塑料大棚/温室的村比重	15.8	18.8	21.3
3.有农牧业新技术示范户的村比重	29.3	41.5	46.3
4.举办过专业技术培训的村比重	43.3	58.0	60.5

数据来源：国家贫困监测抽样调查

4.当年受灾情况

2009年，边境扶贫县中，遭遇严重自然灾害的村占35.5%，比上一年略有增加。

由于2009年中国西南地区遭遇了罕见的旱灾，在众多自然灾害（旱灾、水灾、病虫害、冷冻灾害、干热风灾、动物疫情、泥石流或山体滑坡以及地震等）中，旱灾所占的比例大幅增加，由2008年的14.5%提高到2009年的22.8%；同时，冷冻灾害也有增加，而泥石流或山体滑坡以及地震灾害所占比例明显下降。

在遭遇严重自然灾害的村中，种植业受灾的村占全部村的35%，大牲畜受灾的村占全部村的15.3%，猪、羊受灾的村占全部村的15%，住房和生产用房受灾的村占全部村的13.8%。此外，边境扶贫县中，地方病病（疫）区的村占全部村的30%，比上一年下降了11.5个百分点，地方病病（疫）区中94.2%是大骨节病，其次是鼠疫和地方性氟中毒。

2009年边境扶贫县收到过救济救灾款物的农户比重为35.1%，平均每户收到过救济救灾款物229元。

表4-34　边境扶贫县遭受自然灾害情况

单位：%

指标名称	国家扶贫重点县	老区扶贫重点县	
	2009年	2008年	2009年
1.当年遭遇严重自然灾害的村比重	39.1	45.2	44.4
(1)旱灾	68.2	48.5	66.6
(2)水灾	8.1	8.9	9.2
(3)病虫害	8.4	7.4	6.5
(4)冷冻灾害	6.5	23.8	11.6
(5)干热风灾	1.5	0.8	1.2
(6)动物疫情	1.4	1.3	1.4
(7)泥石流或山体滑坡	1.0	0.7	0.3
(8)地震	1.0	3.0	0.2
(9)其他灾害	4.0	5.5	3.1
2.种植业受灾的村比重	38.8	45.0	44.3
3.大牲畜受灾的村比重	18.0	24.1	16.8
4.猪、羊受灾的村比重	18.3	23.2	16.3
5.家禽受灾的村比重	18.0	22.7	16.5
6.住房和生产用房受灾的村比重	16.3	22.5	15.7
7.地方病病（疫）区的村比重	15.1	23.7	13.4

数据来源：国家贫困监测抽样调查

（三）农户收入与消费

1.农民收入情况

2009年，边境扶贫县农民人均纯收入为2539元，比上年增加246元，增长10.7%，边境扶贫县农民人均纯收入比国家扶贫重点县农民人均纯收入（2842元）的水平低了303元，比全国平均水平（5153元）的水平低了一半。其中，工资性收入473元，比上年增长16.2%；家庭经营纯收入1656元，比上年增长5.9%；财产性收入62元，比上年增长6.3%；转移性收入350元，比上年增长31.5%。

从结构看，边境扶贫县的农民人均纯收入以本地经营为主，外出务工收入仅占5.7%。边境扶贫县的农民人均纯收入以家庭经营为主，占65.2%，比国家扶贫重点县高出11.2个百分点；工资性收入占18.6%，比国家扶贫重点县低了17个百分点，在工资性收入中，本地工资性收入不但比重高于外出务工收入，而且增速也更高；财产性收入占2.4%，比国家扶贫重点县高出1个百分点；转移性收入占13.8%，比国家扶贫重点县高出4.4个百分点，此外，转移性收入中，来自国家的扶贫救济、粮食直补、退耕还林还草等惠农政策性补贴占了264元，对农民增长的贡献率为23.9%。

4-35　边境扶贫县农民人均纯收入

单位：元、%

指标名称	国家扶贫重点县	边境扶贫县	
	2009年	2008年	2009年
一、农民人均纯收入	2842.1	2293.7	2539.2
1.工资性收入	1011.2	406.8	472.5
其中：外出务工收入	495.1	124.1	143.6
2.家庭经营收入	1522.4	1563.3	1655.8
其中：种植业收入	951.6	889.9	1004.4
牧业收入	306.1	457.0	428.8
3.财产性收入	40.4	57.8	61.5
4.转移性收入	268.0	265.8	349.5
二、构成			
1.工资性收入	35.6	17.7	18.6
其中：外出务工收入	17.4	5.4	5.7
2.家庭经营收入	53.6	68.2	65.2
其中：种植业收入	33.5	38.8	39.6
牧业收入	10.8	19.9	16.9
3.财产性收入	1.4	2.5	2.4
4.转移性收入	9.4	11.6	13.8

数据来源：国家贫困监测抽样调查

2.农民生活消费情况

2009年边境扶贫县农民人均生活消费支出2272元，比上年增加254元，增长了12.6%，略高于扶贫重点县的平均水平。其中，农民人均食品消费支出1068元，比上年增长了1.1%；人均衣着消费支出153元，比上年增长了14.6%；人均居住消费支出476元，比上年增长了58.9%，居住消费增长主要得益于各省政府的安居工程带动；人均家庭设备用品支出85元，比上年增长了17.1%；人均交通通讯支出199元，比上年增长了15%；人均文化教育支出111元，比上年下降2.1%，主要是政府减免学杂费使得的教育费用下降8.8%；人均医疗保健支出154元，比上年增长了6.9%；人均其他商品支出26元，比上年增长了4.6%。

从消费结构看，边境扶贫县的恩格尔系数略低于国家扶贫重点县的平均水平，居住支出、交通通信支出和医疗保健支出等高于国家扶贫重点县的平均水平。

4-36　边境扶贫县农民生活消费支出

单位：元

指标名称	国家扶贫重点县	边境扶贫县	
	2009年	2008年	2009年
人均生活消费支出	2367.4	2017.2	2271.5
1. 食品	1155.6	1057.0	1068.4
2. 衣着	134.1	133.6	153.1
3. 居住	413.3	299.7	476.1
4. 家庭设备用品	108.7	72.3	84.6
5. 交通通讯	194.7	172.6	198.5
6. 文化教育	167.3	112.9	110.6
7. 医疗保健	155.3	144.0	154.0
8. 其他	38.5	25.1	26.2
人均生活消费构成			
1. 食品	48.8	52.4	47.0
2. 衣着	5.7	6.6	6.7
3. 居住	17.5	14.9	21.0
4. 家庭设备用品	4.6	3.6	3.7
5. 交通通讯	8.2	8.6	8.7
6. 文化教育	7.1	5.6	4.9
7. 医疗保健	6.6	7.1	6.8
8. 其他	1.6	1.2	1.2

数据来源：国家贫困监测抽样调查

（四）农村教育和卫生健康

1．农村教育

到2009年底，边境扶贫县农村7-15岁儿童在校率为97.3%，比上年下降了0.6个百分点。分年龄段看，7-12岁儿童在校率为98%，比上年降低了0.9个百分点；13-15岁儿童在校率为96.2%，比上年提高了0.1个百分点。平均每个学生教育费用支出990元，比上年增长了12.7%。其中，小学生292元，比上年增长了11%；初中生641元，比上年增长了4.6%。年内受到社会捐助的学生比重为15.9%，比上年提高了3.3个百分点，高于扶贫重点县的10.5%的水平。

总体来看，边境扶贫县的儿童在校率略低于扶贫重点县的平均水平，学生受到社会捐助的比例高于扶贫重点县的平均水平，但农户在教育费用方面的支出要低于扶贫重点县的平均水平。因此，政府仍需强化提高儿童在校率方面的相关政策，进一步提高边境扶贫县的教育水平和未来劳动力的受教育程度。

表4-37　边境扶贫县儿童在校率和平均教育费用

指标名称	国家扶贫重点县	边境扶贫县	
	2009年	2008年	2009年
1．7-15岁儿童在校率（%）	97.4	97.9	97.3
其中：7-12岁儿童在校率	98.2	98.9	98.0
13-15岁儿童在校率	96.2	96.1	96.2
2．平均每个学生教育费用（元）	1650.6	877.8	989.6
其中：平均每个小学生教育费用	286.1	283.1	291.5
平均每个初中生教育费用	876.6	613.1	641.5

数据来源：国家贫困监测抽样调查

在边境扶贫县中，超过2/3的小学生在居住地附近上学，花在交通上的时间较少。有66.5%的小学生上学所需时间少于0.5小时；有13.3%的小学生上学所需时间在0.5-1小时之间；有16.7%的小学生住校，高于扶贫重点县住校生10.9%的水平。中学生上学时间在半小时之内的仅占27.8%，住校生比例高达45.4%。

对失学儿童的调查表明，7-15岁儿童失学的原因越来越多样化。因家庭经济困难而失学的儿童， 2009年下降到16.4%；因自己不愿意上学而失学的儿童所占比例为34.4%，是7-15岁儿童失学的主要原因之一；因环境原因（没老师、没校舍、离校太远）而失学的儿童只占3.3%；将近半数的失学儿童是因为个人身体原因、家中缺少劳动力等而没有继续上学。此外，有超过一半的失学儿童由于受各种因素影响，没有继续上学的愿望。

表4-38　边境扶贫县7-15岁儿童失学原因

单位：%

指标名称	国家扶贫重点县	边境扶贫县	
	2009年	2008年	2009年
1. 经济困难	17.2	30.0	16.4
2. 自己不愿意	35.6	22.0	34.4
3. 家中缺少劳动力	4.6	2.0	1.6
4. 没考上高一级学校	3.4	8.0	6.6
5. 没老师、没校舍、离校太远	2.1	4.0	3.3
6. 其他	37.1	34.0	37.7

数据来源：国家贫困监测抽样调查

2. 医疗条件及健康情况

2009年，边境扶贫县的医疗条件有所改善，并接近扶贫重点县的平均水平。有80.3%的村有卫生室，比上年提高了1个百分点；有78%的村有乡村医生或卫生员，比上年提高了5.5个百分点；有74.3%的村有合格接生员，比上年提高了1.5个百分点。

2009年底，边境扶贫县每万人拥有的医院、卫生院床位数为22.4个；比上年增加了1.2个；每万人拥有的卫生技术人员数为23.5人；与上年持平；其中每万人拥有医生数为11人。

参加新型合作医疗的农户占全部农户的比例达到94.3%，比上年增加了9.8个百分点，相应地，有病及时就医的比例也提高了0.6个百分点，达到77%。

边境扶贫县的医疗条件有所改善，但生病时不能及时就医的人口比例为23%，是扶贫重点县平均水平的2.4倍。在有病不能及时就医的农户中，经济困难、无力承担高昂的医疗费用仍是主要的原因，占81.1%；其次是医疗点少、医院太远，占16.3%。

4-39　边境扶贫县社区医疗条件及农户就医情况

单位：%

指标名称	国家扶贫重点县	边境扶贫县	
	2009 年	2008 年	2009 年
一. 卫生设施			
1. 有卫生室的村比重	79.6	79.3	80.3
2. 有合格乡村医生／卫生员的村比重	79.0	72.5	78.0
3. 有合格接生员的村比重	75.0	72.8	74.3
4. 每万人拥有医院、卫生院床位数	18.7	21.2	22.4
5. 每万人拥有卫生技术人员数	19.2	23.5	23.5
其中：医生（人）	9.4	10.8	11.0
二. 参加新型合作医疗的农户比重	92.1	84.5	94.3
三. 健康状况			
1. 残疾	1.3	1.2	1.0
2. 患有大病	0.4	0.6	0.5
3. 长期慢性病	1.5	1.9	1.8
4. 体弱多病	3.9	5.3	5.1
5. 健康	92.9	90.9	91.4
四. 有病是否能及时就医			
1. 是	90.4	76.4	77.0
2. 否	9.6	23.6	23.0
五. 不能及时就医的原因			
1. 经济困难	55.5	78.8	81.1
2. 医院太远	33.9	17.0	16.3
3. 没有时间	0.8	0.2	0.0
4. 本人不重视	2.7	1.1	0.8
5. 小病不用医	3.5	1.1	0.6
6. 其他	3.6	1.8	1.2

数据来源：国家贫困监测抽样调查

（五）劳动力素质及就业

1. 劳动力素质

2009 年，边境扶贫县农村劳动力的文化程度有明显提高，文盲、半文盲占 12.5%，比上年上升了 0.1 个百分点；小学文化程度占 36.7%，比上年下降了 1.5 个百分点；初中占 41%，比上年上升了 0.6 个百分点；高中及以上占 9%，比上年提高了 0.8 个百分点。

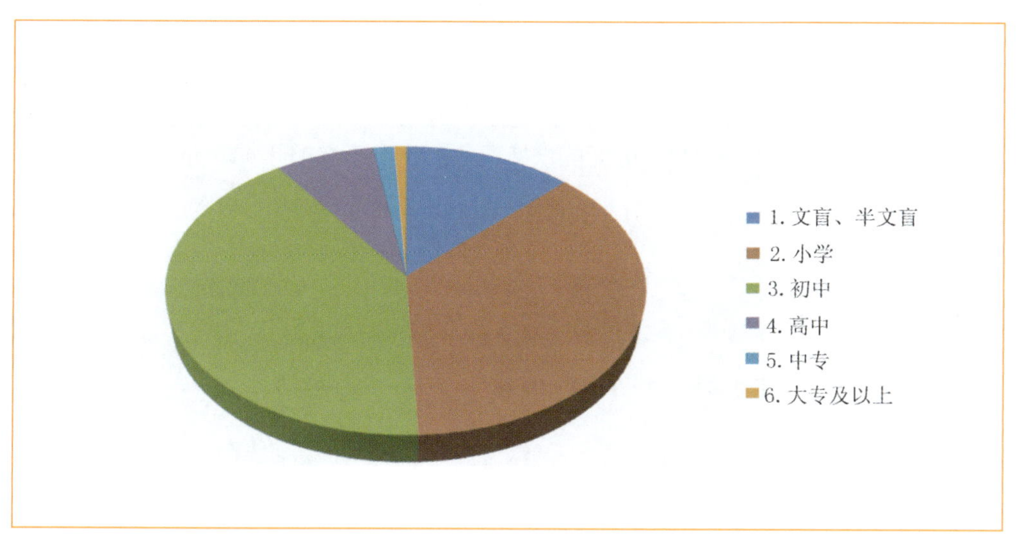

图 4-12　2009 年边境扶贫县劳动力文化构成

与扶贫重点县的平均水平相比，边境扶贫县农村劳动力的文化程度相对较低，文盲、半文盲的劳动力所占比例较扶贫重点县高1.7个百分点，高中以上文化程度的劳动力所占比例较扶贫重点县低1.3个百分点。

4-40　边境扶贫县劳动力文化程度构成

单位：%

指标名称	国家扶贫重点县	边境扶贫县	
	2009年	2008年	2009年
1．文盲、半文盲	10.8	12.4	12.5
2．小学	32.6	38.2	36.7
3．初中	45.5	40.4	41.0
4．高中	8.1	6.9	7.3
5．中专	1.9	1.5	1.6
6．大专及以上	1.1	0.6	0.9

数据来源：国家贫困监测抽样调查

2．劳动力就业

从劳动力从事的主要行业来看，2009年，第一产业劳动力占全部劳动力的比重为91.2%，比上年下降了1.3个百分点；第二产业所占比重分别为3.4%，比上年下降了0.1个百分点；第三产业占5.4%，比上年上升了1.4个百分点。可以看出，边境扶贫县第一产业依然是边境扶贫县的主导产业，吸纳了边境扶贫县超过九成的农村劳动力。

在全部劳动力中，曾受过技能培训的劳动力比重为18.8%，比上年提高了1.2个百分点；当年劳动力外出打工比重为10.2%，比上年上升了1.8个百分点。

与扶贫重点县的平均水平相比，第一产业从业的劳动力比重高了14.5个百分点。第二产业劳动力比重低了9.2个百分点；第三产业劳动力比重低了5.3个百分点。

（六）扶贫活动

1．项目规模

2009年，边境扶贫县的扶贫开发工作力度加大。在403个被调查村中，有55.5%的村参加了各类到村到户扶贫项目。按扶持形式分，得到现金扶持的村占全部调查村的35.4%，比上年下降了0.4个百分点；得到实物扶持的村占37.5%，比上年提高了1个百分点；得到技术援助的村占26.4%，比上年提高了3.3个百分点。平均每村当年到位的扶贫资金为30.5万元，比上年增加了12.9万元；其中扶贫贷款为4万元，比上年增加了2.2万元。当年参与项目的农户占全部调查户的17%，比上年上升了2.4个百分点；平均每个项目户得到1698元的扶持资金，比上年增加了415元。

4-41　边境扶贫县项目扶持情况

指标名称	国家扶贫重点县	边境扶贫县	
	2009年	2008年	2009年
1．当年参加过扶贫项目的村比重（%）	50.7	52.0	55.5
2．参加的扶贫活动形式：（%）		0.0	0.0
其中：现金扶持	44.1	35.8	35.4
实物扶持	18.3	36.5	37.5
技术援助	14.8	23.1	26.4
3．当年到位的扶贫资金总额（万元）	16.9	17.6	30.5
其中：扶贫贷款	1.9	1.8	4.0
4．当年使用的扶贫资金总额（万元）	17.1	17.1	28.5
5．当年参与项目的农户比重（%）	23.8	14.6	17.0
6．项目户得到的户均扶贫资金（元）	1104.2	1283.4	1698.0

数据来源：国家贫困监测抽样调查

2．项目成果

平均每个项目村有32.1个农户参与了种植业项目，有31.3个农户参与了人畜饮水工程项目，有13.6个农户参与了养殖业项目，有9.1个农户参与了林业项目；此外，平均每个项目村修建29.5亩基本农田，退耕还林还草384亩，修建道路1.2公里，39.7人次参加了技术培训。

3．农户参与

2009年，边境扶贫县农户对扶贫活动的参与更加积极，无论是社会参与程度还是公平程度较上一年都有所提高。在项目村中，有99.3%的农户知道本村开展了项目活动。这些农户得到扶贫项目信息的渠道主要是公开渠道：通过村民会议或村委会的公示知道的农户占82.9%；作为村干部接到上级通知而知道的农户占3%；通过村干部的个别通知而知道的农户4.5%。此外，有48%的农户有机会在项目开始之前参与讨论。

在参与项目的农户中，有54%的农户所参与的项目是自选的，有81.1%的农户参与的项目在事前征求了农户的同意，有84.5%的农户当年就得到了扶贫项目资助。

4-42　边境扶贫县农户参与项目情况

单位：%

指标名称	国家扶贫重点县	边境扶贫县	
	2009年	2008年	2009年
一. 知道村里落实了新项目的农户比重	93.1	91.5	95.3
二. 农户是如何知道的			
1. 到本次调查才知道	10.3	0.3	4.2
2. 通过村民会议、村委会的公示	71.1	88.2	82.9
3. 作为村干部接到上级的通知	3.4	3.9	3.0
4. 通过村干部的个别通知	6.9	2.6	4.5
5. 通过亲朋好友	3.1	2.1	2.2
6. 其他途径	5.1	3.1	3.2
三. 有机会在项目确定前参与讨论的农户比重	45.9	52.8	48.0
四. 当年得到扶贫项目资助的农户比重	81.9	86.3	84.5
五. 当年得到项目内容是自选的农户比重	52.3	43.5	54.0
六. 当年参与的项目征得本户同意的农户比重	77.8	66.7	81.1

数据来源：国家贫困监测抽样调查

本村正在参与的项目与本村迫切希望的项目多数不一致。2008年，希望得到的扶持项目的村占全部村的比重排在前5位的是：养殖业74.8%，种植业71%，修建及改建公路11.3%，林业10%，农产品加工8.5%。2009年实际安排了项目的村占全部村比重前5位是：退耕还林还草占17.8%，扫盲和资助儿童入学占13.8%，养殖业占6.5%，人畜饮水工程占4.3%，林业占4%。可以看出，村里最迫切的需求是发展农牧业生产，但实际项目安排则突出了国家愿望，得到提高素质、改善环境、修路项目的村最多。项目安排与村里的需要相差甚远，不能满足村级扶贫活动的需要。

农户实际参与的项目与希望参与的项目同样存在着比较大的差距，2008年，迫切希望某种扶持项目农户数占全部农户数的比重（从高到低排列）：养殖业68.9%，种植业61.4%，修建道路12.4%，林业10.9%，技术培训7.8%。可以看出，发展自己熟悉的农牧业生产是农户最大愿望，不但需要资金支持，也需要技术支持。而2009年农户实际参与的项目占全部农户比重的前5位的是：退耕还林还草9.1%，种植业2.1%，修建道路 1.7%，养殖业 1.6%，林业 1.4%。

4-43　边境扶贫县农户需求与项目安排的情况

单位：%

指标名称	2008 年希望得到下列项目的村比重	2009 年实际进行下列项目的村比重	2008 年希望得到下列项目的农户比重	2009 年实际进行下列项目的农户比重
1. 种植业	71.0	3.0	61.4	2.4
2. 林业	10.0	4.0	10.9	1.4
3. 养殖业	74.8	6.5	68.9	1.6
4. 农产品加工业	8.5	0.5	6.5	0.0
5. 其他生产行业	5.3	0.3	2.2	0.3
6. 修建基本农田	6.8	3.0	6.7	0.3
7. 人畜饮水工程	7.5	4.3	5.5	0.5
8. 修建及改建公路	11.3	1.5	12.4	1.7
9. 电力设施	0.0	0.5	1.4	0.4
10. 电视接收设施	0.3	0.3	2.0	0.0
11. 学校及学校设施	0.3	1.0	0.2	0.0
12. 卫生室及设施	4.5	1.3	2.4	0.3
13. 技术培训	0.8	0.3	7.8	0.0
14. 扫盲和资助儿童入学	0.0	13.8	0.4	0.0
15. 退耕还林还草	0.0	17.8	5.3	9.1
16. 其他	0.0	3.0	4.8	3.2

数据来源：国家贫困监测抽样调查

2009 年，边境扶贫县的扶贫项目安排基本能够满足大部分农户的需求，但不能满足村里的需求。在项目村中，2008 年希望得到的扶贫项目与 2009 年本村实施的项目保持一致的村只占项目村的 17%；项目农户的情况很好，需求与项目安排一致的项目户占全部项目户的 74.1%。

4-44　项目村和项目户项目需求与项目实施一致程度

单位：%

指标名称	愿望与实际一致	愿望与实际不一致
项目村	17.0	83.0
项目户	74.1	25.9

数据来源：国家贫困监测抽样调查

（国家统计局农村司　关冰　　福建省立医院　王萍）

第五部分　扶贫政策和措施

5

一、2001—2010 年国家扶贫开发的主要政策措施及成效

进入新世纪以来，我国扶贫开发取得的成就是全国经济社会发展大好形势的一个缩影，是党和政府执政为民理念的具体体现，也是我国人权保障事业取得重大成效的有力印证。我国率先实现联合国《千年发展目标》贫困人口减半的指标，成为全球减贫的主要贡献者，探索并形成了中国特色扶贫开发道路，得到国际社会的广泛认同和高度赞誉。2008 年以来，在国际金融危机造成全球贫困人口增加 1 亿的情况下，我国的减贫形势比较平稳，这进一步丰富了中国特色的减贫经验，再次证明了中国发展道路的成功。

（一）扶贫开发的主要做法

1．整村推进推动贫困村扶贫开发

在全国确定了 15 万个贫困村，逐村制定扶贫规划，分年度组织实施。到 2009 年底，已在 10.84 万个村实施了整村推进规划，其中革命老区、人口较少民族地区和边境一线贫困村 3.84 万个。这些村在基础设施、社会事业、产业发展、文明新风和班子建设等方面有不同程度改善。

2．技能培训提高劳动力素质

2004 年以来，安排财政扶贫资金 30 亿元，实施以劳动力转移为主要内容的“雨露计划”，对贫困家庭劳动力开展务工技能和农业实用技术培训，已培训约 400 万人次，其中 80% 以上实现转移就业。抽样调查显示，接受培训的劳动力比没有接受培训的劳动力月工资可提高 300-400 元。

3．产业化扶贫促进农户增收

将产业化扶贫与整村推进、连片开发、科技扶贫相结合，通过扶持设施农业和农民合作经济组织，带动贫困农户增收。贫困地区重点培育了马铃薯、经济林果、草地畜牧业、棉花等主导产业，推广了防灾抗灾技术。通过扶持扶贫龙头企业和产业化基地，带动 400 多万贫困农户脱贫致富。为满足贫困农户发展产业的资金需求，在 460 多个县的 8000 多个贫困村开展了互助资金试点，财政投入资金 12亿元。

4．连片开发提升整体发展水平

到2009年底，在135个县展开了“县为单位、资源整合、整村推进、连片开发”试点，每个试点县投入1000万元财政扶贫资金作为引导，通过资金和政策整合、机制创新，吸引相关部门涉农资金投入产业开发及配套项目，促进了贫困地区经济发展和贫困农户稳定增收。

5．搬迁扶贫改变生存发展条件

在坚持群众自愿的前提下，对居住在生存条件恶劣、自然资源贫乏地区的特困人口实行了搬迁扶贫。东部各省和中西部快速工业化地区充分抓住推进工业化、城镇化的机遇，把搬迁扶贫与县城、中心镇、工业园区建设相结合，促进农民转移就业。中西部大部分地区将搬迁扶贫与退耕还林（还草）、生态移民、撤乡并镇、防灾避灾等项目相结合，提高了公共服务水平。

6．特困地区综合治理探索集中攻坚途径

对特殊成因的集中连片贫困地区，抓住主要矛盾，整合各方资源，集中力量攻坚，探索了广西东巴凤基础设施建设大会战、四川阿坝州扶贫开发与综合防治大骨节病相结合、贵州晴隆石漠化地区扶贫开发与生态环境建设相结合、新疆阿合奇和云南莽人克木人扶贫等工作经验。

7．“两项制度”衔接促进扶贫政策全面实施

扶贫办与民政部、财政部、统计局、残疾人联合会联合在11个省区市20个县开展农村最低生活保障制度和扶贫开发政策有效衔接试点，分析农村贫困人口构成，为对低收入人口全面实施扶贫政策奠定了基础。

8．灾后重建拓展工作领域

2008年汶川地震以后，组织编制了覆盖51个极重和重灾县、4834个贫困村的汶川地震贫困村灾后重建总体规划，纳入国家恢复重建总体规划和农村建设专项规划。目前已进行了3批100个村的恢复重建试点，灾区70%的贫困村已经启动规划的实施，并探索了将扶贫开发与防灾减灾、灾后恢复重建相结合的路子。

（二）扶贫开发的基本经验

1．坚持统筹城乡，实施反哺政策，形成大扶贫工作格局

党的十六大以来，国家实行了统筹城乡发展，以工促农、以城带乡的方针，对农村全面实施反哺政策，不断加大强农惠农政策力度，有力地促进了贫困地区基本公共服务均等化进程。农村最低生活保障制度的全面建立，形成了开发扶贫和生活救助“两轮驱动”的新格局。

2．坚持政府主导，采取多种形式，不断加大扶贫开发投入和工作力度

国家将扶贫开发纳入国民经济和社会发展规划，逐年增加扶贫开发投入。2001-2009年，中央共投入财政扶贫资金1117亿元（含以工代赈资金），并通过财政贴息引导了近千亿元扶贫贷款投入。地方各级政府也不断增加扶贫投入。272个中央国家机关和企事业单位定点帮扶481个重点县，东部15个省（市）及计划单列市对口帮扶11个西部省（区、市）。坚持资金、权力、任务、责任“四个到省”的工作体制，将扶贫开发工作业绩作为考核重点县党政领导的指标，不断强化地方各级政府的扶贫责任。

3．坚持社会参与，促进国际合作，凝聚减贫与发展的强大合力

动员共青团、妇联、各民主党派利用自身优势开展各具特色的扶贫活动。民营经济和民间组织的参与，不仅扩大了扶贫资源，而且增进了不同地区、不同社会阶层之间的理解与信任，促进了社会和谐。积极开展减贫领域的国际合作与交

流，发挥扶贫外交的特殊作用。

4．坚持自力更生，提高组织程度，激发贫困地区的内在发展活力

贫困地区基层组织发挥战斗堡垒作用，带领广大干部群众，发扬自力更生、艰苦奋斗的精神，以主人翁的姿态积极献计献策，主动投工投劳。参与式整村推进普遍推行，农民专业合作组织逐步发展，贫困村互助资金组织从2006年的319个发展到2009年的8007个，获得信贷扶贫资金支持的农户从2001年的152万户增加到2009年的197万户。贫困农户自我发展、自我管理能力逐步提高。

5．坚持解放思想，积极探索创新，不断提高扶贫开发工作水平

2009年，国家将扶贫标准提高到农民年人均纯收入低于1196元，扶贫对象覆盖3597万人，对农村低收入人口全面实施了扶贫政策。不断完善扶贫资金管理体制，改革扶贫贴息贷款管理，提高贫困人口参与公共事务的能力。东部各省在继续关注少量连片贫困问题的同时，将工作重点转向提高低收入人口健康生活水平和稳定发展能力，努力缓解内部发展差距，为全国扶贫开发探索了新路子。

（国务院扶贫办计划财务司　余萍　田建中）

二、2009年国家发展改革委主要扶贫工作

根据党中央、国务院的决策部署和国务院扶贫开发领导小组的工作安排，一年来，我委坚持把保持经济平稳较快发展、促进贫困地区加快发展作为扶贫开发的首要任务，创造性地履行工作职责，着力解决影响贫困地区发展的突出矛盾和问题，为保增长、促发展作出积极贡献。主要工作如下：

（一）开展重要政策文件的研究制定工作

第一，按照中央的决策部署，为配合做好中央第五次西藏工作座谈会的筹备工作，会同有关部门深入西藏和四川、云南、甘肃、青海四省藏区开展实地调研，研究提出了支持这些地方实现跨越式发展的调研报告，以及重大项目与支持政策的建议。其间，共组织40多个中央和国务院有关部门、单位及中央大型企业的200多位同志先后赴西藏和四省藏区开展实地调研。在各个专题调研报告的基础上，分别形成了西藏和四省藏区经济社会发展调研报告，供中央决策参考。报告分别提出了今后一个时期西藏和四省藏区经济社会发展的基本思路、奋斗目标、发展原则、战略重点和支持政策等。与此同时，研究提出了支持西藏和四省藏区实现跨越式发展的重大项目和支持政策的建议。第二，按照中央要求，会同有关部门深入新疆开展实地调研工作，为研究提出支持新疆实现跨越式发展的总体思路、建设任务、重大项目和支持政策打好基础，并研究提出了对口支援新疆工作的建议。最后，在制定出台《广西北部湾经济区规划》的基础上，立足推动广西经济社会全面发展，制定了促进广西经济社会发展的若干意见，并以国务院名义颁发实施。

（二）抓好已出台政策文件的贯彻落实工作

认真贯彻落实国务院关于进一步促进新疆、宁夏、青海等省藏区经济社会发展的相关文件，进一步研究制定了部门分工方案，把各项工作任务逐一落实到具体工作部门，并定期开展督促检查，建立贯彻实施情况的动态评估与跟踪推进机制，分别向国务院写出了有关落实情况的报告，并协调解决落实中的重要问题。根

据国务院要求，为掌握国务院关于支持青海等省藏区发展的政策文件的贯彻落实情况，我们对中央、国务院有关部门、单位和相关省人民政府落实情况进行了跟踪。总体上看，各方面认真学习贯彻文件精神，积极落实相关政策，大部分都已采取了相应措施，并取得了一定效果。国务院关于支持青海等省藏区发展的政策文件明确了建立青海三江源国家生态保护综合试验区，这是推动青海三江源地区实现可持续发展的重要举措，有利于探索这类地区可持续发展的新路子，为其他地区提供经验。按照国务院要求，组织开展了《青海三江源国家生态保护综合试验区总体方案》编制和修改工作。

（三）参与调整完善国家扶贫战略和政策体系

国务院扶贫开发领导小组组织开展了“完善国家扶贫开发战略和政策体系”的调研工作，目的是全面、客观、系统地评价《中国农村扶贫开发纲要（2001-2010）年》的实施情况，研究提出新形势下完善国家扶贫开发战略和政策体系的建议，以及2010年以后扶贫开发工作的基本框架。我委负责一个调研组的工作，由我委副主任、国务院扶贫开发领导小组副组长杜鹰同志任调研组组长，联合国家民委、水利部、交通部、共青团中央、国务院扶贫办深入到福建、河南、甘肃、西藏4省区的农村贫困地区开展实地调研。截止11月份，全面完成了实地调研和报告起草工作。在调研报告中，系统提出了完善国家扶贫战略和政策体系的意见建议，经回良玉副总理批示后，目前已转请有关方面参考。与此同时，我们积极参加了完善国家扶贫标准、将低收入人口纳入扶贫政策范围、调整国家扶贫工作重点县、进一步做好定点扶贫工作等重要扶贫政策文件的研究讨论和修改完善工作。为贯彻落实区域协调发展总体战略，缩小发展差距，探索适应新形势的扶贫开发方式，提高扶贫资金综合使用效益，会同有关部门开展了典型集中连片贫困地区发展问题研究，探索促进集中连片贫困地区加快发展、扶持贫困人口脱贫致富的有效途径。

（四）进一步加大对贫困地区的投入力度

按照中央关于应对国际金融危机的决策部署，我委进一步加大了对农村贫困地区的投入力度。扶贫以工代赈方面，2009年我委累计安排中央以工代赈资金50亿元，其中财政预算内以工代赈40亿元、第四批扩大内需中央预算内投资10亿元。连同地方配套措施，总投资65.1亿元。计划在农村贫困地区建设基本农田79万亩，改善农田灌溉面积391万亩，建设乡村公路2万公里，解决152万人、97万头牲畜饮水困难，初步治理水土流失面积2090平方公里，建设草场248万亩。在国家投资计划中，安排以工代赈劳务报酬资金6.55亿元，直接发放给参加工程建设的农村贫困群众，增加贫困农民的务工收入。易地扶贫搬迁方面，2009年我委安排第四批扩大内需中央预算内易地扶贫搬迁试点投资18亿元，连同地方投资，总投资21.76亿元。计划搬迁农村贫困人口38.98万人，其中国家扶贫开发工作重点县32.54万人，主要是生活在缺乏基本生存条件地区的农村贫困人口，统筹考虑受地质灾害严重威胁的农村贫困人口，及生态工程建设需要搬迁的贫困农牧民。与此同时，包括扩大内需中央预算内投资在内的农林水利、交通能源、社会事业、生态保护与资源综合利用、产业发展与科技创新等多个行业的建设投资，加大了对农村贫困地区的倾斜力度，支持经济社会全面协调可持续发展。

（五）积极做好相关扶贫开发工作

首先，组织开展相关工作总结。为进一步完善以工代赈、易地扶贫搬迁的工作思路，并为制定“十二五”专项建设规划奠定基础，我们启动了以工代赈示范项目、易地扶贫搬迁试点工程总结工作。分别组织有关省发改委，针对2003年以来组织实施的以工代赈示范项目，以及2001年以来组织实施的易地扶贫搬迁试点工程，认真总结工作经验和实施中存在的问题，研究提出完善工作的有关意见建议。其次，切实管好用好相关扶贫资金和项目。要求各地严格按照《国家扶贫资金管理办法》、《财政扶贫资金管理办法》、《国家以工代赈管理办法》和《易地扶贫搬迁试点工程实施意见》做好计划分解下达、项目组织实施、资金使用管理等相关工作。为了动态掌握建设项目的进展情况和中央投资取得的效果，根据全委统一部署，建立了中央预算内投资计划执行情况月报制。在地方上报计划实施进度情况的基础上，对扶贫开发投资计划的执行情况进行认真分析，发现问题及时解决。再次，指导地方扎实做好项目前期工作。每次布置地方编报各批次的建议计划时，都对本批次的建设原则、计划管理、投资重点、项目性质、资金使用等提出明确规定，要求地方严格按章操作。根据扶贫开发工作的需要，2009年把国家易地扶贫搬迁试点范围扩大到了中部的部分省区。为确保地方积极稳妥地推进这项工作，我们分别赴海南、山西省贫困地区对部分拟建项目进行了实地调研，并针对存在的共性问题在北京组织召开了座谈会，邀请西部地区四川、陕西省介绍了工作经验，进一步明确了工作要求。在工作中，我们也注意加强与地方的沟通，及时指导解决出现的问题。

（国家发展改革委地区经济司　吴树林）

三、2001-2010年财政扶贫开发政策变迁

2010年是贯彻落实《中国农村扶贫开发纲要（2001-2010年）》的最后一年，也是谋划新阶段扶贫开发工作的关键时期。为了更好地总结近年来财政扶贫开发的先进经验，进一步推动新阶段的扶贫开发工作发展，我们回顾梳理了十年来财政扶贫开发的政策变迁，简记如下。

（一）建立专项扶贫和综合扶贫相结合的财政政策框架体系

近年来，随着中国公共财政框架的逐步建立和不断完善，中国财政对贫困地区、贫困人口的扶持政策措施越来越多，资金投入数量也越来越大，逐步形成了专项扶贫和综合扶贫相结合的多渠道扶持贫困地区发展的财政政策框架体系。

1．实施了专项财政扶贫政策

即围绕着国家扶贫开发方针政策而专门实施的财政支持政策，是实现扶贫开发政策目标最为直接、最具针对性的财政支持手段。此专项扶贫政策自上个世纪80年代就开始实施，并作为政府运用经济手段进行扶贫的重要措施和物质基础，为中国扶贫开发事业的顺利推进发挥了积极而巨大的作用。

2．建立了区域性财政转移支付制度

包括对中西部地区、民族地区、县乡困难地区、革命老区、边境地区的财政转移支付制度。转移支付制度的建立，增加了地方政府的财力，增强了地方政府的扶贫能力。

3．实施了区域性开发和生态政策

本世纪初开始实施的西部大开发战略和退耕还林还草生态建设工程，在其政策覆盖范围内产生了重要的减贫效果。退耕还林受益人口中，绝大部分是绝对贫困

人口和低收入人口。

4．实施了基本公共服务均等化政策

包括农村义务教育经费保障制度、贫困家庭学生资助政策体系、农村卫生建设及建立新型农村合作医疗制度、农村最低生活保障制度等。这些制度的建立和逐步完善，消除了一些致贫的因素。农村义务教育经费保障制度的全面推开，新型农村合作医疗制度的不断完善，农村最低生活保障制度的建立，使广大农村贫困人口受益。

正是由于建立了这一多渠道扶持贫困地区发展的财政政策框架体系，中国的扶贫开发事业才取得了举世瞩目的成绩，也为推动全球反贫困事业做出了重大贡献。同时，这一政策框架体系的建立，也极大地促进了专项财政扶贫政策措施的不断完善。

（二）不断加大财政扶贫开发投入

中央财政贯彻落实党中央、国务院有关扶贫开发的重要精神，按照《中国农村扶贫开发纲要（2001-2010年）》的有关要求，不断加大财政扶贫资金投入力度，为推进开发式扶贫提供有力保障。据初步统计，2001-2009年，中央财政安排财政扶贫专项资金1217.66亿元，年均增长8.96%。其中补助地方财政扶贫资金1165.97亿元，年均增长9.69%。2010年，中央财政年初预算安排财政扶贫资金222.68亿元，较上年增长12.87%。从2008年起，中央财政每年安排1.7亿元中央专项彩票公益金支持扶贫开发事业，进一步拓宽财政扶贫开发筹资渠道。同时，中央财政创新财政扶贫资金使用机制，2001-2009年，累计从专项资金中安排扶贫贷款贴息资金48.85亿元，引导金融机构发放扶贫贷款1000多亿元，支持农村贫困地区加快发展。此外，各级地方财政也根据当地扶贫开发工作的实际需要，不断加大财政扶贫开发投入。财政扶贫专项资金作为扶贫开发重要的投入来源，其持续稳定的增长对我国农村的减贫事业起到了重要的推动作用。除专项扶贫投入以外，各级财政在教育、医疗、卫生等政策方面，也加大了对农村贫困地区和贫困人口的倾斜力度，有力地促进减贫事业的发展。

（三）积极创新财政扶贫开发机制

回顾新十年财政扶贫工作的历程，中央财政会同国务院扶贫办、国家民委等相关部门不断推进扶贫开发机制创新，调整完善财政扶贫资金使用重点，开展了一系列试点工作。

1．推进扶贫开发“一体两翼”工作

2001年，《中国农村扶贫开发纲要（2001-2010年）》颁布以来，中央财政会同国务院扶贫办等部门实施扶贫开发“一体两翼”战略，以产业扶贫为主体，以整村推进和农村劳动力转移培训为两翼，改善农村贫困地区生产生活条件，增强农村贫困地区自我发展能力，帮助贫困群众实现转移就业、增收致富。其中整村推进工作重点是在2010年前，优先完成人口较少民族聚居贫困村，边境一线贫困村和国家扶贫开发工作重点县中老区县的贫困村的整村推进任务。

2．支持实施兴边富民专项行动

2000年起，中央财政会同国家民委开展了兴边富民专项行动，支持边境地区加快经济社会发展，帮助边境群众增收致富。2002-2009年，对每个试点县的补助标准为每年每县300万元，2010年补助标准提高到400万元。兴边富民专项行动开展十年来，投入力度不断加大，覆盖范围不断拓宽。2009年，专项行动覆盖范围扩大到全国136个陆地边境县和新疆兵团58个边境团场。此外，2010年，中央财政会同国家民委在边境9省份选择了12个县开展兴边富民补助资金支持发展特色优势产业试点工作，促进边境地区优势特色产业加快发展和边民增加收入。目前，有关工作进展顺利。

3．开展“扶贫开发与退耕还林还草相结合”试点

针对“退耕还林还草”主要在贫困地区实施的特点，2002-2004年，中央财政组织在甘肃、陕西、湖北、云南和四川五省各选择1个县开展了这项试点工作，促进扶贫开发和退耕还林工作的有机结合，积极在贫困地区探索整合与统筹使用资金，进一步发挥政策合力的新路子。

4．开展扶贫贷款财政贴息改革试点

为进一步加强扶贫贷款财政贴息资金管理，中央财政会同国务院扶贫办从2004年开始进行扶贫贷款财政贴息改革试点，将由财政部与农业银行总行的贴息结算改为将贴息资金下拨到县，由县财政与发放扶贫贷款到户的金融企业结算，或直接对贷款农户进行利息补贴。2005年，试点范围扩大到了中西部21个省的200个县，2006年进一步将贴息改革试点扩大到全国592个国家扶贫开发工作重点县。2008年，中央财政会同国务院扶贫办下发了《全面改革扶贫贴息贷款管理体制改革的通知》(国开办发[2008]29号)，在总结试点经验的基础上，按照“政府引导、市场运作，下放管理权限、引入竞争机制，固定贴息水平、灵活补贴方式，逐步探索建立风险防范和激励约束机制”的总体思路和“责权统一、自愿和公开公平、贫困户受益、鼓励先进”的原则，对扶贫贷款及财政贴息管理进行了全面改革，取得了良好的效果。

5．开展贫困村互助资金试点工作

针对农村贫困农户发展生产资金短缺的困难，2006年起，中央财政会同国务院扶贫办在14个省份开展了贫困村互助资金试点工作。每个试点村安排财政扶贫资金15万元，实行“滚动使用、民有、民用、民管”。2007年，贫困村互助资金试点工作扩大到全国27个省，随后试点村规模也逐年扩大。2010年，中央财政从财政扶贫资金中预算安排贫困村互助资金2.85亿元，支持1900个村新启动试点项目。截至目前，中央财政支持开展试点的贫困村规模达将近5000个。

6．开展“县为单位、整合资金、整村推进、连片开发”试点工作

2007年，中央财政会同国务院扶贫办在中西部地区减贫任务较重的21个省份启动了“县为单位、整合资金、整村推进、连片开发”(以下简称“连片开发”)试点工作，在贫困县内选择贫困乡村集中连片区域，根据当地扶贫开发和农业农村经济发展规划，整合与统筹使用财政扶贫资金和其它涉农资金，集中力量支持优势特色产业发展，带动贫困人口增收致富。2007年，安排首批试点资金2亿元。2008-2009年，试点资金投入不断加大，并将对每个试点县的补助标准确定为1000万元，实施期限为一年。2010年，中央财政会同国务院扶贫办进一步完善试点机制，将试点项目实施期限由1年调整为3年，要求试点县科学编制和实施规划，补助标准则调整为第一、二年500万元/年，第三年则根据绩效考评情况给予奖励，引导地方提升连片开发试点工作水平。

7．创新财政扶贫资金管理机制

近年来，中央财政按照有关扶贫开发的重要精神及完善公共财政职能的要求，积极创新财政扶贫资金管理机制。主要包括：一是建立以因素法分配为主的公开、公平的资金分配机制；二是建立财政扶贫资金预拨机制，进一步加快预算执行进度；三是实行专户（或专账）管理、国库集中支付制和报账制；四是建立资金整合机制；五是推行公开、公示制度，建立多元监管机制。

8．建立财政扶贫资金绩效考评制度

为引导督促各省更好地贯彻落实扶贫任务和责任，中央财政与国务院扶贫办印发了《财政扶贫资金绩效考评试行办法》（财农〔2005〕314号）。从2007年起，在全国范围内对2006年的财政扶贫资金开展绩效考评，以鼓励先进、鞭策后进。2008年，中央财政专门安排5000万元项目资金，用于对绩效考评成绩突出的省份给予奖励，2009年、2010年考评奖励资金先后增长到1亿元、2亿元。同时，2008年，中央财政会同国务院扶贫办对绩效考评试行办法进行了修订，完善考评指标体系，以促进提升考评工作成效。

（四）十年财政扶贫开发成效显著

通过持续稳定加大财政扶贫开发投入，认真贯彻《中国农村扶贫开发纲要（2001-2010年）》的有关部署，财政扶贫工作不断深入推进。此外，中央财政不断加大对欠发达地区、贫困地区的转移支付力度，增强中西部贫困地区的财力保障水平和公共服务水平，有关专项转移支付向贫困地区倾斜，并与其它各项减贫措施有效配合，使得财政扶贫开发工作取得了显著的成效。

1．农村贫困状况得到较大程度缓解

突出表现在农村贫困人口规模大幅度的减少，统计显示国家扶贫开发工作重点县农民人均纯收入实现较大幅度增长，贫困地区群众的生活水平有了明显改善。

2．贫困地区基础设施状况明显改善

纲要实施十年来，通过实施有针对性地专项扶贫开发，并引导行业部门加大对农村贫困地区的投资，使得农村贫困地区的基础设施状况有了明显改善，贫困群众的生产生活条件更加便利，重点县中行政村、自然村通路、通电话、通广播电视的比例逐年稳步提高。

3．贫困地区社会事业稳步发展

重点县乡镇卫生院、村卫生室建设得到加强，合格乡村医生、卫生员和接生员的比例增加。受益于义务教育经费保障机制的不断完善和助学帮困政策的实施，农村贫困地区的教育事业取得明显进步。

4．贫困地区优势特色产业不断壮大

随着贫困地区生产环境和设施的不断改善，通过整合资源实施有针对性地扶持措施，贫困地区的优势特色产业不断发展壮大，部分地区已经初步发展起带动当地群众脱贫致富的特色产业，辐射带动能力不断增强。

（财政部农业司　姜大峪　罗义）

四、2001-2010年农业银行扶贫政策变迁

2001年5月，根据《中国农村扶贫开发纲要（2001-2010）》的规定，农业银行联合人民银行、财政部、国家扶贫办研究制定了《扶贫贴息贷款管理实施办法》（银发[2001]185号），明确了以下几项内容：一是扶贫贴息贷款的投向；二是扶贫贴息贷款实行指导性计划管理；三是扶贫贴息贷款的资金由中国农业银行在系统内统计调度，资金有困难可向中国人民银行申请再贷款；四是中国农业银行应主要在与扶贫部门共同确定的贷款项目库范围内挑选项目，贷款发放前要征得扶贫部门的认可；五是贴息范围包括当年新增贷款、收回再贷款和未到期的扶贫贴息贷款。

2004 年 2 月，国务院扶贫办、财政部和农业银行又下发了《关于认真做好扶贫贷款工作的通知》，对发放和管理扶贫贷款作了更加细致的规定，主要内容有：一是各级扶贫、财政部门要积极主动与农行在扶贫信贷计划安排和贷款投向等方面进行沟通协商，配合我行做好扶贫贷款的发放和回收工作；二是扶贫贷款的投向为，支持到户贷款，支持对解决贫困户温饱、增加收入有带动作用的农业产业化龙头企业，支持农村（包括小城镇）中小型基础设施建设及社会事业项目，大型基础设施不安排扶贫贴息贷款；三是各级扶贫、财政部门要按权限严格把好扶贫项目认定关；四是贷款期限按生产周期确定，贴息一年，在贴息期限内，贷款执行优惠利率，财政据实贴息。

2005 年 3 月，为了确保实现《中国农村扶贫开发纲要》的目标和任务，国务院扶贫办和中国农业银行联合下发了“关于印发《关于大力支持国家扶贫龙头企业发展的意见》(国开办[2005]19 号）的通知”。根据通知要求，各级扶贫办和农业银行要充分认识支持国家扶贫龙头企业发展的重要意义，积极为其发展创造良好的外部环境，建立和完善国家扶贫龙头企业的准入和退出机制，扶贫部门要把支持国家扶贫龙头企业发展作为重要任务，农业银行要把支持国家扶贫龙头企业发展作为信贷扶贫的主要工作。

从 2004 年开始，根据国务院领导指示精神，国务院扶贫办、财政部等部门开始研究深化扶贫贴息贷款管理体制改革。2006 年 7 月，国务院扶贫办、财政部和中国农业银行联合下发了《关于深化扶贫贴息贷款管理体制改革的通知》(国开办发[2006]46 号)。根据《通知》精神，将原由农业银行统一下达指导性计划并组织发放贷款分为“到户贷款”和产业化扶贫龙头企业和基础设施等项目贷款(以下简称“项目贷款”)两部分进行操作。到户贷款贴息资金全部下放到 592 个国家扶贫开发工作重点县，由县选择金融机构发放贷款并与其直接结算贴息。中央财政在贴息期内按年利率 5% 的标准给予贴息。贴息方式可以是政府将资金直接贴给农户，也可以是将资金补偿给金融机构，具体方式由各县自主确定；扶贫项目贷款在河北、黑龙江、江西等 8 省(市)开展贴息资金下放到省试点，由试点省选择承贷金融机构。贷款执行年利率 3% 的优惠利率，优惠利率与央行公布的一年期贷款利率之间的利差，由省政府贴息。贴息方式可以是政府将资金直接贴给项目实施单位，也可以是将资金补贴给金融机构，具体方式由各地自主确定。其他省市的项目贷款仍由农业银行承担，由财政部和农行结算贴息。到 2007 年，开展扶贫项目贷款试点的地区继续增加。

2007 年 11 月，中国农业银行与全国妇联联合制定下发《全国妇联、中国农业银行关于进一步做好农村妇女小额信贷工作的意见》(妇字[2007]45 号)。强化对农村妇女小额信贷工作的服务与管理，建立推进农村妇女小额信贷工作的长效机制。全国妇联将与财政部商讨尝试建立“巾帼创业小额贷款”贴息及新贷款发放奖补事宜。如果可以，国家财政将为农村妇女小额信贷提供贴息资金支持，据实列支。

2008 年 4 月，国务院下发了《关于全面改革扶贫贴息贷款管理体制的通知》(国开办发[2008]29 号)。从 2008 年开始全面改革扶贫贷款管理体制，将扶贫贷款管理权限和贴息资金全部下放到省，其中到户贷款的管理权限和贴息资金全部下放到县。在进行扶贫贴息改革之后，金融机构自愿参与扶贫贷款的发放，扶贫贴息贷款的发放不再具有计划性，从扶贫贴息的实际运行方式来看，贴息是直接到户或者到项目的，与承贷的金融机构没有关系，因此也就不存在改革之前我行与财政部门结算贴息资金的情况。

为了适应改革的新形势，我行于2008年出台了《中国农业银行贫困县“三农”金融服务方案》，明确了农行今后的扶贫工作方向。2009年初，我行下发了《做好2009年扶贫工作的通知》，要求尽快适应扶贫贴息贷款管理体制改革后的新形势、新变化和新要求，做好我行信贷扶贫工作。2009年7月，国家扶贫办和农业银行联合下发了《关于积极应对金融危机加大对扶贫龙头企业扶持力度的意见》（国开办发[2009]77号），要求加大对扶贫龙头企业扶持力度，促进其健康发展，带动贫困地区主导产业发展和贫困农户稳定增收。

（中国农业银行农村产业金融部 赵红梅）

五、2006-2010年农村社会救助事业发展报告

2006-2010年，国家连续出台政策措施，不断创新体制机制，逐步拓展救助范围，大幅增加资金投入，日益规范操作管理，农村社会救助事业取得长足发展，对于健全社会保障体系，保障改善基本民生，维护社会和谐稳定，促进经济社会发展发挥了重要作用。

（一）农村社会救助工作的创新和发展

1．救助理念全面更新

传统社会救助更多的是从慈善、关爱的角度出发，体现的是社会成员之间互助共济的伦理道德，带有施舍的、随意的色彩。经过多年来的发展，社会救助核心理念已经发生根本转变，主要强调公民权利、政府责任，更加注重从维护宪法赋予公民基本权利的角度来看待社会救助工作，重点实施制度化、规范化救助，大大提升了社会救助的政治地位，强化了政府责任，提高了对社会救助的刚性约束。

2．救助制度体系基本建立

几年来，中央出台多项涉及基本制度建设的指导性文件，建立健全农村社会救助制度。目前，已初步建立起以农村最低生活保障（以下简称农村低保）、农村五保为基础，以医疗、住房、教育等方面的专项救助为重要内容，以临时救助为补充，与慈善事业和社会互助相衔接，与经济社会发展水平相适应的农村社会救助制度体系。

（1）全面建立农村低保制度。2007年7月，国务院下发《关于在全国建立农村最低生活保障制度的通知》(国发〔2007〕19号)，决定在全国普遍建立农村低保制度。文件规定，农村低保对象是家庭人均纯收入低于当地农村低保标准的农村居民，农村低保标准由县级以上地方人民政府按照能够维持当地农村居民全年基本生活所必需的吃饭、穿衣、用水、用电等费用确定，并报上一级地方人民政府备案后公布执行。文件要求，各级政府将农村低保所需资金纳入财政预算，及时将符合条件的困难群众纳入保障范围，稳定、持久、有效地解决农村贫困人口的温饱问题。

（2）创新农村五保供养工作体制。2006年1月，国务院修订公布的《农村五保供养工作条例》规定，农村五保供养对象是无劳动能力、无生活来源又无法定赡养、抚养、扶养义务人，或者其法定赡养、抚养、扶养义务人无赡养、抚养、扶养能力的老年、残疾或者未满16周岁的村民；供养内容有供给粮油、副食品和生活用燃料，供给服装、被褥等生活用品和零用钱，提供符合基本居住条件的住房，提供疾病治疗，对生活不能自理的给予照料，办理丧葬事宜，供养对象未满16周岁或者已满16周岁仍在接受义务教育的，应当保障他们依法接受义务教育所需费

用；农村五保供养资金纳入财政预算，五保供养标准不低于当地村民平均生活水平。新条例的出台标志着农村五保供养实现了从集体供养到以财政供养为主的历史性转变，新型农村五保供养制度全面建立。

（3）普遍实行农村医疗救助制度。为切实缓解困难群众医疗难问题，2003年11月，民政部、卫生部、财政部联合下发《关于实施农村医疗救助的意见》（民发〔2003〕158号），到2006年底，全国所有的涉农县（市、区）都建立农村医疗救助制度。2009年，中共中央、国务院出台的《关于深化医药卫生体制改革的意见》明确提出，城镇职工基本医疗保险、城镇居民基本医疗保险、新型农村合作医疗和医疗救助制度共同组成基本医疗保障体系，分别覆盖城镇就业人口、城镇非就业人口、农村人口和城乡困难人群。

（4）健全和完善临时救助制度。临时救助是一项传统的民政业务，是我国社会救助的制度原型，是在其他制度力所不能及的情况下解决遭遇突发性、临时性困难家庭特殊困难的重要措施，也是社会救助向低收入家庭延伸的重要方式，对于减轻低保压力，实现救助公平有着重要意义。2007年6月，民政部下发《关于进一步建立健全临时救助制度的通知》（民发〔2007〕92号），要求各地建立和完善临时救助制度，对在基本生活救助和其他专项社会救助制度覆盖范围之外，由于特殊原因造成基本生活出现暂时困难的低收入家庭给予救助，帮助他们度过难关。

3．管理体制和运行机制基本形成

各级政府都把社会救助列为政府年度工作的重点，列为解决民生，为民办实事的重要事项，重点部署，重点督办；各地程度不同地建立了指导、协调各项社会救助工作的专项领导小组或部门联席会议制度；社会救助事业纳入了各级政府制定的国民经济和社会发展规划；逐步形成了以各级政府财政投入为主，彩票公益金、慈善捐赠为辅的多样化资金筹措渠道。在工作推进过程中，各地建立起了“政府主导、民政牵头、部门合作、社会参与”的救助工作管理体制和“群众自愿申请，村居民主评议，乡镇调查审核，县级民政部门审查批准，救助资金社会化发放”的救助工作运行机制。省、市、县各级政府都基本建立起社会救助工作机构，部分乡镇还设立相应的社会救助工作站或工作岗位，从中央到乡镇、村居的社会救助管理服务网络初步建立起来。

4．资金投入大幅增长

（1）农村低保。2006年，全国共支出农村低保资金41.6亿元；2007年，中央财政首次安排农村低保补助资金30亿元，全国共支出农村低保资金109.1亿元；2008年，中央财政安排补助资金90亿元，全国共支出228.7亿元；2009年，中央财政安排补助资金216亿元，全国共支出363亿元；2010年，中央财政补助资金达到269亿元，1-8月，全国累计支出237.4亿元，预计全年总支出将达到357.3亿元。

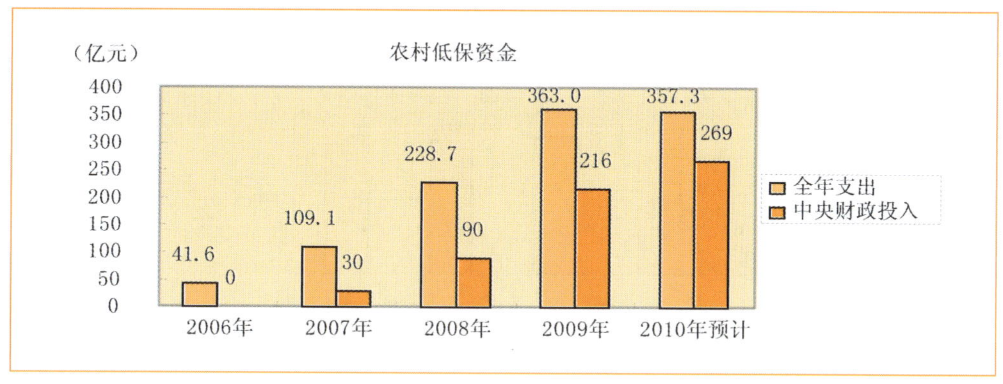

图5-1 近年来农村低保资金支出对照表

（2）农村五保供养。2006年全国共支出农村五保供养资金42.1亿元，2007年支出供养资金59.8亿元，2008年支出供养资金73.7亿元，2009年支出供养资金87.2亿元，2010年1-8月，累计支出供养资金62.2亿元，预计全年总支出将达到92.8亿元。

图5-2　近年来农村五保供养资金支出对照表

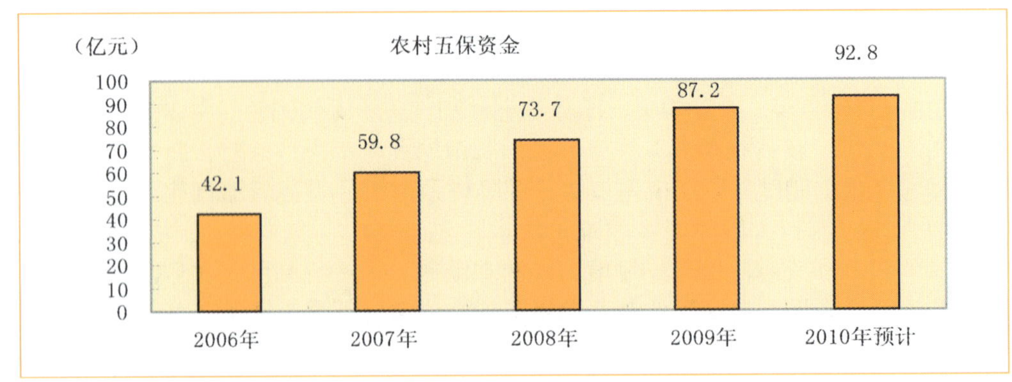

3.农村医疗救助。2006年，全国共支出农村医疗救助资金15亿元；2007年，中央财政首次安排农村医疗救助补助资金21.2亿元，全国共支出29.7亿元；2008年，中央财政安排补助资金26.9亿元，全国共支出39.3亿元；2009年，中央财政安排补助资金54.3亿元，全国共支出69亿元；2010年，中央财政安排补助资金57.3亿元，1-6月份，全国累计支出37.7亿元，预计全年总支出将达到90亿元。

图5-3　近年来农村医疗救助资金支出对照表

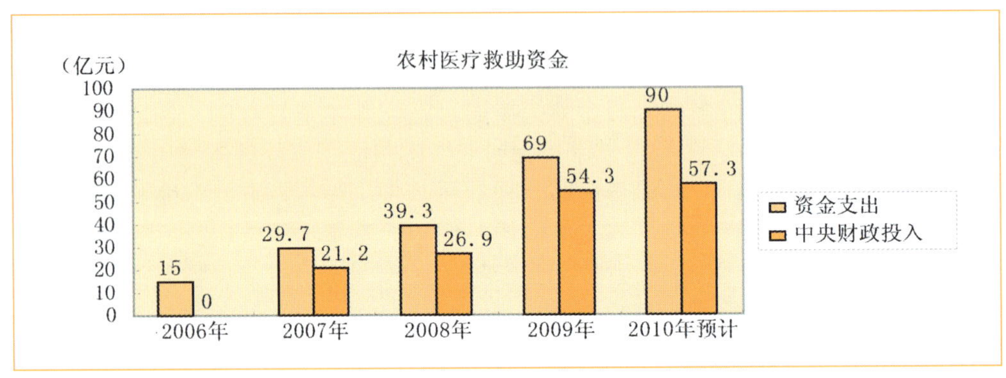

（五）救助覆盖范围不断扩大。2007年农村低保全面建制初期，全国共有农村低保对象3566.3万人，截至2010年6月，农村低保对象达到5006.6万人，增长40.4%；新型农村五保供养制度确立后，农村五保对象人数稳定在550万人左右，实现应保尽保；2010年1-6月，全国农村医疗救助达到3691万人次，其中，资助3245万人参加新农合，住院救助147万人次，门诊救助299万人次，均较往年有大幅提高。

图5-4　近年来农村社会救助对象变化图

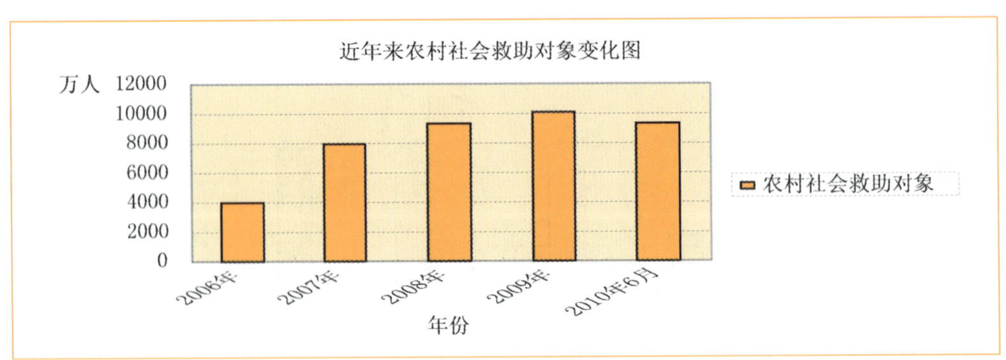

（六）救助标准和补助水平逐年提高。截至2010年6月，全国平均农村低保标准达到每人每年1284元，月人均补助61元；全国平均农村五保集中供养标准为每人每年2755元，分散供养标准为每人每年1959元；2010年1-6月，全国农村住院救助人次均补助1653元，门诊救助人次均补助145元，资助农村医疗救助对象参加新型农村合作医疗人均补助28元，救助标准和补助水平均较往年有大幅提升。

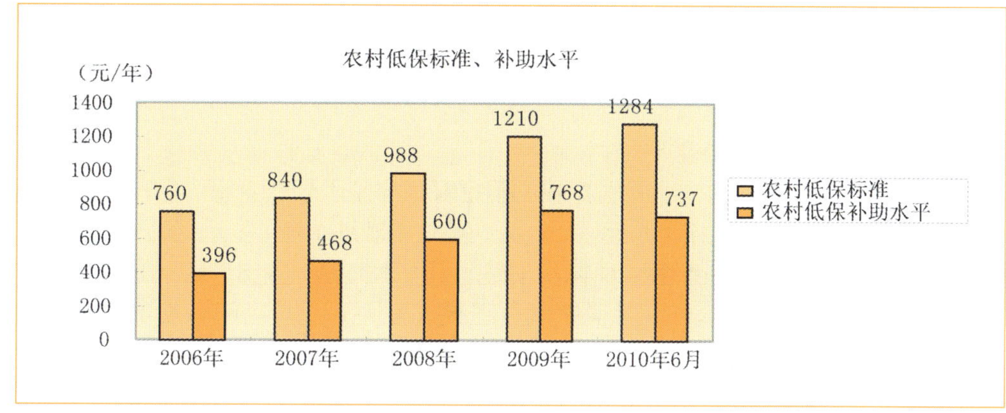

图5-5　近年来农村低保标准、补助水平变化图

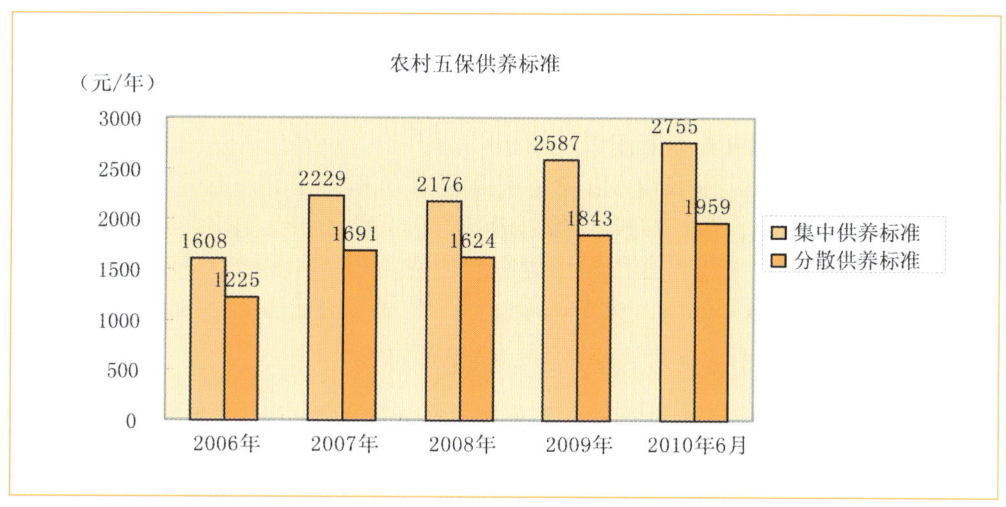

图5-6　近年来农村五保供养标准变化图

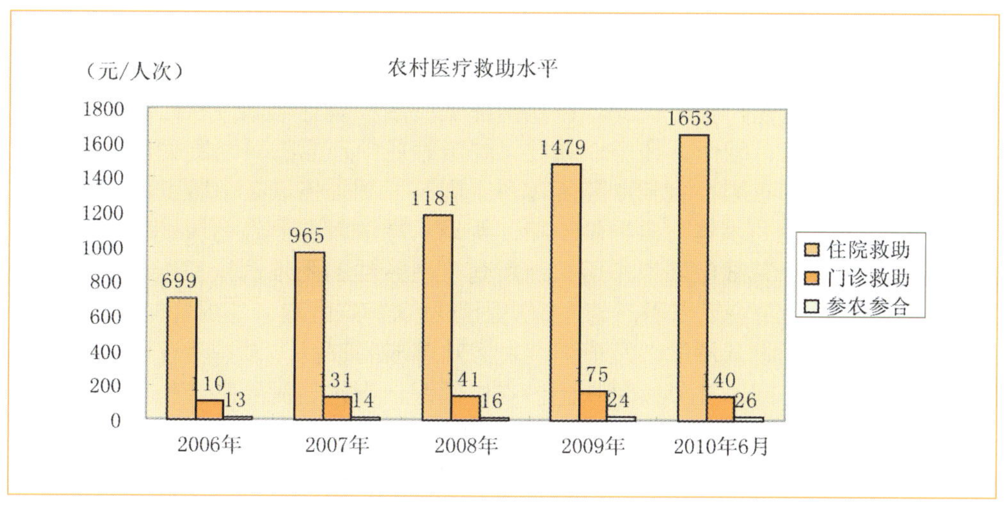

图5-7　农村医疗救助水平变化图

第五部分

扶贫政策和措施

（二）当前农村社会救助工作存在的主要问题

1．救助水平明显偏低

近年来，我国社会救助资金投入虽有长足增长，但占GDP的比例仍不足0.3%，低于越南、蒙古等周边发展中国家，属于世界上社会救助资金投入比例最低的国家之一。2009年全国平均农村低保标准相当于当年全国农民人均纯收入（5153元）的23.5%，城镇居民人均可支配收入（17175元）的7%。也就是说，国家通过农村低保制度，以现金发放的形式，每年将几百亿的财政资金直接转移到农村最困难群众手中，但他们的收入仍然不足全国农民平均收入水平的四分之一，与城镇居民的差距则更大。

2．救助资金投入力度不足

突出表现在三个方面：一是医疗救助资金筹集与使用矛盾突出。目前全国70%的地区，医疗救助封顶线在1万元以下，人次均住院救助1000多元，对于花费数万甚至数十万的重特大疾病患者来说杯水车薪，不少家庭因病致贫、因病返贫，医疗救助资金投入与困难群众的实际需求间存在很大差距；二是临时救助资金投入不足。多数地区没有将这部分资金列入地方财政预算，制约了临时救助工作的开展和实施效果；三是农村五保资金落实不到位。中央财政对五保供养资金没有实行专项管理，而是与村干部工资和村办公经费合并在农村税费改革转移支付资金中“打捆”下拨，在部分地区出现了供养资金不落实、用低保金冲抵五保资金的情况，没有实现“按标施保”；农村五保供养服务机构建设滞后，运转经费匮乏，造成供养能力不足，管理服务水平低。

3．基层社会救助能力薄弱

不少县级民政部门没有专职的社会救助工作机构，乡镇一级更是人员紧张、经费短缺、手段落后，“没人办事、没钱办事”的问题十分突出，导致基层救助工作管理不规范，缺乏细致严密的操作程序，个别地区社会救助对象的审核认定工作单纯依赖村级组织来完成，错保、漏保、人情保等违法违纪行为时有发生。

（三）推进农村社会救助的工作思路和对策

当前和今后一段时期，农村社会救助事业的发展要努力做到“两个确保”：一是确保农村困难群众基本生活。着力解决好农村困难群众“衣、食、住、医、教”等方面存在的困难，满足其维持基本生存的需要。二是要确保救助工作的公开、公平、公正。切实做到信息公开、待遇公平、程序公正。

1．确保困难群众基本生活

（1）完善制度体系。进一步规范农村低保、加强农村五保供养、推进农村医疗救助、建立健全农村临时救助。在此基础上，逐步建立起适应农村经济发展发展水平，涵盖医疗、教育、住房、就业、司法等各个方面的，制度完善、层次有别、可持续发展的农村社会救助制度体系。同时，加强各项社会救助制度有效衔接，从不同的方面为困难群众提供支持，实现从零散救助到综合救助的转变。发挥农村低保制度“兜底保障”作用，让所有符合条件的困难群众都能享受到低保救助；发挥专项救助特定作用，着力解决困难群众特殊困难；拓展临时救助制度，将其逐步延伸到低收入群体以及遭遇突发急难事故的农民，发挥其在农村社会救助中的拾遗补缺作用。此外，尽快出台农村低保、农村五保制度与新型农村社会养老保险、扶贫开发政策衔接的具体措施和办法，形成制度合力。

（2）做到应保尽保。党的十七届三中全会和今年中央一号文件都提出“完善农村最低生活保障制度，加大中央和省级财政补助力度，做到应保尽保，不断提高保障标准和补助水平”的目标任务。下一步，应当在重点保障因病残、年老体弱、丧失劳动能力和生存条件恶劣等特困群众的基础上，将其他符合条件的农村困难群众全部纳入社会救助范围，实现应保尽保。应当依据救助对象困难程度和实际需要的不同，实行分层分类救助，对其中的老年人、残疾人、妇女、儿童、病人、单亲家庭给予更多的照顾。实行动态管理，保证对新增的符合社会救助条件的人员做到随时申请、随时审核、随时纳入。

（3）提高救助水平。我国已具备了建立健全现代农村社会救助制度的财力基础，关键是如何调整支出结构的问题。应当适度增加农村社会救助在各级财政支出中的比重，积极探索建立社会救助资金随经济发展、物价指数和生活水平的提高而自然增长的机制。中央财政应加大对农村社会救助的投入，加大对财政困难地区的转移支付力度，这是国家承担社会救助义务最主要的方式。地方应当科学确定和适时调整农村低保标准，按照低保标准来划定保障对象范围和低保实际补助水平，落实中办、国办《关于完善村级组织运转经费保障机制 促进村级组织建设的意见》（中办发〔2009〕21号）精神，将农村五保供养经费纳入县乡财政预算专项保障，加大医疗救助资金投入，扩大医疗救助基金规模，提高医疗救助水平。

2．确保救助工作的公开、公平、公正

（1）实现法制化管理。随着户籍管理制度改革的不断深化，打破城乡藩篱，实现均等化救助服务，已经成为我国社会救助发展的一个方向。当前应尽快完成《社会救助法》立法程序，以保障公民基本生活、城乡统一适用为原则，从法律层面对社会救助的基本内容方式、程序、监管和法律责任等方面予以明确，为各项社会救助工作提供统一的法律依据。同时，争取将《农村最低生活保障条例》、《医疗救助条例》纳入国家立法计划，健全社会救助领域的法律法规体系。

（2）实现规范化管理。社会救助的操作程序是否规范，过程是否透明，结果是否公平，不仅直接关系到各项社会救助政策的落实，而且直接体现政府的公信力。必须始终把公正和透明作为社会救助工作的生命线，按照“健全制度、规范操作、提高素质、改善条件、促进公开”的要求抓好社会救助规范化管理。一是加紧出台单项社会救助制度的操作规范、管理规章和实施细则。二是努力提高社会救助工作的公开性和透明度，按照政务公开的要求，及时向社会公布社会救助政策的相关规定以及办事项目、办事程序以及资金安排、分配和管理使用情况。健全社会救助政策执行过程中的民主评议、张榜公示等公开措施，增强群众的信任感和认同感。三是切实加强社会救助资金的管理使用，做到专户存储、专户管理、专款专用，确保各项救助款物及时足额地发放到救助对象手中。四是着手建立对社会救助工作实施情况和实施效果进行定期检查评估的工作制度，力争将检查评估结果纳入政府目标考核体系，作为党政部门和干部政绩考核的重要内容，完善和落实相关的奖惩机制。

（3）实现专业化管理。社会救助是一项政策性、技术性比较强的工作，建设一支能适应社会救助事业发展需要的专业化的工作队伍，是确保农村社会救助制度顺利实施的必要条件。针对当前我国社会救助工作力量薄弱、专业化水平不高的情况，一是要建立健全社会救助工作机构，重点放在乡村基层，在乡镇探索设立社会救助所，在村委会设立社会救助站或社会救助点等；二是要保证工作经费，可以按照工作量或救助资金总额的一定比例安排工作经费；三是加强社会救助理论研究和技能培训，结合我国社会工作职业资格制度的建立，合理设置社会救助工作岗位，提出明确的岗位规范和人才标准，据此加大对现有工作人员的正规培训，逐步实行持证上岗制度。

（4）实现信息化管理。加大对社会救助工作信息化建设的投入，建成从中央到省、地、县、乡镇（街道）、社区的社会救助信息系统，实现社会救助数据的网络化传输，社会救助事务的网络化管理，社会救助工作的网络化监督，社会救助信息的网络化共享。通过信息化建设，切实提高救助工作的效率和规范化水平。

（民政部社会救助司　高华俊　田固）

六、2005-2010年扶持人口较少民族发展取得成效

自2005年国务院批准实施《扶持人口较少民族发展规划（2005-2010年）》以来，在党中央、国务院的亲切关怀重视下，在国务院有关部委的大力支持和有关省区的推动下，扶持人口较少民族发展工作进展顺利，发展健康，成效明显。

（一）扶持资金投入高于其他贫困地区

规划实施6年来投入各项扶持资金37.51亿元，其中，中央投资25.47亿元、占67.9%，地方配套及其他资金12.04亿元、占32.1%。平均每个村仅中央投资就达到398万元，比国家扶贫重点县平均每个村33万元的投资高出十多倍。

图5-8　扶持资金按来源分所占比重

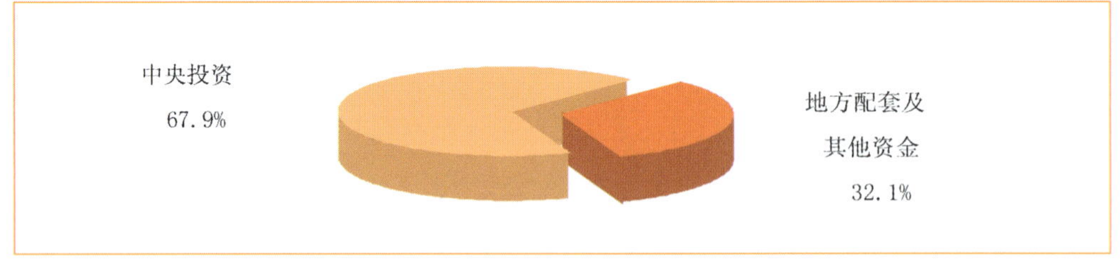

图5-9　扶持资金按投向分所占比重

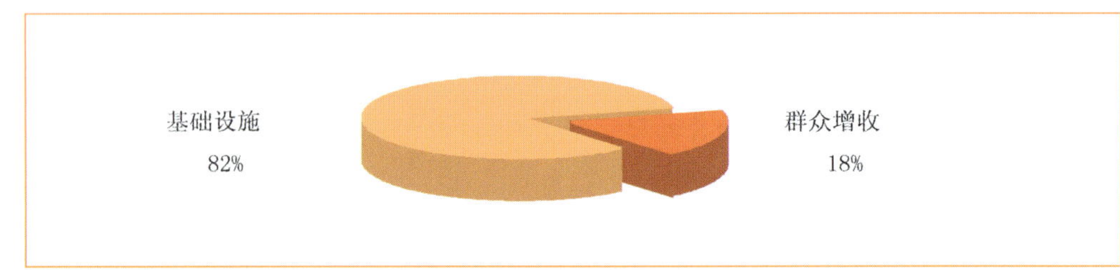

资金投向大致分为两类：一类是基础设施建设项目，占资金总量的82%；另一类是群众增收项目，占资金总量的18%。

自2008年起，国家民委会同国家发改委、财政部、中国人民银行、国务院扶贫办对各地规划完成情况进行年度考核验收。640个人口较少民族聚居村中，2008年有271个村达标，2009年有247个村达标，两年有518个村实现“四通五有三达到”的目标，占81%。据统计，自2005年以来，达标村共得到扶持资金21.12亿元，实施项目10872个，平均每个村得到21个扶持项目、407.7万元扶持资金。人口较少民族聚居地区呈现出生产发展、生活提高、生态改善、民族团结、社会和谐、文明进步的良好局面。

扶持人口较少民族加快发展，成为新时期促进民族团结的民心工程、推动各民族共同繁荣发展的德政工程、造福人口较少民族群众的幸福工程。

（二）基础设施显著改善

各有关地区和部门以改善群众基本生产生活条件为重点，集中力量加快基础设施建设，制约人口较少民族发展的“瓶颈”不断被打破。到2009年底，640个村的各项基础设施建设指标，均比规划实施前有了大幅度提升。通公路的村占96.3%，提升35.5个百分点；通电的村占96.9%，提升14.2个百分点；有安全饮用水的村占81.6%，提升39.1个百分点。通公路的自然村占86.5%，提升34.3个百分点；通电的自然村占96.3%，提升9.1个百分点；有安全饮用水的自然村占79.4%，提升44个百分点；通电话的自然村占90.9%，提升53个百分点；通邮的自然村占82.1%，提升35.9个百分点。户通电率94.1%，提升5.1个百分点；饮用安全水的户数占70.4%，提升30.3个百分点。

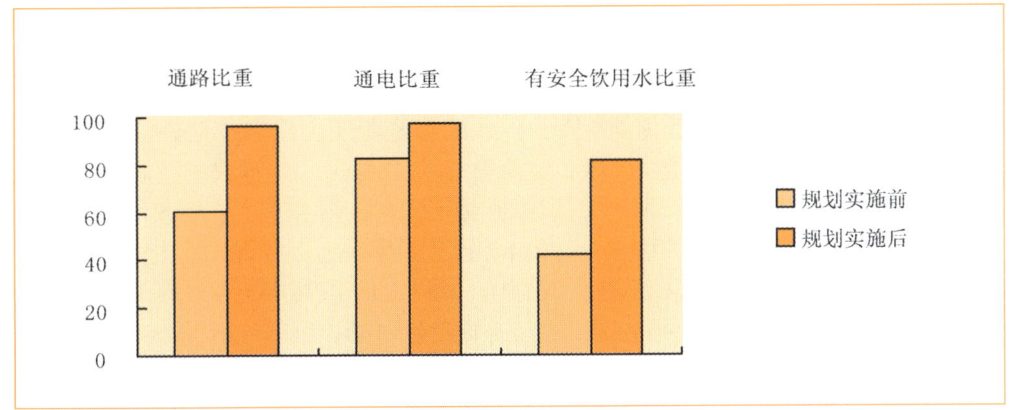

图5-10　640个村基础设施

黑龙江19个人口较少民族村有线电视入户率、自来水入户率都超过75%，住房砖瓦化率和电话入户率超过80%。特别是同江市、饶河县的赫哲族标准化小区的建成，成为新农村建设的标志性成果。贵州实施新建或改建公路、村寨路面硬化项目，解决毛南族群众行路难、运输成本高的困难。投入专项资金按照新农村标准建设毛南族移民新村，村寨布局统一规划，房屋建设统一设计，充分体现民族村寨的特色。甘肃把扶持项目的实施与退牧还草、牧民易地搬迁和集中定居等工程结合起来，让牧民逐步向交通便利、人口相对集中的前山地区集中定居，转变牧民生产方式，减少人畜对林区和草原的破坏，有效缓解了草原生态恶化，促进人与生态和谐发展。青海通过实施672个扶持项目，解决了41个村、6390户、3.3万余人的行路难问题，95%以上的村有了安全饮水，撒拉族聚居区的生存环境得到明显改善，村容村貌、村风民风发生了较大变化。

（三）特色经济快速发展

各地充分依托当地资源优势，引导人口较少民族调整产业结构，培育发展优势产业和特色经济，实现了经济的快速发展。到2009年底，人口较少民族聚居的640个村年末大牲畜存栏61.5万头/匹，年末羊存栏118.8万只，年末猪存栏46.4万头，都比规划实施前有所提高。640个村粮食总产量38.4万吨，经济作物总收入12.4亿元，村级集体经济收入1942.9万元。劳务输出8.9万人，劳务输出总收入36896万元，人均劳务收入4146元。农牧民人均纯收入达到2181元，比2005年增长2.5倍，年均增长19.5%，比民族自治地方（15.7%）高3.8个百分点，比全国（12.8%）高6.7个百分点。与此同时，加强了环境保护和生态建设，新增或改造基本农田12.2万亩，新增或改良人工草场9.4万亩，新增经济林木52.5万亩。人口较少民族初步形成了产业结构多业并举、收入来源多点并收的良好态势，初步走出了一条生产发展、生活富裕、生态良好的发展路子。

图 5-11　640 个村农牧民人均纯收入

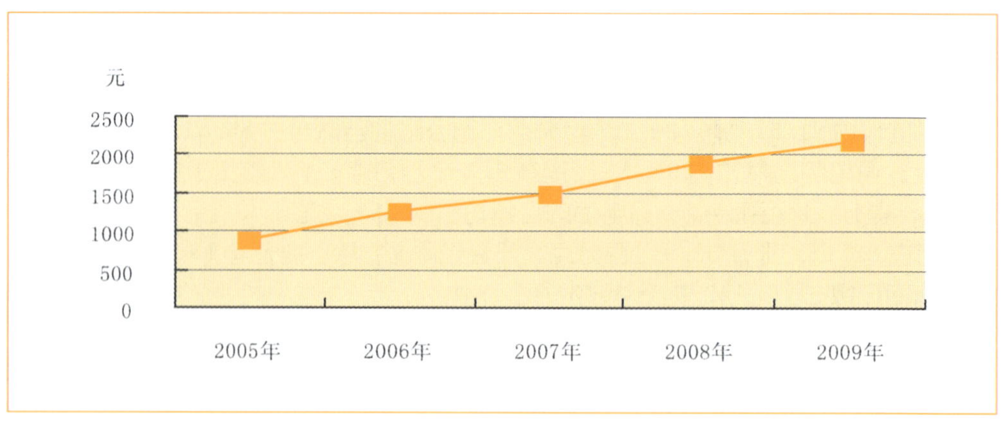

内蒙古额尔古纳市室韦俄罗斯族乡开展的家庭游项目使俄罗斯族群众脱贫致富。根河市对敖鲁古雅鄂温克民族乡实施整体生态移民，为解决搬迁后的生计问题，资助猎民发展狐貂养殖、养羊、家庭旅游等项目，敖乡猎民人均收入从原来的 800 多元增加到 3050 元，使刚刚走出森林的鄂温克猎民过上了现代化生活。黑龙江新生鄂伦春族乡发展芸豆种植产业，成为远近闻名的芸豆高产之乡。黑河市爱辉区建立了鄂伦春族、俄罗斯族风情园，几年来接待俄罗斯、日本、韩国等十几个国家（地区）和国内的 300 多个旅游团组，游客超过 3 万人次，实现收入 100 多万元。福建在高山族较为集中的县（区）成立高山族社团，下拨资金扶持建立毛竹山基地、花卉基地、汽车配件门市部等集体生产性项目，取得较好效益。如清流高山族联谊会已建立了 300 多亩丰产竹林基地和 15 亩花卉基地，年利润可达 10 万元以上。广西京族聚居的东兴市依靠京族三岛秀美的自然风光、独特的民俗文化和绚丽的民族风情，重点打造了京族三岛的旅游业和传统手工艺品，做大做强了当地的支柱产业，旅游、贸易、海洋捕捞和海产品加工已成为京族群众的主要产业，群众生活水平逐年提高，实现了民族整体富裕。2009 年农民人均纯收入由 2005 年的不足 3000 元增加到近 6000 元，跃居广西农民收入首位。一些农户年纯收入超过 100 万元，8% 的家庭拥有小轿车，92% 的家庭住上了一户一栋的小洋楼。多数京族群众生活已达到小康水平。环江毛南族自治县大力发展养蚕业，2009 年实现产值 1.85 亿元，户均养蚕收入达 5956 元。贵州在毛南族聚居的独山县羊凤乡抓特色种养业，西红柿、青菜、种桑养蚕、养鹅已成为群众增收的主要来源，全乡农民人均纯收入从 2005 年的 1568 元增长到 2009 年的 3280 元，4 年翻了一番。青海循化县大力发展以餐饮、建筑、交通运输、民族用品加工业为主、多业并举的劳务经济，培育形成了“循化拉面”、“撒拉人家”等具有鲜明地方民族特色和市场竞争优势的劳务品牌，劳务技能培训就业率达 95%，使撒拉族群众尝到了“挣了票子，壮了胆子，换了脑子，育了孩子”的甜头。新疆推动塔塔尔族、乌孜别克族妇女传统刺绣产业规模化发展，通过组织参观学习和邀请专家指导培训，提高少数民族妇女刺绣技能，使传统刺绣成为人口较少民族群众新的增收点。

（四）社会事业稳步推进

在教育方面，新增或改扩建教育用房 8.6 万平方米，农牧区办学条件进一步改善；全面落实“两免一补”政策，适龄儿童入学率普遍达到 98% 以上，初中毛入学率多数达到95%以上；人口较少民族聚居乡镇基本实现“普九”，上学难问题基本解决。在卫生方面，新增或改扩建卫生用房4.2万平方米，使有卫生室的村达到90.5%，提高了49.7个百分点；新型农村合作医疗覆盖率达到90%以上，“因病致贫、因病返贫”现象明显下降。在文化方面，新增或改扩建文化用房9.4万平方米，使有文化活动室的村达到94.4%，提高71.4个百分点，能接收广播电视节目的自然村达到93.8%，提高44.9个百分点。加大对濒危文化遗产抢救、整理和保护的力度，在国家级非物质文化遗产名录中，每个人口较少民族都有项目列入，22个民族共有38项。在社会保障方面，人口较少民族聚居地区全部建立了最低生活保障制度。大力实施安居房建设项目，投入资金47977万元，实施项目917个，使近5万户农牧民告别了危旧房、简易房。

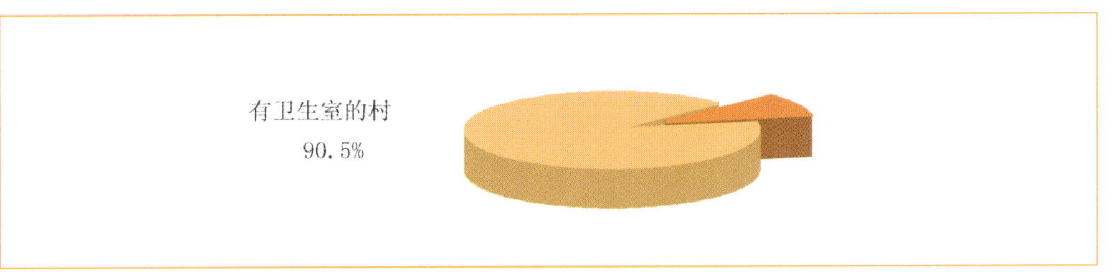

图5-12 有卫生室的村

黑龙江人口较少民族住房砖瓦化率达到90%以上，有安全饮用水的占87.5%，有线电视入户率达到100%。新型农村合作医疗试点工作有效推进，鄂伦春族实行了医疗全额免费的特殊政策。赫哲族鱼皮制作工艺、桦树皮制作工艺、鄂伦春族古伦木沓节等5项非物质文化遗产列入国家名录。广西东兴市组织成立京族民间文化中心、发动京族民间艺人搜集挖掘、整理编印《宋珍歌》、《京族史歌》、《京族传统叙事诗》等诗歌集，保护京族传统文化。云南7个人口较少民族将分别建一个本民族小型博物馆，德昂族博物馆总投资约100万元并已动工建设。云南省把农村危房改造及地震安居工程补助对象优先安排到人口较少民族聚居村，下达资金6085.4万元解决了9603户人口较少民族住房困难问题。西藏初步完善了人口较少民族乡村卫生院（所）门诊、住院、藏医为一体的医疗设施，为少数民族群众提供良好的医疗条件。新疆对居住在高寒山区缺乏基本生存条件的塔吉克族部分牧民实施移民搬迁，制定并实施塔什库尔干县塔吉克阿巴提镇移民搬迁规划，在昔日戈壁荒滩上建成了一个个牧民新村。

（五）发展能力明显提高

各地紧紧围绕培养人这个根本，大力加强对人口较少民族干部和各类人才的培养。在中央三部委组织的挂职锻炼中，16名人口较少民族基层干部被安排到中央国家机关和东部地区挂职锻炼。国家民委举办了5期人口较少民族干部培训班，共培训300多人。国家民委所属民族院校对人口较少民族考生采取计划倾斜、加分录取、预科招生等优惠政策，加大对人口较少民族人才培养，对家庭经济困难学生给予资助。黑龙江省制定了人口较少民族人才培训规划，有计划地开展对人口较少民族干部的培训工作。云南加大对人口较少民族高考考生的照顾力度，实行指定投档选拔办法，2009年7个人口较少民族考生的录取率高于全省平均录取率。西藏在各级党校、行政学院和其他干部培训机构举办的各类培训中，增加人口较少民族干部的参训人数或单独办班，通过任职、挂职等干部交流形式，有针对性地提高人口较少民族干部的领导能力和管理水平。

各地按照干什么、学什么，缺什么、补什么的原则，重点围绕人口较少民族农牧业生产方面迫切需要的实用技术，开展大规模的培训。到2009年，640个村共实施科技推广及培训项目682个，投入资金3900多万元，累计组织培训79.6万人次。广西、贵州、西藏、青海等省区举办种养殖业、民族手工业、家庭旅游等实用技术培训班，让群众掌握1-2门实用技术。通过多渠道、多层次、多样化的培训，培养了一大批脱贫致富带头人、农户当家人和实用技术明白人，人口较少民族的自我发展能力显著提高。更为重要的是，各地把扶智与强志统一起来，两手抓、两促进，激发了人口较少民族群众的竞争意识、开放意识，自力更生、奋发图强的精神，增强了他们依靠自身力量、创造幸福生活的信心和决心，为可持续发展打下了坚实基础。

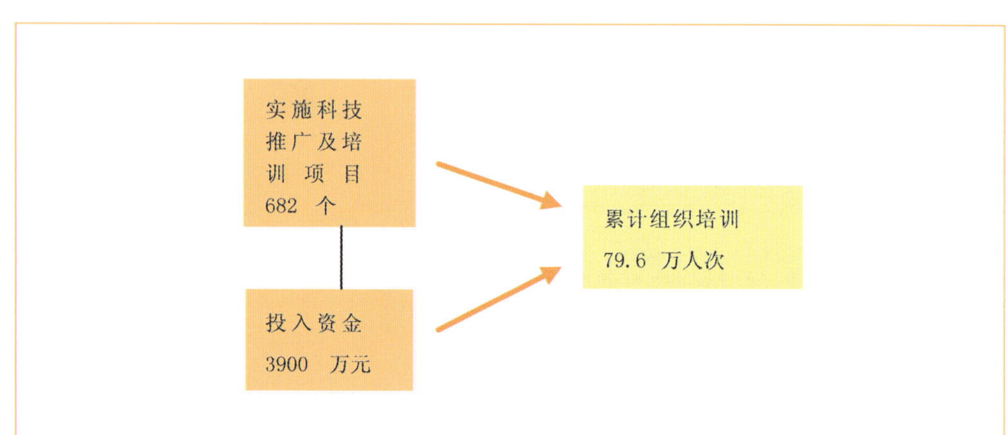

图5-12 实施科技推广及培训

（六）取得的经验值得推广

在扶持人口较少民族发展工作实践中，积累了许多宝贵经验。一是坚持科学发展，以人为本。坚持以科学发展观为统领，牢牢把握各民族共同团结奋斗、共同繁荣发展的主题，以解决人口较少民族群众困难为目标，尊重群众的主体地位，注重增强他们的自我发展能力。二是坚持统筹规划，因地制宜。坚持把扶持人口较少民族发展放到经济社会全局进行规划，采取特殊的政策措施，加大工作力度和资金投入，充分考虑民族特点、地域特点和发展水平的差异，从实际出发，分类指导。三是坚持突出重点，协调推进。坚持以改善人口较少民族聚居村基本生活条件和增加农牧民收入为重点，协调推进人口较少民族地区经济建设、政治建设、社会建设、文化建设和生态建设。四是坚持多方配合，形成合力。坚持部门支持、省负总责、县抓落实的工作方针，把国家扶持、对口支援和群众自力更生紧密结合起来，发挥好各方面的积极性，形成分工协作、齐抓共管的良好工作格局。

经过6年的大力扶持，人口较少民族经济社会发展水平显著提高，但由于历史和自然条件等诸多方面的原因，人口较少民族发展总体水平还比较落后，制约人口较少民族聚居地区经济社会发展的突出矛盾和主要问题尚未得到根本解决。人口较少民族总体发展水平仍然比较落后，农民人均纯收入仅相当于民族地区平均水平的2/3、全国平均水平的2/5。我国经济社会发展的不全面、不协调、不可持续，很大程度上表现在民族地区，特别是人口较少民族聚居地区；实现全面建设小康社会目标，重点、难点很大程度上在民族地区，特别是人口较少民族聚居地区。按照规划提出的目标任务和考核验收办法的要求，人口较少民族聚居村完成“十一五”规划只是一个阶段性目标，人口较少民族具备了一定的发展基础，但各项建设标准较低，配套设施也不完善。按照建设社会主义新农村的要求，要实现人口较少民族可持续发展，国家仍需在“十二五”期间继续加大扶持，促进各民族共同繁荣发展。

（国家民委经济司　袁彦）

七、2001—2010年全国妇联扶贫报告

十年来，全国妇联认真落实《中国扶贫开发纲要》，按照党中央、国务院关于扶贫工作的总体部署和要求，坚持以人为本，全面、协调、可持续的发展观，充分发挥妇联广泛联系社会各界的组织优势，把帮助贫困地区妇女儿童解决温饱问题、促进贫困地区妇女儿童发展作为一项重要工作，通过制定政策、教育培训、项目扶贫、就业帮扶、定点扶贫等形式，协调各方资源，不断加大对贫困地区的扶持力度，为推动贫困地区经济社会的发展和妇女儿童事业的进步做出了积极的贡献。

（一）制定的主要政策

2000年2月，全国妇联与农业部、国务院扶贫办等部门共同下发《关于实施“巾帼科技致富工程”的意见》（妇字［2000］5号），文件指出要抓好贫困地区和少数民族地区扫盲工作，进一步巩固扫盲成果，防止新文盲的产生。贫困地区的妇联要从实际出发，确定本地扶贫工作的具体目标和实施方案。工作重点始终面向贫困妇女、贫困家庭，立足于帮助妇女提高基本文化知识，掌握生产技能。积极稳妥地推广小额信贷、连环脱贫、结对帮扶、劳务输出、项目到户等扶贫工作的经验。发达地区妇联要支持贫困地区妇女的发展，搞好对口帮扶工作，对于边远和少数民族地区的贫困妇女，要给予更多的帮助。

2002年6月，全国妇联、国务院扶贫办、中国人民银行共同下发的《关于进一步深化“巾帼扶贫行动”的意见》（妇字[2002]19号）中指出，要进一步推进“巾帼扶贫行动”，把帮助贫困地区妇女脱贫致富作为一项重要工作纳入本地区扶贫开发和信贷扶贫的总体规划中，继续在政策、项目、资金、信息等方面对贫困地区妇女给予倾斜。“十五”期间，“巾帼扶贫行动”的目标是，再帮助100万贫困地区妇女脱贫，继续开展多种形式的扶贫活动，重点抓好科技扶贫、小额信贷扶贫和劳务输出，为贫困地区妇女脱贫致富提供更有效的智力帮助和资金支持。

2002年6月，全国妇联、农业部、国务院扶贫办等部门共同下发了《关于进一步深化“巾帼科技致富工程”的意见》（妇字[2002]20号），提出：以发动农村妇女积极参与农业和农村经济结构调整为主线，着力提高农村妇女整体素质和科技致富能力，进一步完善科技培训、服务、示范三大网络，开辟农村妇女增收致富渠道。文件要求在继续开展拉手结对、兴办项目、对口帮扶、劳务输出等多种形式扶贫活动和“建西部美好家园”行动的基础上，重点抓好科技扶贫和小额信贷扶贫。

2004年2月，全国妇联、财政部、教育部等部门联合下发了《关于加强农村妇女教育培训工作，促进农村妇女增收致富的意见》（妇字[2004]7号），要求各级财政、农业、科技、教育、林业部门在制定有关农民培训的政策措施和目标任务中，要明确提出农村妇女的培训指标和比例，在资金、政策等方面对农村妇女培训给

予适当倾斜，保证妇女参加培训比例占到全体培训者40%以上。强调按照同等优先的原则，积极支持贫困妇女参与实施扶贫项目。

2007年9月，全国妇联与中国农业银行联合下发的《关于进一步做好农村妇女小额信贷工作的意见》(妇字[2007]45号)，指出，大力支持农村妇女创办的能带动贫困农户增收的龙头企业和基地，通过“公司+农户”、“基地+农户”、“公司+基地+农户”的形式，鼓励妇女带头人带动更多的妇女走上创业道路。优先为农村妇女发展生产和自办企业配置信贷资源，对辐射带动农户脱贫效果明显的“女能人”创办的企业，在信贷政策上给予适当倾斜。

2008年8月，全国妇联与国务院扶贫办联合下发的《关于进一步做好农村妇女小额到户贷款工作的意见》(妇字[2008]30号)，指出，各级妇联组织要主动协调扶贫部门贴息资金，积极争取金融部门的贷款本金支持，确保贷款能够落实到位、发放到户、发挥效益；要坚持同等条件、妇女优先的原则，对妇联推荐的贫困妇女贷款项目，优先立项、优先向金融机构推荐、优先给予扶持；要对妇联组织开展小额到户贷款工作给予积极支持，优先安排妇联小额贷款人员的培训。

2009年3月，全国妇联与农业部联合下发了《关于开展百万新型女农民教育培训工作的意见》(妇字〔2009〕12号)，提出百万新型女农民教育培训工作的主要目标是：2009年-2013年，对500万新型女农民开展教育培训（每年100万人）。要按照“政府主导、妇联发动、面向市场、妇女受益”的方针，以农村妇女劳动力、返乡女青年和转移就业妇女为重点，以农业科技培训、创业培训、转移就业培训和学历教育为主要内容，以整合资源、优势互补、协调合作为基础，探索建立适应需求、服务妇女、手段先进、灵活高效的农村妇女教育培训机制。各级妇联组织与农业部门要加强领导，制定切合实际的教育培训计划，在大力开展农村妇女教育培训中，普及农业科技新知识，推广农业生产新技术，提高妇女创业就业和增收致富能力，确保培训落到实处。

2009年6月，全国妇联和卫生部下发了《关于印发〈农村妇女“两癌”检查项目管理方案〉的通知》(卫妇社发〔2009〕61号)，8月，全国妇联下发了《关于妇联组织实施〈农村妇女“两癌”检查项目管理方案〉的通知》(妇字[2009]23号)。明确提出在2009-2011年三年试点，采取宣传、健康教育和检查等方式，对31个省区市的221个县（区）开展1000万农村妇女免费宫颈癌检查、对200个县（区）120万农村妇女免费乳腺癌检查。在项目选点原则中明确提出坚持贫困地区优先的原则。

2009年7月，财政部、人力资源和社会保障部、中国人民银行、全国妇联联合下发了《关于完善小额担保贷款财政贴息政策推动妇女创业就业工作的通知》([2009]72号)，主要内容有：一、对符合现行小额担保贷款申请人条件的城镇妇女，小额担保贷款经办金融机构新发放的个人小额担保贷款最高额度为8万元，还款方式和计、结息方式由借贷双方商定。对符合条件的妇女合伙经营和组织起来就业的，经办金融机构可将人均最高贷款额度提高至10万元。农村妇女贷款额度参照城镇妇女执行。二、自2009年1月1日起，经办金融机构对符合条件的城镇和农村妇女新发放的微利项目小额担保贷款，由中央财政据实全额贴息。东部七省市贴息资金由地方财政预算安排。

（二）开展的主要工作

1．加强教育培训，提高贫困妇女素质

针对贫困地区妇女整体素质偏低的情况，全国妇联在参与扶贫开发工作中，以西部贫困地区为重点，把提高贫困地区妇女的综合素质，增强她们的反贫困能

力作为一项长期的发展战略，依托全国妇女培训基地，开展了多层次、多门类、多形式的培训。一是举办西部贫困地区地县妇联干部培训班。为了加强西部贫困地区妇女人才队伍建设，在国务院扶贫办的支持下，重点培训了西部12省区的基层妇联干部，共培训3000多人，通过培训，提高了西部地区基层妇女干部综合素质和反贫困能力。二是举办贫困地区妇女带头人培训班。为了发挥贫困地区女带头人的作用，10年来，全国妇联先后在西部12省区举办农业科技推广、科技致富带头人、女经纪人等方面的培训班40多期，直接培训妇女近万人。培训的主要内容有市场营销、现代经营管理、财务知识、法律法规等，共通过培训，提高了西部地区妇女骨干的自身发展能力和带动农村妇女增收致富的能力。三是举办各类实用技术培训。各地妇联创办15万多所农村妇女学校，对农村妇女特别是中西部贫困地区妇女进行实用技术、政策法规、卫生健康、环境保护知识的培训，有800多万人次接受各类培训、近500万名妇女掌握了1至2门实用技术、近75万名妇女分别获农业技术员职称和绿色证书。

2．实施项目扶贫，改善贫困妇女生产生活状况

全国妇联始终坚持会内项目资金向贫困地区倾斜的原则，支持贫困地区妇女儿童事业发展。一是实施“农村小额循环扶贫”项目。以“小额借款，入户扶贫，循环使用”的方式，陆续在全国20多个省、区、市的城乡实施了小额循环扶贫项目，已发放项目资金1.2亿元，地方配套资金7000多万元，帮助30多万名妇女发展种植、养殖和加工业，辐射带动300多万人脱贫致富。二是实施“母亲水窖”项目。十年来，共向以西部为主的23个省区市贫困干旱地区投入社会捐款1.7亿多元人民币，加上地方配套资金和群众自筹约4亿元人民币，共修建“母亲水窖”12万多口，小型集中供水工程1300多处，近160多万群众受益。三是实施“春蕾计划”项目。多年来，累计募集资金8亿多元，捐建春蕾学校900余所，资助贫困地区失学女童180万人次重返校园，捐助“春蕾女童班”近5000个，对43万多女童进行了实用技术培训。四是实施“母亲健康快车”项目。自2003年正式启动以来，项目覆盖中西部地区近400个贫困县。截止目前，共有982辆“母亲健康快车”在全国26个省区市展各种形式的医疗卫生健康服务。据不完全统计，受益人数已经超过2000万人次。五是实施农村妇女“两癌”免费检查项目。在项目的执行过程中，坚持向贫困妇女倾斜的原则，截至2010年3月，累计223.8万名农村妇女进行了宫颈癌检查，43.4万名农村妇女进行了乳腺癌检查，为帮助贫困妇女解决治疗费用，全国妇联已启动并实施了全国农村妇女“两癌专项救助基金”。六是实施“灾区母亲安居工程”项目。针对灾区妇女灾后重建的实际需要，投入资金近2000万元，为灾区妇女解决居住困难。

3．开展就业援助，帮助贫困妇女增加收入

就业是民生之本，为了帮助贫困妇女脱贫致富，10年来，全国妇联根据贫困妇女的实际，开展了多种形式的就业帮扶工作。一是开展“春风送岗位”行动。自2006年开始，每年3月，全国妇联联合相关部门在100多个大中城市开展“春风送岗位行动”，为下岗失业妇女、就业困难的大龄妇女、贫困妇女及有创业意愿的妇女提供就业岗位、政策咨询和创业项目，帮助她们实现就业创业，增加收入，据不完全统计，2006年至2009年，全国31个省共为就业困难妇女提供1000万个就业岗位，帮助近224万妇女实现就业。。二是组织贫困妇女转移就业。全国妇联总结推广了八种妇女劳动力转移模式，推动成立了“妇联系统巾帼家政联席会议制度”，为促进西部贫困地区妇女劳务输出搭建了平台。各地打造了“川妹子、米脂婆姨、陇原妹、八桂月嫂”等妇女劳动力转移就业品牌，并积极引导妇女发展庭院经济、手工编织等，据不完全统计，目前，全国已有4.6万个村庄和社区开展来料加工、手工编织项目，有省级以上妇女手工编织协会、商会、实体组织近20个，地（市）级近60个，县级以上1000多个，吸纳带动300多万名妇女创业就业。三是实施妇女小额担保贷款。自2009年至今，全国有28个省区市转发了财金[2009]72号文件，共发放妇女小额担保贷款60.34亿元，协调中央及地方财政落实贴息资金近2.61亿元，帮助18.44万名城乡妇女解决了创业资金困难问题，扶持她们走上了创业发展的道路。四是建立各类示范基地。10年来，全国妇联在西部12个省区累计投入“双学双比”、“三八绿色工程”专项资金2600多万元，建立基地200多个。各地通过创建20余万个各级各类集生产、示范、培训、就业、创收于一体的农林科技示范基地，带动贫困妇女发展生产，脱贫致富。

4．整合社会资源，促进西部贫困地区妇女共同发展

为了推进西部贫困地区妇女儿童事业发展，10年来，全国妇联充分发挥自身的社会动员力、社会影响力和社会资源，为西部贫困地区妇女儿童办好事、实事。一是实施“建西部美好家园行动”。2000年2月，全国妇联在北京启动中国各族各界妇女“建西部美好家园行动”，向全国妇女姐妹发出“举全国妇女之力，建西部美好家园”的号召，并提出实施“八千项目”行动，10年来，通过智力帮扶、项目推动、组织协作、就业帮扶、区域合作、定点帮扶等形式，帮助西部地区妇女发展生产，增加收入，取得了良好的效果。二是组织“中华巾帼志愿者”送科技下乡西部行活动。2001年9月，在全国妇联的组织下，由中国农科院、北京林业大学的农业专家、新闻工作者和妇联干部组成的科技服务队，历经江西、贵州、四川、甘肃、宁夏、陕西，行程2万余里。举办种养业科技讲座12次，接受培训的妇女有2400多名；为近万名妇女提供了面对面的技术咨询和信息服务；捐款6万元，建立6所农村妇女学校；有8000多名妇女志愿者、700多名农业专家、科技工作者参与了此次活动。三是举办“女企业家三峡库区行”活动。2006年至2007年，全国妇联与有关单位联合先后两次开展“女企业家三峡库区行”活动，组织女企业家为三峡库区移民妇女送订单、送项目、送资金、送创业理念和管理经验。活动中，全国妇联为库区移民妇女送去了310万元项目资金，90万元的物品，女企业家与库区有关企业、单位了21个意向性合作项目。四是开展“送温暖、三下乡”活动。10年来，全国妇联把老、少、边、穷地区的农村妇女儿童作为帮扶重点，在经费匮乏、项目短缺的情况下，挖掘、协调、整合物力、财力，坚持开展“送温暖、三下乡”活动。为妇女儿童送去了党和政府的温暖和妇联组织的关怀。仅2004-2010年间就向中西部地区捐助项目资金及物资达26538万元，为解决农村妇女和儿童最关心、最直接、最现实的利益问题发挥了重要作用。

5．做好定点帮扶工作，推动漳县经济社会发展

自国务院确定甘肃漳县为全国妇联定点帮扶的国家级贫困县以来，全国妇联始终坚持“举全会之力，助漳县脱贫”的指导思想，坚持不懈做好定点帮扶工作，10多年来，全国妇联书记处领导及各部门负责同志先后多次赴漳县调研，检查指导帮扶工作，研究筹划切合漳县县情的帮扶方案。先后派遣10批55名机关干部分批常年驻县开展帮扶工作，累计为漳县捐赠款物折合人民币约1300多万元，协调各类项目近50个，引进资金达3.7亿元，有力地促进了漳县经济社会的发展。一是解决了漳县干旱山区群众吃水难的问题。10年来，相继在漳县共投入水窖建设资金266万元，修建水窖2000多眼，人饮工程5处，涉及8乡镇19村，受益群众11878人，极大地缓解了部分乡村严重缺水的状况。二是缓解了漳县群众的出行困难问题。在全国妇联领导的亲自协调下，为漳县争取了总投资为3380万元的“文殖公路”

项目，使漳县交通面貌大为改观，被漳县人民誉为“幸福路”、“致富路”。三是推进了漳县特色产业开发进程。先后为漳县争取到了总投资6543万元的农业综合开发(IFAD)项目、总投资1265万元的WFP援助甘肃中南部农业发展项目、总投资159万元的农村能源、日光温室项目、总投资100万元的中药材加工和总投资60万元的青蚕豆加工等项目。四是改善了群众的生产生活条件。积极筹措资金在漳县农村实施改厕示范综合项目，实施了总投资641万元的三岔镇易地扶贫搬迁项目、113万元的整村推进“巾帼示范村”示范点建设项目等，大力推广沼气池和太阳灶等新型节能技术，建成改厕示范村4个。五是加快了漳县旅游产业开发步伐。为漳县争取了投资达1123万元的贵清山旅游基础设施建设项目，促进了旅游产业的快速发展，10年来，累计接待游客194.1万人（次），实现门票收入843.4万元，综合经济收入1.13亿元。

（全国妇联发展部　杜丽伟）

八、2001—2010年残联减贫政策和措施

（一）国家出台的有关残疾人扶贫政策提供了制度保障

2000年，尚未解决温饱的贫困残疾人占全国贫困人口总数的近三分之一，有超过一千万贫困残疾人；已经初步解决温饱的残疾人，多数仍处于不稳定状态，极易返贫。2001年，国务院扶贫开发领导小组、财政部、中国人民银行、中国农业银行和中国残联共同制定了《农村残疾人扶贫开发计划(2001—2010年)》。将农村贫困残疾人扶贫开发纳入《全国农村扶贫开发纲要》扶持范围、统一组织、同步实施，明确了十年残疾人扶贫开发的任务目标、基本方针和主要措施，成为做好新时期残疾人扶贫工作的指导性文件。

2004年10月17日，国务院办公厅转发了民政部、中国残联等部门《关于进一步加强扶助贫困残疾人工作意见》的通知，《意见》从残疾人扶贫、就业和再就业、纳入社会保障体系、改善住房条件、提供社区服务等方面采取切实措施，解决贫困残疾人的基本生活需求；从加强康复和医疗救助工作，使贫困残疾人享有基本医疗和康复服务；从落实改善贫困地区特殊教育条件、资助贫困残疾儿童少年接受教育、积极发展残疾人高中阶段教育、高等教育和成人教育等各项扶残助学的政策措施，保障贫困残疾人受教育的权利；从加大落实优惠政策力度上，维护贫困残疾人权益；从以政府为主导，动员社会力量参与上，建立关爱帮助贫困残疾人的长效机制。

2010年3月，国务院办公厅转发中国残联等部门和单位关于加快推进残疾人社会保障体系和服务体系建设指导意见的通知[国办发〔2010〕19]提出：加强农村残疾人扶贫服务，促进残疾人脱贫。政府有关部门要将农村贫困残疾人作为扶贫开发重点对象予以扶持，农村金融机构要向残疾人提供方便可及的金融服务，农民专业合作社、农业农村各种社会化服务组织等要加强对残疾人的帮扶。充分发挥县乡两级残疾人服务社的作用，依托政府有关部门、农村金融机构和农民专业合作社、农业农村各种社会化服务组织等，扶持农村残疾人从事种植业、养殖业、手工业、家庭副业等多种形式的生产劳动，提供产前、产中、产后配套服务，帮助农村残疾人获得扶贫贴息贷款，保障农村残疾人充分享受各项惠农政策和社会保障政策，推动残疾人扶贫开发政策与各项社会保障政策的有效衔接。

（二）残疾人专项扶贫政策措施

1．加强信贷扶贫政策实施和调整

为进一步规范推动残疾人康复扶贫贷款的落实和应用，2007年6月，中国农业银行、中国残疾人联合会共同制定并下发《关于进一步做好康复扶贫贷款工作的意见》。明确残联和农行在康复扶贫贷款工作中的职责。大力支持能带动农村残疾人增收的龙头企业和基地、残疾人福利企业，积极稳妥地开展到户康复扶贫贷款工作。适当降低康复扶贫贷款的准入标准，根据区别对待原则，在农业银行现有信贷制度的框架内，重新明确康复扶贫贷款信贷优惠政策。采取措施，强化监管力度，建立康复扶贫贷款项目库、康复扶贫贷款计划动态管理机制、康复扶贫贷款计划完成情况考评制度，加强康复扶贫贷款统计、监测工作。

2008年6月，中国残联、国务院扶贫办、财政部、中国人民银行对残疾人康复扶贫贷款制度作出政策调整，制定了《关于康复扶贫贷款管理体制改革的通知》，将康复扶贫贷款和贴息资金直接管理权限由中央下放到省，发放到残疾人贫困户贷款（到户贷款）和贴息资金管理权限下放到县，由省（县）残联具体组织实施。在安排到省的中央财政贴息资金中，用于发放到残疾人贫困户的贷款贴息资金比例不得低于50%。中央财政在贴息期内，对到户贷款按年利率5%、项目贷款按年利率3%的标准，给予贴息。中央财政贴息一年。康复扶贫贷款中到户贷款要确保贫困残疾人户受益，对通过能人（大户）、残疾人扶贫基地带动贫困残疾人户共同致富的项目给予适当支持，到户贷款要与社会帮扶责任制有机结合。项目贷款要重点投向促进农村贫困残疾人（户）快速增收，辐射带动贫困残疾人覆盖面大的种植业、养殖业、加工业中小型扶贫企业项目。中央不再指定专门金融机构承担康复扶贫贷款任务，任何愿意参与康复扶贫贷款工作的银行业金融机构，均可发放康复扶贫贴息贷款。承贷金融机构在残联确定的残疾人贫困户名册和康复扶贫项目库中自主选择、独立审贷。

2．将农村贫困残疾人纳入国家两项制度衔接试点范畴

2009年，国务院扶贫办、财政部、民政部、国家统计局、中国残疾人联合会共同制定《关于做好农村两项制度衔接试点工作指导意见》，要求在建立和完善农村最低生活保障制度的同时，继续坚持开发式扶贫方针，坚定不移地推进扶贫开发，发挥两项制度的整体效益。要坚持公开、公平、公正的原则，合理确定农村最低生活保障和扶贫对象。要针对农村低收入人口的地域分布特点和农村扶贫开发政策、最低生活保障制度的地区性差别，实行分类指导。残疾人联合会要会同有关部门及时核对残疾人有关情况，对农村最低生活保障和扶贫对象中的残疾人提供重点帮扶。

2010年，国务院办公厅转发了扶贫办、民政部、财政部、统计局、中国残联《关于做好农村最低生活保障制度和扶贫开发政策有效衔接扩大试点工作的意见》，中国残联借助此项制度加大对试点县残疾人扶贫工作的指导，下发了《关于认真做好农村残疾人最低生活保障制度和扶贫开发政策有效衔接工作的通知》，明确要求：各地残联从源头介入、全程参与两项制度有效衔接试点工作；做到科学有效识别，确保残疾人低保对象和扶贫对象底数清楚；协助政府和有关部门在两项制度衔接中制定并落实残疾人普惠特惠政策；加强对两项制度有效衔接试点工作的检查督导。将无劳动能力的残疾人纳入低保，有劳动能力和劳动愿望的残疾人纳入扶贫开发，真正实现低保解决生存、扶贫开发促进发展的目标。

3．加大投入，增强贫困残疾人自我发展能力

大力开展实用技术培训，提高贫困残疾人的科技文化素质、劳动技能，增加残疾人经济收入。从“十五”开始，加大对农村贫困人口中有劳动能力和劳动愿望的残疾人能力建设，因人制宜、因户制宜开展种、养、加培训。通过各种不同类型的短期培训班和各类职业技术培训机构，广泛开展残疾人实用技术培训，增强贫困残疾人掌握实用技术的能力。从2001至2009年，总共有771.5687万人次残疾人接受实用技术培训。仅在最近4年中，各级政府共投入残疾人实用技术培训资金67600万元，对328.77万名残疾人进行了培训。

4．开展农村残疾人扶贫基地建设，实施产业化扶贫措施

“十一五”残疾人扶贫工作实施方案明确提出了遵循“实事求是，政府支持、残联主导，社会参与，因地制宜、形式多样和规范操作、稳步推进”的原则，将贫困残疾人开放式融入扶贫基地的安置、培训和扶持辐射范围，有效提高贫困残疾人的家庭收入。依托扶贫基地，通过中央补贴中西部，带动地方投入，加大农村实用技术培训和劳动力转移培训工作。各级残联在相关部门的支持与配合下，依托种植业、养殖业经济实体建立的扶贫就业基地，积极组织和引导残疾人发展种植业、养殖业和农产品加工业，并结合“带传培训工程”对其进行技术培训，并帮助其联系优良种子、种雏和产品回收，较好地推动了残疾人发展生产。从2001至2009年，共投入资金328105万元，累计建立扶贫基地18249个，安置和辐射带动1941062名残疾人发展生产。

5．实施农村贫困残疾人危房改造项目，改善居住环境。

在残疾人扶贫工作中，残疾人住房困难十分突出，有的住房冬不避寒、夏不遮雨，有的住在茅草房和岩洞里，有的人畜共居，依靠贫困残疾人户及家庭无力改善住房条件。2003年，中国残联对全国123个县农村贫困残疾人家庭住房情况进行全面调查，推算全国有100万户农村残疾人家庭处在无房和极度危房之中。2003年底筹备、2004年初正式启动中国残联彩票公益金农村贫困残疾人危房改造项目。在国家财政部门的支持下，中国残联制定了《农村贫困残疾人危房改造项目实施方案》及《农村贫困残疾人危房改造项目实施细则》，规定项目资金补助范围和资金补助标准，对能够落实农村贫困残疾人危房改造项目资金的地区，优先安排项目计划。在项目实施过程中，各级党委政府将该项目作为“德政工程”、“民心工程”来做，在人力、物力、资金上给予了大力支持和投入。该项目实施七年来，农村贫困残疾人的住房逐步得到改善，目前全国共完成42万户农村贫困残疾人户危房改造，受益贫困残疾人口60万人。

2010年6月，为加快推进城乡低收入残疾人家庭住房保障政策和措施的落实，中国残疾人联合会、国家发展和改革委员会、民政部、财政部、住房和城乡建设部、国务院扶贫办下发了《关于优先解决城乡低收入残疾人家庭住房困难的通知》[残联发〔2010〕14号]。提出十七条具体的特殊扶助政策，包括：在制定城市和国有工矿、林区、煤矿棚户区改造、垦区危房改造，扩大农村危房改造试点规划中，将改造项目和试点范围内的城乡低收入残疾人家庭优先纳入，统筹规划；在实施年度计划中，要优先解决残疾人家庭住房困难问题。农村危房改造试点地区以外的农村低收入残疾人家庭住房，地方政府应根据上述原则统筹解决。对于符合廉租住房、公共租赁住房和经济适用住房条件的城市残疾人家庭，要优先安排配租、配售。要将解决农村贫困残疾人家庭住房困难与扶贫开发、保障性安居工程、抗震救灾、扶贫易地搬迁、小城镇建设等工作相结合优先实施。对符合廉租住房保障条件的贫困和重度残疾人家庭，市、县人民政府可以在发放租赁补贴时给予优先照顾。在实施林区、垦区、煤矿棚户区改造和扩大农村危房改造试点项目中，把贫困残疾人家庭作为重点补助对象；适当减免农村贫困残疾人建房相关规费，整体改善农村残疾人家庭的人居环境。对残疾人家庭生活居住设施、设备、环境给予无障碍改造，费用由政府给予补贴。

（全国残联教育就业部 张冬梅 李哲）

九、2001-2010年退耕还林政策回顾

退耕还林工程1999年开始试点，2002年全面启动，党中央、国务院高度重视退耕还林工作，国务院2002年颁发了《退耕还林条例》，并先后下发了5个国务院文件，明确并不断完善退耕还林政策措施。

（一）主要政策

1. 国家无偿向退耕农户提供粮食、生活费补助。粮食和生活费补助标准为：长江流域及南方地区每公顷退耕地每年补助粮食（原粮）2250千克；黄河流域及北方地区每公顷退耕地每年补助粮食（原粮）1500千克。每公顷退耕地每年补助生活费300元。粮食和现金补助年限，还草1999－2001年按5年计算，2002年以后按2年计算；还经济林补助按5年计算；还生态林补助暂按8年计算。补助粮食（原粮）的价款和现金由中央财政承担。尚未承包到户和休耕的坡耕地退耕还林的，以及纳入退耕还林规划的宜林荒山荒地造林，只享受种苗造林补助费。退耕还林者在享受资金和粮食补助期间，应当按照作业设计和合同的要求在宜林荒山荒地造林。

2. 国家向退耕农户提供种苗造林补助。种苗造林补助费标准按退耕地和宜林荒山荒地造林每公顷750元计算。

3. 退耕还林要以营造生态林为主。营造的生态林比例以县为核算单位，不得低于退耕地还林面积的80%。对超过规定比例多种的经济林，只给种苗造林补助费，不补助粮食和生活费。

4. 退耕还林后，退耕农户享有在退耕土地和荒山荒地上种植的林木的所有权，并依法履行土地用途变更手续，由县级以上人民政府发放权属证书。

5. 退耕还林后的承包经营权期限可以延长到70年。到期后，土地承包经营权人可按有关法律和法规的规定继续承包。退耕还林地和荒山荒地造林后的承包经营权可以依法继承、转让。六是资金和粮食补助期满后，在不破坏整体生态功能的前提下，经有关主管部门批准，退耕还林者可以依法对其所有的林木进行采伐。

随着退耕还林工程的深入实施，针对出现的新情况、新问题，国家又陆续出台了相应政策，确保退耕还林工程的顺利实施。2004年，根据全国粮食生产和供应形势的变化，国务院办公厅下发了《关于完善退耕还林粮食补助办法的通知》，明确从2004年起，原则上将向退耕户补助的粮食改为现金补助。中央按每公斤粮食（原粮）1.40元计算，包干给各省、自治区、直辖市。具体补助标准和兑现办法，由省级人民政府根据当地实际情况确定。2005年，针对退耕还林工作中存在的一些地区退耕农户的长远生计缺乏保障，后续产业没有形成，农村替代能源没有同步建设等情况，国务院办公厅下发了《关于切实搞好“五个结合”进一步巩固退耕还林成果的通知》，明确要求，退耕还林工作要以实现生态改善、生产发展、生活富裕为目标，把退耕还林工作与保障粮食安全、调整农业结构、增加农民收入有机

结合起来，促进经济、社会和生态的协调发展。要坚持科学规划、完善政策、加强协调、突出重点、巩固成果、稳步推进的基本思路。要在继续推进重点区域退耕还林的同时，把退耕还林工程与加强基本农田建设、农村能源建设、生态移民、培育后续产业、封山禁牧舍饲结合起来，解决好农民吃饭、烧柴、增收等当前生计和长远发展问题上来。2007 年，随着退耕还林政策补助陆续到期，退耕农户长远生计问题的长效机制尚未建立，部分退耕农户生计将出现困难，国务院下发了《关于完善退耕还林政策的通知》，提出了巩固和发展退耕还林成果的主要政策措施。一是现行退耕还林粮食和生活费补助期满后，中央财政安排资金，继续对退耕农户给予适当的现金补助，解决退耕农户当前生活困难。补助标准为：长江流域及南方地区每公顷退耕地每年补助现金 1575 元；黄河流域及北方地区每公顷退耕地每年补助现金 1050 元。原每公顷退耕地每年 300 元生活补助费，继续直接补助给退耕农户，并与管护任务挂钩。补助期不变。各地可结合本地实际，在国家规定的补助标准基础上，再适当提高补助标准。二是中央财政建立巩固退耕还林成果专项资金，解决影响退耕农户长远生计的问题。专项资金主要用于西部地区、京津风沙源治理区和享受西部地区政策的中部地区退耕农户的基本口粮田建设、农村能源建设、生态移民以及补植补造，并向特殊困难地区倾斜。中央财政按照退耕地还林面积核定各省（区、市）巩固退耕还林成果专项资金总量，并从 2008 年起按 8 年集中安排，逐年下达，包干到省。三是调整退耕还林工程规划，继续安排荒山荒地造林计划，并视情况适当提高种苗造林费补助标准。

（二）主要成效

自 1999 年工程试点以来已累计完成退耕地造林 906.26 万公顷，配套荒山荒地造林 1413.72 万公顷，新封山育林 193.32 万公顷。累计粮食补助资金总计 1610.46 亿元，累计生活费兑现金额总计 195.32 亿元。工程涉及 25 个省（区、市）和新疆生产建设兵团的 2279 个县（含县级单位）、3200 万农户、1.24 亿农民。退耕还林工程建设取得了生态改善、农民增收、农业增效和农村发展的显著效益，受到广大农民的拥护和支持。

1. 水土流失和风沙危害强度减轻，占国土面积 82% 的工程区森林覆盖率平均提高 3 个多百分点，水土流失和风沙危害明显减轻。据长江水文局监测，年均进入洞庭湖的泥沙量由 2003 年以前的 1.67 亿吨减少到现在的 0.38 亿吨，减少 77%。长江水利委员会的专家认为，长江输沙量减少，退耕还林工程功不可没。我国沙化土地由上世纪末每年扩展 3436 平方公里转变为每年减少 1283 平方公里，这是新中国成立以来首次实现沙化逆转，退耕还林工程发挥了重要作用。

2. 是增加了农民收入，退耕农户生活得到改善。截至 2009 年底，退耕还林工程已使 3200 万农户、1.24 亿农民从国家补助粮款中直接受益，退耕农户户均获得补助 5000 多元，退耕还林成为迄今为止我国最大的惠农项目。据调查统计，退耕后发展的经济林、用材林、竹林以及林下种植、养殖业，已经陆续取得较好的经济效益，成为农民增收的重要途径。

3. 保障和提高了农业综合生产能力。据国家统计局统计，在全国耕地面积逐年减少、2008 年全国粮食作物播种面积比 1998 年下降 6.3% 的情况下，2008 年全国粮食总产量比 1998 年增产 1642 万吨，其中 25 个退耕还林省区增产 3652 万吨。

4. 促进了农村产业结构的调整。生产方式由小农经济向市场经济转变；生产结构由以粮为主向多种经营转变；粮食生产由广种薄收向精耕细作转变；畜牧业生产由自由放牧向舍饲圈养转变。

5. 促进了农民思想观念的转变和生态意识的提高。随着生态环境的逐步改善，工程区广大干部群众看到了改变现状的希望和契机，使其生存、生活和发展的观念发生了根本性的变化，生态保护意识明显增强。

6. 对全球生态环境贡献巨大，提升了中国政府的形象。按我国人工林平均每亩蓄积量3.1立方米测算，退耕还林工程造林成林后，林分蓄积量将达13亿立方米，能固定二氧化碳近10亿吨，将为应对全球气候变化、解决全球生态问题作出巨大贡献。

（国家林业局计财司　刘建杰　于百川）

十、集体林权制度改革的成效和政策

2009年，在中央林业工作会议精神的鼓舞下，各地区各部门积极行动起来，认真贯彻落实中央决策部署，陆续出台配套政策，取得明显成效

（一）集体林权制度改革的成效

1．集体林权制度改革各项工作有序展开

全国已完成确权林地面积17.7亿亩，占全国集体林地面积27.37亿亩的64.7%，与去年相比增加了18.2个百分点，发证面积14亿亩，占集体林地面积51.2%。全国已发放林权证5954万本，有5542万农户拿到了林权证。农民真正成了集体林地经营的主体，现代林业产权制度正在逐步形成。

2．强林惠林政策措施不断完善

中央财政共安排林改工作经费补助25.48亿元。各级地方政府累计投入林改资金84.6亿元，其中林改工作经费47.2亿元，财政转移支付33.9亿元。

公共财政支持政策取得新的突破：启动了一系列林业补贴政策。2009年开展森林抚育补贴试点工作；中央和地方不断完善森林生态效益补偿制度。各级政府提高了公益林的补偿标准。有28个省实施了地方森林生态效益补偿制度，累计安排补偿资金132亿多元；调整和规范了育林基金的征收和使用。修订颁发了《育林基金征收使用管理办法》，降低了育林基金征收比例，由20%降低为不超过10%，减轻了林业生产经营者的负担；规范了育林基金的使用和管理。

金融支持林业改革发展政策有新的突破：一是小额林权抵押贷款进一步建制度扩规模。林农小额贷款期限可延长到10年，速生林、油茶、竹林、能源林基地建设等及后续产业发展可达15-20年。全国已有25个省区市面向农户开展了林权抵押贷款，抵押面积2450万亩，贷款金额221.4亿元，余额73亿元，与2008年同期相比，增长了1.5倍，贷款农户100万户，同比增长了0.45倍。二是逐步推行森林保险政策。财政部、国家林业局、保监会在江西、湖南、福建三省启动了中央财政森林保险保费补贴试点工作。在省级财政至少补贴25%保费的基础上，中央财政对公益林保险保费再补贴30%，全国共有15个省开展了森林保险工作，保险面积2.7亿亩，保额1141.7亿元，保费1.8亿元，其中政策性补贴占2/3。三是扩大林业贷款财政贴息范围。出台了《林业贷款中央财政贴息资金管理办法》，扩大了贴息范围和贴息对象。

林业产权保护和森林流转制度建设有了新的突破：全国已有1/4的林改县成立了林权保护管理和交易服务管理机构。有1/3的省区市出台了林权流转管理办法。

林木采伐管理机制改革有了新的突破：在全国24个省193个县（单位）开展了

森林采伐管理改革试点。在建立新型采伐指标分配机制、简化审批手续、修改完善森林经营方案等方面取得了实质性的突破。

林业社会化服务体系建设有新的突破：全国已有25个省区市成立各类林业合作经济组织4.35万个，经营林地面积1.5亿亩，增长15%。其中，农民林业专业合作社1.4万个，入社农户502万户，合作经营林地4670万亩。

3．集体林权制度改革成效不断显现

农民经营林业的积极性空前高涨：林地承包到户后，农民真正成为山林的主人，山林成为农民的宝贵资产，原来的集体林由“我们的”变成了“我的”，一下子就使蕴藏在农民群众中的巨大能量和积极性像火山爆发一样得到集中释放，农民就像解放区参加土改和20世纪80年代实行农田大包干一样，展现出家家户户齐动员、热火朝天干林业的景象。

森林资源得到了有效的保护：林改后并没有出现过去担心的乱砍滥伐，反而出现了全家护林、合作护林、精心护林的可喜局面。2009年，全国森林火灾发生起数和受灾面积比2008年分别下降了37.37%和12.0%。

农民的就业收入明显增加：林改后，林业产业发展步伐大大加快，2009年全国林业产值达到1.75万亿元，在2008年高位增长的基础上又增长21.43%，带动了农民就业增收。2009年全国27个省区市1818个林改县，农民人均收入4961元，其中来自林业的收入643元。浙江山区林改县农民来自林业的收入达到3584元，占总收入的55%。

农村基层政权得到巩固：在推进林改进程中，各地把林改作为基层干部密切联系农民群众的重要纽带，广大基层干部与农民群众一起参与林改、投身林改，为群众办实事、解难事，不但掌握了民情，与群众加深了感情，还增强了法制意识、民主意识、服务意识和执政为民的意识，赢得了群众信任，改善了干群关系，提高了服务水平，增强了执政能力，进一步巩固了基层政权。

林权纠纷调处效果明显：林改后，许多地方的林权纠纷得到了化解。据统计，林改过程中，累计调处林权纠纷67.6万起，调处率为85%，调处争议面积3944万亩，调处率为81%，解决了大量历史遗留问题，消除了不稳定因素。

（二）集体林权制度改革政策

1．中央林业工作会议明确的政策

2009年6月22日至23日，中央召开首次林业工作会议，谋划加快林业改革发展大计，全面推进集体林权制度改革。会议明确提出了支持林业改革发展的政策措施。一是建立健全林业支持保护制度，为现代林业和生态文明建设提供有力保障。各级政府要将林业部门行政事业经费纳入财政预算，将森林防火、病虫害防治以及林业行政执法体系等方面的基础设施建设纳入各级政府基本建设规划，将林区道路、供水、供电、通信等基础设施建设纳入相关行业的发展规划，继续加大对重点生态工程建设的投入。要尽快建立健全森林生态效益补偿基金制度，从2010年起对属集体林的国家级公益林，中央财政补偿标准由每年每亩5元提高到10元，并随着财力的增长逐步提高补偿标准，地方财政也要根据实际加大补偿力度。建立造林、抚育、保护、管理投入补贴制度，从2009年起开展造林苗木、森林抚育补贴试点，中央财政对造林优质苗木、中幼林和低产林抚育给予补贴，并逐步扩大试点范围。从2009年7月1日起，将育林基金征收标准由林木产品销售收入的20%降至10%以下。育林基金减少后，林业部门行政事业经费，由同级财政通过部门预算予以核拨。继续对以林区“三剩物”、次小薪材为原料生产加工的综合利用产品实行增值税即征即退政策。二是建立健全林业金融支撑制度，全面增强金融对林业发展的服务能力。按照新的政策规定，林业贷款期限最长可为10年；林权抵押贷款利率低于信用贷款利率；小额林农贷款，借款人实际承担利率不超过基准利率的1.3倍。适当延长林业贷款贴息期限，提高林业贷款贴息率。从2009年开始，中央财政已在福建、江西、湖南3省开展森林保险保费补贴试点工作，在省级财政至少补贴25%保费的基础上，中央财政再补贴30%的保费。三是建立健全林木采伐管理制度，赋予森林经营者更充分的林木处置权。简化采伐审批程序，做到简便易行、公开透明，推行采伐限额公示制度。实行林木采伐分类管理，非林业用地林木不纳入采伐限额管理，由经营者自主采伐；商品林采伐指标，5年内可结转使用。四是建立健全集体林权流转制度，规范林地承包经营权、林木所有权流转。在不改变林地集体所有性质、不改变林地用途、不损害农民林地承包权益的前提下，林农可依法自愿有偿流转林地承包经营权和林木所有权，可以转包、出租、转让，可以互换、入股、抵押，也可以作为出资、合作条件。加快建立健全林权流转市场，依法规范林权流转登记管理工作，搞好林权纠纷调处和合同仲裁。尽快建立森林资源资产评估师制度和评估制度。五是建立健全林业社会化服务体系，为林业发展提供优质高效服务。加快构建公益性服务和经营性服务相结合、专业服务和综合服务相协调的新型林业社会化服务体系。大力发展农民林业专业合作社、家庭合作林场、股份制林场等林业合作组织。国家支持农民林业专业合作社承担林业和山区经济发展建设项目。林业专业合作社同等享受农民专业合作社的有关扶持政策。鼓励发展各类林业专业协会，引导和规范各类林业中介组织健康发展。

2．集体林改和林业发展金融服务的政策

2009年5月，中国人民银行、财政部、银监会、保监会、林业局五部门联合发布了《关于做好集体林权制度改革与林业发展金融服务工作的指导意见》（以下简称《意见》），对加大林业信贷投放、开发林业信贷产品、拓宽林业融资渠道、完善财政贴息政策、健全林权抵押贷款制度、建立政策性森林保险制度做出了明确规定。

在银行信贷方面，《意见》要求，在已实行集体林权制度改革的地区，各银行业金融机构要积极开办各项林业贷款业务。合理确定贷款期限，林业贷款期限最长可为10年。对小额信用贷款、农户联保贷款等小额林农贷款业务，借款人实际承担的利率负担原则上不超过基准利率的1.3倍。要促进林区形成多种金融机构参与的贷款市场体系。

在林业产业融资方面，《意见》明确，引导多元化资金支持集体林权制度改革和林业发展。鼓励林业企业通过债券市场发行各类债券类融资工具，鼓励林区外的各类经济组织和投资基金等投资林业项目，鼓励各类担保机构开办林业融资担保业务。

在发展森林保险方面，《意见》提出，要把森林保险纳入农业保险统筹安排，通过保费补贴等必要的政策手段引导保险公司、林业企业、林业专业合作组织、林农积极参与森林保险，扩大森林投保面积。保险公司要不断完善森林保险险种，逐步提升森林保险的服务质量。

在信息建设方面，《意见》明确，要加强信息共享机制和内控机制建设，建立林业部门与金融部门的信息共享机制，推进人民银行征信体系建设，银行业金融机构要正确处理加大对林业发展信贷支持和防范风险的关系。

在营造政策环境方面，《意见》提出，加大人民银行对林区中小金融机构再贷款、再贴现的支持力度；鼓励和支持各级地方财政安排专项资金，增加林业贷款贴息和森林保险补贴资金；各级林业主管部门要充分履行职能，为金融机构支持林业发展提供有效的制度和机制保障；林业贷款的考核、呆账核销等政策与涉农贷款保持一致。

3．集体林权流转的管理的政策

2009年10月，国家林业局下发了《关于切实加强集体林权流转管理工作的意见》(以下简称《意见》)。《意见》从5个方面规范集体林权流转行为。一是稳定林地家庭承包经营关系。为保护农民平等享有的集体林地承包经营权，维护农民的合法权益，对适宜家庭承包经营的集体林地应当实行家庭承包经营。要引导农民在获得林地承包经营权后一定期限内自主经营，引导农民依法通过转包、出租、互换、入股等形式流转，防止炒买炒卖林权，防止农民失山失地，确保农民长期拥有可持续就业和增收的生产资料。二是建立规范有序的集体林权流转机制。依法采取转让方式流转林地承包经营权的，应当经原发包的集体经济组织成员同意；采取转包、出租、互换、入股、抵押或者其他方式流转的，应当报原发包的集体经济组织备案。集体统一经营的山林和宜林荒山荒地，在明晰产权、承包到户前，原则上不得流转；确需流转的，应当进行森林资源资产评估，流转方案须在本集体经济组织内提前公示，经村民会议2/3以上成员同意或2/3以上村民代表同意后，报乡（镇）人民政府批准，并采取招标、拍卖或公开协商等方式流转。在同等条件下，本集体经济组织成员在林权流转时享有优先权。流转共有林权的，应征得林权共有权利人同意。国有单位或乡（镇）林场经营的集体林地，其林权转让应当征得集体经济组织村民会议和该单位主管部门的同意。三是加强集体林权流转的引导。林地承包经营权和林木所有权流转，当事人双方应当签订书面合同，需要变更林权的，当事人应及时依法到林权登记机关申请办理林权变更登记。要引导发展农民林业专业合作社、家庭合作林场和股份制林场等林业合作组织，联合经营林地；鼓励广大农民和林业经营者与企业合作造林；鼓励短期限流转、部分林权流转、林木采伐权流转和本集体经济组织内部成员间的流转；鼓励到林业产权交易管理服务机构进行流转。对不宜实行家庭承包经营的，可以将林地承包经营权折股分给本集体经济组织成员后，再实行承包经营或股份合作经营。四是切实维护集体林权流转秩序。区划界定为公益林的林地、林木，暂不进行转让；但在不改变公益林性质的前提下，允许以转包、出租、入股等方式流转，用于发展林下种养业或森林旅游业。对未明晰产权、未勘界发证、权属不清或者存在争议的林权不得流转；集体林权不得流转给没有林业经营能力的单位和个人；流转后不得改变林地用途；流转期限不得超过原承包经营剩余期限。五是禁止强迫或妨碍农民流转林权。已经承包到户的山林，农民依法享有经营自主权和处置权，禁止任何组织或个人采取强迫、欺诈等不正当手段迫使农民流转林权，更不得迫使农民低价流转山林。已经承包到户的山林需要流转的，其流转方式、条件、期限等由流转双方依法协商确定，任何一方不得将自己的意志强加给另一方。

4．集体林采伐管理的政策

2009年7月，国家林业局下发了《关于改革和完善集体林采伐管理的意见》(以下简称《意见》)。征信体系提出用5年左右时间，基本完成改革和完善集体林采伐管理机制的任务。主要任务包括：改革采伐管理服务方式，简化审批程序，推行采伐限额公示制，建立健全简便易行、公开透明的管理服务新模式；创新采伐管理方式，逐步建立森林分类管理新机制；完善采伐限额管理制度，逐步实现由限额指标管理向采伐备案管理的转变，建立以森林经营方案为基础的森林可持续经营的新体制。改革范围包括通过集体林权制度改革，产权明晰给林农的森林和仍由集体经营的森林以及其他非国有林。

《意见》从九个方面，改革和完善了集体林采伐管理。一是明确了非林业用地上的林木，不纳入采伐限额管理，由经营者自主经营、自主采伐。二是明确了依据森林经营方案核定年森林采伐限额；三是明确了商品林采伐类型简化为主伐、抚育采伐和其他采伐；公益林可以依法进行抚育采伐、更新采伐和其他采伐；四是简化了森林采伐管理环节。《意见》明确，森林经营者需要采伐林木时，可由就近的林业工作站协助经营者办理林木采伐许可证，县级林业主管部门要提供林权审核、伐区设计和审批发证“一站式”服务。五是改变了森林采伐管理方式。《意见》提出，实行伐区简易设计，林业主管部门由“伐前拨交、伐中检查、伐后验收”的全过程管理，改为森林经营者伐前、伐中和伐后自主管理，林业主管部门负责指导服务和监督管理。六是推行了森林采伐公示制度。《意见》要求各级林业主管部门要公布采伐限额（含追加和结转的限额）以及森林采伐管理政策。七是对森林采伐实行由蓄积量和出材量双项控制改为由蓄积量单向控制。皆伐作业的按照面积控制。八是商品林采伐各项指标可向以后各年度结转使用，公益林采伐指标不可结转使用。九是年度木材生产计划实行备案制。

5．农民林业专业合作社发展的扶持政策

2009年8月，国家林业局下发了《关于促进农民林业专业合作社发展的指导意见》(以下简称《意见》)。《意见》从七个方面加强对农民林业专业合作社的政策扶持。一是积极支持农民林业专业合作社承担林业工程建设项目。天然林保护、公益林管护、速生丰产林基地建设、木本粮油基地建设、生物质能源林建设、碳汇造林等林业工程建设项目，林业基本建设投资、技术转让、技术改造等项目，应当优先安排农民林业专业合作社承担。二是大力扶持农民林业专业合作社基础设施建设。各地应将农民林业专业合作社的森林防火、林业有害生物防治、林区道路建设等基础设施建设纳入林业专项规划，优先享受国家各项扶持政策。三是鼓励有条件的农民林业专业合作社承担科技推广项目。支持农民林业专业合作社承担林木优良品种（系）选育及林木高效丰产栽培技术、森林植被恢复和生态系统构建技术、野生动物驯养繁育技术、森林资源综合利用技术等林业新品种、新技术推广项目。四是鼓励农民林业专业合作社创建知名品牌。积极鼓励和支持农民林业专业合作社开展林产品商标注册、品牌创建、产品质量标准与认证、森林可持续经营认证活动。五是支持农民林业专业合作社开展森林可持续经营活动。县级林业主管部门和基层林业工作站要指导和帮助农民林业专业合作社自主编制森林经营方案。经林业主管部门认定后，农民林业专业合作社或其成员依法采伐自有林木，可按森林经营方案执行。六是支持农民林业专业合作社开展多渠道融资和森林保险。各级林业主管部门要按照《中国人民银行　财政部　银监会　保监会　林业局关于做好集体林权制度改革与林业发展金融服务工作的指导意见》的要求，支持农民林业专业合作社开展多渠道融资和森林保险，支持农民林业专业合作社开展成员之间的信用合作。七是依法对农民林业专业合作社实行财政和税收优惠政策。国家依法支持农民林业专业合作社开展信息、培训、产品质量标准与认证、基础设施建设、市场营销和技术推广等服务的资金，应当安排农民林业专业合作社使用。农民林业专业合作社成员采伐自有林木的，应当降低或免征育林基金。

（国家林业局计财司　刘建杰　于百川）

第六部分　贫困问题研究与调查报告

6

一、2001-2010 年国家扶贫战略和政策实施情况调研报告

根据国务院扶贫开发领导小组第一次全体会议决定和回良玉副总理的指示，国务院扶贫办组织开展了完善国家扶贫战略和政策体系大型调研活动。领导小组28个成员单位及住房城乡建设部组成了5个调研组，实地考察了20个省区市的72个县（其中国家扶贫重点县51个）、151个贫困村，各组都撰写了高质量的调研报告，并召开座谈会研究了总报告提纲。各省区市扶贫办和相关部门提供了各自的工作总结和政策建议。课题组的分课题研究基本完成，正在进行汇总。为了更充分、更广泛地听取有关专家、各省区市和基层同志的意见，我们于9月分东中西部召开了三次片区座谈会，10月召开专家组座谈会。此报告是在以上工作的基础上形成的。

（一）《中国农村扶贫开发纲要》实施情况评价

2001年，国务院制定并颁布了《中国农村扶贫开发纲要（2001-2010年）》（以下简称《纲要》），明确提出到2010年扶贫开发总的奋斗目标："尽快解决少数贫困人口温饱问题，进一步改善贫困地区的基本生产生活条件，巩固温饱成果，提高贫困人口的生活质量和综合素质，加强贫困乡村的基础设施建设，改善生态环境，逐步改变贫困地区经济、社会、文化的落后状况，为达到小康水平创造条件。"

《纲要》实施以来，特别是党的十六大以来，随着科学发展观的全面贯彻落实，国家实行了统筹城乡发展，以工促农、以城带乡的方针，对农村全面实施反哺政策，不断加大强农惠农政策力度，全面取消"农业四税"，实行"四项补贴"。加大农村基础设施建设力度，全面实行农村免费义务教育，普遍建立新型农村合作医疗制度，有力地促进了贫困地区基本公共服务均等化进程。全面建立农村最低生活保障制度，建立健全以城乡低保、农村五保、灾害救助、医疗救助为基础，以临时救助为补充，与住房、教育、司法等专项救助制度衔接配套的覆盖城乡的社会救助体系，不断完善以扶老、助残、救孤、济困为重点的社会救助体系，专项扶贫资金大幅度增长，实现了开发扶贫和生活救助"两轮驱动"，一个崭新的"大扶贫"格局已经形成。

扶贫开发工作顺应全国形势发展，理念不断更新，力度不断加大，手段不断丰富，成效日益显现。联合调研和各省区市自查的结果显示，《纲要》提出的奋斗

目标有望如期实现，扶贫开发各项重点工作取得显著成效，中国特色扶贫开发理论得到丰富发展，我国的扶贫事业进入了一个新的阶段。

1．《纲要》提出的任务有望如期完成

对照《纲要》提出的奋斗目标，东部绝大部分地区已经提前完成；中西部地区大部分可以如期完成。具体表现在：

贫困状况继续缓解。农村绝对贫困人口从2000年的3209万减少到2008年的1004万，占农村人口比重从3.4%下降到1%。低收入人口从6210万减少到3003万，占农村人口比重从6.69%下降到3.2%。二者合计，新标准以下扶贫对象从9422万人减少到4007万，占农村人口的比例从10.1%下降到4.2%。国家扶贫开发工作重点县（以下简称“扶贫重点县”）农民人均纯收入稳步提高，从2001年的1277元增加到2008年的2611元，年递增7.6%，略高于全国7.2%的平均水平。

基础设施状况明显改善。2002-2008年，扶贫重点县的自然村，通路比例从72.2%提高到84.4%，通电比例从92.8%提高到96.8%，通电话比例从52.4%提高到87.5%，饮用自来水、深水井农户比重达到了58.1%。

社会事业水平得到提升。2002-2008年，扶贫重点县中的行政村有幼儿园、学前班的比重从51.3%增至55.2%；有卫生室的比重从68.6%增至77.4%；有合格乡村医生、卫生员的比重从70.8%增至77.4%；有合格接生员的比重从66.6%增至73.7%。扶贫重点县农村劳动力文盲、半文盲比重由2001年的16.1%下降到11.1%。完成了扶贫重点县已通电的11846个行政村和53042个50户以上自然村通广播电视建设，农村电影放映水平显著提高。

县域经济得到较快发展。2000-2008年，592个扶贫重点县人均地区生产总值从2500元增加到8368元，增长了2.35倍，年均增长22.2%；人均地方财政一般预算收入从116.5元增加到354.3元，增长了2.04倍，年均增长24.5%。这两项指标的增幅均略高于全国2072个县市的平均水平。一些扶贫重点县开发能源、旅游或调整产业结构，实现了超常规发展。贫困地区农村市场建设步伐加快，初步建立了市场流通体系，缓解了贫困群众卖难卖难的实际困难，提高了农村市场的消费水平。目前，有37个扶贫重点县的人均国内生产总值、61个扶贫重点县的人均财政收入超过全国县市的平均水平，其中双超县有30个。

内部差距扩大趋势有所缓解。2001-2008年，全国农村基尼系数从0.3646扩大到0.3776，592个扶贫重点县的基尼系数尽管年际间有波动，但总水平低于全国，从0.3321缩小到0.3194，呈现了逐步缩小的趋势。扶贫重点县农民人均纯收入占全国农民人均纯收入的水平始终维持在54%左右，对于缓解全国农村收入差距扩大的趋势做出了贡献。

2．扶贫开发重点工作取得显著成效

《纲要》明确了扶贫开发的基本方针和主要途径。坚持开发式扶贫方针，进一步改善贫困地区基本生产生活条件，积极推进农业产业化经营，加大科技扶贫力度，努力提高贫困地区群众科技文化素质，积极稳妥扩大贫困地区劳务输出，稳步推进自愿移民搬迁。根据《纲要》基本精神，在国家和社会各界共同帮助下，贫困地区各级干部群众奋发努力，各项重点工作全面推进。

整村推进促进了贫困地区新农村建设。针对新阶段农村贫困人口分布“大分散，小集中”的特点，《纲要》实施之初，在全国确定了15万个贫困村，通过群众参与，逐村制定扶贫规划，分年度组织实施。整村推进重点抓五个方面的建设，即：基础设施，社会事业，产业发展，精神文明和以班子建设为核心的村级民主制度。这些内容，有力地促进了贫困地区新农村建设。到2008年底，已有9万个村实施了整村推进规划。预计到2010年底，将有12万个贫困村实施规划，其中“三个确保”贫困村可以基本完成。

转移培训提高了贫困地区劳动力素质。2004年以来，实施以劳动力转移为主要内容的雨露计划，先后安排资金30亿元，培训贫困家庭劳动力约400万人次，其中80%以上实现转移就业。抽样调查显示，接受培训的劳动力比没有培训的就业工资可提高300－400元。

产业化扶贫带动了贫困农户增收。将产业扶贫与整村推进、连片开发、科技扶贫相结合，通过扶持设施农业、产业化基地、农民合作经济组织和扶贫龙头企业，带动贫困农户增收。(1)重点培育符合贫困地区特点的主导产业，如马铃薯、经济林果、草地畜牧业、棉花等。(2)发展设施农业，推广防灾抗灾技术，如舍饲圈养、大棚果蔬、双垄沟播地膜全覆盖技术等。(3)扶持扶贫龙头企业625家，带动400多万贫困农户脱贫致富。(4)为贫困地区农民合作组织提供技术、市场、信贷等方面的服务。

连片开发调整了贫困地区产业结构。2007年开始，为了探索财政扶贫资金与其他涉农资金整合使用的途径，开展了“县为单位、资源整合、整村推进、连片开发”试点。每个试点县投入1000万元财政扶贫资金作为引导，通过资金和政策整合、机制创新，吸引相关部门涉农资金投入产业开发及配套项目，将整村推进与连片开发相结合、扶贫开发与区域经济发展相结合，促进了贫困地区经济发展和贫困农户稳定增收。到2008年底，已经在132个县开展试点，效果显著，受到当地干部群众欢迎，得到有关部门大力支持。

移民扶贫改变了基本生存环境。《纲要》把稳步推进自愿移民搬迁作为扶贫开发的内容和途径之一。各地对居住在生存条件恶劣、自然资源贫乏地区的特困人口，大力实行了搬迁扶贫。东部各省和中西部快速工业化地区充分利用工业化、城镇化的机会，把移民扶贫与县城、中心镇、工业园区建设结合在一起，以整体搬迁为主要形式，促进农民转移就业，实现易地脱贫奔小康。中西部大部分地区则将移民扶贫与退耕还林（还草）、撤乡并镇、防灾避灾等项目结合，不仅改善了生存条件，而且极大提高了公共服务的水平。

灾后恢复重建开创了扶贫工作新领域。2008年汶川地震以后，受灾地区贫困面急剧扩大，贫困程度进一步加深，经济社会发展水平严重下降，资源环境更加脆弱。根据“扶贫开发与灾后恢复重建相结合”的精神，为帮助受灾贫困村迅速恢复生产生活能力，扶贫部门组织编制了51个极重和重灾县、4834个贫困村的《汶川地震贫困村灾后重建总体规划》，纳入国家恢复重建总体规划和农村建设专项规划。积极争取各方支持，已进行了3批100个村的恢复重建试点，灾区70%的贫困村已经启动规划的实施，探索了将扶贫开发与防灾减灾、灾后恢复重建相结合的道路。

3．中国特色扶贫开发理论进一步丰富发展

符合中国国情的扶贫开发道路是中国特色社会主义理论体系的重要组成部分。党的十六大以来，随着科学发展观的全面贯彻落实，扶贫工作与时俱进地调整思路，拓展领域，创新机制，完善手段，使中国特色扶贫开发理论内涵更加丰富。党的十七届三中全会对农村改革发展做出重大战略部署，同时也将扶贫开发工作推向一个新的阶段，对中国特色扶贫开发理论做出全面阐述。

党的十七届三中全会决定指出，“搞好新阶段扶贫开发，对全体人民共享改革发展成果具有重大意义，必须作为长期历史任务持之以恒抓紧抓好。”在党的文件中，第一次从共享改革发展成果的高度定位扶贫开发工作。扶贫开发不再仅仅是解决温饱，而是促进发展，缩小差距，构建和谐。

十七届三中全会决定，实行新的扶贫标准，对农村低收入人口全面实施扶贫政策。这是1986年以来第一次提高扶贫标准，并且明确了扶贫标准应随着经济发展和社会进步而逐步提高的原则。将原有的绝对贫困和低收入标准并轨，扩大了扶持面；强调全面实施扶贫政策，加大了工作力度。新标准与我国经济发展水平相适应，与联合国千年发展目标使用的标准非常接近，为我们在国际减贫领域的交流合作及人权领域的斗争创造了更有利的条件。

十七届三中全会强调，“坚持开发式扶贫方针，实现农村最低生活保障制度和扶贫开发政策有效衔接。”强调了坚持开发式扶贫方针，明确了国家扶贫战略有开发与救助两个支点，并且要求实现二者的有机结合。扶贫工作从过去主要抓救济救助，到改革开放后重点抓开发，进而实行开发与救助两轮驱动，反映了我国扶贫理论与实践的不断丰富和发展，说明我们对发展理论和扶贫模式的认识有了一个新的高度。

十七届三中全会要求，“把尽快稳定解决扶贫对象温饱并实现脱贫致富作为新阶段扶贫开发的首要任务”，“重点提高农村贫困人口自我发展能力”。调整了扶贫开发目标任务。从解决温饱为主转向解决温饱和脱贫致富并重；从增加收入为主转向提高收入和能力并重；从开发自然资源为主转向自然资源开发和人力资源开发并重。

总之，党的十七届三中全会对扶贫开发工作的重要意义、基本方针、目标任务、对象标准、重点区域等方面做出全面阐述，指明了新阶段扶贫开发事业的发展方向。

4．扶贫开发的历史贡献

扶贫开发促进了我国贫困地区经济发展和社会进步。帮助低收入人口增加收入、脱贫致富，加快了全面建设小康社会进程；改善贫困地区基础设施和生活服务，解决了新农村建设的重点和难点问题；努力缓解发展差距扩大趋势，促进了社会和谐；减轻资源环境压力，提高了贫困地区可持续发展能力；增进不同地区、不同阶层群众相互了解和信任，促进了民族团结，边疆巩固和社会稳定；加强基层组织建设，提高了贫困群体的自我发展能力。

占世界人口四分之一的中国人民自力更生解决温饱，本身就是对全球减贫事业的巨大贡献。中国率先实现千年发展目标贫困人口减半的指标，成为全球减贫的主要贡献者，探索了独特而有效的扶贫开发道路。中国的扶贫成就和道路，得到了世界的广泛肯定和认同。

我国扶贫开发取得的伟大成就，离不开党中央、国务院的正确领导，特别是国务院扶贫开发领导小组的直接领导；离不开地方各级党委、政府的高度重视，真抓实干；离不开有关部门和社会各界的大力支持；离不开贫困地区广大干部群众的艰苦奋斗；也离不开全国扶贫战线广大干部的勤奋努力。这一切，都是未来扶贫开发工作进一步发展的根本保证。

（二）扶贫开发的战略性探索

《纲要》实施以来，扶贫开发工作继续坚持“八七扶贫攻坚计划”期间形成的扶贫工作体制和主要做法。各级党委政府高度重视扶贫开发工作，将扶贫开发纳入经济社会发展总体规划，不断强化扶贫责任，加强扶贫工作机构建设。中央和地方各级财政扶贫投入逐年增加，社会各界更加关注贫困人口，采取多种形式支持贫困地区发展。贫困地区广大干部群众自力更生、艰苦奋斗，参与式扶贫方法得到普遍应用，贫困地区各类农民合作组织迅速发展。同时，顺应形势变化，积极探索全面促进减贫事业新的有效方式，强化扶贫开发各项措施，取得了重要进展，为完善国家扶贫战略和政策体系提供了新鲜经验。

1．不断完善瞄准机制，与时俱进推进工作

一是适时提高扶贫标准，探索扶贫标准调整新机制。东部各省自定标准，不断加大投入力度。中西部的河南、海南、黑龙江、内蒙古、重庆、西藏、宁夏、青海、新疆等省区市从实际需求出发确定扶贫标准，以满足群众最基本的生活需求。重庆市作为国家城乡统筹综合示范区，将扶贫开发机制创新放在重要位置，在三个试点县试行相对扶贫标准，将最低收入6%-10%的人群作为扶贫开发对象。这些做法，都为完善扶贫标准调整机制提供了新的思路。

二是探索扶贫重点县进出机制，实现动态管理。国务院扶贫开发领导小组2003年制定的《国家扶贫开发工作重点县管理办法》明确要求，“重点县实行定期确认、适时调整制。”陕西省扶贫开发领导小组根据本省部分扶贫重点县出现超常规发展的情况，明确农民人均纯收入和人均地方财政收入均超过全省平均水平的县，地方综合考核指标在全省前十名的县调整退出扶贫重点县范围。陕西的做法对于全国扶贫重点县的调整具有重要的借鉴意义。

三是完善贫困人口建档立卡，促进扶贫与低保两项制度衔接。随着“大扶贫”格局的形成，各部门的政策要向贫困地区和贫困人口倾斜，扶贫政策措施要真正瞄准贫困人口，做到真扶贫、扶真贫，就必须做好贫困人口的识别和管理，促进两项制度有效衔接。江苏省由扶贫办与省调查总队、省统计局联合开展了全省农村贫困人口调查，对人均收入2500元以下的贫困人口全部建档立卡，由省扶贫办和财政厅、民政厅、统计局、调查总队联合发文，公布了江苏农村贫困人口建档立卡的主要数据，成为各部门实施扶贫政策的依据。安徽岳西县从2001年开始，采取贫困监测与村民票决相结合的识别方法，有效破解了贫困人口识别难的问题。目前，在扶贫、民政、财政、统计、残联等部门指导下，两项制度衔接试点在11个省20个县展开，已经取得显著成效。

四是适应宏观形势和贫困地区发展变化，不断加强扶贫措施的针对性。浙江省，随着广大农民收入水平的提高和全省贫困人口分布特点的变化，从着眼于解决普遍贫困到瞄准集中贫困区域；从瞄准贫困县，到瞄准贫困乡镇、低收入乡镇；再到瞄准贫困村和低收入农户。在不断强化瞄准的前提下，适应工业化、城镇化加速发展的宏观形势，逐年增加扶贫开发投入，实施移民扶贫工程，开展“换血式”扶贫；加强农民培训工作，满足来料加工企业对高素质劳动力的需求；积极发展特色产业，增强贫困农民的增收能力。目前，浙江的城乡居民收入差距出现逐步缩小的趋势。

2．从贫困人口需求出发，积极拓展工作领域

一是稳步推进安居工程，提高贫困农牧民生活质量。温饱问题基本解决之后，解决“住不避风雨”的问题，已成为各地“基本消除绝对贫困现象”一个共同的选择。新疆、西藏、广西、重庆、云南、宁夏等省区市把危房改造列入急需解决的农村民生问题、改善贫困群众生产生活条件的一项重要任务，瞄准对象，整合资源，帮助贫困农牧民改善居住条件，使生活质量得到提高。

二是积极开展教育扶贫，提高贫困人口发展能力。在实施雨露计划、对贫困地区开展劳动力转移培训的同时，海南、山西、新疆、重庆、甘肃、广西等地积极探索支持贫困地区义务教育和中等职业教育，提高贫困地区后备劳动力素质的途径，阻断贫困的代际传递。

三是开展汶川地震灾区贫困村灾后恢复重建。探索扶贫开发和防灾减灾、灾后重建相结合的道路。

3．大胆创新工作模式，解决特殊贫困问题

对于集中连片深度贫困地区，抓住主要矛盾，整合各方资源，集中力量攻坚。

一是广西东巴凤基础设施建设大会战，创造了整合资源，加大力度，以基础设施建设为突破口，带动经济社会整体发展的成功经验。

二是四川阿坝州将扶贫开发与大骨节病综合防治结合开展试点，将病区所有义务教育阶段儿童全部安排到寄宿制学校学习，控制新发病例，阻断疾病传递，最终实现标本兼治、综合防控。

三是边境地区扶贫开发试点。新疆阿合奇边境扶贫开发试点，云南莽人克木人扶贫开发试点，针对边境地区扶贫工作的特殊性，充分动员各方面资源，多方配合，统一规划，集中投放，成效十分显著。

四是贵州晴隆县开展的“石漠化贫困地区扶贫开发试点”，创造并推广了种草养畜发展经济的“晴隆模式”，为石漠化地区实现经济、社会和生态良性循环探索了道路。

五是利用彩票公益金扶贫，加大对革命老区的支持力度。2008年开始，在财政部的支持下开展了彩票公益金支持革命老区整村推进项目试点，加大资金投入力度，项目村生产生活条件明显改善，主导产业打下基础，老区群众得到实惠，而且形成了群众广泛参与，注重能力建设，突出资源整合，操作公开透明的管理方式。

4．统筹城乡区域发展，促进发展成果共享

东部各省从《纲要》实施以来就从统筹城乡、区域发展的思路谋划扶贫工作。浙江省充分发挥工业化、城镇化的辐射带动作用，通过区域整体经济的增长，带动贫困地区资源和要素的流动；依托县域经济的发展和中心城镇的兴起，促进移民搬迁和贫困农民转移就业；通过要素集中和人口流动，促进城镇化的发展，使贫困地区的扶贫开发和全省城镇化的推进相互促进、相得益彰。福建先后制定和出台了一系列强农惠农政策，如实施千万农民引水工程；推进万里农村道路硬化建设；加快广播电视“村村通”建设步伐；加大对贫困农户教育和医疗扶助力度；扶持和推进革命老区建设等。

中西部地区也有类似做法。内蒙古鄂尔多斯市在推进工业化、城镇化的过程中，始终坚持以工补农、以城带乡，推行以“四个一”（即一套住房、一份生活补助、一份工作、一份社保）为核心的配套政策措施，为转移安置到城镇的贫困农牧民在住房、培训、就业、生活补助、医疗、养老保险等方面，提供了强有力的政策保障。西藏决定将政府投资50万元以下的建材市场全部让给当地农牧民群众，为增加群众就业，提高农牧民群众的收入，发挥了非常积极的作用。

5．创新资金管理体制，提高扶贫工作效果

一是改革扶贫贴息贷款管理体制，强化扶贫功能。我办与财政部、人民银行、银监会等部门密切配合，全面改革扶贫贴息贷款管理体制，下放管理权限，扩大经营机构范围，调整贴息贷款政策，建立激励约束机制。

二是开展贫困村互助资金试点，探索有效到户机制。目前全国已有8009个贫困村进行试点，覆盖近百万农户，目前资金规模15亿元，其中财政扶贫资金12亿元，不仅在一定程度上缓解了贫困地区农户贷款难问题，而且提高了群众的组织程度和经营能力。安徽1340个村级互助资金，到期还款率达100%。

三是积极开展小额信贷试点，解决贫困农户贷款难问题。江苏、福建、浙江、云南等省每年安排一定规模的财政资金，对贫困地区发放小额信贷资金的金融机构给予贴息或奖励，鼓励他们支持低收入农户发展生产，增加收入。

四是培育农民合作组织，帮助贫困农户分享产业化扶贫成果。山东、广东、河南等省采取“企业＋基地＋贫困农户”的模式，扶持带动农户发展的特色产业。西藏、青海等省区采取将扶贫资金折股到户、联户经营、合股经营以及村企共建等多种形式，探索新的合作方式。

6．丰富社会动员方式，拓展国际合作领域

一是丰富东西扶贫协作形式，从单项支持转向优势互补、互惠互利。二是随着经济社会的进步和公益理念的普及，非政府组织在扶贫开发中发挥着越来越积极的作用。三是随着民营经济快速发展，企业家回报社会的意识逐渐增强，参与扶贫开发更加主动。

2004年上海全球扶贫大会是我国扶贫领域国际合作的新起点，从单方面引进资金和项目转向共享经验和资源。中国国际扶贫中心的建立，是这次大会的直接成果，成为我国和其他发展中国家相互学习、相互促进的平台。

（三）目前扶贫开发面临的主要困难和问题

我国经济社会发展正处在新的历史起点上，扶贫开发工作面临着新的形势和任务。一方面我国仍处在社会主义初级阶段，经济社会发展的总体水平还不高，人均收入水平较低。另一方面，新的阶段性特征更加明显，城乡之间、区域之间、不同社会群体之间发展差距还相当突出，人口资源环境的矛盾尚未破解，制约贫困地区发展的深层次矛盾依然存在。对于工业化、信息化、城镇化、市场化、国际化加快推进过程中的扶贫开发工作，对于大扶贫格局中的专项扶贫计划，还需要更深入的研究和探索。

1．缓解和消除贫困的任务仍十分艰巨

贫困现象依然严重。按照新的扶贫标准，我国农村扶贫工作对象4007万人，占农村总人口的4.2%。就绝对量而言，相当于欧洲一个中等国家的人口。一个更加突出的问题是，在绝对贫困人口逐渐减少的同时，相对贫困问题却日益突出。

特殊贫困积重难返。目前扶贫对象的分布，重点集中在一些特殊类型地区，民族自治地方所占比重大。青藏高原、西北干旱地区、沙漠化地区、岩溶地区、秦巴山区和陆路边境地区，生态条件差，生存环境恶劣，基础设施落后，社会发展滞后，公共服务欠缺，地方病严重困扰，贫困人口比例超过30%，缺乏有针对性、可持续的扶贫措施，扶贫任务艰巨，个别地方如期完成《纲要》任务难度很大。

返贫问题更加突出。新的返贫与传统致贫因素交织一起，增加了扶贫工作的难度。一是自然灾害风险。贫困村遭受严重自然灾害的概率是其它地方的5倍。突发性气候和地质灾害增多使贫困地区面临更大威胁。二是市场因素影响。国际金融危机对贫困地区主导产业、贫困人口非农收入造成巨大影响，农产品价格波动和食品安全事件等，都成为新的返贫因素。三是政策性因素，一些地区资源和生态补偿政策不落实，城镇化过程中土地征用政策失当，均可能造成新的贫困。四是家庭变故，因病致贫、因学致贫仍是造成返贫的重要成因。五是贫困地区人口增长较快，在一定程度上抵消了扶贫开发成果。据人口计生委统计，2008年扶贫重点县出生人口多孩人数占全国多孩出生总数的近40%，户均人口比全国多0.3个。

2008年爆发的国际金融危机，为我们分析全球化条件下，宏观经济形势对贫困地区和贫困人口的影响提供了典型案例。影响的主要途径有两条：一是劳动密集型生产企业用工减少，造成贫困地区劳动力工资性收入下降。二是市场对农产品的有效需求减少，造成农产品过剩，价格下降，使农户家庭经营收入下降。而这两项正是农民收入的主要来源。2008年全国农民人均纯收入增长8%，而扶贫重点县只增长7.6%，增长速度六年来首次低于全国平均水平。根据中国邮政储蓄银行提供的12个中西部扶贫重点县的数据，2008年以来，扶贫重点县个人汇款流入呈明显下降趋势。这说明农民收入下降的主要原因是打工收入减少，反映出了贫困人口收入在金融危机下的脆弱性。

发展差距不断扩大。城乡、区域和社会群体的发展差距都出现持续扩大的趋势。全国城乡之间收入差距2002年是3.1:1，2008年扩大为3.31:1，收入差距首次突破1万元。农村内部的区域收入差距也在扩大，2000年东部6省、中部10省和西部12省区市农民人均纯收入的算术平均值分别为3291.4元、2125.9元和1632.3元，2008年三类地区的该指标分别为6738元、4559.4元和3481.3元，收入差距明显扩大[①]。贫困地区内部发展差距更严重，贵州城乡收入比从2000年的3.7:1扩大到2008年的4.2:1。在一些工业化、城镇化进程较快的地区，往往是县级财政收入高增长掩盖了农民收入的低增长，城镇繁荣掩盖了农村的落后，少数大户的富裕掩盖了农民收入普遍不高和少数人的贫困。

不同地区贫困问题出现自己特征。西部地区突出问题集中在民族地区和边境地区。根据国家统计局贫困监测数据，2008年五个民族自治区和云南、贵州、青海三省贫困人口占全国贫困人口的比重为39.6%，贫困发生率11.0%，比全国平均水平高6.8个百分点。2008年西部地区扶贫重点县低收入人口中，少数民族人口占46.2%。中部地区突出问题集中在革命老区和山区。东部地区除存在少数集中连片贫困地区，更突出的矛盾是内部发展差距不断扩大。《纲要》实施以来，除浙江外，东部5省的城乡收入差距均呈扩大趋势。

2．扶贫工作与发展形势不完全适应

一是扶贫标准的调整机制与新阶段工作要求不相适应。目前扶贫标准调整机制忽视了收入差距，扶贫标准与全国农民人均纯收入之间的差距在逐渐拉大；扶贫对象不稳定，难以适应扶贫工作长期历史任务的要求；部分地区扶贫标准与低保标准倒挂，与低保维持生存、扶贫促进发展的工作定位不相称。

二是扶贫工作重点区域的扶持与实际贫困状况不适应。扶贫重点县发展不平衡，长期未调整，产生不公平。对集中连片深度贫困地区缺少整体扶持政策，缺少更有针对性的政策，扶持力度不够。

三是扶贫资金投入水平与贫困地区对投资的需求不适应。虽然近年来中央财政不断加大扶贫资金投入力度，但是与贫困地区各项事业发展对资金的需求还存在一定的差距。扶贫资金的投入以中央财政投入为主，地方政府的扶贫投入有待增长。部分投资项目要求地方和农户配套，使得贫困地区和贫困人口因为缺乏能力而难以受益。

四是扶贫工作手段与扶贫工作难度不适应。(1)整村推进投入水平不高，建设标准低，即使如此，也不能全部按时完成。(2)新标准出台以后，部分地方缺乏到位的措施和手段。

五是扶贫工作机构与任务的需要不适应。有些省区市对扶贫工作重视不够，扶贫工作机构弱化。

3．相关政策有效衔接不够

目前大的政策环境存在两方面不足：一是渠道较多，整合不够；二是强调普惠，缺少倾斜。表现在扶贫工作中：

---

① 此处采用的是各省农民人均纯收入的算术平均值，而不是严格意义上的加权平均值，2000年数据通过国家统计年报数据计算而来，2008年数据通过国家统计局农村贫困监测数据计算而来。

一是扶贫与低保两项制度需要进一步衔接。目前两项制度衔接正在进行试点，取得了很好的成效，但地方领导分工大多由两位领导分管，不利于衔接工作开展。在低保和扶贫标准、规模控制以及后续政策方面，还需要加强协调。

二是行业扶贫和专项扶贫需要进一步衔接。在“大扶贫”环境下，行业扶贫不断向贫困地区、贫困人口延伸，专项扶贫工作应主要瞄准贫困人口，重点提高贫困人口的自我发展能力。

三是生态、资源、社会等方面的补偿政策需要进一步完善、落实。(1) 贫困地区有很多资源富集区，当地群众很难获得资源开发的收益。(2) 生态涵养区和水源、风沙源保护地没有充分落实补偿政策。(3) 革命老区、边境地区也需要进一步加大扶持力度。

四是贫困地区经济社会政策与人口计划生育政策需要进一步协调、配合。目前农村许多惠农政策、社会政策都是直接补助到人的，非计划生育户同样享受相关政策，增加了计生政策落实的难度。

（四）完善国家扶贫战略和政策体系的基本思路和建议

扶贫开发是中国特色社会主义伟大事业的重要组成部分。搞好新阶段扶贫开发，对确保全体人民共享改革发展成果具有重大意义，必须作为长期的历史任务持之以恒地抓紧抓好。在全面建设小康社会的进程中，扶贫开发承担着帮助贫困人口增加收入、脱贫致富的重大任务，承担着缓解收入差距、促进均衡发展的艰巨使命。没有贫困人口的小康，全面建成小康社会的目标就无法实现。发展经济学的一般理论和发展中国家的实践证明，在普遍贫困的状态下，经济增长对减贫的作用十分明显，但是内部差距越大，经济增长对减贫的带动作用就越小。同时，在经济进入平稳增长以后，一般增长的带动作用也会减弱。因此，在不同的发展阶段，都需要对贫困地区、贫困人口采取特殊的支持政策。2008 年国际金融危机的冲击凸显了贫困人口的脆弱和减贫工作的艰难。我们必须从战略和全局高度，充分认识扶贫开发的长期性和艰巨性，充分认识加快推进扶贫开发的重要性和紧迫性。在新的历史条件下，扶贫开发工作只能加强，不能放松；扶贫政策力度只能加大，不能削弱；贫困地区的发展步伐只能加快，不能停滞。

1．基本思路和奋斗目标

基本思路：按照党的十七大和十七届三中、四中全会的要求，深入贯彻落实科学发展观，将扶贫工作作为长期历史任务，纳入国民经济社会发展规划。统筹城乡发展，巩固大扶贫工作格局，完善国家扶贫战略和政策规划体系，坚持开发式扶贫方针，对低收入人口全面实施扶贫政策。把尽快稳定解决扶贫对象温饱并实现脱贫致富作为首要任务，努力提高贫困地区和贫困人口自我发展能力，努力增加贫困人口收入。实施有差别的区域扶贫政策，下大力气解决好集中连片和特殊类型贫困地区的发展问题。继续坚持扶贫开发的成功经验和有效做法，分类指导、突出重点、加大力度、完善机制，不断提高扶贫开发水平。

奋斗目标：把基本消除绝对贫困现象作为首要奋斗目标，逐步提高贫困人口的健康生活水平和稳定发展能力。着力转变发展方式，不断提高贫困人口的自我发展能力，促进贫困地区经济加快增长，有效提高公共服务均等化水平，明显改善集中连片和特殊类型贫困地区的发展环境和发展条件。努力缓解发展差距扩大趋势，确保国家扶贫重点县农民人均纯收入年均增长幅度高于全国平均水平。

2．工作方针和原则

继续坚持开发式扶贫方针，鼓励贫困地区的干部群众，在国家和社会各界的必要扶持下，充分利用新农村建设、发展现代农业、工业化、城镇化提供的机会，发扬自力更生、艰苦奋斗精神，努力提高自身素质和自我发展能力，促进贫困地区科学发展。

实现救助与开发有效衔接。救助维持生存，扶贫促进发展。有关部门要加强配合，通过民主、科学、规范、公平的程序，识别贫困人口，实现动态管理，建立共用信息平台。通过衔接，使不同困难群体得到有效扶持，让贫困人口共享改革发展成果。

实现行业扶贫和专项扶贫有机结合。行业主管部门要把加强贫困地区基础设施建设、提升贫困地区社会事业发展水平放在优先位置，努力促进公共服务均等化。专项扶贫计划要集中力量，突破重点，解决特殊贫困问题；同时要重点提高贫困人口自我发展能力和素质，促进贫困农户增加收入，实现脱贫致富。

发挥中央和地方两个积极性。要明确中央和地方的责任。中央政府要制定宏观战略方针，加强工作指导和政策协调，切实承担起组织领导全国性、跨区域、涉及重大扶贫战略工作的责任。同时，建立有效的扶贫责任考核机制。省级政府要负责组织编制本省的扶贫规划，因地制宜地确定本省的扶贫开发目标和任务，根据自身发展水平、财政能力和贫困现状，安排财政扶贫资金。县级政府要负责扶贫任务的落实，完成好中央和省级开展的相关试点工作，切实履行好县抓落实的责任。

3．标准对象与重点区域

标准对象：将扶贫标准以下有劳动能力的人口作为扶贫开发对象。进一步完善国家扶贫标准调整机制，确保全体贫困农民分享改革发展成果。鼓励有条件的省区市自定扶贫标准。

重点区域：继续加大对革命老区、民族地区、边疆地区和贫困山区发展扶持力度，对贫困程度较深的集中连片贫困地区和特殊类型贫困地区给予重点扶持。在中西部地区继续确定扶贫重点县，并实现动态管理。“十二五”期间，国家选择部分贫困程度深、有代表性的跨省区集中连片地区，制定专项规划，加强资源整合，开展扶贫攻坚；各省亦可结合本地实际，确定集中连片贫困地区开展扶贫攻坚。继续对边境地区和少数民族聚居区的贫困乡、贫困村给予重点扶持。

特殊群体：将少数民族、妇女、残疾人等群体的扶贫工作作为全国扶贫开发的重点，统一规划，同步实施。

4．内容与途径

大力推进重点贫困地区的扶贫开发工作，把特殊类型贫困地区综合治理放在突出重要位置。高度重视自然灾害频发区的贫困问题，总结推广汶川地震灾区贫困村恢复重建经验，将扶贫开发与减灾避灾、恢复重建紧密结合。把少数民族地区的扶贫工作放在特别重要的位置，创新思路、完善机制、加大投入、抓出成效，努力促进各民族“共同团结奋斗，共同繁荣发展”。

将贫困地区农业农村生产性基础设施建设、公共服务设施建设、移民扶贫、特色优势产业发展、劳动力技能培训，作为扶贫开发的基本措施，加大投入力度。丰富移民扶贫方式。在快速发展地区，移民扶贫要与工业化、城镇化结合；在地质灾害频发区，移民扶贫要与减灾避灾结合；在牧区，移民扶贫要与牧民定居结合；在一般地区，移民扶贫要与新农村建设结合。把危房改造作为扶贫开发一项重要任务。各级扶贫部门，要会同有关主管部门，参与指导农村贫困家庭收入审核、危房改造对象认定，指导危房改造村庄的扶贫工作。

培育特色优势产业，支持扶贫龙头企业和设施农业发展，千方百计提高贫困人口的收入水平。在整村推进基础上整合资源，县为单位，连片开发，加快县域经济发展，辐射、带动贫困农户增收。在产业选择上，要充分考虑防灾减灾因素，因地制宜发展设施农业。采取有效措施扶持贫困地区的龙头企业，发挥龙头企业带动作用。继续改善贫困地区基础设施和社会服务，加强贫困村民主政治建设，提高贫困人口在村级公共事务中的参与权、决策权、管理权和监督权。提升产业扶贫水平。努力提高农户组织程度，促进贫困农户在产业化过程中受益。在国家扶贫开发重点地区（县）逐步尝试建立农村种养业保险，解决因灾返贫问题。

拓宽就业渠道，积极推动贫困地区农村富余劳动力向非农产业转移。拓展雨露计划内容，在继续开展劳动力转移技能和农业实用技术培训的同时，重心要逐步转向职业技能教育和培训，特别是“两后生”培训，提高稳定就业能力，提高收入水平。

创新体制机制，转变发展方式，加快推进土地（草场）流转、林权制度和农村小型基础设施产权制度改革。

5．工作任务和部门职责

要进一步明确行业部门的扶贫责任。根据扶贫开发的总体目标，分解和明确部门任务。有关部门在安排农业基本生产条件、基础设施、社会事业、产业发展、土地整治、人口发展、生态和社区环境等投资和项目时，应优先照顾贫困地区，并采取切实措施，进一步加大支持力度，促进当地经济社会加快发展。进一步加强农村贫困监测工作，为国家有关政策实施提供准确、可靠的依据。

6．政策保障

加大财政资金对扶贫事业的支持力度。在建立和完善公共财政框架体系过程中，各级财政要推动加快农村基本公共服务均等化步伐，继续加大财政扶贫投入，通过财政贴息、项目补助、以奖代补等手段，引导全社会增加扶贫投入。中央财政要加大对中西部农村基本公共服务方面的转移支付和专项补贴力度，支持中西部农村社会事业特别是教育、卫生、广电、文化等事业发展。全面落实对低收入人口全面实施扶贫政策的总要求。建立中央财政扶贫资金增长机制，中央财政扶贫投入增幅不低于一般支农投入增幅。地方财政要不断优化财政支出结构，根据财力情况逐步加大扶贫投入力度，并加大整合力度，发挥整合效应。行业部门的投入应优先覆盖农村贫困地区并在投入力度上给予倾斜，确保贫困地区的基本建设投资、民生投入高于全国平均水平，逐步缩小地区间的发展差距。

完善财政扶贫资金分配机制。中央财政扶贫资金分配总体上要向革命老区、民族地区、边疆地区、特殊类型贫困地区倾斜。在坚持“四个到省”的前提下，完善财政扶贫资金绩效考评制度，强化绩效考评结果的应用，实行绩效奖励。按照分类指导、区别对待的原则，适当调整扶贫资金分配中不同因素和权重，确保地广人稀、极度贫困的少数民族地区、特殊类型贫困地区得到应有的扶持。安排适当资金支持全国统一的试点示范项目。

明确中央财政扶贫资金的使用重点。中央财政扶贫资金要瞄准贫困村、贫困人群，重点支持优势特色产业发展、开发人力资源、移民扶贫等项目。同时，加大资源和政策整合力度，创新扶贫项目设计。

加大金融扶贫工作力度。加大金融扶贫工作力度，农业发展银行、农业银行、农村信用社等金融机构，应加大对重点贫困地区、扶贫项目和龙头企业的信贷支持力度，深化扶贫贴息贷款管理体制改革，探索建立地方担保基金制度，完善农业保险体系，大力扶持和发展农村微型金融机构。总结贫困村互助资金试点经验，积极稳妥扩大试点。

建立对贫困地区、贫困人口的政策支持体系。支持革命老区发展，各级扶贫部门要切实负起老区建设的组织、协调责任。支持民族地区发展，建立有利于贫困地区和贫困人口的资源、生态、社会补偿政策。完善科技扶贫和产业扶贫，对贫困地区工作的科技人员在评定职称等方面给予同等优先待遇。

加强机关定点扶贫和东西扶贫协作工作力度。继续坚持已有各项政策措施，并加大力度，完善机制，落实政策，规范管理。制定《中央、国家机关和军队等单位定点扶贫工作制度》。继续动员大型国有企业、部分金融企业和重点高校、军队参与定点扶贫。提倡中西部的百强市参与省内对口帮扶。

将扶贫开发工作纳入法制化轨道。制定《国家扶贫开发条例》，以立法形式明确奋斗目标、基本方针、对象与重点、内容与途径、政策保障、部门任务、社会动员、国际合作和领导责任等基本内容，提高扶贫开发的法制化管理水平。

7．组织领导

地方各级政府要切实担负起扶贫开发领导责任。坚持“省负总责、县抓落实、规划到村、扶贫到户”的工作机制。建立对扶贫重点县主要党政领导的考核制度，增加扶贫工作考核内容，定期向上级书面报告工作。加强贫困村的基层组织建设。

切实发挥各级扶贫开发领导小组的作用。根据扶贫形势发展和扶贫任务需需要，增加有关部门为扶贫开发领导小组成员单位。

各级扶贫开发工作机构要切实履行职责。(1）健全扶贫规划体系。根据区域经济社会综合协调发展的需要，结合各地实际，从提高扶贫工作效率和效益出发，研究制定各类扶贫工作规划，包括总体规划、区域规划、专项规划等，形成重点突出、层级分明、功能完善、相互衔接的扶贫规划体系。(2）加强扶贫信息系统建设。(3）健全机构，改善工作条件，适应扶贫任务的需要。

（国务院扶贫办政策法规司　苏国霞　王光才）

二、农村扶贫资金效果评估——以扶贫重点县为例

摘　要

正确评价以往政府扶贫投入的效果，对于指导未来扶贫投入方向和改善扶贫资金的使用效率至关重要。本文利用扶贫监测调查的住户数据，以及倾向得分匹配(Propensity Score Matching)的方法，对得到扶贫资金资助的农户（简称项目户）和没有得到扶贫资金资助的农户（简称非项目户）之间的人均纯收入增长速度进行了比较。比较结果显示，项目户人均纯收入增长速度高出非项目户至少11.1个百分点，对贫困户的分析也显示出同样结论。本文同时注意到，为了全面地理解和评价扶贫投入的有效性，许多关键问题尚有待于进一步研究。

（一）研究目的

扶贫项目效果评估，对于充分发挥扶贫投入的减贫效果是至关重要的，本文主要对我国新世纪扶贫开发投入的减贫效果进行评估。

在《中国农村扶贫开发纲要（2001-2010年)》实施期间，我国农村贫困得到了明显的缓解。这一点和上个世纪最后二十余年的我国农村减贫大致相同。表1显示，我国农村贫困人口由2002年8645万人下降至2009年的3597万人，贫困发生率（农村人口中贫困人口比重）由2002年的9.2%下降到2009年的3.8%。与此同时，

扶贫扶贫重点县贫困人口从4828万人缩减到2175万人，贫困发生率从24.3%下降到10.7%。

在扶贫纲要实施期间，政府扶贫投入力度的不断加强。2002年中央投入到扶贫重点县的资金为98亿元， 2009年增加到203亿元，增长了一倍以上。由于贫困人口的逐年减少和扶贫投入的不断增加，按人均值衡量的扶贫投入增长得更加显著，由2002年贫困人口人均203元上升到2009年934元，增加了近四倍。

一般情况下，当贫困人口减少和扶贫投入增加挂钩时，容易使人认为贫困人口的减少是扶贫投入带来的。实际上，由于导致农民增收的潜在因素很多，扶贫投入只是其中之一。因此，通过实证检验得到扶贫投入效果的最终判断，就是本文的目的。具体地说，我们通过比较（接受投入资金的）项目户和（没有接受扶贫投入的）非项目户在人均纯收入增长速度上的差异，来检验扶贫资金是否有助于增加农民增收，进而判断是否有助于贫困人口脱贫。

表6-1　新世纪我国贫困标准、贫困人口和扶贫资金

年份	贫困标准（元）(1)	贫困人口（万人）		贫困发生率（%）		中央筹集扶贫资金*	
		全国 (2)	扶贫重点县 (3)	全国 (4)	扶贫重点县 (5)	总额（亿元）(6)	人均数（元）** (7)
2000	865	9422	-	10.2	-	-	-
2001	872	9030	-	9.8	-	-	-
2002	869	8645	4828	9.2	24.3	98	203
2003	882	8517	4709	9.1	23.7	119	252
2004	924	7587	4193	8.1	21.0	139	331
2005	944	6432	3612	6.8	17.9	135	374
2006	958	5698	3110	6.0	15.4	139	445
2007	1067	4320	2620	4.6	13.0	159	607
2008	1196	4007	2421	4.2	11.9	169	699
2009	1197	3597	2175	3.8	10.7	203	934

数据来源：全国农村住户抽样调查，国家贫困监测调查

（二）研究方法

对扶贫项目效果的评价，最常用的分析方法是倾向得分匹配法(Propensity Score Matching)，简称比较法，就是通过比较项目户和非项目户人均纯收入增长速度，观察项目户在接受扶贫资金扶持后，在收入增长速度上是否快于非项目户。如果是的话，那么我们说扶贫项目有助于项目户收入增长，扶贫项目对减贫是有效的。否则就认为扶贫项目对项目户的增收没有显著作用。

比较法的关键在于项目户和非项目户的匹配上。如果不对项目户和非项目户进行匹配，条件不同的项目户和非项目户相比，即使项目户收入增长速度低于非项目户，也不能说扶贫项目无益于项目户的收入增长。因为条件差的项目户，即使扶贫项目明显地促进了其收入增长，但收入增长速度有可能低于条件较好的非项目户。

注：* 中央筹集扶贫资金包括中央财政扶贫资金、以工代赈和中央专项退耕还林还草工程补助；

** 人均数为中央筹集扶贫资金总额除以扶贫重点县贫困人口。

比较法的做法是，对于每一个项目户使用计量的方法，使用计量的方法②，找到与之‘完全相同’的非项目户。此时的‘完全相同’指的是农户在创收因素上的完全相同，其中包括农户所在地理位置、农户的家庭人口数以及劳动力人数、主要家庭成员的年龄和教育水平、等等。只有找到和项目户可比的非项目户，比较才有意义。此时的非项目户实际上是项目户在没有接受项目条件下的假想状态，非项目户收入增长实际上是现在的项目户如果没有得到项目支持时的收入增长速度。需要说明的是，上面所说的‘完全相同’实际上是做不到的，能够做到的是‘尽可能相同’。

对于每一个项目户，如何找到与之可比的非项目户？目前通用的方法是倾向得分匹配法，为众多学者和国际组织用于项目效果评价上，这里我们也采用这一方法。

当项目户和非项目户匹配成功后，两种农户人均收入增长率均值之差，就代表了扶贫项目的效益。在项目实施的当年，项目户的收入增长速度超过非项目户，至少说明短期内扶贫项目是有效的。

上述以户为单位对扶贫项目的评价方法，也可以应用到以村为单位的扶贫项目绩效评价上。

（三）以项目户为对象的分析结果

对扶贫资金效果的评价，需要观察同一农户连续几年的调查数据，观察项目户在接受扶贫资金之后，其在人均纯收入增长速度上是否高出没有接受扶贫资金资助的农户。此次研究使用了国家统计局的贫困监测数据。贫困监测调查在2005年左右进行过一次样本轮换，因此我们把分析期间局限在2006年到2009年的四年上。在这四年中，每年仍然有个别样本因各种原因轮换，去掉这些样本后，我们得到33481户的连续调查户。

我们的分析从界定项目户和非项目户开始。农户是否得到扶贫资金资助是我们定义项目户和非项目户的标准。我们把四年里从未得到扶贫项目资助的农户定义为非项目户，这样界定的非项目户，其收入增长完全与扶贫项目无关，因此项目户和非项目户收入差距能够更准确地反映扶贫项目的增收效果。

我们把接受扶贫资金资助的所有农户都定义为项目户。这里的扶贫资金包括国家扶贫贴息贷款、其他扶贫贷款、退耕还林还草补贴、以及无偿扶贫或扶持款。它们当中，除退耕还林还草补贴之外均为以农民脱贫为目的的扶贫投入。退耕还林还草补贴本身并不是专门以农户脱贫为目的的政府投入，但是由于它主要集中在贫困地区，对这些农户增收以及脱贫被认为有一定的效果，因此从一开始就被贫困监测调查作为扶贫投入对待。

为了观察以农户脱贫为目的的政府扶贫投入对农户增收的影响，我们从扶贫资金中把退耕还林还草补贴扣除之后，再次把接收扶贫资金资助的农户定义为项目户。把退耕还林还草补贴从扶贫资金中扣除之后，项目户的数量大幅度减少，以2009年为例，包括退耕还林还草补贴时的项目户为6883，占整个样本户的20.56%，扣除退耕还林还草补贴之后的相应户数和比重分别是965户和2.88%。

在限定扶贫资金投入内容的基础之上，我们进一步把项目户收缩到具有劳动

② 该方法有复杂和严格的统计推断，在此我们不做详细解释，感兴趣的读者可以参考Abadie, A., D.Drukker, J. L. Herr and G. W. Imbens, "Implementing matching estimators for average treatment effect in Stata," The Stata Journal, 4, 290—311，该文献将提供更多的相关文献。

力，并且接收了扶贫资金资助的农户上。我国目前扶贫资金投入的主要目的，是想通过提高农民的创收能力达到脱贫的目标，因此无劳动力农户在一定意义上不是扶贫资金的主要投入对象，而是逐步完善的农村低保的扶持对象。事实上，无劳动力户得到扶贫资金的比率远远低于有劳动力的农户。以2009年为例，无劳动力户中只有2.27%得到了扶贫资金的资助，而有劳动力农户的相应比重是3.26%。在把项目户限定在拥有劳动力农户的同时，与此相比的非项目户也做了同样的限定，这样能够增强项目户与非项目户之间的可比性。

在把项目户和非项目同时限定在拥有劳动力农户的基础之上，我们进一步把两种类型农户局限在贫困户上。扶贫投入最终目的是为了提高贫困户的收入水平，进而让他们最终摆脱贫困。同样是贫困户，如果接受扶贫投入农户的收入增长明显高于没有接受扶贫投入的农户，那么说明扶贫投入对于贫困户增收和脱贫是有显著作用的。在定义贫困户时，我们把人均收入低于贫困线，并且人均消费低于贫困线1.5倍，或者人均消费低于贫困线，并且人均纯收入低于贫困1.5倍的农户定义为贫困户。

在进入实证结果解释之前，还有两个需要明确的问题。其一，扶贫项目的农户增收效果，可能不仅仅局限于扶贫项目实施的当年，或者农户得到扶贫资金那一年，至少一部分项目会在项目实施之后的几年内会持续发挥增收效应。尽管如此，并不是所有的扶贫项目都能够在项目实施之后的几年内都会持续增加项目户收入水平的。哪些项目能够持续发挥增收效应？增收效应究竟能够持续多长时间？这一点难以确定。为此，我们仅仅考察扶贫项目实施当年的增收效果。举例说，我们仅就2007年接受扶贫资金资助的农户，来考察它们的人均纯收入在2007年是否高出没有接受扶贫资助的非项目农户。在对贫困户的项目户和贫困户的非项目户比较时，贫困户是根据比较年份上一年的收入和消费确定的。比如，在比较项目户和非项目户2007年对2006年人均纯收入增长时，贫困户是根据2006年人均收入和人均消费确定。其二，在项目户与非项目之间的匹配上，项目户在得到扶贫项目扶持之前（上一年）人均纯收入水平是我们考虑的最重要因素之一。也就是说，在比较2007年项目户与非项目户人均纯收入差异时，2006年人均纯收入是在为项目户寻找可比非项目户时最重要的考虑因素之一。为此，我们虽然有四年数据可以利用，但是只能就2007年、2008年和2009年三年对项目户和非项目户的收入差距进行比较。

下面解释项目户与非项目户人均纯收入增长速度差异的估计结果。表2给出了扶贫资金是否包括退耕还林还草补贴的估计结果。从该表可以看出，扶贫资金包括退耕还林还草补贴时，项目户人均纯收入增长速度在三年里分别为16.4%、18.4%和9.2%，均比非项目户高出4.1、5.5和4个百分点，而且这些估计值均在统计上达到了5%的显著水平。当扶贫资金投入不包括退耕还林还草补贴时，扶贫资金的增收效果除2008年仅比非项目户高出5个百分点外，2007年和2009年均比非项目户高11.3和14.8个百分点，且在统计上达到了5%的显著水平。2008年是一个异常年份。由于金融危机的影响，经济普遍不景气，农产品价格下降，并有大量农民工返乡。这一切可能影响了扶贫资金的增收效果。

表 6-2　项目户和非项目户人均纯收入增长速度

指标名称		2007 年	2008 年	2009 年
包括退耕还林还草补贴	项目户(%)	16.40	18.44	9.21
	非项目户(%)	12.26	12.92	5.23
	项目户和非项目户的差值	4.14	5.53	3.98
	Z 值	3.09	4.09	3.02
不包括退耕还林还草补贴	项目户(%)	19.16	16.49	21.59
	非项目户(%)	7.89	11.47	6.75
	项目户和非项目户的差值	11.27	5.02	14.84
	Z 值	3.92	1.64	5.4

数据来源：国家贫困监测调查

把比较对象限定在具有劳动力的农户，以及进而限定在贫困户时，项目户和非项目户收入增长速度的差异如何？表 6-3（扶贫资金不包括退耕还林还草补贴）给出了估计结果。当把比较对象限定为拥有劳动力户时，项目户人均纯收入增长速度在三年里分别为 20.2%、15.9% 和 21.7%，比非项目户收入增长速度分别高出了 11.1、5.7 和 14.4 个百分点，2008 年仍然明显低于其他两个年份。当把比较对象进一步限定为贫困户时，项目户与非项目户收入增长速度差异显著上升，三年的差异分别为 11.1、12 和 19 个百分点。说明同样是项目户，贫困户的人均纯收入增长速度高于非贫困户，扶贫投入对贫困户增收和脱贫的积极作用。

表 6-3　项目户和非项目户人均纯收入增长速度差异

指标名称		2007 年	2008 年	2009 年
有劳动力的农户	项目户(%)	20.21	15.85	21.71
	非项目户(%)	9.11	10.19	7.36
	项目户和非项目户的差值	11.1	5.67	14.35
	Z 值	3.69	1.85	5.03
有劳动力的贫困户	项目户(%)	44.18	48.35	47.43
	非项目户(%)	33.07	36.35	28.48
	项目户和非项目户的差值	11.11	12.00	18.96
	Z 值	1.83	1.81	3.19

数据来源：国家贫困监测调查

以上是以农户分析对象的实证结果。用同样的方法，我们还以村为分析单位进行了估计。在定义项目村时，我们把当年接受了生产性扶贫资金资助的村定义为项目村，生产性扶贫投入包括投资在种植业、林业、养殖业、农产品加工业、其他生产行业、以及退耕还林还草等生产性活动的扶贫投入。和项目户的定义类似，我们把四年里从来没有得到扶贫资助的村界定为非项目村。估算结果显示，在绝大多数情况下，项目村的人均纯收入增长速度高于非项目村，高出的幅度小于 2 个百分点（远远低于以户为对象的分析结果），而且在绝大多数情况下是不显著的。与非项目村相比，项目村人均纯收入增收不显著的主要原因可能在于项目村只有一部分农户（而不是全部农户）得到了扶贫资助，这些农户收入的增长从全村看来可能不太明显。

（四）分析结论和未来的研究方向

本文使用倾向得分匹配方法对项目户和非项目户人均纯收入增长速度进行了比较。比较的结果显示，项目户人均纯收入增长速度明显高于非项目户。这一点与扶贫资金中是否包括退耕还林还草补贴没有太大关系。但是，如果没有把退耕还林还草补贴从扶贫资金中去掉的话，也就是把扶贫资金仅仅局限在以农民脱贫为目的的扶贫资金投入的话，项目户与非项目户在人均纯收入增长速度上的差异愈加明显。当把分析对象仅仅局限在贫困户时，项目户的增收幅度也显著大于非项目户。这表明，如果贫困户能够得到扶贫资金资助的话，其收入会有显著的增长，到户的扶贫资金投入具有显著的脱贫效应。在2009年，有劳动能力的贫困户为4581户，其中得到扶贫资金的仅有131户，占2.86%，如果提高贫困户的项目户比例，扶贫资金的效果将会有更大幅度的提高。

本文虽然验证了扶贫资金有助于农户增收和农户脱贫，但是从全面理解我国政府扶贫投入有效性的角度来看，仍然有许多关键问题没有得到解决，有待于未来进一步的研究，其中主要包括：

（1）政府扶贫投入对以往贫困缓解的贡献程度究竟有多大？

（2）在多种不同形式的扶贫投入中，哪种形式对减贫的效果更显著？比如，到户的扶贫投入与非到户的扶贫投入哪一个对农户脱贫更有利？

（中国人民大学　岳希明　　国家统计局　王萍萍　关冰）

三、“多予少取”政策对贫困地区农民增收和减贫的直接影响

根据新世纪前几年全国农民收入增速缓慢、城乡收入差距不断拉大、农村内需扩大受阻等形势，中央政府在试点和调查研究的基础上，于2003年底出台了《中共中央国务院关于促进农民增加收入若干政策的意见》，确定了后来被概括为“多予、少取、开放、搞活”的方针，相继出台了取消农业税、免除农村义务教育阶段学生学费、提供农业生产补贴（包括种粮补贴、良种补贴、农资综合补贴、大型农机具购置补贴等）、建立全国农村最低生活保障制度、建立全国新型农村合作医疗制度等公共政策。这些新出台的政策加上此前已实施的退耕还林还草补贴、农村扶贫、临时救济和救灾补助等政策，初步构成了我国直接到户的支农、惠农政策体系。这一系列的支农、惠农政策，根据它们对农民收入形成的影响方式可大致划分为“多予”政策和“少取”政策两大类。“多予”政策包括（1）以支持农业生产为主要目标的支农政策，包括种粮补贴政策、良种补贴政策、农资综合补贴政策、大型农机具购置补贴政策；（2）对特殊群体的收入补助政策，包括农村最低生活保障制度、农村合作医疗制度、退耕还林还草补贴政策、农村扶贫、临时救济政策和救灾补助政策。“少取”政策包括取消农业税和免除农村义务教育阶段学生学费两项政策。

自这些“多予少取”政策出台以来，中央政府和地方政府投入了大量的财力和人力资源来支持和保障其政策设计目标的实现。不过，迄今为止，对于这些政策实施是否以及在多大程度上增加了农民的收入、政策受益在不同利益群体的农民间的分配效应如何以及对减缓农村贫困产生了多大贡献等问题，尚少有比较全

面、严格的建立在可信数据支持基础上的分析和评价。有关“多予少取”政策对贫困地区农民收入增长、收入分配和贫困减缓的研究更加缺乏。这种状况的存在，非常不利于政府和其他利益相关者全面、清楚地了解这些政策实施的效果、存在的问题。利用国家贫困监测住户调查资料，我们对“多予少取”政策实施对贫困地区2002-2009年农民收入增长和减缓贫困的影响进行实证分析，以便帮助政府相关部门完善有关政策的设计和实施安排。

（一）问题的界定

1．研究视角

上述“多予少取”政策对农民收入和贫困的实际影响涉及多个方面，也有多种不同的影响途径。但在本项研究中，我们主要关注这些政策对农户收入增长、农民收入分配和农村贫困的直接影响。也就是说，我们主要从农户的视角来研究这些政策的直接影响，而不考虑这些政策实施对影响区域和产业发展及其对农民收入和贫困减缓产生的间接作用。当然，这样处理会在一定程度低估“多予少取”政策的全面影响。

2．研究时期

上述12项“多予少取”政策出台的时间和受益的范围存在较大的差异。如临时救济、救灾政策存在已逾50年，到户扶贫政策实施也有20多年的历史，退耕还林政策自1998年开始在中西部地区实施。另外8项政策虽然试点的时间不一，但在全国的普遍实施是在2003年以后。考虑到可用数据方面的条件以及2003年的特殊性（当年发生了影响全国较大部分区域的严重自然灾害），我们将2002年作为研究的基期，通过对在2002年至2009年间在农户层次发生的政策性收入变化的分析，评价“多予少取”政策对农民收入和贫困减缓响研究。由于绝大多数政策都是在2002年以后在全国范围内实施的，将政策性收入的变化作为“多予少取”政策干预的直接结果，基本上可以对近10年出台的主要“多予少取”政策的影响进行比较全面的评价。但会低估那四项在此之前即已在全国实施政策的完全影响，也会低估在2003年前相关政策先行试点地区的政策影响。

3．主要政策

（1）取消农业税

我国的农业税费改革，首先于2000年在安徽进行试点，2003年扩大到在全国范围内进行试点。到2006年在全国范围内全面取消了农业税。在取消农业税的同时，原来附着于农业税上面的许多收费（所谓“三提五统”），通过由乡镇和村委会通过行政方式确定和定期收取调整为由村民或村民代表以“一事一议”的方式确定，收费种类和数量也大幅度减少。在592个扶贫开发工作重点县（简称扶贫重点县）中，2002年有82.44%的农户上交农业税，农民人均交农业税32.93元，人均交费13.6元。到2009年，扶贫重点县已经没有农户再交农业类税。

取消农业税以及调整对农民收费的确定方式、范围和数量，对受益农户的直接影响是减少税费支出、增加可支配收入。各农户受益的大小，取决于原有税费负担和计税（费）方式（按耕地、人口抑或二者合一）。为了估计取消农业税及相关改革对农民收入增长和分配的影响，我们首先对2002年扶贫重点县农户上交农业税和交费的决定作了回归分析。然后利用所得参数模拟2009年各农户减少的税费。

（2）免除义务教育阶段学生学费

对部分贫困家庭子女减免学杂费的政策，在我国尤其是贫困地区农村实施已有较长的历史。特别是1996年以后政府和社会力量采取教育扶贫的方式，帮助中西部贫困地区贫困家庭减免学龄儿童的学杂费已覆盖了一定比例的农户。2002 年样本农户中已有 3% 的小学生和初中生享受到了社会捐助，新疆扶贫重点县中有 8.9% 的小学生得到了社会捐助。到2009 年在全国范围内免除了农村义务教育阶段学生的学费。

免除义务教育阶段学生学费，只影响家中有义务教育阶段学生且在上学的农户。而且免除学费，只减少学生家长的教育支出，不会直接增加农民收入。但是，如果我们将免除学费视为对有义务教育阶段学童上学农户的教育补助，并将教育当作人力资本积累和形成的过程，它就会增加受益农户的隐性或影子收入，免除义务教育阶段学生学费也就具有了一定的生产支持性质。

免除义务教育阶段学生学费政策受益的大小，主要取决于原有收费标准、家中义务教育阶段学生数量。

(3) 农业生产补贴

在全国范围内实行农业生产补贴政策，始于2004 年。主要补贴形式有农产品生产补贴、良种补贴、购置大型农机具补贴和农业生产资料补贴。各种农业生产补贴对农民收支的影响，因补贴种类而异。(1) 主要农产品生产补贴（包括粮食、大豆、油菜、棉花补贴）受益，取决于农户补贴产品的播种面积／耕地面积；(2) 良种补贴的受益分配决定于良种使用面积和补贴方式（按耕地面积还是按良种采用面积）；(3) 购置大型农机具补贴的受益分配，在正常情况下与当年购置大型农机具与否有关；(4) 农业生产资料综合补贴，在多数地区实际操作中，主要依据耕地面积分配。

(4) 农村最低生活保障

农村最低生活保障制度属于条件性转移支付，只有符合相关条件的农户或人群才能受益。而各地的农村低保标准存在较大的差异，部分省、市的农村低保标准，甚至比一些贫困程度比较深的扶贫重点县的农民人均纯收入还要高。在理论上说，农村低保受益的分配主要取决于确定低保对象时农户的人均纯收入。但由于缺乏所有农户的收入统计数据，在实际操作过程中，低保对象确定还受到许多非收入因素的影响。

(5) 新型农村合作医疗

新型农村合作医疗制度，只有发生疾病且符合报销条件的人群才可受益。具体的农户受益与否及数量多寡，主要与其是否发生符合报销条件的疾病诊治、诊治费用与报销政策有关。

(6) 其他

其他一些属于“多予”政策范围的政策，包括退耕还林补贴、救灾、救济、到户扶贫等，基本上都属于条件性补贴政策。

（二）研究方法和数据

1. 研究方法

我们对“多予少取”政策对农民增收和减贫影响评价所采取的研究方法，主要是将一项政策干预前后农民收支的直接变化视为该项政策的效果，然后据以估计该项政策对农民收入和贫困减缓的影响。在所研究的 12 项“多予少取”政策中，10 项“多予”政策起着增加农民收入的作用，二项“少取”政策则起着减少农民支出的作用。“多予”政策与“少取”政策对农民收入的影响方向差异，要求采取不同的方法分别估计其影响。“多予”政策的影响可直接使用农户在研究期内新增的相应收入来体现；而“少取”政策的影响，由于农户社会经济条件变化难以直接进行比较，必须通过模拟分析来估计。具体的方法是，根据2002年农业税费的决定因素做出回归模型，然后利用所得参数估计取消农业税政策对2009年各农户的影响。

2002年扶贫重点县农业税、费决定的回归模型中，包括家庭人口、人口平方、耕地、地形（平原、山区）和省哑变量。所有变量在99%置信度都具有统计显著性。利用回归参数模拟2009年各农户的税、费支出。模拟结果中有1000来户2009年模拟农业税为负值，用2002年各省人均值乘以2009年人口代替。

对减免义务教育阶段学生学杂费政策的影响，首先分别用2002年各省小学生和初中生（分住宿生和走读生）生均三项费用（学杂费和书本费、其他费用），模拟2009年小学生和初中生相应类别费用，然后扣除其当年的实际费用，据此计算各分项及其汇总的支出增减额。

2. 数据来源

本研究所使用的数据，为2002年和2009年国家统计局全国农村贫困监测住户调查数据。该数据来源于对全国除西藏以外的全部扶贫重点县的53270个样本农户，对全国扶贫重点县具有较高的代表性。

（三）“多予少取”政策受益的分配

1. 2009年扶贫重点县农户人均从“多予”政策中增加收入174元，通过“少取”政策减少支70元

根据扶贫重点县贫困监测住户调查资料，2009年人均从10项“多予”政策中得到收入174元（表6-5），其中粮食直接补贴人均60元，退耕还林还草补贴人均40元，农业生产资料综合补贴人均15元，最低生活保障补助人均19元；与2002年相比，2009年人均少缴农业税、费45元，取消义务教育阶段学生学杂费使扶贫重点县人均少支出25元。如果将减免的学杂费视为政府对农户的教育补贴，12项“多予少取”政策所产生的收入，相当于2009年扶贫重点县农民人均纯收入的8.6%。

2. 97.5%的人口从“多予少取”政策中受益，受益农户人均受益253元，但高收入农户人均受益金额显著高于低收入农户

12项“多予少取”政策，既包括如取消农业税这样的具有普惠性质的政策，也包括如农村低保、退耕还林还草、救灾补助、新农合医疗费报销等特指性的政策，而且各项政策受益标准、计算规则不同，各项政策受益对象覆盖面和受益金额存在很大的差异。此外，估计的受益人口和金额是指与2002年相比，农户在2009年净受益金额大于零的人口数和金额而非在2009年从“多予少取”政策受益的绝对人口和金额。按照这种方法统计，2009年扶贫重点县中有97.5%的农村人口从“多予少取”政策中受益，“多予”政策和“少取”政策覆盖的农村人口比重分别为80.8%和97.2%（表6-4）。在收入10等分农户中，底层10%农户从“多予”政策中受益人口比重最低，为77.2%，与最高受益人口比重相差5.4个百分点；各收入组从“少取”政策受益人口比重差异甚小。在各收入组中，“多予少取”政策受益农户人均受益金额随着收入等级的提高呈现自低到高的分布，底层10%农户人均受益金额最低，为197元；顶层10%收入组受益农户人均受益金额为429元，约比底层10%农户高1.2倍。

表 6-4　2009年扶贫重点县农民从“多予少取”政策受益人口比重和金额

收入10等分农户	受益人口比重（%）			受益农户人均受益金额（元）		
	“多予”政策	“少取”政策	“多予少取”政策	“多予”政策	“少取”政策	“多予少取”政策
1	77.2	97.7	97.7	158.4	75.1	197.3
2	79.7	97.5	97.7	159.6	71.1	197.9
3	79.7	97.4	97.7	164.8	74.8	205.9
4	80.9	97.2	97.2	182.3	74.1	222.3
5	81.1	97.1	97.5	197.5	74.8	235.5
6	81.8	97.3	97.6	205.9	76.1	245.2
7	82.6	96.3	97.1	218.0	75.7	256.5
8	82.5	96.2	97.1	242.7	78.7	280.1
9	82.4	97.3	97.6	299.8	81.2	330.1
10	81.7	97.4	97.8	417.2	84.8	429.3
扶贫重点县平均	80.8	97.2	97.5	218.0	76.3	253.2

数据来源：国家贫困监测调查

3．农户从**“多予少取”**政策中受益存在很大的地区差异，总体上耕地多的地区农户受益较多

表 6-5　各地区“多予、少取”政策全体农户人均受益（元）

地　区	“多予”政策	“少取”政策	“多予少取”政策	人均耕地面积（亩）
河　北	176.0	70.4	246.4	2.3
山　西	94.4	69.8	164.2	3.4
内　蒙	418.5	93.7	512.2	8.6
吉　林	360.1	153.1	513.2	7.9
黑龙江	610.2	250.4	860.6	11.3
安　徽	109.6	88.9	198.5	1.3
江　西	99.8	74.5	174.3	1.0
河　南	122.4	84.6	207.0	1.4
湖　北	117.6	82.7	200.3	1.1
湖　南	146.0	71.7	217.7	1.0
广　西	87.2	40.3	127.5	1.2
海　南	141.5	74.2	215.6	0.8
重　庆	149.1	70.3	219.4	1.0
四　川	157.9	78.2	236.1	1.2
贵　州	140.4	63.0	203.4	1.2
云　南	163.9	47.2	211.1	1.7
陕　西	194.7	46.4	241.1	2.3
甘　肃	245.0	53.9	298.9	2.2
青　海	213.5	48.7	262.2	1.3
宁　夏	295.7	52.7	348.4	5.7
新　疆	161.3	81.4	242.8	2.5
全国重点县平均	173.8	70.2	244.0	2.2

数据来源：国家贫困监测调查

在2002-2009年间扶贫重点县农户从“多予少取”政策中人均受益244元（表6-5），但地区之间农民人均受益存在很大的差异。人均受益最高的黑龙江省扶贫重点县农民人均受益高达861元，而人均受益最少的广西扶贫重点县农民人均受益仅128元，两者相差约6倍。总体来看，人均耕地面积大的地区，如黑龙江、内蒙、吉林、宁夏，农民人均从“多予、少取”政策中受益额高，而人均耕地少的地区，农民人均受益额相对较低。人均耕地面积与人均受益额之间的相关系数高达0.93。其原因在于我国现行的以“多予少取”方式实现的支农、惠农政策，主要以耕地面积作为受益分配的基础。在12项“多予、少取”政策中，完全或主要以耕地面积为分配基础的政策包括取消和减免农业税、费，粮食直补、良种补贴、农资综合补贴和退耕还林还草。2009年全国扶贫重点县这5项政策受益金额，占到了全部12项政策受益金额的69.1%。

这种与耕地面积高度相关的受益分配方式，固然与国家出台这些政策时稳定和增加粮食生产的初衷有关，但也说明我国目前实行的支农、惠农政策至少目前在实施结果上不利于人均耕地资源少的区域的农民。

4.“多予少取”政策受益的分配总体上更有利于高收入农户，低收入农户受益相对较少。

尽管各项政策受益群体有差异，但总体上“多予少取”政策收益的分配有利于高收入农户。2009年按人均收入排序位居上层的30%农户从“多予少取”政策中受益的份额都高于它们人口的份额（表6-6），人均收入最高的10%农户获得了政策受益总金额的15.2%；底层60%农户从政策中收益的份额都低于它们在总人口中的份额，其中收入最低的10%农户只获得了政策受益总金额的7.7%。形成这种分配格局的原因在于高收入农户从“多予”政策中受益显著多于低收入农户，底层20%低收入农户只获得“多予”政策受益总金额的15.8%，而顶层20%高收入农户获得了“多予”政策受益的27.6%。“少取”政策受益的分配总体上有利于低收入农户，尤其是低收入农户从取消义务教育阶段学生学杂费政策中受益多于高收入农户。低收入农户从该项政策实施中受益较多的原因是低收入农户人口中学龄儿童的比重高，2009年底层20%农户人口中学龄儿童的比重为14.3%（表6-7），而顶层20%农户人口中学龄儿童的比重仅为10.2%。

表6-6　2008年扶贫重点县“多予少取”政策受益分配（%）

收入10等分农户	“多予”政策	“少取”政策	“多予少取”政策
1	7.7	11.3	8.7
2	8.1	10.6	8.8
3	8.1	11.0	8.9
4	8.8	10.3	9.3
5	9.4	10.1	9.6
6	9.6	10.1	9.7
7	10.0	9.4	9.8
8	10.7	9.4	10.3
9	12.4	9.4	11.6
10	15.2	8.5	13.3
全国扶贫重点县	100.0	100.0	100.0

数据来源：国家贫困监测调查

表 6-7　2009 年扶贫重点县取消义务教育阶段学生学杂费受益分配和学龄儿童比重

人均收入 10 等分农户	人均从取消义务教育阶段学生学杂费中受益（元）	在校学龄儿童占人口比重（%）
1	29.1	14.8
2	27.3	13.9
3	29.4	15.0
4	26.4	13.9
5	26.1	13.8
6	26.1	13.4
7	23.1	12.9
8	22.0	12.1
9	20.4	11.4
10	15.6	8.9
全国扶贫重点县	24.9	13.2

数据来源：国家贫困监测调查

5．参加新农合农民医疗费报销额的分配，有利于具有更高支付能力的高收入农户

作为解决农村人口看病难和因病致贫的一种制度安排的新农村合作医疗制度，由于制度设计和安排上存在的瑕疵，实际的利益分配仍有利于具有更高支付能力的高收入组农户。2009 年扶贫重点县不同收入组农户，在患有大病人口比重、患长期慢性病人口比重、体弱多病人口比重以及当年发生大病治疗户人口的比重等方面大体相当，可是实际得到的报销额却存在较大的差别。2009 年扶贫重点县顶层 10% 最高组农户人均新农合报销额为 36 元（表 6-8），而底层 10% 农户人均报销额仅有 3 元，两者相差约 11 倍。从实地调查情况来看，形成低收入农户与高收入农户在报销医疗费方面差异的主要因素包括：起付点较高和新农合定点医院选择过严，使没有能力到正规医院看病的低收入人群受益较少；正规医院看病需要病人家属先交钱，结帐后再报销，使部分经济困难又借不到钱的低收入农户难以充分享受新农合报销的利益。

表 6-8　2009 年扶贫重点县不同收入组农户人口健康特征和人均新农合报销额

人均收入 10 等分农户	患有大病人口比重（%）	患长期慢性病人口比重（%）	体弱多病人口比重（%）	发生大病治疗户人口比重（%）	人均新农合报销额（元）
1	0.5	1.5	4.2	3.1	3.1
2	0.4	1.3	4.4	3.0	4.1
3	0.4	1.4	4.2	2.9	4.0
4	0.4	1.5	4.0	2.9	5.8
5	0.5	1.3	3.8	3.0	8.7
6	0.5	1.5	3.7	3.0	9.0
7	0.4	1.4	3.5	3.3	12.4
8	0.5	1.5	3.4	3.0	12.9
9	0.5	1.5	3.5	2.9	17.8
10	0.4	1.8	3.5	3.0	36.0
全国扶贫重点县	0.4	1.5	3.9	3.0	10.5

数据来源：国家贫困监测调查

6．低保政策受益分配出现外溢现象

在12项“多予、少取”政策中，农村低保和扶贫是两项以低收入人群为受益对象的目标瞄准性政策。然而，从贫困监测住户调查数据来看，低保政策目标瞄准出现了严重的偏差。在住户贫困监测调查指标中，包括登记为低保户、低保人口和获得低保金指标。从统计结果来看，2009年处于人均收入分配底层20%农户中登记为低保户的登记低保人口③仅占全部登记低保人口的26.8%（表6-9），收入最高的20%农户拥有全部登记低保人口的13.0%。

表6-9　低保对象和低保补助金分配

人均收入10等分农户	登记低保户登记低保人口	有低保收入户家庭总人口	低保资金
1	13.0	12.6	10.7
2	13.8	14.2	12.4
3	11.4	13.0	11.4
4	11.3	11.7	11.8
5	10.6	10.9	11.2
6	10.1	10.6	11.3
7	9.0	8.7	9.6
8	7.6	7.8	8.0
9	6.9	6.1	7.0
10	6.1	4.4	6.6
全国扶贫重点县	100.0	100.0	100.0

数据来源：国家贫困监测调查

（四）“多予少取”政策实施对2002—2009年农民收入增长的贡献

增加农民收入，是中央出台“多予少取”政策的主要目标之一。这些政策的实施，确实对扶贫重点县农民收入增长做出了重要的贡献。

1．“多予少取”政策实施贡献了2002-2009年扶贫重点县农民收入增长额的14.2%，对底层10%低收入农户增长的贡献率更高达31.5%。

在12项“多予少取”政策中，除了免除义务教育阶段学生学杂费以外，都直接影响农民收入的形成。从2002年至2009年，扶贫重点县农民从“多予少取”政策中增加的收入，占到同期农民收入增长的14.2%（表6-10）；这些政策实施所增加的收入，占到底层10%低收入农户同期收入增加额的31.5%。显然，“多予少取”政策成为2002年到2009年间低收入农户收入增长最重要的来源之一。“多予少取”政策中对扶贫重点县农民收入增长贡献最大的分别是粮食直补、取消农业税、费以及退耕还林还草。这三项政策分别贡献了2002-2009年扶贫重点县农民收入增长的3.9%、2.9%和2.6%。如果将减免学杂费视为教育补贴对待，2009年减免的义务教育阶段学生学杂费，相当于扶贫重点县农民人均纯收入的1.6%。值得注意的是减免学杂费，对低收入农户的影响比其他农户更大。

③ 2009年有部分登记低保人口（占全部登记低保人口的15.7%）的所在家庭未被登记为低保户，为方便处理，这些家庭被视为登记低保户。最后，在全部登记低保户家庭总人口中，登记低保人口占50.1%。

表6-10 “多予、少取”政策对扶贫重点县2002-2009年不同收入组农户增长的贡献（%）

收入10等分农户	“多予”政策								“少取”政策	
	小计	粮食直补	良种补贴	生资综合补贴	农机具补贴	人均低保金	人均报销额	另外4项政策	农业税	教育
1	23.3	10.2	1.1	1.9	0.1	3.6	0.6	5.9	8.1	5.7
2	16.9	6.3	0.9	1.6	0.0	2.9	0.6	4.6	5.2	3.7
3	13.6	5.1	0.8	1.3	0.0	2.1	0.4	3.9	4.3	3.1
4	12.7	4.7	0.7	1.2	0.0	1.9	0.5	3.7	3.7	2.3
5	11.9	4.2	0.7	1.0	0.0	1.6	0.7	3.8	3.2	2.0
6	10.9	3.7	0.6	1.0	0.0	1.4	0.6	3.5	2.9	1.7
7	10.1	3.4	0.6	0.9	0.1	1.1	0.7	3.4	2.5	1.3
8	9.5	3.3	0.5	0.8	0.0	0.8	0.6	3.4	2.3	1.1
9	9.5	2.9	0.4	0.8	0.1	0.6	0.7	4.0	2.1	0.8
10	8.4	2.4	0.4	0.6	0.1	0.4	0.9	3.6	1.5	0.4
全国扶贫重点县	11.3	3.9	0.6	1.0	0.1	1.3	0.7	3.9	2.9	1.6

数据来源：国家贫困监测调查

2．减免义务教育阶段学杂费政策的效益被其他一些政策调整冲减

前面提到的减免义务教育阶段学杂费政策为扶贫重点县农民减轻了较大的经济负担，但令人遗憾的是同时实施的撤并农村小学校等政策，却增加了农民的教育支出，部分地冲减了减免义务教育阶段学生学杂费政策产生的正面效益。2002年到2009年，主要由于减免学杂费政策的实施，扶贫重点县农村小学生和初中生生均学杂费和书本费分别减少了63.8%和56.7%（表6-11）。可同期由于交通费、寄宿费和其他生活费增加，小学生和初中生生均其他教育支出分别增长了104.5%和77.4%。两项相抵，在此期间扶贫重点县小学生生均教育支出只减少9.2%，初中生反而增加1.4%。贫困监测农户调查数据表明，从2002年到2009年，扶贫重点县离小学路程在1小时以内的小学生的比例从88.2%降低到85.4%；小学生和初中生寄宿的比例分别增加了5.3和6.2个百分点（图6-1）。

表6-11 2002-2009年扶贫重点县义务教育阶段学生生均教育支出变化

收入10等分农户	2002年		2009年		2002-2009年增长%	
	小学生	初中生	小学生	初中生	小学生	初中生
生均教育支出（元）	315.5	865.4	286.4	877.3	-9.2	1.4
学杂费和书本费	213.2	490.7	77.1	212.7	-63.8	-56.7
其他支出	102.3	374.7	209.2	664.6	104.5	77.4

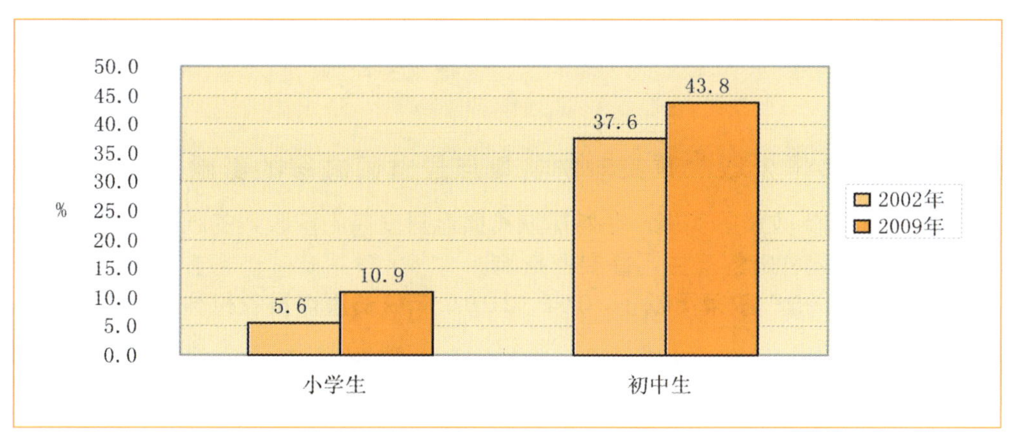

图6-1 2002-2009和初中生住校比例变化年小学生

数据来源：国家贫困监测调查

3.“多予少取”政策对农民收入增长的贡献存在较大的地区差异

由于各地区资源禀赋（主要是耕地）、农民收入水平和结构、地方财力和政策具体实施等方面的差异，“多予少取”政策对各地区农民收入增长的贡献，存在较大的差异。在人均耕地较多的黑龙江、内蒙和吉林，受惠于与耕地面积联系密切的农业税、费减免、粮食直补和农资补贴等政策较多，农民从“多予少取”政策中受益对扶贫重点县2002-2009年农民人均收入增长的贡献显著高于全国扶贫重点县平均水平。如黑龙江省来自这些政策受益的贡献占到2002-2009年扶贫重点县农民人均收入增长的45.6%（表6-12），也就是说，在此期间黑龙江扶贫重点县农民收入增长的近一半都是由“多予少取”政策实施所产生的。而这些政策对广西、山西和河南扶贫重点县农民收入增长的贡献率比较低，尤其是广西“多予、少取”政策受益对扶贫重点县农民收入的贡献率仅为6.1%。

表6-12 “多予少取”政策对不同地区扶贫重点县2002-2009年农民收入增长的贡献率（%）

地　区	“多予”政策	减免农业税、费政策	前两项合计
河　北	11.2	3.2	14.4
山　西	8.4	4.4	12.8
内　蒙	31.4	5.4	36.8
吉　林	22.5	8.4	30.9
黑龙江	33.3	12.3	45.6
安　徽	5.2	3.5	8.7
江　西	7.6	4.0	11.6
河　南	5.8	2.8	8.6
湖　北	8.2	3.7	11.9
湖　南	12.3	2.6	14.9
广　西	5.1	1.0	6.1
海　南	9.8	1.1	10.9
重　庆	8.1	1.9	10.0
四　川	10.9	3.0	13.9
贵　州	10.1	1.9	12.0
云　南	10.6	1.7	12.3
陕　西	10.6	1.8	12.4
甘　肃	24.0	2.4	26.4
青　海	14.1	1.8	15.9
宁　夏	18.0	1.3	19.3
新　疆	10.4	4.4	14.8
全国扶贫重点县	11.3	2.9	14.2

数据来源：国家贫困监测调查

（五）“多予少取”政策对扶贫重点县贫困减缓的影响

“多予少取”政策的实施，在增加扶贫重点县受益农户收入的同时，也对扶贫重点县农村贫困的减缓产生了重要的影响。

1.“多予少取”政策贡献了2002-2009年扶贫重点县农村贫困发生率减少的近30%

从2002年到2009年扶贫重点县农村贫困发生率，按当年全国低收入标准（2002

年人均869元，2009年人均1196元）从33.5%，降低到12.1%，减少了21.4个百分点。如果没有“多予”政策的实施，扶贫重点县2008年农村贫困发生率将上涨到16.2%，也就是说，“多予”政策对扶贫重点县农村贫困发生率下降的贡献率高达19.4%；如果农业税、费还保持在2002年的水平，2008年扶贫重点县的贫困发生率将会高达13.4%，农业税费减免贡献了此间扶贫重点县贫困发生率减少的6%。如果将减免学杂费视为教育补贴，“多予少取”政策对2002-2009年扶贫重点县农村贫困发生率的贡献高达29%（表6-13）。

表6-13　“多予少取”政策对2002-2009年扶贫重点县减缓贫困的贡献率

地　区	“多予”政策		减免农业税费政策		“多予少取”政策	
	贫困发生率	贫困深度	贫困发生率	贫困深度	贫困发生率	贫困深度
河　北	34.6	44.4	10.5	9.6	50.8	64.7
山　西	14.7	19.4	6.2	9.2	23.1	37.9
内　蒙	131.2	494.3	28.5	60.5	157.2	621.3
吉　林	37.9	300.6	10.7	106.8	54.8	469.7
黑龙江	44.0	35.0	15.5	10.1	62.5	60.1
安　徽	7.3	10.3	6.1	6.1	15.3	21.4
江　西	11.5	21.8	8.1	12.5	21.7	45.1
河　南	11.0	31.5	4.4	19.5	29.1	68.3
湖　北	41.3	21.9	42.7	11.3	71.2	48.3
湖　南	14.6	19.4	6.7	5.2	30.2	35.1
广　西	5.6	11.1	1.4	3.1	10.3	18.9
海　南	11.1	13.8	1.2	1.6	21.5	25.3
重　庆	17.1	18.8	2.7	4.1	25.0	29.9
四　川	12.3	17.8	3.0	2.9	23.2	28.3
贵　州	23.1	30.4	4.9	5.2	37.4	49.6
云　南	12.0	10.9	1.7	1.5	16.2	15.5
陕　西	10.3	11.2	1.5	2.5	14.3	17.2
甘　肃	72.6	181.4	14.3	23.8	99.6	256.6
青　海	21.7	19.4	4.6	3.3	30.2	28.3
宁　夏	18.6	41.3	1.4	2.6	23.7	52.5
新　疆	13.0	13.7	4.6	5.0	19.3	22.7
全国扶贫重点县平均	19.4	27.0	6.0	6.1	29.0	41.9

数据来源：国家贫困监测调查

2.“多予少取”政策显著改善了仍处于贫困中的农户的收入状况，减小了扶贫重点县的贫困深度

尽管“多予少取”政策受益的分配，在总体上有利于高收入人群，但这些政策对低收入农户的相对影响却更大。除了临时救济、低保等重点瞄准低收入农户的政策以外，像农业税、费减免这样的普惠政策，对低收入农户收入的增长的相对贡献也很大。“多予少取”政策的实施，贡献了扶贫重点县2002-2009年农村贫困深度降低的41.9%，其中“多予”政策贡献了27%，减免农业税、费政策贡献了6.1%。

3.“多予少取”政策对各地区扶贫重点县2002-2009年农村贫困减缓的影响存在很大的差异

由于“多予少取”政策在各地区间农户受益覆盖率、受益强度存在的差别以及2002年各地贫困程度、贫困深度和贫困农户收入来源结构的不同，这些政策对各地区扶贫重点县2002-2009年农村贫困减缓的影响具有很大的差异。影响最大的内蒙古，“多予少取”政策对贫困发生率和贫困深度的影响都超过了100%。也就是说，如果没有这些政策的作用，2009年内蒙古扶贫重点县农村贫困发生率和贫困深度都将高于2002年的水平。另外，在甘肃、黑龙江、吉林和河北省，“多予少取”政策对扶贫重点县农村贫困发生率和贫困深度减缓的贡献都超过50%。而在广西和陕西2省区，这些政策对贫困减缓的贡献都不及全国扶贫重点县平均的一半。

（六）改善“多予少取”政策对贫困地区农民增收和贫困减缓作用的建议

本项研究发现，“多予少取”政策实施以来，虽然政策设计和执行还存在一些有待完善的地方，但对增加扶贫重点县农民收入、减缓贫困产生了重要的影响。根据本研究的分析，要继续发挥支农、惠农政策在贫困地区农民收入增和贫困减缓的积极作用，需要采取以下措施来完善现行政策。

1．高度关注“多予少取”政策作用的持续性，加大支农、惠农政策的支持力度和广度

研究发现，“多予少取”政策，对2002-2009年扶贫重点县农民收入增长和贫困减缓起了重要的作用。但如果没有新的相关政策出台，政策支持力度和广度不提高，这些政策对农民收入增长和贫困减缓的相对作用会日趋缩小，将严重制约贫困地区农民收入增长和贫困减缓的进程。如果政府希望到2020年实现农民人均收入比2008年翻一番、消除农村绝对贫困的战略目标，在完善现行政策的前提下，继续加大中央政府和地方政府支农、惠农政策的支持力度和广度，是十分必要的。

2．关注政策效应的地区差异，强化和增加政策性投入对人均耕地较少地区的支持

现有的“多予少取”政策受益的分配与人均耕地面积高度相关。这些政策在起到支持主要农产品生产作用的同时，也间接扩大了耕地富足地区与耕地较少地区间农民收入的差异。在继续实施保护农民从事粮食生产积极性政策的同时，中央政府需要适当地调整和强化对现行特定人群导向政策的投入力度，使人均耕地较少地区的农民也能够同等地分享国家经济发展的成果。

3．关注政策瞄准的偏差，采取有效措施、改善政策瞄准的针对性

研究发现，现行的农村低保政策和新农合制度在实施过程中存在一定的瞄准偏差，农村低保目标对象遗漏与资源外溢现象还比较严重。有关部门应在充分调查研究的基础上，尽快完善目标对象选择、监管和审核的制度和方法，改善政策瞄准的有效性和针对性。

4．关注各政策间作用的协调性，改善支农、惠农政策对“三农”工作的综合效果

由于种种原因，现行的一些支农、惠农政策在设计和实施过程中存在着一定的相互不协调甚至相互抵触的现象。如取消义务教育阶段学生学杂费政策，较大地减轻了学生家长的经济负担，提高了学龄儿童的入学率，但是撤并农村学校的政策又较大地增加了学生家长的其他教育支出，在很大程度上抵消了取消学杂费政策产生的积极效果。有关部门应加强出台政策的协调性，在出台与主要政策作用不一致或相冲突的其他政策的同时，最好能采取相应的措施减少政策的负面影响，以改善政策的综合效果。

（中国社科院农经所 吴国宝 谭清香 国家统计局农村司 关冰）

第七部分：统计资料

资料使用说明

一、数据来源

本统计资料的数据主要来源于：

（一）《县（市）社会经济统计年鉴》指国家统计局农村司（原农调总队）出版的历年《县（市）社会经济统计年鉴》，该年鉴以农村司的分县社会经济统计为基础。

（二）全国农村住户抽样调查：是指国家统计局农村司在全国31个省开展的全国农村住户抽样调查，样本包括864个县的6.8万农户，调查结果对国家和省一级有代表性。

（三）全国农村贫困监测抽样调查：是指国家统计局农村司进行的国家农村贫困监测抽样调查，该调查在1997年-2001年期间在592个国家贫困县中开展，2002年起在592个国家扶贫开发工作重点县开展。调查样本包括5400个村、5.4万农户的资料，调查结果对所有国家和分省扶贫开发工作重点县（贫困县）有代表性。

由于本资料对历史数据做了整理，如与以往数据有差异请以本资料为准。

二、其他技术性说明

（一）本书中的全国数据未包括香港、澳门特别行政区和台湾省。

（二）本书所列指标的计量单位均采用公制。

（三）空栏为没有收集到数据或数据太小，“--”为有关年份或有关调查中没有设置该指标。

（四）由于机器汇总造成的部分分项数与汇总数之间的尾数差异，本书中未作调整。

1.综合资料

1-1　历年农村贫困人口及贫困发生率

年份	贫困标准(元)	贫困人口(万人)		贫困发生率(%)	
		重点县[b]	全国[a]	重点县[b]	全国[a]
2000	865	9422	--	10.2	--
2001	872	9030	--	9.8	--
2002	869	8645	4828	9.2	24.3
2003	882	8517	4709	9.1	23.7
2004	924	7587	4193	8.1	21.0
2005	944	6432	3612	6.8	17.9
2006	958	5698	3110	6.0	15.4
2007	1067	4320	2620	4.6	13.0
2008	1196	4007	2421	4.2	11.9
2009	1196	3597	2175	3.8	10.7

数据来源：
(a)全国农村住户调查
(b)国家贫困监测调查

1-2　扶贫重点县乡村个数及人口数

单位：个、万人

年份	乡(镇)个数	村委会个数	总人口	乡村人口
2002	10837.0	162461.0	22604.9	19924.7
2003	10677.0	156827.0	22749.3	19989.7
2004	10624.0	150528.0	22897.9	20096.7
2005	9994.0	147876.0	23067.7	20196.2
2006	8897.0	131071.0	23289.3	20200.9
2007	9589.0	142949.0	23548.2	20319.8
2008	9572.0	142009.0	23830.3	20398.8
2009	9563.0	141452.0	23743.4	20287.2

数据来源：中国县(市)社会经济统计年鉴

1-3　扶贫重点县行政村"四通"情况

单位：%

年份	乡(镇)个数	村委会个数	总人口(万人)	乡村人口(万人)
2002	95.4	96.8	83.8	95.8
2003	96.6	97.7	88.4	96.2
2004	97.5	97.8	90.5	96.5
2005	97.8	98.0	93.7	96.4
2006	99.1	98.3	97.2	97.9
2007	98.7	98.3	97.3	97.8
2008	99.0	98.7	98.0	98.0
2009	99.0	98.7	98.0	98.0

数据来源：国家贫困监测调查

1-4 扶贫重点县自然村“四通”情况

单位：%

年 份	通公路的自然村比重	通电的自然村比重	通电话的自然村比重	能接受电视节目的自然村比重
2002	72.2	93.0	52.6	83.9
2003	75.1	94.2	59.3	86.7
2004	77.7	95.3	64.6	88.0
2005	79.0	95.9	74.0	87.8
2006	81.2	96.0	80.2	89.3
2007	82.8	96.5	85.2	92.2
2008	84.4	96.8	87.5	92.9
2009	86.9	98.0	91.2	94.5

数据来源：国家贫困监测调查

1-5 扶贫重点县人口及劳动力情况

年 份	户均人口（人／户）	性别比（女性=100）	户均劳动力（人／户）	劳动力负担系数
2002	4.4	109.5	2.8	1.6
2003	4.3	110.2	2.8	1.5
2004	4.3	110.2	2.9	1.5
2005	4.3	110.3	2.9	1.5
2006	4.3	110.6	2.9	1.5
2007	4.3	111.0	3.0	1.4
2008	4.3	111.3	3.0	1.4
2009	4.2	111.7	3.0	1.4

数据来源：国家贫困监测调查

1-6 扶贫重点县劳动力行业构成

单位：%

年 份	1. 第一产业劳动力	2. 第二产业劳动力	3. 第三产业劳动力	4. 没有参加生产劳动
2002	84.7	6.9	7.9	0.5
2003	84.0	7.4	8.2	0.5
2004	81.8	8.8	8.8	0.5
2005	79.9	10.2	9.4	0.6
2006	78.7	11.3	9.8	0.2
2007	77.9	12.0	10.0	0.1
2008	77.9	12.1	9.9	0.2
2009	76.7	12.6	10.5	0.2

数据来源：国家贫困监测调查

1-7 扶贫重点县劳动力文化程度构成

单位：%

年 份	1. 文盲、半文盲	2. 小学	3. 初中	4. 高中	5. 中专及以上
2002	15.3	37.8	38.8	6.4	1.6
2003	14.7	36.8	40.3	6.3	1.8
2004	14.0	35.8	41.4	6.7	1.9
2005	12.7	35.1	43.4	6.7	2.0
2006	12.3	34.3	44.2	7.1	2.1
2007	11.6	33.7	45.0	7.3	2.4
2008	11.1	33.4	45.2	7.7	2.7
2009	10.8	32.6	45.5	8.1	3.0

数据来源：国家贫困监测调查

1-8 扶贫重点县劳动力外出情况

年 份	当年外出打工劳动力比重(%)	在外务工月均收入(元/人)	劳动力外出地区(%)		
			1. 县内乡外	2. 省内县外	3. 省外
2002	14.5	369.2	19.3	25.9	54.8
2003	14.4	372.3	13.0	22.5	64.3
2004	16.6	518.8	12.6	21.1	66.3
2005	17.8	613.2	10.9	19.7	69.5
2006	19.8	728.7	11.5	19.1	69.4
2007	20.5	807.9	11.3	19.8	68.9
2008	19.7	944.7	12.3	19.3	68.4
2009	20.5	1073.0	14.3	21.0	64.6

数据来源：国家贫困监测调查

1-9 扶贫重点县按性别分组的外出劳动力情况

年 份	当年外出打工比例(%)		月均工资(元/人.月)	
	男 性	女 性	男 性	女 性
2002	19.8	8.7	395.7	311.0
2003	19.3	8.9	412.1	295.3
2004	21.9	10.7	545.8	462.4
2005	22.9	12.0	646.3	547.6
2006	25.7	13.2	765.1	655.4
2007	26.7	13.6	841.3	739.0
2008	25.5	13.1	987.5	855.5
2009	26.6	13.6	1118.2	979.0

数据来源：国家贫困监测调查

1-10 扶贫重点县地方生产总值

单位:亿元

年 份	地方生产总值	第一产业增加值	第二产业增加值	第三产业增加值
2002	6425.6	2332.7	2208.2	2133.5
2003	7493.2	2449.8	2704.0	2374.0
2004	9151.3	2960.7	3402.7	2735.7
2005	11056.2	3282.2	4143.8	3635.8
2006	13004.4	3558.4	5200.8	4241.4
2007	16131.0	4206.6	6812.4	5109.7
2008	19941.6	4934.1	8882.5	6123.0
2009	22196.9	5198.7	9758.4	7241.9

数据来源：中国县(市)社会经济统计年鉴

1-11 扶贫重点县地方生产总值构成

单位:%

年 份	地方生产总值	第一产业增加值	第二产业增加值	第三产业增加值
2002	100.0	35.0	33.1	32.0
2003	100.0	32.5	35.9	31.5
2004	100.0	32.5	37.4	30.1
2005	100.0	29.7	37.5	32.9
2006	100.0	27.4	40.0	32.6
2007	100.0	26.1	42.2	31.7
2008	100.0	24.7	44.5	30.7
2009	100.0	23.4	44.0	32.6

数据来源：中国县(市)社会经济统计年鉴

1-12 扶贫重点县人均地方生产总值

单位:元

年 份	地方生产总值	第一产业增加值	第二产业增加值	第三产业增加值
2002	2842.6	1032.0	976.9	943.8
2003	3293.8	1076.8	1188.6	1043.5
2004	3996.6	1293.0	1486.0	1194.8
2005	4792.9	1422.9	1796.4	1576.2
2006	5583.9	1527.9	2233.1	1821.2
2007	6850.2	1786.4	2893.0	2169.9
2008	8362.6	2070.5	3705.5	2584.6
2009	9348.6	2189.5	4109.9	3050.1

数据来源：中国县(市)社会经济统计年鉴

1-13　扶贫重点县地方财政收支

单位：亿元

年 份	财政总收入	其中：地方一般预算内财政收入	财政支出	其中：支农支出
2002	544.2	283.3	1082.2	32.3
2003	577.1	314.5	1214.5	64.8
2004	687.8	348.9	1451.6	78.6
2005	936.4	411.0	1794.2	104.7
2006	1184.5	528.3	2281.3	129.8
2007	1590.9	670.0	3054.3	273.6
2008	2038.2	844.4	4232.1	575.5
2009	2287.7	1017.8	5431.4	799.4

数据来源：中国县（市）社会经济统计年鉴

1-14　扶贫重点县人均地方财政收支

单位：元／人

年 份	财政总收入	其中：地方一般预算内财政收入	财政支出	其中：支农支出
2002	240.7	125.3	478.7	14.3
2003	253.7	138.2	533.9	28.5
2004	300.4	152.4	633.9	34.3
2005	405.9	178.2	777.8	45.4
2006	508.6	226.8	979.5	55.8
2007	675.6	284.5	1297.0	116.2
2008	855.3	354.3	1775.9	242.7
2009	963.5	428.7	2287.5	336.7

数据来源：中国县（市）社会经济统计年鉴

1-15　扶贫重点县存贷款余额

单位：亿元

年 份	存款余额	其中：城乡居民储蓄存款	贷款余额	其中：农业贷款
2002	5523.0	4141.9	4591.6	892.0
2003	6423.3	4853.0	4846.7	1058.2
2004	7601.5	5663.2	5131.5	1260.7
2005	9164.4	6729.3	5428.0	1491.3
2006	11184.7	7978.1	6121.9	1638.7
2007	13340.6	9285.8	7039.3	1875.6
2008	16856.4	11516.9	7521.3	2092.0
2009	20484.6	13418.3	9459.4	2727.3

数据来源：中国县（市）社会经济统计年鉴

1-16　扶贫重点县农户贷款情况

年 份	当年人均借贷款（元/人）	年末人均借贷款余额（元/人）	其中：逾期未还（元/人）	逾期未还比率（%）
2002	216.4	244.8	171.4	70.0
2003	161.1	217.4	150.7	69.3
2004	120.8	184.8	129.0	69.8
2005	127.3	182.6	128.5	70.4
2006	136.1	209.9	131.7	62.8
2007	134.0	205.8	118.0	57.3
2008	158.0	223.4	128.1	57.3
2009	201.3	269.9	159.8	59.2

数据来源：国家贫困监测调查

1-17　历年扶贫重点县扶贫资金投入情况

单位：亿元

年 份	资金合计	1. 中央扶贫贴息贷款累计发放额	2. 中央财政扶贫资金	3. 以工代赈
2002	250.2	102.5	35.8	39.9
2003	277.6	87.5	39.6	41.8
2004	292.0	79.2	45.9	47.5
2005	264.0	58.4	47.9	43.3
2006	278.3	55.6	54.0	38.5
2007	316.7	70.5	60.3	35.4
2008	367.7	84.0	78.5	39.3
2009	456.7	108.7	99.5	39.4

数据来源：国家贫困监测调查

1-17　续

单位：亿元

年 份	4. 中央专项退耕还林还草工程补助	5. 省级财政安排的扶贫资金	6. 利用外资（实际投资额）	7. 其他资金
2002	22.6	9.9	17.6	22.0
2003	37.4	10.4	31.5	29.4
2004	45.2	11.6	34.5	28.0
2005	44.0	9.6	29.0	31.8
2006	46.1	10.8	30.9	42.5
2007	63.2	14.2	19.1	54.0
2008	51.5	18.9	14.1	81.4
2009	64.2	23.4	21.3	100.2

数据来源：国家贫困监测调查

1-18　历年扶贫重点县扶贫资金使用情况

单位:亿元

年 份	合　计	1. 种植业	2. 林业	3. 养殖业
2002	250.1	25.2	27.0	22.9
2003	276.7	22.2	37.4	24.7
2004	290.8	26.2	45.9	25.5
2005	263.4	23.6	46.2	23.2
2006	280.6	31.5	48.1	27.0
2007	313.8	39.4	53.6	31.5
2008	364.9	48.8	55.7	40.5
2009	453.9	68.9	69.9	52.4

数据来源：国家贫困监测调查

1-18　续1

单位:亿元

年 份	4. 农产品加工	5. 其他生产行业	6. 基本农田建设	7. 人畜饮水工程
2002	15.6	22.0	15.3	12.2
2003	17.3	22.3	16.8	12.1
2004	15.3	19.0	16.8	11.1
2005	10.2	21.8	15.5	10.2
2006	13.0	16.5	14.5	11.2
2007	11.0	18.7	13.9	13.7
2008	17.1	16.0	16.0	15.3
2009	19.7	17.3	21.4	21.2

数据来源：国家贫困监测调查

1-18　续2

单位:亿元

年 份	8. 道路修建及改扩建	9. 电力设施	10. 电视接收设施	11. 学校及设备
2002	49.5	14.5	1.6	6.3
2003	36.1	37.0	1.7	5.6
2004	34.6	26.9	1.4	5.6
2005	35.2	16.6	1.1	6.4
2006	38.6	12.1	0.9	3.9
2007	47.6	10.1	1.0	3.6
2008	62.6	9.7	0.9	5.6
2009	67.8	7.5	1.8	7.3

数据来源：国家贫困监测调查

1-18 续3

单位:亿元

年 份	12. 卫生室及设施	13. 技术培训/技术推广	14. 资助儿童入学/扫盲	15. 其他
2002	3. 5	2. 0	1. 8	30. 8
2003	3. 7	2. 1	2. 0	35. 8
2004	3. 9	2. 7	2. 3	53. 5
2005	2. 9	3. 5	2. 4	44. 7
2006	3. 1	4. 2	2. 5	53. 6
2007	2. 9	4. 0	2. 9	60. 1
2008	3. 4	4. 5	2. 3	66. 5
2009	4. 4	5. 2	3. 5	85. 5

数据来源：国家贫困监测调查

1-19 扶贫重点县到村扶贫项目情况

单位：%

年 份	当年参与项目的村比例	参与项目形式		
		现金扶持	实物扶持	技术援助
2002	29. 6	19. 9	18. 4	10. 0
2003	33. 2	21. 8	22. 2	11. 8
2004	39. 9	28. 8	22. 8	12. 9
2005	37. 3	29. 2	18. 5	10. 3
2006	43. 0	34. 7	19. 3	12. 5
2007	51. 0	43. 6	18. 0	12. 6
2008	48. 3	41. 8	18. 2	13. 1
2009	50. 7	44. 1	18. 3	14. 8

数据来源：国家贫困监测调查

1-20 扶贫重点县到村扶贫资金情况

单位:万元/村

年 份	项目村当年到位的扶贫资金	其中:扶贫贷款	项目村当年使用的扶贫资金	其中:农林牧业
2002	13. 0	3. 2	11. 6	3. 1
2003	17. 9	2. 4	14. 1	3. 2
2004	15. 6	2. 2	14. 3	3. 0
2005	18. 2	2. 2	17. 9	3. 6
2006	19. 6	1. 8	19. 0	2. 3
2007	21. 9	2. 0	22. 0	3. 4
2008	26. 0	2. 5	25. 3	3. 7
2009	33. 4	3. 8	32. 3	4. 5

数据来源：国家贫困监测调查

1-21　扶贫重点县按希望得到的扶贫项目分组的村比重

单位：%

年 份	种植业	林 业	养殖业	农产品加工
2002	44.1	6.8	42.9	7.8
2003	48.1	7.5	45.0	8.5
2004	48.5	8.2	43.7	8.7
2005	46.0	7.3	42.2	10.4
2006	44.1	7.2	39.7	10.4
2007	46.1	8.9	43.8	12.1
2008	49.8	9.6	48.4	12.7
2009	47.1	8.7	45.9	11.8

数据来源：国家贫困监测调查

1-21　续1

单位：%

年 份	其他生产行业	基本农业建设	人畜饮水工程	修建及改扩建道路
2002	1.0	9.5	16.4	20.4
2003	2.5	10.2	15.5	21.9
2004	2.5	11.3	14.8	23.2
2005	3.0	12.5	16.4	24.2
2006	3.0	13.2	16.8	25.7
2007	6.8	12.6	14.6	23.1
2008	5.8	15.1	15.6	24.2
2009	4.9	14.7	15.1	22.3

数据来源：国家贫困监测调查

1-21　续2

单位：%

年 份	电力设施 技术培训	电视接收设施	学校及设备	卫生及设备
2002	4.1	2.9	5.8	1.2
2003	4.4	2.4	5.9	2.5
2004	4.4	2.7	5.4	3.2
2005	4.0	2.3	5.4	3.7
2006	4.0	2.7	5.7	4.3
2007	4.0	3.6	4.4	5.2
2008	2.5	1.2	2.0	2.8
2009	3.0	1.4	3.1	4.0

数据来源：国家贫困监测调查

1-21　续3

单位：%

年 份	技术培训	儿童入学和扫盲	退耕还林	其　他
2002	7.6	1.1	11.2	2.6
2003	10.0	1.1	10.6	3.6
2004	11.9	1.2	7.1	3.2
2005	11.4	1.0	7.1	3.2
2006	11.5	0.8	7.1	3.8
2007	14.1	0.0	0.5	0.0
2008	5.4	0.3	1.7	1.9
2009	10.3	0.7	3.2	3.4

数据来源：国家贫困监测调查

1-22　扶贫重点县到户扶贫活动情况

单位：%

年 份	1.本户当年正在参加/完成某项扶贫活动	4.本户当年得到扶贫项目资助	5.当年本户得到项目内容是否自选	是否征得了本户同意
2002	10.7	61.1	38.1	61.1
2003	11.8	71.2	42.8	65.5
2004	15.6	77.2	36.1	61.3
2005	14.3	66.6	37.3	61.6
2006	17.8	86.9	49.4	79.6
2007	20.8	81.7	47.8	75.6
2008	20.5	85.9	49.3	79.9
2009	23.8	81.9	52.3	77.8

数据来源：国家贫困监测调查

1-23　扶贫重点县按得到扶贫项目类型分组的户比重

单位：%

年 份	种植业	林　业	养殖业	农产品加工
2002	2.8	0.8	1.7	0.1
2003	2.0	0.8	1.8	0.1
2004	2.4	0.4	1.8	0.0
2005	2.1	0.3	1.6	0.0
2006	2.2	0.3	1.1	0.0
2007	2.6	0.6	1.4	0.1
2008	2.8	0.5	1.1	0.0
2009	3.0	0.5	1.2	0.1

数据来源：国家贫困监测调查

1-23　续1　　　　单位：%

年 份	其他生产行业	基本农业建设	人畜饮水工程	修建及改扩建道路
2002	0. 1	1. 0	2. 0	2. 1
2003	0. 0	0. 8	1. 8	2. 4
2004	0. 0	0. 3	1. 2	2. 4
2005	0. 0	0. 4	1. 2	2. 4
2006	0. 0	0. 2	0. 9	1. 5
2007	0. 1	0. 4	1. 3	2. 4
2008	0. 1	0. 5	1. 2	1. 9
2009	0. 1	0. 5	1. 5	2. 8

数据来源：国家贫困监测调查

1-23　续2　　　　单位：%

年 份	电力设施 技术培训	电视接收设施	学校及设备	卫生及设备
2002	0. 8	0. 1	0. 6	0. 2
2003	0. 8	0. 1	0. 5	0. 2
2004	0. 4	0. 1	0. 4	0. 1
2005	0. 2	0. 2	0. 4	0. 2
2006	0. 2	0. 1	0. 1	0. 1
2007	0. 3	0. 2	0. 1	0. 1
2008	0. 2	0. 1	0. 2	0. 2
2009	0. 3	0. 2	0. 1	0. 2

数据来源：国家贫困监测调查

1-23　续3　　　　单位：%

年 份	技术培训	儿童入学和扫盲	退耕还林	其 他
2002	0. 1	0. 1	2. 6	1. 2
2003	0. 1	0. 2	4. 0	1. 5
2004	0. 1	0. 1	8. 9	1. 2
2005	0. 1	0. 1	7. 5	1. 7
2006	0. 1	0. 0	12. 2	1. 6
2007	0. 2	0. 0	14. 0	2. 3
2008	0. 1	0. 0	14. 3	3. 2
2009	0. 2	0. 0	16. 0	4. 0

数据来源：国家贫困监测调查

1-24　扶贫重点县按希望得到扶贫项目类型分组的户比重

单位:%

年 份	种植业	林　业	养殖业	农产品加工
2002	59.0	8.4	64.6	8.3
2003	46.7	6.8	47.9	6.4
2004	47.5	7.5	49.0	7.2
2005	44.9	6.3	45.1	7.6
2006	44.9	7.4	43.7	7.6
2007	45.3	7.2	46.2	7.9
2008	46.8	7.6	47.1	7.5
2009	45.8	7.9	45.5	7.1

数据来源：国家贫困监测调查

1-24　续 1

单位：%

年 份	其他生产行业	基本农业建设	人畜饮水工程	修建及改扩建道路
2002	4.1	9.4	14.5	19.0
2003	3.5	8.3	11.4	17.4
2004	3.4	9.1	11.5	18.7
2005	4.0	10.8	13.7	21.5
2006	3.9	12.1	14.2	24.7
2007	3.8	11.9	13.4	24.1
2008	3.9	11.9	12.7	23.0
2009	4.0	13.2	12.5	22.6

数据来源：国家贫困监测调查

1-24　续 2

单位：%

年 份	电力设施 技术培训	电视接收设施	学校及设备	卫生及设备
2002	5.1	2.8	3.5	2.0
2003	4.1	2.4	3.2	1.9
2004	4.5	2.5	2.9	2.5
2005	4.5	2.2	3.5	3.1
2006	4.6	2.2	3.4	4.0
2007	4.2	2.0	3.1	3.8
2008	4.2	2.0	2.7	4.1
2009	4.1	1.6	2.7	4.5

数据来源：国家贫困监测调查

1-24　续3　　单位：%

年 份	技术培训	儿童入学和扫盲	退耕还林	其 他
2002	13.4	1.7	12.6	4.4
2003	11.2	1.1	9.8	4.5
2004	12.8	1.1	6.9	4.6
2005	12.6	1.0	6.8	5.0
2006	12.4	0.9	5.9	4.8
2007	12.5	0.6	5.8	4.6
2008	11.8	0.5	5.6	5.1
2009	13.0	0.5	5.1	5.4

数据来源：国家贫困监测调查

1-25　扶贫重点县农村居民家庭经营费用支出

单位：元/人

年 份	一、家庭经营费用支出	其中:			二、购置生产性固定资产支出
		1. 第一产业生产费用支出	2. 第二产业生产费用支出	3. 第三产业生产费用支出	
2002	449.2	403.3	15.2	30.7	38.9
2003	496.6	449.4	15.8	31.4	61.3
2004	583.2	535.4	14.2	33.6	69.4
2005	662.1	604.5	19.8	37.8	70.1
2006	705.6	645.4	20.7	39.5	72.8
2007	809.3	743.4	23.0	42.9	75.3
2008	977.3	903.4	25.9	48.1	96.8
2009	977.9	898.1	25.7	54.1	101.8

数据来源：国家贫困监测调查

1-26　扶贫重点县农村居民家庭经营第一产业费用支出

单位：元/人

年 份	农业生产费用支出	林业生产费用支出	牧业生产费用支出	渔业生产费用支出
2002	232.9	6.5	162.1	1.9
2003	241.8	7.5	198.4	1.6
2004	291.7	6.4	235.6	1.7
2005	341.8	9.7	249.8	3.3
2006	377.1	12.8	251.5	3.9
2007	423.6	15.2	300.3	4.3
2008	504.1	17.0	377.2	5.0
2009	511.8	15.3	364.8	6.2

数据来源：国家贫困监测调查

1-27 扶贫重点县农村居民家庭经营第二产业费用支出

单位：元/人

年份	合计	工业生产费用支出	建筑业生产费用支出
2002	15.2	10.0	5.2
2003	15.8	10.3	5.5
2004	14.2	9.7	4.4
2005	19.8	13.8	6.0
2006	20.7	14.4	6.3
2007	23.0	14.1	8.9
2008	25.9	15.1	10.8
2009	25.7	14.3	11.4

数据来源：国家贫困监测调查

1-28 扶贫重点县农村居民家庭经营第三产业费用支出

单位：元/人

年份	(1)交通运输邮电业生产费用支出	(2)批零贸易餐饮业生产费用支出	(3)社会服务业生产费用支出	(4)文教卫生业生产费用支出	(5)其他行业生产费用支出
2002	--	--	--	--	--
2003	10.8	7.8	--	--	--
2004	12.6	9.5	--	--	--
2005	15.4	12.6	--	--	--
2006	17.8	13.8	2.1	1.4	4.4
2007	19.5	15.2	2.8	1.4	4.1
2008	22.4	16.3	3.6	1.5	4.2
2009	25.3	18.2	3.4	1.5	5.6

数据来源：国家贫困监测调查

1-29 扶贫重点县农村居民人均总收入

单位：元/人

年份	一.总收入	(一)工资性收入	(二)家庭经营收入	(三)财产性收入	(四)转移性收入
2002	1889.6	435.5	1350.2	12.5	91.4
2003	2034.0	451.4	1462.9	25.9	93.8
2004	2288.5	489.4	1668.3	27.8	103.0
2005	2496.1	560.8	1780.3	27.6	127.3
2006	2735.0	644.0	1927.8	31.8	131.4
2007	3197.3	783.6	2199.0	52.0	162.8
2008	3706.8	887.7	2536.0	42.1	241.0
2009	3950.8	1011.2	2599.6	40.4	299.5

数据来源：国家贫困监测调查

1-30　扶贫重点县农村居民人均总收入构成

单位：%

年 份	(一) 工资性收入	(二) 家庭经营收入	(三) 财产性收入	(四) 转移性收入
2002	23.0	71.5	0.7	4.8
2003	22.2	71.9	1.3	4.6
2004	21.4	72.9	1.2	4.5
2005	22.5	71.3	1.1	5.1
2006	23.5	70.5	1.2	4.8
2007	24.5	68.8	1.6	5.1
2008	23.9	68.4	1.1	6.5
2009	25.6	65.8	1.0	7.6

数据来源：国家贫困监测调查

1-31　扶贫重点县农村居民人均纯收入

单位：元/人

年 份	一. 纯收入	(一) 工资性收入	(二) 家庭经营收入	(三) 财产性收入	(四) 转移性收入
2002	1305.2	435.5	796.0	12.5	61.2
2003	1406.3	451.4	865.1	26.5	63.3
2004	1585.3	489.4	997.2	28.5	70.2
2005	1725.6	560.8	1042.6	28.1	94.1
2006	1928.0	644.0	1144.0	31.8	108.2
2007	2278.0	783.6	1306.0	52.0	136.3
2008	2610.8	887.7	1467.0	42.1	214.0
2009	2842.1	1011.2	1522.4	40.4	268.0

数据来源：国家贫困监测调查

1-32　扶贫重点县农村居民人均纯收入构成

单位：%

年 份	(一) 工资性收入	(二) 家庭经营收入	(三) 财产性收入	(四) 转移性收入
2002	33.4	61.0	1.0	4.7
2003	32.1	61.5	1.9	4.5
2004	30.9	62.9	1.8	4.4
2005	32.5	60.4	1.6	5.5
2006	33.4	59.3	1.7	5.6
2007	34.4	57.3	2.3	6.0
2008	34.0	56.2	1.6	8.2
2009	35.6	53.6	1.4	9.4

数据来源：国家贫困监测调查

1-33 扶贫重点县农村居民人均生活消费支出

单位：元／人

年 份	生活消费支出	1. 食品消费支出	2. 衣着消费支出	3. 居住消费支出	4. 家庭设备. 用品消费支出
2002	1131.4	649.5	69.3	126.8	33.6
2003	1220.1	655.6	69.6	154.5	45.3
2004	1394.4	741.5	74.4	165.0	49.1
2005	1528.5	793.2	86.3	192.5	55.8
2006	1679.6	840.3	95.8	242.1	67.5
2007	1931.3	980.1	111.8	289.3	79.8
2008	2200.3	1137.2	123.3	343.7	92.0
2009	2367.4	1155.6	134.1	413.3	108.7

数据来源：国家贫困监测调查

1-33 续

单位：元／人

年 份	5. 交通和通讯消费支出	6. 文化教育. 娱乐消费支出	7. 医疗保健消费支出	8. 其他商品和服务消费支出
2002	44.9	121.2	65.4	20.8
2003	67.2	137.4	69.5	21.1
2004	85.1	177.7	78.0	23.6
2005	105.6	182.2	86.9	25.9
2006	135.4	168.4	100.8	29.4
2007	161.5	160.6	114.4	33.7
2008	176.6	159.1	133.7	34.6
2009	194.7	167.3	155.3	38.5

数据来源：国家贫困监测调查

1-34 扶贫重点县农村居民人均生活消费支出构成

单位：%

年 份	1. 食品	2. 衣着	3. 居住	4. 家庭设备. 用品
2002	57.4	6.1	11.2	3.0
2003	53.7	5.7	12.7	3.7
2004	53.2	5.3	11.8	3.5
2005	51.9	5.6	12.6	3.7
2006	50.0	5.7	14.4	4.0
2007	50.8	5.8	15.0	4.1
2008	51.7	5.6	15.6	4.2
2009	48.8	5.7	17.5	4.6

数据来源：国家贫困监测调查

1-34 续

单位：%

年 份	5. 交通和通讯消费支出	6. 文化教育. 娱乐消费支出	7. 医疗保健消费支出	8. 其他商品和服务消费支出
2002	4.0	10.7	5.8	1.8
2003	5.5	11.3	5.7	1.7
2004	6.1	12.7	5.6	1.7
2005	6.9	11.9	5.7	1.7
2006	8.1	10.0	6.0	1.8
2007	8.4	8.3	5.9	1.7
2008	8.0	7.2	6.1	1.6
2009	8.2	7.1	6.6	1.6

数据来源：国家贫困监测调查

1-35 扶贫重点县农村居民人均纯收入五等份组

单位：元/人

年 份	低收入组	次低收入组	中等收入组	次高收入组	高收入组
2002	519.3	903.4	1174.9	1522.5	2405.8
2003	501.4	934.2	1278.4	1725.4	2930.4
2004	567.4	1050.8	1446.2	1958.8	3354.4
2005	649.4	1172.1	1589.6	2106.1	3506.6
2006	734.4	1284.9	1746.8	2359.2	4048.0
2007	813.2	1507.0	2069.1	2788.1	4834.5
2008	1007.5	1761.4	2392.0	3218.2	5421.7
2009	1081.5	1894.3	2590.2	3502.5	5984.5

数据来源：国家贫困监测调查

1-36 扶贫重点县农村居民人均食品消费量

单位：公斤/人

年 份	一. 谷物	二. 薯类	三. 豆类	四. 油脂类	五. 蔬菜及菜制品
2002	175.8	53.0	4.8	6.7	92.1
2003	205.5	10.4	4.2	5.1	86.2
2004	196.2	8.5	3.9	5.0	87.5
2005	195.8	7.0	4.0	5.2	86.9
2006	193.7	5.5	4.0	4.4	86.9
2007	187.7	5.3	3.8	4.4	87.3
2008	189.2	5.0	3.7	4.4	84.7
2009	185.4	4.5	3.6	4.7	84.1

数据来源：国家贫困监测调查

1-36 续

单位：公斤／人

年 份	六. 水果及果用瓜类	七. 肉类及其制品	八. 蛋类及蛋制品	九. 奶和奶制品	十. 水产品
2002	10.5	16.4	2.0	2.0	1.0
2003	7.4	17.1	1.7	1.5	1.3
2004	7.4	17.8	1.7	1.3	1.3
2005	7.4	19.6	1.8	1.6	1.3
2006	10.5	20.0	2.3	1.7	1.4
2007	10.9	19.6	2.2	1.8	1.6
2008	10.8	18.3	2.7	1.8	1.6
2009	12.4	18.7	2.8	3.9	1.5

数据来源：国家贫困监测调查

1-37 扶贫重点县农村居民百户拥有耐用消费品

年 份	冰箱、冰柜（台／百户）	彩色电视机（台／百户）	自行车（辆／百户）	摩托车（辆／百户）	固定电话和移动电话（部／百户）
2002	4.8	--	60.2	12.9	21.2
2003	5.4	47.2	56.0	16.1	28.1
2004	6.2	52.8	55.9	19.1	35.9
2005	7.5	65.3	51.8	24.7	54.5
2006	9.2	74.5	50.7	29.0	70.5
2007	11.4	81.2	49.9	33.0	86.3
2008	14.1	85.5	48.9	36.4	99.9
2009	18.6	90.0	47.5	40.8	114.6

数据来源：国家贫困监测调查

1-38 扶贫重点县农村居民居住条件

年 份	住房面积（平方米／人）	住房价值（元／平方米）	使用照明电的农户比重(%)	使用自来水的农户比重（%）	使用清洁能源的农户比重(%)
2002	20.1	119.5	94.9	30.2	3.6
2003	20.5	127.7	96.4	32.2	3.6
2004	21.1	134.1	96.6	33.4	3.9
2005	22.0	152.8	96.7	34.6	4.3
2006	22.5	167.5	97.0	35.0	6.6
2007	23.1	180.5	97.2	35.9	8.2
2008	23.6	195.3	97.6	38.1	8.1
2009	24.4	217.4	97.7	40.7	8.6

数据来源：国家贫困监测调查

1-39　扶贫重点县农村居民住房结构

单位：%

年　份	1. 砖木	2. 竹草屋	3. 土坯屋	4. 钢筋混凝土	5. 其它
2002	38.2	0.9	31.2	11.1	18.6
2003	39.7	0.7	28.6	11.3	19.6
2004	40.0	0.5	27.1	12.5	19.9
2005	40.7	0.5	25.1	14.2	19.5
2006	42.7	0.7	23.8	14.8	18.1
2007	43.2	0.7	22.5	15.7	17.9
2008	46.5	0.7	20.6	15.9	16.2
2009	45.1	0.7	19.9	18.3	16.0

数据来源：国家贫困监测调查

1-40　扶贫重点县农村居民生产性固定资产

年　份	(五)年末生产性固定资产原值(元/户)	其中:年末生产用房原值(元/户)	拥有量汽车(量/百户)	大中型拖拉机拥有量(台/百户)	小型、手扶拖拉机拥有量(台/百户)
2002	3399.1	955.1	0.9	2.2	14.0
2003	3749.4	1039.1	0.8	2.4	13.3
2004	4116.8	1122.9	0.9	2.8	13.9
2005	4509.9	1330.9	1.0	2.4	14.8
2006	4814.5	1411.0	1.1	2.3	16.0
2007	5099.2	1497.6	1.1	2.3	16.4
2008	5621.5	1608.8	1.3	2.4	16.5
2009	6087.1	1737.8	1.5	2.7	16.8

数据来源：国家贫困监测调查

1-41　扶贫重点县农作物播种面积

单位:千公顷

年　份	农作物总播种面积	其中:粮食播种面积	棉花播种面积	油料播种面积
2002	33694.7	23764.0	505.5	3404.0
2003	33013.6	22591.5	588.0	3436.4
2004	34173.3	23807.6	641.2	3331.3
2005	34926.5	24431.6	570.2	3405.1
2006	35550.9	24870.1	610.9	3283.6
2007	36050.3	25285.2	626.1	3169.9
2008	35585.5	25053.0	641.5	3177.6
2009	36368.5	25898.9	564.3	3302.1

数据来源：中国县(市)社会经济统计年鉴

1-42　扶贫重点县农作物产量

单位：万吨

年 份	粮食产量	棉花产量	油料产量	油料产量
2002	8497.0	56.9	507.2	1181.1
2003	7893.7	47.1	474.1	1255.8
2004	9231.5	64.4	543.2	1345.6
2005	9482.2	64.5	566.9	1460.5
2006	9922.2	77.1	562.7	1544.7
2007	10045.3	79.1	553.4	1501.5
2008	10814.1	81.9	594.2	1418.3
2009	10885.0	70.0	601.7	1356.5

数据来源：中国县(市)社会经济统计年鉴

1-43　扶贫重点县人均农牧业产品产量

单位：公斤/人

年 份	粮食产量	棉花产量	油料产量	蔬菜产量
2002	476.2	3.0	22.8	144.8
2003	458.1	6.6	23.7	136.8
2004	482.4	7.8	23.3	133.9
2005	494.6	7.9	21.6	132.9
2006	455.0	9.6	20.2	132.6
2007	454.0	10.5	17.6	126.6
2008	493.4	10.0	21.4	124.0
2009	509.2	8.7	22.2	121.8

数据来源：国家贫困监测调查

1-43　续

单位：公斤/人

年 份	水果产量	肉类产量	禽蛋产量	奶类产量
2002	45.0	44.8	2.6	5.5
2003	39.9	39.5	2.9	5.7
2004	45.1	39.6	2.7	6.5
2005	39.9	38.7	2.2	7.5
2006	45.2	38.8	2.7	7.8
2007	41.8	35.1	2.4	8.3
2008	50.5	33.9	2.9	9.4
2009	54.7	37.4	3.0	8.2

数据来源：国家贫困监测调查

1-44　扶贫重点县工业生产情况

年 份	规模以上工业企业数（个）	规模以上工业总产值（现价）（亿元）	从业人员年平均数（万人）	产品销售收入（亿元）
2002	9276.0	2040.8	207.2	1872.2
2003	9258.0	2597.9	199.4	2443.2
2004	10253.0	3628.6	211.2	3504.7
2005	10886.0	5200.5	221.5	5031.2
2006	12264.0	7548.1	250.5	6740.5
2007	13641.0	10877.0	284.3	9965.0
2008	16956.8	17097.9	312.0	13379.1
2009	18965.0	16956.9	324.2	16239.8

数据来源：中国县（市）社会经济统计年鉴

1-45　扶贫重点县交通情况

年 份	六、境内公路里程（万公里）	其中：高等级公路（万公里）	民用汽车拥有量万（辆）	其中：个人汽车（万辆）
2002	54.4	--	84.5	56.1
2003	55.6	--	98.5	57.8
2004	58.8	3.2	118.2	72.2
2005	62.3	4.5	142.8	89.3
2006	67.9	4.8	185.6	128.8
2007	77.0	6.3	198.5	135.8
2008	83.8	4.9	255.8	168.6
2009	89.6	5.2	322.6	235.7

数据来源：中国县（市）社会经济统计年鉴

1-46　扶贫重点县通讯情况

单位：万户

年 份	本地电话年末用户	住宅电话年末用户	移动电话年末用户数	互联网拨号上网用户
2002	1512.1	--	879.9	79.3
2003	1795.7	--	1323.2	94.8
2004	2088.6	1693.6	1793.4	129.2
2005	2329.6	1857.4	2446.8	152.5
2006	2602.7	2048.2	3279.0	204.5
2007	2701.7	2120.3	4374.5	267.8
2008	2769.0	2113.7	5362.9	354.5
2009	2625.3	1972.9	6677.1	482.5

数据来源：中国县（市）社会经济统计年鉴

1-47　扶贫重点县中小学校及教师数

单位：所、万人

年　份	普通中学数	小学数	普通中学专任教师数	小学专任教师数
2002	16568	138871	70.0	122.8
2003	14750	131118	69.5	113.5
2004	14834	124910	72.6	111.1
2005	14834	112950	75.6	110.5
2006	14641	106537	79.7	111.3
2007	14462	100486	80.4	111.8
2008	14136	94692	82.9	113.3
2009	13576	86244	82.8	111.9

数据来源：中国县（市）社会经济统计年鉴

1-48　扶贫重点县中小学生数

年　份	普通中学在校学生数（万人）	小学在校学生数（万人）	每万人中学生数	每万人小学生数
2002	1320.8	2598.0	584.3	1149.3
2003	1408.4	2524.3	619.1	1109.6
2004	1462.3	2427.8	638.6	1060.3
2005	1471.9	2344.5	638.1	1016.4
2006	1482.9	2315.6	636.7	994.3
2007	1461.4	2285.6	620.6	970.6
2008	1435.5	2231.1	602.4	936.2
2009	1402.0	2156.8	590.5	908.4

数据来源：中国县（市）社会经济统计年鉴

1-49　扶贫重点县义务教育阶段儿童在校率

单位：%

年　份	7—12岁儿童在校率	其中：女童	13—15岁儿童在校率	其中：女童
2002	94.9	93.8	85.4	83.0
2003	95.2	94.3	88.4	87.0
2004	95.8	95.2	90.7	90.0
2005	96.9	96.3	91.7	91.2
2006	97.0	96.9	92.9	92.8
2007	97.7	97.7	94.4	94.4
2008	97.9	97.7	95.7	95.3
2009	98.2	98.0	96.2	96.0

数据来源：国家贫困监测调查

1-50　扶贫重点县学生教育费用

单位：元／人. 年

年份	小学生教育费用	初中生教育费用	高中生教育费用	中专及以上学生教育费用
2002	312.9	861.3	2487.3	5237.0
2003	318.0	869.9	2609.1	5879.8
2004	300.7	802.7	2267.9	5061.7
2005	307.6	849.9	2489.6	5424.4
2006	269.7	793.3	2620.5	6199.1
2007	271.0	828.9	2881.3	6416.3
2008	261.7	806.7	2965.0	6748.3
2009	286.1	876.6	3132.2	6996.2

数据来源：国家贫困监测调查

1-51　扶贫重点县义务教育阶段儿童失学率

单位：%

年份	7—12岁儿童失学率	其中：女童	13—15岁儿童失学率	其中：女童
2002	5.1	6.2	14.6	17.0
2003	4.8	5.7	11.6	13.0
2004	4.2	4.8	9.3	10.0
2005	3.1	3.7	8.3	8.8
2006	3.0	3.1	7.1	7.2
2007	2.3	2.3	5.6	5.6
2008	2.1	2.3	4.3	4.7
2009	1.8	2.0	3.8	4.0

数据来源：国家贫困监测调查

1-52　扶贫重点县义务教育阶段儿童失学原因

单位：%

年份	家庭经济困难	自己不愿意上学	家中缺少劳动力	其他
2002	48.6	26.1	3.2	22.1
2003	44.1	27.9	4.6	23.5
2004	42.3	27.8	4.2	25.7
2005	37.4	32.5	4.1	26.0
2006	27.4	32.5	4.9	35.2
2007	24.4	32.5	4.8	38.3
2008	19.0	33.1	4.2	43.8
2009	17.2	35.6	4.6	42.6

数据来源：国家贫困监测调查

1-53　扶贫重点县医院床位及医务人员数

年份	医院、卫生院数（所）	医院、卫生院床位数（床）	医院、卫生院卫生技术人员数（人）	其中：医生（人）
2002	16856	313967	443330	237355
2003	14765	312072	407042	207121
2004	13906	313697	404784	196179
2005	13697	318129	406315	202248
2006	13525	333717	404106	199946
2007	13102	355697	416743	203401
2008	13376	408380	437080	221093
2009	13233	444644	455460	222893

数据来源：中国县（市）社会经济统计年鉴

1-54　扶贫重点县村级卫生室及医生数

单位:%

年份	有卫生室的行政村比例	有合格乡村医生／卫生员的行政村比例	有合格接生员的行政村比例	参加合作医疗基金的农户比例
2002	69.0	71.0	67.0	2.6
2003	70.6	72.5	69.9	6.4
2004	72.9	74.5	71.9	8.6
2005	73.5	74.8	71.5	17.1
2006	74.0	74.9	71.1	37.7
2007	75.6	76.5	72.9	81.7
2008	77.4	77.4	73.7	87.4
2009	79.6	79.0	75.0	92.1

数据来源：中国县（市）社会经济统计年鉴

1-55　扶贫重点县农户健康情况

单位：%

年份	1.残疾	2.患有大病	3.长期慢性病	4.体弱多病	5.健康
2002	1.4	0.6	2.0	4.3	91.7
2003	1.2	0.5	1.6	3.8	92.8
2004	1.2	0.5	1.6	3.8	93.0
2005	1.0	0.4	1.6	3.7	93.3
2006	1.1	0.4	1.5	3.8	93.2
2007	1.1	0.4	1.5	3.8	93.2
2008	1.0	0.4	1.4	3.8	93.3
2009	1.3	0.4	1.5	3.9	92.9

数据来源：国家贫困监测调查

1-56　扶贫重点县农户不及时就医的原因

单位：%

年　份	经济困难	医院太远	本人不重视	小病不用医	其　他
2002	63.3	23.8	2.6	6.5	3.7
2003	62.2	24.6	3.4	5.2	4.5
2004	61.8	25.8	3.2	4.7	4.4
2005	61.9	26.4	2.8	4.6	4.2
2006	62.7	28.3	2.4	3.3	3.2
2007	58.5	31.9	2.8	3.0	3.6
2008	56.3	32.9	3.5	3.6	3.7
2009	55.5	33.9	3.5	3.5	3.6

数据来源：国家贫困监测调查

1-57　扶贫重点县受灾情况

单位：%

年　份	当年受灾达3成以上的村比重	按遭遇的灾害类型分组：			
		(1)旱灾	(2)水灾	(3)病虫害	(4)冷冻灾害
2002	62.3	53.3	16.5	10.5	11.5
2003	56.5	53.7	26.5	7.7	2.4
2004	40.8	49.0	17.7	12.1	9.9
2005	53.4	60.5	19.1	9.0	3.4
2006	51.6	69.1	9.5	8.7	6.2
2007	48.2	59.8	22.6	7.6	2.7
2008	40.8	39.9	8.0	6.9	21.5
2009	39.1	68.2	8.1	8.4	6.5

数据来源：中国县(市)社会经济统计年鉴

1-57　续1

单位：%

年　份	按遭遇的灾害类型分组：				
	(5)干热风灾	(6)动物疫情	(7)泥石流或山体滑坡	(8)地震	(9)其他灾害
2002	5.5	--	--	--	2.8
2003	3.6	--	--	--	6.1
2004	4.5	--	--	--	6.8
2005	3.4	--	--	--	4.6
2006	2.6	--	--	--	4.0
2007	2.5	--	--	--	5.0
2008	1.7	2.4	1.2	13.2	5.2
2009	1.5	1.4	1.0	1.0	4.0

数据来源：中国县(市)社会经济统计年鉴

1-57　续 2　　　　单位：%

年　份	按遭遇的灾害类型分组:				
	种植业	大牲畜	猪、羊	家　禽	住房和生产用房
2002	62.3	--	--	--	--
2003	56.5	--	--	--	--
2004	40.8	--	--	--	--
2005	53.4	--	--	--	--
2006	51.7	--	--	--	--
2007	48.2	--	--	--	--
2008	38.9	23.0	23.5	22.8	23.0
2009	38.8	18.0	18.3	18.0	16.3

数据来源：国家贫困监测调查

1-58　扶贫重点县农户接受救济情况

年 份	属于地方病病（疫）区的村比重(%)	缺粮需要救济的农户比重(%)	收到过救济救灾款物的农户比重(%)	户均收到救济、救灾款物(元/户)
2002	--	2.9	2.2	75.2
2003	--	2.1	1.8	130.5
2004	--	1.6	1.5	192.4
2005	--	1.8	1.5	131.3
2006	--	1.7	1.3	188.1
2007	--	1.6	1.6	334.4
2008	24.0	1.5	2.1	670.5
2009	15.1	1.5	1.9	410.0

数据来源：国家贫困监测调查

2.分地区资料

2-1　2002年按农村居民人均纯收入分组的农村居民家庭基本情况

指标名称	单　位	0元以下	0-200元	200-400元	400-600元	600-800元
一. 调查户所占比重	%	0.6	1.3	4.0	8.0	12.4
二. 劳动力文化程度						
1. 文盲或半文盲	%	12.6	13.8	19.1	19.7	19.7
2. 小学	%	35.6	41.4	41.5	42.2	40.9
3. 初中	%	44.8	38.6	33.6	32.9	33.8
4. 高中	%	6.1	5.5	4.8	4.2	4.6
5. 中专	%	1.0	0.7	0.8	0.8	0.9
6. 大专及以上	%	0.0	0.1	0.2	0.1	0.1
三. 年末生产性固定资产原值	元/户	7845.5	3549.8	3070.6	2957.2	3019.2
其中:年末生产用房原值	元/户	2183.0	816.0	767.8	845.2	862.6
四. 住房面积	平方米/人	19.4	17.6	16.2	16.4	17.1
其中：钢混结构面积	平方米/人	1.1	1.2	1.0	1.1	1.2
住房价值	元/平方米	147.5	114.1	100.7	102.2	102.1
五. 耕地面积	亩/人	6.6	2.6	2.4	2.2	2.0
其中:水田、水浇地面积	亩/人	2.4	0.6	0.5	0.5	0.5
六. 年末存粮	公斤/人	450.1	280.4	259.8	268.9	276.0
七. 主要农产品产量						
1. 粮食产量	公斤/人	891.4	355.3	350.0	370.8	388.5
2. 棉花产量	公斤/人	0.1	0.5	1.6	2.1	2.0
3. 油料产量	公斤/人	11.1	10.8	13.6	14.6	16.4
4. 蔬菜产量	公斤/人	180.1	82.8	77.7	87.2	97.9
5. 瓜果产量	公斤/人	48.6	24.7	18.2	22.5	27.0
6. 猪肉产量	公斤/人	15.1	14.1	16.6	18.9	23.7
7. 牛肉产量	公斤/人	1.2	1.7	1.6	2.3	3.0
8. 羊肉产量	公斤/人	4.3	2.2	2.4	2.5	2.9
9. 家禽产量	公斤/人	1.5	1.0	1.3	2.0	1.7
10. 禽蛋产量	公斤/人	15.5	1.0	0.9	1.4	1.4
11. 奶类产量	公斤/人	0.6	2.3	3.3	3.1	4.4
八. 收入						
(一)总收入	元/人	1653.0	760.1	806.2	954.2	1140.5
1. 工资性收入	元/人	87.6	56.4	71.6	113.1	179.9
2. 家庭经营收入	元/人	1469.8	655.9	690.3	798.5	908.9
3. 财产性收入	元/人	9.5	2.1	2.9	2.3	3.9
4. 转移性收入	元/人	86.1	45.7	41.3	40.3	47.7

数据来源：国家贫困监测调查

800-1000元	1000-1200元	1200-1500元	1500-2000元	2000-2500元	2500-3000元	3000-4000元	4000元以上
13.5	12.3	14.9	15.7	8.1	4.1	3.1	2.0
17.9	15.8	14.7	12.5	10.2	10.1	10.5	9.3
40.0	39.4	37.0	35.4	34.2	32.9	31.1	28.4
35.9	37.1	40.6	42.6	44.5	44.7	45.0	47.0
5.2	6.4	6.2	7.6	8.3	9.0	9.4	10.8
0.8	1.2	1.4	1.6	2.4	3.0	3.3	3.7
0.1	0.1	0.1	0.2	0.4	0.3	0.7	0.7
3100.7	3335.0	3287.6	3433.1	3737.3	3860.7	4243.6	6031.4
938.8	938.4	920.1	980.8	1041.9	1035.5	1258.0	1328.6
18.4	19.6	20.5	22.3	23.9	25.2	27.2	30.8
1.6	2.1	2.5	3.1	3.8	3.9	5.0	6.0
110.1	113.2	118.6	127.7	136.0	138.8	152.4	163.1
2.0	2.0	2.0	2.1	2.2	2.4	2.5	2.9
0.5	0.5	0.6	0.7	0.8	0.8	1.0	1.1
294.2	317.7	344.5	372.3	399.2	419.5	441.5	475.8
410.1	446.6	487.4	542.2	596.4	663.1	725.4	789.2
2.4	2.4	2.6	3.3	5.0	7.0	8.2	8.2
17.8	20.5	24.0	28.4	34.3	39.1	34.3	48.3
119.6	138.4	153.7	185.1	198.8	218.7	238.7	316.9
37.6	38.1	48.1	51.8	70.2	78.3	107.1	142.8
27.9	32.2	36.0	42.0	46.4	50.9	52.5	71.1
3.6	4.5	4.7	5.3	7.3	7.9	9.6	20.4
3.5	4.0	4.2	5.8	6.3	7.3	10.1	15.9
1.9	2.3	2.4	3.0	3.4	3.3	5.1	5.4
1.6	1.7	2.2	2.8	3.6	4.0	9.7	17.8
3.7	4.3	4.3	6.2	7.6	9.3	17.5	34.7
1370.2	1626.0	1900.0	2363.5	2959.8	3543.1	4353.6	6872.1
254.7	330.8	443.8	603.9	843.5	1036.5	1325.1	1879.6
1049.6	1214.4	1362.2	1632.8	1939.7	2288.3	2727.4	4390.3
5.6	9.4	11.1	14.4	23.4	30.4	44.4	121.1
60.2	71.4	82.9	112.4	153.1	187.8	256.7	481.1

2-1 续

指标名称	单 位	0 元以下	0-200 元	200-400 元	400-600 元	600-800 元
（二）纯收入	元／人	-739.8	122.2	314.3	510.4	700.7
1. 工资性收入	元／人	87.6	56.4	71.6	113.1	179.9
2. 家庭经营收入	元／人	-870.1	48.6	220.0	371.7	489.0
3. 财产性收入	元／人	9.5	2.1	2.9	2.3	3.9
4. 转移性收入	元／人	33.3	15.1	19.8	23.4	27.8
（三）现金收入	元／人	1009.7	387.6	400.7	498.0	627.5
1. 工资性收入	元／人	87.6	56.4	71.6	113.1	179.9
2. 家庭经营收入	元／人	831.0	285.4	287.4	344.8	398.6
3. 财产性收入	元／人	9.2	1.9	2.6	1.7	3.3
4. 转移性收入	元／人	81.9	43.9	39.0	38.5	45.7
九. 支出						
（一）总支出	元／人	3841.7	1487.1	1311.7	1251.8	1297.8
1. 生产费用支出	元／人	2234.5	512.5	409.5	362.1	352.9
#家庭经营支出	元／人	2055.5	493.2	376.9	340.2	334.4
2. 税费支出	元／人	149.0	59.1	48.5	44.7	42.7
3. 生活消费支出	元／人	1374.4	863.1	814.0	807.4	864.7
（1）食品	元／人	725.7	521.2	500.1	511.8	536.5
（2）衣着	元／人	85.1	52.4	50.3	48.5	51.7
（3）居住	元／人	160.0	76.6	76.3	70.7	87.2
（4）家庭设备用品及服务	元／人	54.4	18.0	16.9	16.4	20.7
（5）交通通讯	元／人	66.4	28.4	22.7	22.1	25.3
（6）文教娱乐用品及服务	元／人	161.0	100.1	76.8	80.9	82.9
（7）医疗保健	元／人	98.9	56.9	61.9	46.6	49.0
（8）其他商品及服务	元／人	22.9	9.5	9.0	10.4	11.4
4. 财产性支出	元／人	10.1	5.1	6.0	3.9	3.5
5. 转移性支出	元／人	73.7	47.3	33.7	33.6	34.0
（二）现金支出	元／人	3024.5	1030.9	885.9	806.7	836.1
1. 生产费用支出	元／人	1814.7	347.5	289.5	244.2	235.5
2. 税费支出	元／人	144.2	58.6	47.3	43.3	41.1
3. 生活消费支出	元／人	983.2	573.1	513.0	482.6	523.0
（1）食品	元／人	371.8	238.4	206.6	195.2	204.7
（2）衣着	元／人	85.0	52.3	50.1	48.3	51.2
（3）居住	元／人	134.2	70.4	70.0	64.0	79.0
（4）家庭设备用品及服务	元／人	43.1	17.0	16.9	16.3	20.5
（5）交通通讯	元／人	66.4	28.4	22.6	22.0	25.1
（6）文教娱乐用品及服务	元／人	161.0	100.0	76.2	80.2	82.3
（7）医疗保健	元／人	98.9	56.9	61.8	46.5	48.9
（8）其他商品及服务	元／人	22.9	9.5	8.9	10.1	11.3
4. 财产性支出	元／人	9.8	4.7	2.6	3.2	3.0
5. 转移性支出	元／人	72.6	47.0	33.5	33.4	33.6

数据来源：国家贫困监测调查

800-1000元	1000-1200元	1200-1500元	1500-2000元	2000-2500元	2500-3000元	3000-4000元	4000元以上
895.8	1097.7	1342.7	1720.9	2220.3	2723.8	3390.5	5445.5
254.7	330.8	443.8	603.9	843.5	1036.5	1325.1	1879.6
599.0	714.3	834.0	1026.7	1244.1	1515.8	1829.5	3033.7
5.6	9.4	11.1	14.4	23.4	30.4	44.4	121.1
36.4	43.2	53.8	75.8	109.3	141.1	191.4	411.0
793.2	991.8	1201.6	1581.2	2090.1	2575.6	3259.5	5314.8
254.7	330.8	443.8	603.9	843.5	1036.5	1325.1	1879.6
475.2	583.8	668.3	857.3	1078.1	1331.3	1646.8	2856.4
5.0	8.5	9.8	12.5	21.1	26.4	36.8	113.2
58.3	68.7	79.7	107.5	147.3	181.4	250.8	465.5
1434.1	1581.3	1710.6	1992.5	2306.2	2567.4	3038.4	4255.7
389.7	433.5	458.0	538.9	628.5	682.5	835.5	1388.4
360.6	404.0	426.9	494.7	569.7	631.1	738.6	1112.5
45.3	47.5	51.3	56.4	64.1	73.8	81.9	120.2
951.4	1042.6	1135.1	1312.4	1498.0	1670.0	1943.7	2502.7
582.7	621.0	666.9	733.5	794.3	845.8	952.0	1094.8
56.8	64.0	69.4	83.3	94.3	97.2	122.1	147.5
93.5	104.2	115.0	148.5	184.0	247.9	303.5	506.0
25.0	29.8	34.7	41.6	53.2	58.9	69.8	102.3
27.3	35.1	42.4	58.0	75.0	91.1	124.4	168.5
95.8	112.8	122.5	145.4	178.5	194.9	214.2	255.7
55.9	58.2	63.2	75.2	83.2	93.7	108.9	167.3
14.5	17.5	20.8	26.8	35.6	40.5	48.8	60.7
4.6	5.7	6.3	7.5	12.0	12.8	17.6	30.6
43.0	52.0	60.0	77.2	103.6	128.3	159.7	213.7
940.1	1058.1	1165.1	1414.8	1704.3	1934.6	2347.5	3425.3
263.6	296.3	314.1	384.9	462.2	510.5	634.1	1127.9
43.9	45.8	49.3	53.7	60.5	69.1	77.5	110.3
586.3	659.4	737.3	893.5	1068.9	1217.1	1463.3	1961.2
228.1	251.4	284.5	334.1	387.3	429.1	505.1	616.4
56.3	63.6	68.8	82.6	93.3	96.2	121.0	145.4
84.5	92.8	102.6	132.3	166.0	216.6	275.3	451.4
24.9	29.4	34.3	41.1	52.2	58.2	68.5	100.4
27.3	35.0	42.3	57.7	74.7	90.0	123.0	166.5
95.1	111.9	121.4	144.3	177.2	193.6	213.3	255.0
55.7	57.9	62.8	74.8	82.6	93.3	108.5	166.1
14.5	17.5	20.7	26.6	35.5	40.1	48.6	60.1
4.0	5.2	5.1	6.3	10.5	11.0	14.8	21.3
42.3	51.2	59.3	76.4	102.1	126.9	157.8	204.7

2-2　2005年按农村居民人均纯收入分组的农村居民家庭基本情况

指标名称	单　位	0元以下	0-200元	200-400元	400-600元	600-800元	800-1000元
一. 调查户所占比重	%	0.7	0.6	1.7	3.8	7.0	9.6
二. 劳动力文化程度							
1. 文盲或半文盲	%	9.8	14.8	17.0	16.2	16.7	16.1
2. 小学	%	35.4	38.3	40.8	40.4	38.1	37.1
3. 初中	%	46.1	41.1	35.8	37.6	39.2	40.1
4. 高中	%	6.7	5.1	4.6	4.9	4.8	5.4
5. 中专	%	1.4	0.6	1.1	0.7	0.9	1.0
6. 大专及以上	%	0.6	0.1	0.6	0.2	0.4	0.3
三. 年末生产性固定资产原值	元/户	14910.5	8269.5	5566.5	4155.4	4062.4	4106.0
其中:年末生产用房原值	元/户	2703.6	2209.7	1433.2	1201.0	1436.0	1228.0
四. 住房面积	平方米/人	20.9	19.2	17.6	18.4	18.4	18.5
其中：钢混结构面积	平方米/人	1.5	1.2	1.3	1.7	2.0	1.9
住房价值	元/平方米	187.0	144.4	132.6	129.3	128.9	136.7
五. 耕地面积	亩/人	5.2	3.3	2.9	2.2	2.0	1.9
其中:水田、水浇地面积	亩/人	0.8	0.7	0.6	0.5	0.5	0.5
六. 年末存粮	公斤/人	526.6	352.4	330.5	304.8	306.5	330.4
七. 主要农产品产量							
1. 粮食产量	公斤/人	552.0	370.2	341.5	332.6	353.2	374.2
2. 棉花产量	公斤/人	0.3	2.1	0.6	1.8	2.3	3.9
3. 油料产量	公斤/人	13.9	15.8	11.8	11.6	11.9	14.4
4. 蔬菜产量	公斤/人	69.0	77.9	75.3	77.8	84.2	89.3
5. 瓜果产量	公斤/人	14.7	16.0	15.2	18.7	18.0	20.9
6. 猪肉产量	公斤/人	20.9	11.2	12.6	14.3	17.1	17.9
7. 牛肉产量	公斤/人	2.5	4.1	1.8	1.1	1.5	1.8
8. 羊肉产量	公斤/人	3.8	3.6	3.4	2.1	2.4	2.6
9. 家禽产量	公斤/人	6.1	2.4	1.6	1.6	1.7	2.0
10. 禽蛋产量	公斤/人	21.3	5.9	0.9	0.9	1.2	1.3
11. 奶类产量	公斤/人	18.8	12.8	2.8	3.2	3.0	3.5
八. 收入							
(一)总收入	元/人	2116.6	1171.0	1124.9	1120.7	1274.3	1477.6
1. 工资性收入	元/人	148.6	89.8	96.0	147.2	191.0	265.2
2. 家庭经营收入	元/人	1910.1	995.7	941.9	898.0	1005.3	1121.7
3. 财产性收入	元/人	-55.8	17.0	10.6	12.3	11.0	13.5
4. 转移性收入	元/人	113.6	68.5	76.4	63.1	67.0	77.2

1000-1200 元	1200-1400 元	1400-1600 元	1600-1800 元	1800-2000 元	2000-2500 元	2500-3000 元	3000-4000 元	4000 元以上
9.1	9.7	9.1	8.3	7.0	12.9	7.9	7.5	5.1
15.3	13.9	12.4	12.1	10.9	10.4	9.4	9.0	9.0
36.9	36.7	35.6	35.1	34.3	33.0	31.8	31.2	29.0
40.8	42.1	44.0	43.9	45.8	46.0	47.5	47.4	46.8
5.5	5.6	6.4	6.9	7.0	8.2	8.1	8.8	10.5
1.1	1.4	1.2	1.4	1.4	1.8	2.2	2.7	3.2
0.3	0.4	0.4	0.5	0.5	0.6	0.9	1.0	1.5
4037.0	4175.6	4155.6	4128.5	4042.0	4562.5	4445.6	5114.6	6265.7
1252.6	1219.6	1280.3	1299.0	1199.6	1320.4	1327.5	1415.0	1715.6
19.8	20.7	21.2	22.2	22.8	23.9	25.8	27.6	31.0
2.2	2.5	2.9	3.5	3.5	4.1	4.8	5.3	5.9
135.0	141.3	148.6	151.2	152.5	164.9	168.7	177.3	192.1
1.9	2.0	2.0	2.0	2.1	2.1	2.1	2.4	2.9
0.5	0.6	0.6	0.6	0.7	0.7	0.8	0.9	1.1
340.7	359.4	376.2	387.6	396.4	425.1	462.2	512.0	618.6
406.8	444.2	471.8	492.3	520.3	564.1	627.6	711.6	902.6
5.5	5.8	6.8	6.8	8.2	10.2	11.5	17.6	27.8
14.7	18.6	18.2	22.3	21.9	27.2	33.3	38.5	42.9
107.6	115.0	126.4	138.5	148.7	159.7	178.8	196.7	266.1
24.3	31.9	34.6	34.1	43.8	50.1	61.9	77.1	122.7
21.9	23.9	26.1	28.2	30.9	33.7	37.9	43.1	57.3
2.7	2.6	3.2	3.1	3.5	4.1	5.3	7.5	21.5
3.1	3.4	3.8	4.0	4.0	4.9	6.1	7.3	15.1
2.0	2.4	2.4	2.4	3.0	3.3	3.2	3.3	7.9
1.1	1.5	1.4	2.2	1.9	2.0	3.0	2.4	10.8
5.9	5.1	6.8	6.1	6.2	8.5	8.8	12.3	36.1
1716.4	1948.7	2171.9	2401.4	2649.1	3067.0	3651.4	4451.4	7012.6
311.9	390.0	468.7	557.0	632.8	750.3	960.3	1201.7	1683.6
1302.2	1444.2	1577.1	1701.6	1859.5	2130.9	2471.6	2966.8	4802.0
14.7	16.2	20.3	24.0	26.9	31.5	38.4	55.3	150.2
87.6	98.3	105.8	118.9	129.8	154.3	181.1	227.7	376.8

2-2 续

指标名称	单 位	0元以下	0-200元	200-400元	400-600元	600-800元	800-1000元
(二)纯收入	元/人	-973.6	114.6	317.9	513.3	702.8	900.1
1.工资性收入	元/人	148.6	89.8	96.0	147.2	191.0	265.2
2.家庭经营收入	元/人	-1148.2	-40.2	164.4	309.9	456.4	568.3
3.财产性收入	元/人	-55.8	17.0	10.6	12.3	11.0	13.5
4.转移性收入	元/人	81.8	48.1	46.9	43.8	44.4	53.0
(三)现金收入	元/人	1554.7	782.2	730.2	710.1	791.7	945.5
1.工资性收入	元/人	148.6	89.8	96.0	147.2	191.0	265.2
2.家庭经营收入	元/人	1367.7	622.1	565.1	501.3	538.2	606.1
3.财产性收入	元/人	-55.8	17.0	10.6	12.3	11.0	13.5
4.转移性收入	元/人	94.1	53.3	58.5	49.2	51.6	60.7
九.支出							
(一)总支出	元/人	5129.6	2336.1	1874.4	1627.6	1632.4	1706.6
1.生产费用支出	元/人	3159.4	1034.4	765.4	561.4	530.6	533.5
#家庭经营支出	元/人	2785.4	902.1	692.7	526.5	489.1	492.6
2.税费支出	元/人	12.8	4.2	2.8	3.3	3.4	3.4
3.生活消费支出	元/人	1844.7	1233.3	1048.1	1017.4	1048.1	1120.8
(1)食品	元/人	789.9	625.8	568.7	581.6	605.3	645.2
(2)衣着	元/人	108.1	78.4	62.8	57.0	58.5	62.9
(3)居住	元/人	225.7	133.3	110.1	111.8	113.4	126.2
(4)家庭设备用品及服务	元/人	56.7	53.2	29.3	34.0	37.2	36.6
(5)交通通讯	元/人	159.2	102.7	58.7	50.5	51.9	57.9
(6)文教娱乐用品及服务	元/人	314.4	138.6	126.7	107.1	109.3	117.4
(7)医疗保健	元/人	148.1	75.0	73.7	62.5	57.0	58.3
(8)其他商品及服务	元/人	42.5	26.4	18.1	12.9	15.4	16.2
4.财产性支出	元/人	27.5	17.9	10.2	2.7	2.7	3.1
5.转移性支出	元/人	85.2	46.2	47.9	42.8	47.7	45.8
(二)现金支出	元/人	4512.4	1903.2	1422.4	1165.9	1150.6	1200.7
1.生产费用支出	元/人	2856.7	893.6	608.6	419.7	394.6	399.6
2.税费支出	元/人	12.6	4.1	2.8	3.1	3.1	3.3
3.生活消费支出	元/人	1537.0	942.4	755.0	699.8	704.6	751.1
(1)食品	元/人	519.0	369.4	296.9	284.3	284.0	304.0
(2)衣着	元/人	108.1	78.4	62.8	57.0	58.5	62.9
(3)居住	元/人	189.0	98.8	88.7	91.5	91.2	97.7
(4)家庭设备用品及服务	元/人	56.7	53.2	29.3	34.0	37.2	36.6
(5)交通通讯	元/人	159.2	102.7	58.7	50.5	51.9	57.9
(6)文教娱乐用品及服务	元/人	314.4	138.6	126.7	107.1	109.3	117.4
(7)医疗保健	元/人	148.1	75.0	73.7	62.5	57.0	58.3
(8)其他商品及服务	元/人	42.5	26.4	18.1	12.9	15.4	16.2
4.财产性支出	元/人	27.5	17.9	10.2	2.7	2.7	3.1
5.转移性支出	元/人	78.6	45.2	45.9	40.5	45.6	43.6

1000-1200元	1200-1400元	1400-1600元	1600-1800元	1800-2000元	2000-2500元	2500-3000元	3000-4000元	4000元以上
1100.0	1300.3	1499.9	1697.0	1895.6	2226.6	2728.1	3409.1	5448.5
311.9	390.0	468.7	557.0	632.8	750.3	960.3	1201.7	1683.6
712.9	823.9	932.9	1028.4	1141.1	1330.1	1592.9	1976.6	3303.3
14.7	16.2	20.3	24.0	26.9	31.5	38.4	55.3	150.2
60.5	70.1	77.9	87.6	94.7	114.7	136.5	175.6	311.3
1136.7	1308.6	1494.6	1690.1	1909.8	2248.3	2746.3	3423.6	5489.1
311.9	390.0	468.7	557.0	632.8	750.3	960.3	1201.7	1683.6
739.7	823.2	919.1	1010.6	1141.8	1336.6	1593.0	1975.1	3360.7
14.7	16.2	20.3	24.0	26.9	31.5	38.4	55.3	150.2
70.3	79.2	86.5	98.4	108.3	129.9	154.7	191.6	294.5
1878.9	2001.9	2159.3	2260.7	2454.2	2680.7	2987.0	3448.7	4695.4
570.8	608.8	637.9	659.8	733.4	797.0	887.5	993.2	1567.6
526.7	554.8	577.5	606.0	648.8	721.1	796.7	889.2	1359.6
4.2	4.1	4.6	4.3	6.1	6.3	7.4	9.2	15.3
1242.0	1323.0	1438.9	1516.4	1625.1	1772.3	1974.3	2277.9	2854.0
692.7	731.0	779.6	802.0	843.1	891.8	967.4	1043.9	1222.1
71.0	76.3	82.4	86.5	92.1	98.1	112.4	126.2	157.1
141.7	151.4	163.8	187.0	188.8	222.0	272.1	340.0	496.7
43.8	45.4	48.9	54.6	61.4	70.9	74.6	86.0	115.7
66.6	71.0	80.9	80.7	92.4	102.2	112.1	131.0	178.3
134.2	77.5	89.8	102.0	115.1	132.6	158.7	204.8	268.5
71.6	148.8	169.2	177.6	203.6	223.5	242.9	303.7	363.3
20.3	21.6	24.4	26.0	28.6	31.3	34.2	42.3	52.4
3.4	3.0	6.0	3.1	5.2	8.3	5.6	15.0	34.9
58.5	63.1	71.8	77.1	84.5	96.7	112.3	153.3	223.6
1353.9	1449.6	1581.0	1674.8	1848.1	2040.7	2317.8	2745.8	3905.8
429.1	464.6	482.9	508.1	571.1	617.0	697.6	790.7	1308.4
4.1	3.9	4.4	4.2	5.9	6.2	7.3	8.9	15.2
861.9	917.4	1018.3	1085.4	1185.5	1316.2	1499.5	1782.7	2333.2
337.5	356.1	387.7	403.4	433.5	467.2	525.9	587.0	746.4
71.0	76.3	82.4	86.5	92.1	98.1	112.4	126.2	157.1
116.8	120.8	135.1	154.6	158.7	190.4	238.8	301.6	451.6
43.8	45.4	48.9	54.6	61.4	70.9	74.6	86.0	115.7
66.6	71.0	80.9	80.7	92.4	102.2	112.1	131.0	178.3
134.2	77.5	89.8	102.0	115.1	132.6	158.7	204.8	268.5
71.6	148.8	169.2	177.6	203.6	223.5	242.9	303.7	363.3
20.3	21.6	24.4	26.0	28.6	31.3	34.2	42.3	52.4
3.4	3.0	6.0	3.1	5.2	8.3	5.6	15.0	34.9
55.4	60.7	69.3	74.1	80.6	93.0	107.8	148.5	214.1

2-3　2008年按农村居民人均纯收入分组的农村居民家庭基本情况

指标名称	单　位	0元以下	0-200元	200-400元	400-600元	600-800元
一. 调查户所占比重	%	0.2	0.2	0.5	1.2	2.5
二. 劳动力文化程度						
1. 文盲或半文盲	%	7.6	16.3	11.5	12.4	13.8
2. 小学	%	29.9	32.0	32.9	34.3	36.7
3. 初中	%	51.8	45.6	47.0	45.0	41.8
4. 高中	%	7.6	5.3	6.6	6.3	6.0
5. 中专	%	1.7	0.6	1.6	1.4	1.1
6. 大专及以上	%	1.4	0.3	0.3	0.7	0.6
三. 年末生产性固定资产原值	元/户	30922.1	11912.6	8658.8	7615.6	6011.4
其中:年末生产用房原值	元/户	6506.1	1459.5	2077.6	2149.6	1587.9
四. 住房面积	平方米/人	24.0	19.8	20.1	19.8	19.3
其中：钢混结构面积	平方米/人	4.8	1.9	2.5	2.7	2.2
住房价值	元/平方米	264.8	201.2	190.0	195.1	179.6
五. 耕地面积	亩/人	4.5	2.6	3.0	2.3	2.1
其中:水田、水浇地面积	亩/人	1.1	0.5	0.7	0.6	0.5
六. 年末存粮	公斤/人	582.1	419.8	389.7	321.2	318.6
七. 主要农产品产量						
1. 粮食产量	公斤/人	410.6	302.6	391.9	329.5	304.1
2. 棉花产量	公斤/人	2.9	13.7	4.4	3.2	2.3
3. 油料产量	公斤/人	26.8	15.4	11.5	10.4	9.7
4. 蔬菜产量	公斤/人	385.7	99.9	60.6	108.5	77.2
5. 瓜果产量	公斤/人	69.8	38.2	21.5	23.7	19.5
6. 猪肉产量	公斤/人	29.0	12.1	11.8	8.9	10.7
7. 牛肉产量	公斤/人	21.1	1.1	2.5	1.0	1.8
8. 羊肉产量	公斤/人	4.0	2.2	4.2	2.7	2.5
9. 家禽产量	公斤/人	2.2	2.4	1.9	3.8	1.6
10. 禽蛋产量	公斤/人	0.9	1.1	2.0	1.2	1.1
11. 奶类产量	公斤/人	10.8	32.8	19.6	8.3	4.7
八. 收入						
(一) 总收入	元/人	4092.8	2082.9	1924.0	1595.2	1620.0
1. 工资性收入	元/人	275.9	188.7	174.6	187.7	219.1
2. 家庭经营收入	元/人	3730.5	1754.6	1600.3	1257.0	1241.3
3. 财产性收入	元/人	-110.8	-27.0	4.6	17.1	12.2
4. 转移性收入	元/人	197.2	166.6	144.5	133.4	147.4

数据来源：国家贫困监测调查

2-3 续1

指标名称	单 位	800-1000元	1000-1200元	1200-1400元	1400-1600元	1600-1800元
一. 调查户所占比重	%	3.7	4.6	5.5	6.1	6.5
二. 劳动力文化程度						
1. 文盲或半文盲	%	13.8	15.1	13.7	13.8	13.0
2. 小学	%	35.0	34.7	36.0	35.4	34.9
3. 初中	%	43.6	42.0	42.7	43.3	43.7
4. 高中	%	5.9	6.5	6.0	5.8	6.5
5. 中专	%	1.1	1.2	1.1	1.1	1.4
6. 大专及以上	%	0.6	0.6	0.5	0.7	0.5
三. 年末生产性固定资产原值	元/户	5173.2	5262.0	5265.3	5008.5	5288.8
其中:年末生产用房原值	元/户	1389.7	1374.9	1458.1	1474.0	1487.6
四. 住房面积	平方米/人	19.0	19.6	20.0	20.3	21.2
其中：钢混结构面积	平方米/人	2.1	2.4	2.6	2.6	2.7
住房价值	元/平方米	178.2	177.0	180.7	176.8	179.7
五. 耕地面积	亩/人	1.9	1.9	2.0	1.9	1.9
其中:水田、水浇地面积	亩/人	0.5	0.5	0.5	0.5	0.6
六. 年末存粮	公斤/人	319.3	315.0	335.6	343.6	359.7
七. 主要农产品产量						
1. 粮食产量	公斤/人	321.8	332.8	357.9	367.9	394.4
2. 棉花产量	公斤/人	2.2	4.6	4.6	5.2	6.6
3. 油料产量	公斤/人	12.6	11.1	12.3	13.0	14.6
4. 蔬菜产量	公斤/人	77.4	85.1	93.0	90.7	96.2
5. 瓜果产量	公斤/人	19.5	21.3	22.7	23.5	24.7
6. 猪肉产量	公斤/人	12.8	13.4	15.6	16.7	18.2
7. 牛肉产量	公斤/人	1.5	1.8	2.0	2.2	2.8
8. 羊肉产量	公斤/人	2.2	2.3	2.3	2.5	3.3
9. 家禽产量	公斤/人	2.8	1.9	2.3	2.4	2.6
10. 禽蛋产量	公斤/人	1.5	1.0	1.1	1.9	1.2
11. 奶类产量	公斤/人	3.9	5.5	6.4	5.3	6.4
八. 收入						
(一) 总收入	元/人	1763.2	1917.2	2117.2	2340.5	2582.4
1. 工资性收入	元/人	273.1	333.8	395.3	466.5	538.8
2. 家庭经营收入	元/人	1328.4	1415.7	1553.8	1689.3	1840.3
3. 财产性收入	元/人	12.3	16.7	16.9	20.7	19.2
4. 转移性收入	元/人	149.4	151.0	151.2	164.0	184.1

数据来源：国家贫困监测调查

2-3　续2

指标名称	单　位	1800-2000元	2000-2200元	2200-2400元	2400-2600元	2600-2800元
一. 调查户所占比重	%	6.7	6.5	6.1	5.7	5.2
二. 劳动力文化程度						
1. 文盲或半文盲	%	12.3	11.7	10.8	10.1	10.4
2. 小学	%	34.4	34.1	34.6	34.1	34.2
3. 初中	%	44.6	45.5	44.7	45.2	45.7
4. 高中	%	6.7	7.0	7.3	8.3	7.4
5. 中专	%	1.5	1.2	1.7	1.7	1.6
6. 大专及以上	%	0.5	0.5	0.8	0.6	0.7
三. 年末生产性固定资产原值	元/户	5375.0	5103.9	4968.5	5400.1	5488.2
其中:年末生产用房原值	元/户	1623.7	1565.9	1462.2	1567.0	1554.2
四. 住房面积	平方米/人	21.5	22.5	22.6	23.7	24.4
其中：钢混结构面积	平方米/人	2.9	3.3	3.4	3.7	3.8
住房价值	元/平方米	181.3	182.5	189.7	193.9	184.1
五. 耕地面积	亩/人	2.0	2.0	2.0	2.2	2.2
其中:水田、水浇地面积	亩/人	0.6	0.6	0.6	0.7	0.7
六. 年末存粮	公斤/人	376.1	388.6	397.6	410.9	423.0
七. 主要农产品产量						
1. 粮食产量	公斤/人	424.8	433.8	465.7	499.8	501.7
2. 棉花产量	公斤/人	6.4	7.8	9.1	9.3	9.5
3. 油料产量	公斤/人	15.8	17.7	18.6	21.4	22.0
4. 蔬菜产量	公斤/人	107.3	110.3	122.9	132.6	127.6
5. 瓜果产量	公斤/人	29.7	26.6	33.7	29.1	40.1
6. 猪肉产量	公斤/人	20.2	22.1	21.9	23.0	25.0
7. 牛肉产量	公斤/人	2.8	2.5	2.5	2.7	3.6
8. 羊肉产量	公斤/人	2.8	2.7	3.0	3.5	3.5
9. 家禽产量	公斤/人	2.8	2.6	2.7	3.1	2.9
10. 禽蛋产量	公斤/人	1.4	1.6	1.7	1.6	2.1
11. 奶类产量	公斤/人	4.6	5.3	5.5	4.3	7.7
八. 收入						
(一)总收入	元/人	2806.6	3020.4	3256.5	3526.1	3749.8
1. 工资性收入	元/人	605.5	717.9	774.2	854.4	902.9
2. 家庭经营收入	元/人	1989.5	2080.6	2237.8	2412.1	2568.8
3. 财产性收入	元/人	23.3	24.6	28.3	35.6	33.0
4. 转移性收入	元/人	188.3	197.3	216.2	224.0	245.0

数据来源：国家贫困监测调查

2-3　续 3

指标名称	单　位	2800-3000元	3000-3500元	3500-4000元	4000-5000元	5000元以上
一. 调查户所占比重	%	4.7	9.5	6.8	8.4	9.4
二. 劳动力文化程度						
1. 文盲或半文盲	%	9.6	9.4	8.8	8.0	7.7
2. 小学	%	32.4	32.8	31.3	30.7	28.1
3. 初中	%	47.3	46.5	47.0	47.9	47.2
4. 高中	%	7.7	8.3	9.5	9.8	11.3
5. 中专	%	1.9	1.9	2.4	2.3	3.7
6. 大专及以上	%	1.1	1.1	1.0	1.3	2.0
三. 年末生产性固定资产原值	元/户	5262.2	5414.9	5612.4	5959.1	6744.6
其中:年末生产用房原值	元/户	1579.7	1571.2	1633.3	1755.1	1932.1
四. 住房面积	平方米/人	24.7	25.4	26.9	28.7	32.8
其中：钢混结构面积	平方米/人	3.9	4.4	4.8	6.2	7.6
住房价值	元/平方米	189.4	202.5	204.5	214.9	237.8
五. 耕地面积	亩/人	2.2	2.2	2.5	2.6	3.1
其中:水田、水浇地面积	亩/人	0.7	0.7	0.8	0.9	1.1
六. 年末存粮	公斤/人	432.7	454.1	496.9	515.9	600.6
七. 主要农产品产量						
1. 粮食产量	公斤/人	523.5	554.4	620.5	682.0	887.8
2. 棉花产量	公斤/人	11.8	11.9	14.0	21.3	24.2
3. 油料产量	公斤/人	22.7	26.5	31.2	34.8	44.8
4. 蔬菜产量	公斤/人	144.2	150.6	147.4	167.4	191.8
5. 瓜果产量	公斤/人	39.4	44.0	53.8	57.5	79.2
6. 猪肉产量	公斤/人	25.3	27.4	28.7	33.5	47.4
7. 牛肉产量	公斤/人	3.6	4.1	4.5	4.6	7.4
8. 羊肉产量	公斤/人	3.5	3.8	5.2	4.9	7.6
9. 家禽产量	公斤/人	2.9	3.5	3.2	4.4	7.3
10. 禽蛋产量	公斤/人	2.2	2.2	2.5	6.4	13.5
11. 奶类产量	公斤/人	8.2	8.0	16.8	18.7	28.4
八. 收入						
(一) 总收入	元/人	3979.3	4398.4	4978.5	5871.1	8811.5
1. 工资性收入	元/人	983.3	1135.9	1317.1	1582.2	2352.7
2. 家庭经营收入	元/人	2693.8	2940.4	3295.9	3881.7	5745.1
3. 财产性收入	元/人	41.1	45.8	52.9	66.7	184.4
4. 转移性收入	元/人	261.0	276.3	312.6	340.5	529.3

数据来源：国家贫困监测调查

2-3　续4

指标名称	单　位	0元以下	0-200元	200-400元	400-600元	600-800元
(二)纯收入	元/人	-1426.1	123.3	316.8	515.3	712.8
1.工资性收入	元/人	275.9	188.7	174.6	187.7	219.1
2.家庭经营收入	元/人	-1776.0	-180.0	-2.4	187.5	355.8
3.财产性收入	元/人	-110.8	-27.0	4.6	17.1	12.2
4.转移性收入	元/人	184.8	141.6	140.0	123.1	125.7
(三)现金收入	元/人	3816.2	1692.8	1310.6	1062.0	1051.4
1.工资性收入	元/人	275.9	188.7	173.5	185.3	218.3
2.家庭经营收入	元/人	3266.6	1330.1	987.4	734.3	682.7
3.财产性收入	元/人	87.0	13.5	6.9	10.8	6.0
4.转移性收入	元/人	186.7	160.4	142.8	131.7	144.4
九.支出						
(一)总支出	元/人	8587.6	3616.1	3408.7	2631.6	2333.7
1.生产费用支出	元/人	5309.5	1778.0	1598.3	1005.6	857.7
#家庭经营支出	元/人	4973.8	1736.3	1477.2	957.9	801.0
2.税费支出	元/人	10.3	5.5	0.4	3.6	1.6
3.生活消费支出	元/人	3064.7	1739.1	1692.1	1540.4	1391.8
(1)食品	元/人	1263.4	941.6	875.8	813.2	815.9
(2)衣着	元/人	146.5	128.2	111.8	86.8	79.7
(3)居住	元/人	633.1	249.7	212.5	255.9	187.9
(4)家庭设备用品及服务	元/人	123.0	57.7	86.1	60.1	50.0
(5)交通通讯	元/人	471.5	156.4	146.3	105.4	89.3
(6)文教娱乐用品及服务	元/人	240.9	91.4	123.8	110.2	79.2
(7)医疗保健	元/人	133.9	90.0	105.3	81.6	70.5
(8)其他商品及服务	元/人	52.4	23.9	26.1	27.2	19.1
4.财产性支出	元/人	30.5	9.4	12.4	5.8	5.7
5.转移性支出	元/人	172.6	84.1	105.5	76.3	76.8
(二)现金支出	元/人	7841.4	3032.8	2899.4	2110.9	1793.9
1.生产费用支出	元/人	5017.8	1568.0	1462.3	853.6	711.1
2.税费支出	元/人	10.3	5.5	0.4	3.5	1.6
3.生活消费支出	元/人	2610.5	1370.8	1320.8	1172.2	999.0
(1)食品	元/人	845.1	593.6	526.1	462.8	440.1
(2)衣着	元/人	146.5	128.2	115.3	86.7	79.6
(3)居住	元/人	597.2	230.9	191.9	238.4	171.4
(4)家庭设备用品及服务	元/人	123.0	57.5	86.0	60.0	49.9
(5)交通通讯	元/人	471.5	156.4	146.3	105.4	89.3
(6)文教娱乐用品及服务	元/人	240.9	91.4	123.8	110.2	79.2
(7)医疗保健	元/人	133.9	90.0	105.3	81.6	70.5
(8)其他商品及服务	元/人	52.4	22.8	26.0	27.1	18.9
4.财产性支出	元/人	30.5	9.4	12.4	5.8	5.7
5.转移性支出	元/人	172.3	79.1	103.5	75.8	76.6

数据来源：国家贫困监测调查

2-3 续 5

指标名称	单 位	800-1000元	1000-1200元	1200-1400元	1400-1600元	1600-1800元
(二)纯收入	元/人	910.3	1102.3	1301.7	1501.1	1701.7
1.工资性收入	元/人	273.1	333.8	395.3	466.5	538.8
2.家庭经营收入	元/人	493.5	615.2	756.6	869.6	984.9
3.财产性收入	元/人	12.3	16.7	16.9	20.7	19.2
4.转移性收入	元/人	131.3	136.6	133.0	144.4	158.8
(三)现金收入	元/人	1142.7	1244.8	1362.3	1550.0	1753.2
1.工资性收入	元/人	272.0	332.9	394.5	464.6	537.6
2.家庭经营收入	元/人	715.7	755.0	810.9	913.0	1023.2
3.财产性收入	元/人	8.9	9.4	8.9	11.1	11.7
4.转移性收入	元/人	146.0	147.5	148.0	161.3	180.7
九.支出						
(一)总支出	元/人	2326.2	2348.3	2412.1	2531.1	2697.0
1.生产费用支出	元/人	810.9	778.2	771.9	788.4	839.7
#家庭经营支出	元/人	762.5	725.8	721.7	746.3	776.8
2.税费支出	元/人	1.2	1.8	2.1	1.9	2.4
3.生活消费支出	元/人	1440.8	1496.3	1554.2	1645.7	1752.9
(1)食品	元/人	827.3	864.4	903.0	957.2	991.7
(2)衣着	元/人	79.0	80.9	86.6	89.5	96.5
(3)居住	元/人	207.9	202.8	216.9	211.8	248.1
(4)家庭设备用品及服务	元/人	51.9	52.6	57.7	63.2	67.3
(5)交通通讯	元/人	92.1	97.2	100.7	105.7	118.2
(6)文教娱乐用品及服务	元/人	78.5	82.0	80.7	95.3	104.3
(7)医疗保健	元/人	83.4	96.5	88.1	98.6	101.9
(8)其他商品及服务	元/人	20.5	19.5	20.2	24.1	24.5
4.财产性支出	元/人	1.9	2.8	6.4	7.3	5.7
5.转移性支出	元/人	71.4	69.3	77.5	87.8	96.3
(二)现金支出	元/人	1724.4	1734.1	1749.8	1852.1	1992.4
1.生产费用支出	元/人	634.8	609.4	586.0	602.7	648.2
2.税费支出	元/人	1.2	1.8	2.0	1.9	2.4
3.生活消费支出	元/人	1016.0	1051.8	1078.8	1153.4	1240.8
(1)食品	元/人	423.7	442.4	454.1	490.9	509.2
(2)衣着	元/人	78.7	80.7	86.5	89.2	96.3
(3)居住	元/人	187.4	181.2	191.5	187.1	221.9
(4)家庭设备用品及服务	元/人	51.7	52.3	57.4	62.9	64.6
(5)交通通讯	元/人	92.1	97.2	100.7	105.7	118.2
(6)文教娱乐用品及服务	元/人	78.5	82.0	80.7	95.3	104.3
(7)医疗保健	元/人	83.4	96.5	88.1	98.6	101.9
(8)其他商品及服务	元/人	20.4	19.4	19.8	23.8	24.4
4.财产性支出	元/人	1.9	2.8	6.4	7.3	5.7
5.转移性支出	元/人	70.5	68.4	76.5	86.7	95.3

数据来源：国家贫困监测调查

2-3 续 6

指标名称	单 位	1800-2000元	2000-2200元	2200-2400元	2400-2600元	2600-2800元
(二)纯收入	元/人	1898.5	2097.5	2298.9	2497.7	2696.6
1.工资性收入	元/人	605.5	717.9	774.2	854.4	902.9
2.家庭经营收入	元/人	1100.9	1181.1	1310.6	1407.2	1542.5
3.财产性收入	元/人	23.3	24.6	28.3	35.6	33.0
4.转移性收入	元/人	168.8	174.0	185.8	200.5	218.1
(三)现金收入	元/人	1913.5	2101.0	2289.1	2516.7	2732.7
1.工资性收入	元/人	604.6	717.0	773.1	852.5	902.0
2.家庭经营收入	元/人	1109.3	1177.8	1288.9	1423.2	1570.9
3.财产性收入	元/人	14.7	13.6	15.3	22.3	19.1
4.转移性收入	元/人	184.9	192.7	211.8	218.7	240.8
九.支出						
(一)总支出	元/人	2746.0	2940.5	3089.5	3324.8	3410.3
1.生产费用支出	元/人	870.8	893.5	932.0	1020.8	1034.3
#家庭经营支出	元/人	807.3	819.6	848.1	916.7	935.5
2.税费支出	元/人	2.6	2.7	2.9	3.4	4.1
3.生活消费支出	元/人	1772.5	1930.1	2033.4	2162.9	2233.0
(1)食品	元/人	1016.6	1065.6	1100.4	1144.2	1177.6
(2)衣着	元/人	100.3	110.3	120.3	120.3	125.4
(3)居住	元/人	214.3	257.0	287.5	323.7	352.2
(4)家庭设备用品及服务	元/人	73.4	77.4	83.8	92.5	92.2
(5)交通通讯	元/人	129.7	143.0	151.3	163.7	166.3
(6)文教娱乐用品及服务	元/人	112.1	132.0	137.7	155.7	153.2
(7)医疗保健	元/人	98.7	115.1	120.7	125.9	133.1
(8)其他商品及服务	元/人	27.0	29.3	31.4	36.6	32.7
4.财产性支出	元/人	3.6	7.1	7.5	6.8	9.7
5.转移性支出	元/人	96.5	107.0	113.6	130.9	129.2
(二)现金支出	元/人	2020.2	2213.3	2339.0	2548.3	2618.8
1.生产费用支出	元/人	669.7	696.8	726.8	813.4	821.6
2.税费支出	元/人	2.6	2.7	2.9	3.3	4.1
3.生活消费支出	元/人	1248.4	1400.6	1489.2	1594.8	1655.9
(1)食品	元/人	525.8	564.9	587.4	614.1	636.2
(2)衣着	元/人	100.1	110.2	119.9	120.3	125.3
(3)居住	元/人	187.8	229.6	257.3	291.4	317.7
(4)家庭设备用品及服务	元/人	67.3	76.7	83.5	87.3	91.7
(5)交通通讯	元/人	129.7	143.0	151.3	163.7	166.3
(6)文教娱乐用品及服务	元/人	112.1	132.0	137.7	155.7	153.2
(7)医疗保健	元/人	98.7	115.1	120.7	125.9	133.1
(8)其他商品及服务	元/人	26.9	29.1	31.3	36.5	32.5
4.财产性支出	元/人	3.6	7.1	7.5	6.8	9.7
5.转移性支出	元/人	95.9	106.1	112.5	129.8	127.7

数据来源：国家贫困监测调查

2-3 续7

指标名称	单 位	2800-3000元	3000-3500元	3500-4000元	4000-5000元	5000元以上
(二)纯收入	元/人	2898.8	3235.4	3734.1	4438.9	6823.3
1.工资性收入	元/人	983.3	1135.9	1317.1	1582.2	2352.7
2.家庭经营收入	元/人	1651.0	1810.2	2087.9	2485.2	3801.2
3.财产性收入	元/人	41.1	45.8	52.9	66.7	184.4
4.转移性收入	元/人	223.4	243.6	276.3	304.7	485.1
(三)现金收入	元/人	2918.4	3279.5	3769.9	4545.0	7104.0
1.工资性收入	元/人	982.4	1134.1	1315.0	1578.0	2348.0
2.家庭经营收入	元/人	1650.6	1842.6	2113.4	2575.4	4075.8
3.财产性收入	元/人	29.6	30.6	33.4	57.2	159.4
4.转移性收入	元/人	255.8	272.2	308.1	334.4	520.8
九.支出						
(一)总支出	元/人	3546.5	3855.0	4149.0	4781.7	6501.2
1.生产费用支出	元/人	1054.4	1154.6	1229.4	1436.8	2071.4
#家庭经营支出	元/人	954.6	1036.1	1107.9	1284.1	1800.9
2.税费支出	元/人	2.8	4.5	4.5	6.4	8.2
3.生活消费支出	元/人	2328.2	2529.0	2725.2	3095.2	4046.3
(1)食品	元/人	1208.6	1274.1	1334.6	1428.0	1719.6
(2)衣着	元/人	129.7	141.6	152.0	174.0	218.3
(3)居住	元/人	348.7	396.1	441.4	540.0	833.0
(4)家庭设备用品及服务	元/人	97.6	108.2	118.4	141.2	187.1
(5)交通通讯	元/人	192.7	216.0	245.4	292.8	386.8
(6)文教娱乐用品及服务	元/人	188.5	190.9	225.8	267.1	350.5
(7)医疗保健	元/人	126.9	162.3	162.0	198.1	275.0
(8)其他商品及服务	元/人	35.0	39.2	45.2	53.3	73.4
4.财产性支出	元/人	10.0	6.5	10.5	16.6	21.1
5.转移性支出	元/人	151.1	160.4	179.4	226.6	354.1
(二)现金支出	元/人	2758.0	3045.6	3289.8	3911.3	5490.1
1.生产费用支出	元/人	848.8	948.3	1000.2	1204.7	1786.4
2.税费支出	元/人	2.8	4.5	4.5	6.4	8.2
3.生活消费支出	元/人	1746.1	1927.2	2096.4	2458.2	3322.0
(1)食品	元/人	666.2	715.1	756.1	842.7	1068.3
(2)衣着	元/人	129.7	141.5	152.3	174.2	220.2
(3)居住	元/人	312.4	359.6	396.0	489.1	761.3
(4)家庭设备用品及服务	元/人	94.9	102.5	113.7	140.9	186.7
(5)交通通讯	元/人	192.7	216.0	245.4	292.8	386.8
(6)文教娱乐用品及服务	元/人	188.5	190.9	225.8	267.1	350.5
(7)医疗保健	元/人	126.9	162.3	162.0	198.1	275.0
(8)其他商品及服务	元/人	34.8	39.2	45.1	53.3	73.3
4.财产性支出	元/人	10.0	6.5	10.5	16.6	21.1
5.转移性支出	元/人	150.3	159.2	178.3	225.3	352.4

数据来源：国家贫困监测调查

2-4　2009年按农村居民人均纯收入分组的农村居民家庭基本情况

指标名称	单　位	0元以下	0-400元	400-800元	800-1000元	1000-1200元
一. 调查户所占比重	%	0.3	0.8	2.7	2.8	4.4
二. 劳动力文化程度						
1. 文盲或半文盲	%	6.1	9.7	13.9	13.2	14.5
2. 小学	%	30.8	33.4	34.3	34.3	33.5
3. 初中	%	51.9	47.5	43.8	43.7	43.5
4. 高中	%	8.7	6.6	6.2	6.5	6.5
5. 中专	%	1.5	1.8	1.2	1.3	1.3
6. 大专及以上	%	1.0	1.0	0.7	0.9	0.7
三. 年末生产性固定资产原值	元/户	19433.4	10315.0	6568.4	5648.7	5838.3
其中:年末生产用房原值	元/户	4166.8	1760.8	1748.4	1400.1	1616.3
四. 住房面积	平方米/人	23.2	20.9	19.5	19.2	19.6
其中：钢混结构面积	平方米/人	2.3	2.9	2.7	2.2	2.6
住房价值	元/平方米	244.9	204.9	211.8	193.9	194.6
五. 耕地面积	亩/人	4.6	3.2	2.4	2.1	1.9
其中:水田、水浇地面积	亩/人	0.7	0.5	0.5	0.5	0.4
六. 年末存粮	公斤/人	414.8	340.2	317.5	320.9	344.0
七. 主要农产品产量						
1. 粮食产量	公斤/人	453.2	300.3	289.9	318.9	344.9
2. 棉花产量	公斤/人	0.3	1.3	2.1	2.7	1.3
3. 油料产量	公斤/人	30.1	10.1	9.3	13.2	12.7
4. 蔬菜产量	公斤/人	81.9	98.3	56.8	66.2	70.4
5. 瓜果产量	公斤/人	13.9	45.4	18.2	15.1	19.1
6. 猪肉产量	公斤/人	60.6	12.6	12.0	11.8	13.0
7. 牛肉产量	公斤/人	0.6	0.8	1.1	1.3	1.4
8. 羊肉产量	公斤/人	5.6	2.8	3.4	2.1	2.0
9. 家禽产量	公斤/人	15.9	1.6	1.5	1.6	1.8
10. 禽蛋产量	公斤/人	1.7	1.2	0.9	1.2	1.8
11. 奶类产量	公斤/人	2.5	3.8	2.4	3.6	4.8
八. 收入						
(一)总收入	元/人	3607.4	1796.3	1663.1	1726.5	1912.5
1. 工资性收入	元/人	288.3	203.3	219.6	272.6	353.4
2. 家庭经营收入	元/人	3047.5	1426.9	1262.3	1268.3	1358.5
3. 财产性收入	元/人	-110.1	3.3	10.0	13.5	15.7
4. 转移性收入	元/人	381.7	162.7	171.2	172.1	184.9

数据来源：国家贫困监测调查

2-4　续1

指标名称	单　位	1200-1400元	1400-1600元	1600-1800元	1800-2000元	2000-2500元
一. 调查户所占比重	%	5.1	5.2	5.7	5.8	14.8
二. 劳动力文化程度						
1. 文盲或半文盲	%	13.6	13.1	13.0	12.4	11.2
2. 小学	%	34.5	34.3	35.1	34.5	33.6
3. 初中	%	43.9	43.9	43.3	43.7	45.4
4. 高中	%	6.1	6.7	6.3	7.2	7.3
5. 中专	%	1.4	1.3	1.5	1.5	1.6
6. 大专及以上	%	0.5	0.7	0.7	0.7	0.9
三. 年末生产性固定资产原值	元/户	5650.5	5569.0	5621.7	5650.8	5566.8
其中:年末生产用房原值	元/户	1607.0	1485.0	1551.2	1678.6	1666.0
四. 住房面积	平方米/人	20.4	20.7	21.0	22.0	23.0
其中：钢混结构面积	平方米/人	3.0	3.1	2.9	3.4	3.9
住房价值	元/平方米	196.2	202.6	188.7	196.8	204.3
五. 耕地面积	亩/人	1.9	1.8	1.9	1.9	2.0
其中:水田、水浇地面积	亩/人	0.5	0.5	0.5	0.6	0.6
六. 年末存粮	公斤/人	331.6	334.8	334.2	358.0	373.4
七. 主要农产品产量						
1. 粮食产量	公斤/人	355.0	384.2	394.2	406.7	452.8
2. 棉花产量	公斤/人	3.4	3.2	4.2	5.1	6.2
3. 油料产量	公斤/人	13.1	12.5	14.3	16.1	17.7
4. 蔬菜产量	公斤/人	90.6	89.2	91.2	99.0	106.0
5. 瓜果产量	公斤/人	27.1	26.6	27.4	30.2	32.2
6. 猪肉产量	公斤/人	16.4	18.1	20.1	21.3	24.0
7. 牛肉产量	公斤/人	1.5	1.7	2.7	2.5	2.6
8. 羊肉产量	公斤/人	2.4	2.9	2.7	3.0	3.2
9. 家禽产量	公斤/人	1.9	2.2	2.4	2.8	3.4
10. 禽蛋产量	公斤/人	1.4	2.2	1.2	1.7	1.9
11. 奶类产量	公斤/人	5.9	5.8	4.8	5.3	5.7
八. 收入						
(一) 总收入	元/人	2150.1	2323.0	2535.2	2778.8	3182.2
1. 工资性收入	元/人	404.8	458.6	544.7	646.1	773.4
2. 家庭经营收入	元/人	1539.7	1662.4	1773.1	1894.7	2146.4
3. 财产性收入	元/人	15.8	15.1	17.5	22.4	25.6
4. 转移性收入	元/人	189.8	186.9	200.0	215.7	236.8

数据来源：国家贫困监测调查

2-4　续 2

指标名称	单　位	2500-3000元	3000-3500元	3500-4000元	4000-4500元	4500-5000元
一. 调查户所占比重	%	12.7	10.1	7.5	5.5	4.1
二. 劳动力文化程度						
1. 文盲或半文盲	%	10.4	9.3	8.9	8.6	7.8
2. 小学	%	32.7	32.4	31.0	30.3	30.6
3. 初中	%	46.3	46.8	47.1	47.5	47.2
4. 高中	%	7.9	8.4	9.4	9.8	10.5
5. 中专	%	1.6	1.9	2.3	2.3	2.4
6. 大专及以上	%	1.0	1.3	1.2	1.5	1.5
三. 年末生产性固定资产原值	元／户	5963.6	5779.9	5992.6	6198.1	6664.7
其中:年末生产用房原值	元／户	1775.5	1681.1	1782.7	1867.6	1769.5
四. 住房面积	平方米／人	24.3	26.1	27.0	28.6	29.3
其中：钢混结构面积	平方米／人	4.4	5.3	5.7	6.0	6.7
住房价值	元／平方米	215.1	220.0	229.1	232.0	233.9
五. 耕地面积	亩／人	2.1	2.2	2.3	2.5	2.7
其中:水田、水浇地面积	亩／人	0.7	0.7	0.8	0.9	1.0
六. 年末存粮	公斤／人	402.2	435.8	451.6	496.3	525.9
七. 主要农产品产量						
1. 粮食产量	公斤／人	507.1	549.8	607.6	663.9	737.7
2. 棉花产量	公斤／人	8.6	10.3	12.7	14.6	21.1
3. 油料产量	公斤／人	21.3	25.1	28.3	32.3	33.3
4. 蔬菜产量	公斤／人	115.4	132.6	150.0	161.7	159.2
5. 瓜果产量	公斤／人	42.5	42.6	47.6	49.6	65.4
6. 猪肉产量	公斤／人	27.0	30.5	33.1	35.3	36.4
7. 牛肉产量	公斤／人	3.4	3.8	4.5	5.2	5.8
8. 羊肉产量	公斤／人	3.6	3.9	4.3	4.6	4.7
9. 家禽产量	公斤／人	2.9	3.6	3.6	3.4	3.9
10. 禽蛋产量	公斤／人	2.2	3.4	2.9	3.7	4.1
11. 奶类产量	公斤／人	5.2	5.6	10.8	12.4	17.6
八. 收入						
(一) 总收入	元／人	3762.6	4343.9	4955.6	5565.3	6220.8
1. 工资性收入	元／人	984.4	1173.6	1403.6	1607.6	1740.3
2. 家庭经营收入	元／人	2468.3	2827.4	3156.4	3512.1	3966.9
3. 财产性收入	元／人	35.9	38.1	55.0	60.4	74.7
4. 转移性收入	元／人	274.1	304.8	340.6	385.3	438.9

数据来源：国家贫困监测调查

2-4 续3

指标名称	单 位	5000-6000元	6000-7000元	7000-8000元	8000-10000元	10000元以上
一. 调查户所占比重	%	5.1	3.0	1.6	1.6	1.2
二. 劳动力文化程度						
1. 文盲或半文盲	%	8.2	8.6	7.6	7.4	7.8
2. 小学	%	29.6	27.7	28.3	25.6	25.7
3. 初中	%	46.9	46.8	45.3	47.7	42.9
4. 高中	%	10.2	11.5	11.4	12.5	14.6
5. 中专	%	3.0	3.4	4.2	4.0	5.3
6. 大专及以上	%	2.1	2.1	3.2	2.8	3.6
三. 年末生产性固定资产原值	元/户	6803.8	6732.5	7529.1	7767.7	9150.4
其中:年末生产用房原值	元/户	1931.7	1873.5	2443.4	1870.2	2894.0
四. 住房面积	平方米/人	31.0	33.1	35.0	36.3	39.9
其中：钢混结构面积	平方米/人	7.3	8.2	9.3	10.7	9.3
住房价值	元/平方米	252.7	250.8	250.9	284.0	282.0
五. 耕地面积	亩/人	2.8	3.0	3.1	3.8	4.3
其中:水田、水浇地面积	亩/人	1.0	1.1	1.3	1.1	1.6
六. 年末存粮	公斤/人	555.9	550.1	544.1	623.5	674.2
七. 主要农产品产量						
1. 粮食产量	公斤/人	759.5	830.9	946.0	938.7	1204.1
2. 棉花产量	公斤/人	14.5	19.4	21.6	26.3	40.3
3. 油料产量	公斤/人	40.0	44.4	49.3	52.0	70.8
4. 蔬菜产量	公斤/人	194.4	232.3	229.6	306.5	269.5
5. 瓜果产量	公斤/人	106.2	81.7	106.9	83.1	139.2
6. 猪肉产量	公斤/人	41.1	47.2	58.0	70.8	89.1
7. 牛肉产量	公斤/人	5.2	6.2	5.5	8.6	12.3
8. 羊肉产量	公斤/人	5.4	7.4	6.0	8.5	12.8
9. 家禽产量	公斤/人	4.0	4.8	4.7	6.0	14.0
10. 禽蛋产量	公斤/人	2.8	4.1	3.8	15.9	70.4
11. 奶类产量	公斤/人	19.9	9.4	15.8	28.6	86.5
八. 收入						
(一)总收入	元/人	6980.5	8232.3	9486.2	11341.9	16730.8
1. 工资性收入	元/人	2015.3	2404.3	2728.7	3153.9	4119.1
2. 家庭经营收入	元/人	4350.7	5073.5	5866.6	7148.8	10862.7
3. 财产性收入	元/人	87.8	112.5	133.4	171.4	353.7
4. 转移性收入	元/人	526.7	642.0	757.4	867.9	1395.3

数据来源：国家贫困监测调查

2-4 续 4

指标名称	单位	0 元以下	0-400 元	400-800 元	800-1000 元	1000-1200 元
(二) 纯收入	元 / 人	-1368.2	254.9	640.1	908.7	1108.2
1. 工资性收入	元 / 人	288.3	203.3	219.6	272.6	353.4
2. 家庭经营收入	元 / 人	-1861.6	-102.4	270.0	468.1	575.7
3. 财产性收入	元 / 人	-110.1	3.3	10.0	13.5	15.7
4. 转移性收入	元 / 人	315.2	150.6	140.5	154.5	163.4
(三) 现金收入	元 / 人	3798.6	1345.2	1176.4	1161.6	1277.9
1. 工资性收入	元 / 人	286.4	203.3	218.6	271.9	352.1
2. 家庭经营收入	元 / 人	3117.4	966.3	782.5	708.2	731.3
3. 财产性收入	元 / 人	13.6	15.7	6.9	11.6	13.2
4. 转移性收入	元 / 人	381.1	159.9	168.4	169.9	181.3
九. 支出						
(一) 总支出	元 / 人	8651.9	3684.5	2571.9	2382.9	2333.9
1. 生产费用支出	元 / 人	5394.2	1578.8	961.8	783.1	757.6
# 家庭经营支出	元 / 人	4534.2	1372.6	896.8	719.5	701.1
2. 税费支出	元 / 人	10.2	0.7	1.4	1.6	1.7
3. 生活消费支出	元 / 人	2921.2	1975.7	1515.3	1512.5	1493.1
(1) 食品	元 / 人	1199.1	915.2	816.6	822.2	846.1
(2) 衣着	元 / 人	171.8	126.3	93.8	88.3	85.3
(3) 居住	元 / 人	586.1	323.2	242.0	230.0	212.0
(4) 家庭设备用品及服务	元 / 人	128.7	93.6	61.9	62.3	67.6
(5) 交通通讯	元 / 人	265.7	225.1	106.6	96.3	97.9
(6) 文教娱乐用品及服务	元 / 人	220.2	139.4	88.8	80.5	74.2
(7) 医疗保健	元 / 人	289.1	126.0	83.5	113.3	89.3
(8) 其他商品及服务	元 / 人	60.5	26.8	22.2	19.7	20.6
4. 财产性支出	元 / 人	113.8	4.4	9.3	7.3	2.7
5. 转移性支出	元 / 人	212.5	124.9	84.2	78.3	78.9
(二) 现金支出	元 / 人	7770.0	3130.0	2055.8	1856.1	1746.9
1. 生产费用支出	元 / 人	4941.0	1372.7	798.8	644.3	594.7
2. 税费支出	元 / 人	10.2	0.7	1.3	1.5	1.7
3. 生活消费支出	元 / 人	2492.5	1629.8	1164.0	1126.1	1070.1
(1) 食品	元 / 人	795.8	588.9	486.6	461.9	448.3
(2) 衣着	元 / 人	171.8	126.2	93.6	88.1	85.1
(3) 居住	元 / 人	560.7	303.9	221.3	204.3	187.3
(4) 家庭设备用品及服务	元 / 人	128.6	93.6	61.6	62.1	67.4
(5) 交通通讯	元 / 人	265.7	225.1	106.6	96.3	97.9
(6) 文教娱乐用品及服务	元 / 人	220.2	139.4	88.8	80.5	74.2
(7) 医疗保健	元 / 人	289.1	126.0	83.5	113.3	89.3
(8) 其他商品及服务	元 / 人	60.5	26.7	22.0	19.6	20.5
4. 财产性支出	元 / 人	113.8	4.4	9.3	7.3	2.7
5. 转移性支出	元 / 人	212.5	122.4	82.5	76.8	77.7

数据来源：国家贫困监测调查

2-4 续5

指标名称	单 位	1200-1400元	1400-1600元	1600-1800元	1800-2000元	2000-2500元
(二)纯收入	元/人	1296.8	1501.0	1699.2	1898.5	2244.3
1. 工资性收入	元/人	404.8	458.6	544.7	646.1	773.4
2. 家庭经营收入	元/人	710.4	859.1	957.1	1039.4	1233.2
3. 财产性收入	元/人	15.8	15.1	17.5	22.4	25.6
4. 转移性收入	元/人	165.8	168.1	180.0	190.7	212.1
(三)现金收入	元/人	1450.1	1582.8	1772.2	1949.6	2282.3
1. 工资性收入	元/人	404.0	457.6	543.8	644.8	771.4
2. 家庭经营收入	元/人	847.8	930.5	1017.5	1073.7	1257.8
3. 财产性收入	元/人	12.2	11.8	13.9	19.7	20.9
4. 转移性收入	元/人	186.1	182.9	197.0	211.4	232.1
九. 支出						
(一)总支出	元/人	2531.4	2576.4	2630.4	2880.7	3080.4
1. 生产费用支出	元/人	810.4	774.3	794.6	853.7	905.1
# 家庭经营支出	元/人	745.6	723.6	733.1	770.9	827.1
2. 税费支出	元/人	4.7	1.0	1.7	1.6	2.2
3. 生活消费支出	元/人	1619.4	1700.0	1731.1	1898.1	2035.6
(1)食品	元/人	903.2	932.3	972.0	1008.7	1077.1
(2)衣着	元/人	90.3	98.0	100.7	108.2	117.6
(3)居住	元/人	226.4	263.1	225.8	325.2	313.9
(4)家庭设备用品及服务	元/人	68.7	70.4	70.7	80.8	89.2
(5)交通通讯	元/人	112.7	110.0	122.3	128.0	154.7
(6)文教娱乐用品及服务	元/人	90.7	95.0	101.8	110.5	130.2
(7)医疗保健	元/人	92.4	108.0	112.6	107.1	121.8
(8)其他商品及服务	元/人	35.0	23.2	25.2	29.6	31.1
4. 财产性支出	元/人	7.5	4.6	4.7	8.0	5.9
5. 转移性支出	元/人	89.3	96.5	98.3	119.4	131.5
(二)现金支出	元/人	1918.0	1947.8	1984.3	2209.5	2371.2
1. 生产费用支出	元/人	638.9	607.6	626.1	673.7	718.2
2. 税费支出	元/人	4.3	1.0	1.7	1.6	2.2
3. 生活消费支出	元/人	1179.4	1240.4	1256.0	1408.6	1515.2
(1)食品	元/人	490.0	503.8	528.5	547.4	593.1
(2)衣着	元/人	90.1	97.4	100.2	107.5	117.2
(3)居住	元/人	200.2	233.2	195.5	298.2	279.1
(4)家庭设备用品及服务	元/人	68.5	70.2	70.5	80.5	88.2
(5)交通通讯	元/人	112.7	110.0	122.3	128.0	154.7
(6)文教娱乐用品及服务	元/人	90.7	95.0	101.8	110.5	130.2
(7)医疗保健	元/人	92.4	108.0	112.6	107.1	121.8
(8)其他商品及服务	元/人	34.9	22.8	24.7	29.3	31.0
4. 财产性支出	元/人	7.5	4.6	4.7	8.0	5.9
5. 转移性支出	元/人	87.9	94.3	95.8	117.5	129.7

数据来源：国家贫困监测调查

2-4 续6

指标名称	单 位	2500-3000元	3000-3500元	3500-4000元	4000-4500元	4500-5000元
(二)纯收入	元/人	2740.4	3237.6	3736.9	4241.3	4735.7
1.工资性收入	元/人	984.4	1173.6	1403.6	1607.6	1740.3
2.家庭经营收入	元/人	1474.4	1754.7	1976.8	2223.6	2520.7
3.财产性收入	元/人	35.9	38.1	55.0	60.4	74.7
4.转移性收入	元/人	245.7	271.2	301.6	349.7	399.9
(三)现金收入	元/人	2804.6	3304.8	3855.2	4412.6	4987.2
1.工资性收入	元/人	982.8	1171.8	1401.2	1605.5	1738.6
2.家庭经营收入	元/人	1524.5	1803.4	2077.1	2381.0	2757.5
3.财产性收入	元/人	27.7	30.7	42.5	47.0	58.7
4.转移性收入	元/人	269.6	298.9	334.5	379.0	432.4
九.支出						
(一)总支出	元/人	3471.5	3812.7	4168.4	4704.3	5085.7
1.生产费用支出	元/人	993.2	1066.5	1190.7	1332.6	1472.0
#家庭经营支出	元/人	896.7	974.6	1074.1	1176.6	1324.2
2.税费支出	元/人	3.6	4.4	5.2	4.0	3.4
3.生活消费支出	元/人	2312.2	2546.8	2747.9	3130.7	3328.2
(1)食品	元/人	1161.4	1243.7	1315.5	1393.2	1427.1
(2)衣着	元/人	132.7	146.2	161.1	169.1	187.3
(3)居住	元/人	381.2	424.9	447.0	637.0	714.5
(4)家庭设备用品及服务	元/人	104.7	115.8	134.0	150.0	165.3
(5)交通通讯	元/人	183.1	222.7	241.0	272.2	281.2
(6)文教娱乐用品及服务	元/人	163.7	187.7	222.1	250.2	270.5
(7)医疗保健	元/人	150.9	165.1	180.2	206.5	230.0
(8)其他商品及服务	元/人	34.5	40.7	47.1	52.4	52.1
4.财产性支出	元/人	10.0	6.1	10.2	14.1	22.0
5.转移性支出	元/人	152.5	188.9	214.4	223.0	260.1
(二)现金支出	元/人	2735.2	3052.8	3391.7	3896.3	4276.4
1.生产费用支出	元/人	800.9	866.4	981.5	1109.0	1266.6
2.税费支出	元/人	3.5	4.3	5.1	4.0	3.2
3.生活消费支出	元/人	1770.4	1989.0	2182.0	2548.0	2726.3
(1)食品	元/人	657.8	721.1	785.5	850.7	877.9
(2)衣着	元/人	132.3	145.9	160.8	168.8	187.1
(3)居住	元/人	344.1	390.4	411.7	598.1	662.5
(4)家庭设备用品及服务	元/人	104.2	115.6	133.7	149.1	164.9
(5)交通通讯	元/人	183.1	222.7	241.0	272.2	281.2
(6)文教娱乐用品及服务	元/人	163.7	187.7	222.1	250.2	270.5
(7)医疗保健	元/人	150.9	165.1	180.2	206.5	230.0
(8)其他商品及服务	元/人	34.4	40.5	47.0	52.4	52.1
4.财产性支出	元/人	10.0	6.1	10.2	14.1	22.0
5.转移性支出	元/人	150.4	187.0	212.9	221.3	258.2

数据来源：国家贫困监测调查

2-4 续7

指标名称	单 位	5000-6000元	6000-7000元	7000-8000元	8000-10000元	10000元以上
(二)纯收入	元/人	5433.8	6454.5	7458.3	8813.5	13119.3
1. 工资性收入	元/人	2015.3	2404.3	2728.7	3153.9	4119.1
2. 家庭经营收入	元/人	2857.9	3354.7	3934.9	4689.0	7369.9
3. 财产性收入	元/人	87.8	112.5	133.4	171.4	353.7
4. 转移性收入	元/人	472.7	583.1	661.2	799.3	1276.7
(三)现金收入	元/人	5651.5	6789.2	7895.0	9776.2	14330.5
1. 工资性收入	元/人	2011.9	2401.8	2722.0	3141.8	4103.3
2. 家庭经营收入	元/人	3048.1	3660.6	4310.9	5625.5	8528.7
3. 财产性收入	元/人	72.0	94.8	116.5	149.1	317.8
4. 转移性收入	元/人	519.5	632.0	745.6	859.8	1380.6
九. 支出						
(一)总支出	元/人	5491.2	6377.2	7109.1	8139.3	11023.1
1. 生产费用支出	元/人	1539.8	1816.6	1953.5	2514.9	3773.1
# 家庭经营支出	元/人	1360.3	1580.5	1771.9	2284.0	3253.2
2. 税费支出	元/人	5.4	7.2	6.4	10.6	20.1
3. 生活消费支出	元/人	3634.4	4164.2	4692.7	5085.7	6415.0
(1)食品	元/人	1553.2	1725.8	1798.5	1884.1	2265.1
(2)衣着	元/人	202.7	228.8	242.6	256.1	310.1
(3)居住	元/人	720.4	869.8	1002.3	1362.4	1579.3
(4)家庭设备用品及服务	元/人	174.3	220.7	251.4	260.3	298.8
(5)交通通讯	元/人	347.4	431.0	499.6	485.6	670.4
(6)文教娱乐用品及服务	元/人	297.7	341.0	417.3	394.1	554.0
(7)医疗保健	元/人	269.9	273.1	394.0	344.4	607.5
(8)其他商品及服务	元/人	68.8	73.9	87.0	98.7	130.1
4. 财产性支出	元/人	30.6	25.2	25.3	38.3	53.3
5. 转移性支出	元/人	280.8	363.9	431.1	489.9	761.5
(二)现金支出	元/人	4631.4	5440.7	6142.0	7077.2	9842.8
1. 生产费用支出	元/人	1305.9	1549.4	1691.2	2159.9	3441.4
2. 税费支出	元/人	5.4	7.2	6.4	10.5	20.1
3. 生活消费支出	元/人	3010.6	3496.7	3991.4	4381.5	5569.6
(1)食品	元/人	983.2	1123.9	1184.4	1255.5	1562.0
(2)衣着	元/人	202.4	228.6	242.3	256.0	309.9
(3)居住	元/人	668.6	809.6	924.1	1291.2	1438.1
(4)家庭设备用品及服务	元/人	172.6	215.7	242.8	256.1	297.8
(5)交通通讯	元/人	347.4	431.0	499.6	485.6	670.4
(6)文教娱乐用品及服务	元/人	297.7	341.0	417.3	394.1	554.0
(7)医疗保健	元/人	269.9	273.1	394.0	344.4	607.5
(8)其他商品及服务	元/人	68.7	73.8	86.9	98.6	130.1
4. 财产性支出	元/人	30.6	25.2	25.3	38.3	53.3
5. 转移性支出	元/人	278.9	362.2	427.6	487.0	758.4

数据来源：国家贫困监测调查

2-5　2002年按农村居民人均纯收入五等份分组的农村居民家庭基本情况

指标名称	单　位	低收入户	中低收入户	中等收入户	中上收入户	高收入户
一. 调查户所占比重	%	20.0	20.0	20.0	20.0	20.0
二. 劳动力文化程度						
1. 文盲或半文盲	%	19.1	18.4	15.7	13.1	10.3
2. 小学	%	41.6	40.1	38.7	35.9	32.9
3. 初中	%	33.8	35.5	38.0	42.3	44.7
4. 高中	%	4.6	5.1	6.3	7.1	8.9
5. 中专	%	0.9	0.8	1.3	1.5	2.7
6. 大专及以上	%	0.1	0.1	0.1	0.2	0.4
三. 年末生产性固定资产原值	元/户	3199.9	3072.7	3329.6	3360.1	4033.3
其中:年末生产用房原值	元/户	880.5	909.5	921.7	957.8	1106.1
四. 住房面积	平方米/人	16.7	18.0	19.7	21.7	25.1
其中：钢混结构面积	平方米/人	1.1	1.5	2.2	2.8	4.2
住房价值	元/平方米	103.7	107.9	115.0	123.9	141.9
五. 耕地面积	亩/人	2.3	2.0	2.0	2.0	2.3
其中:水田、水浇地面积	亩/人	0.5	0.5	0.6	0.6	0.8
六. 年末存粮	公斤/人	273.4	290.0	326.0	361.2	416.0
七. 主要农产品产量						
1. 粮食产量	公斤/人	385.7	403.4	458.7	522.3	641.8
2. 棉花产量	公斤/人	1.7	2.4	2.5	3.0	5.9
3. 油料产量	公斤/人	14.4	17.6	21.5	26.8	36.1
4. 蔬菜产量	公斤/人	89.8	113.8	141.9	175.0	218.3
5. 瓜果产量	公斤/人	22.9	35.2	42.7	50.3	80.0
6. 猪肉产量	公斤/人	19.3	26.8	33.3	40.2	49.8
7. 牛肉产量	公斤/人	2.2	3.5	4.5	5.1	8.6
8. 羊肉产量	公斤/人	2.6	3.3	4.2	5.1	7.9
9. 家禽产量	公斤/人	1.6	1.9	2.3	2.8	3.7
10. 禽蛋产量	公斤/人	1.6	1.6	1.7	2.8	5.5
11. 奶类产量	公斤/人	3.3	4.0	4.4	5.6	11.3
八. 收入						
(一)总收入	元/人	973.3	1313.3	1706.6	2195.9	3558.0
1. 工资性收入	元/人	115.3	237.4	359.2	548.3	1022.5
2. 家庭经营收入	元/人	810.1	1015.2	1262.2	1534.6	2300.6
3. 财产性收入	元/人	3.1	5.0	10.3	12.3	35.5
4. 转移性收入	元/人	44.7	55.6	75.0	100.7	199.4

数据来源：国家贫困监测调查

2-5　续

指标名称	单　位	低收入户	中低收入户	中等收入户	中上收入户	高收入户
(二)纯收入	元/人	456.5	850.1	1167.5	1586.6	2721.8
1.工资性收入	元/人	115.3	237.4	359.2	548.3	1022.5
2.家庭经营收入	元/人	314.3	574.1	751.6	958.7	1513.8
3.财产性收入	元/人	3.1	5.0	10.3	12.3	35.5
4.转移性收入	元/人	23.8	33.5	46.5	67.3	150.1
(三)现金收入	元/人	513.1	753.5	1053.3	1441.7	2585.4
1.工资性收入	元/人	115.3	237.4	359.2	548.3	1022.5
2.家庭经营收入	元/人	352.6	457.8	612.8	786.1	1338.7
3.财产性收入	元/人	2.7	4.4	9.2	10.8	31.5
4.转移性收入	元/人	42.6	53.8	72.1	96.4	192.8
九.支出						
(一)总支出	元/人	1359.8	1393.0	1625.3	1880.7	2605.7
1.生产费用支出	元/人	429.1	377.3	442.2	506.7	725.3
#家庭经营支出	元/人	401.0	352.6	412.9	468.2	644.5
2.税费支出	元/人	48.6	44.4	48.6	54.8	72.5
3.生活消费支出	元/人	842.0	926.8	1074.3	1242.5	1668.9
(1)食品	元/人	522.2	568.8	640.6	703.4	850.1
(2)衣着	元/人	50.7	55.5	65.6	78.4	102.5
(3)居住	元/人	78.4	92.9	106.0	135.5	240.0
(4)家庭设备用品及服务	元/人	19.1	23.4	31.0	39.4	59.8
(5)交通通讯	元/人	25.2	26.3	37.4	51.7	92.5
(6)文教娱乐用品及服务	元/人	83.6	92.4	116.1	136.4	190.1
(7)医疗保健	元/人	52.0	54.0	59.5	72.2	94.5
(8)其他商品及服务	元/人	10.8	13.4	18.0	25.6	39.4
4.财产性支出	元/人	4.5	4.2	6.0	6.8	14.1
5.转移性支出	元/人	35.6	40.2	54.1	69.8	124.9
(二)现金支出	元/人	903.6	908.7	1092.0	1317.6	1966.3
1.生产费用支出	元/人	299.9	254.1	300.8	357.4	547.1
2.税费支出	元/人	47.1	43.0	46.9	52.4	68.0
3.生活消费支出	元/人	518.0	568.4	685.6	833.1	1216.7
(1)食品	元/人	207.3	220.9	266.5	311.3	428.2
(2)衣着	元/人	50.5	55.0	65.0	77.8	101.4
(3)居住	元/人	70.9	84.1	94.1	121.2	214.5
(4)家庭设备用品及服务	元/人	18.7	23.3	30.6	38.9	58.9
(5)交通通讯	元/人	25.1	26.2	37.3	51.4	91.7
(6)文教娱乐用品及服务	元/人	83.1	91.7	115.0	135.3	189.0
(7)医疗保健	元/人	51.9	53.8	59.1	71.8	93.9
(8)其他商品及服务	元/人	10.6	13.4	17.9	25.4	39.1
4.财产性支出	元/人	3.3	3.6	5.3	5.6	11.6
5.转移性支出	元/人	35.3	39.6	53.3	69.1	122.8

数据来源：国家贫困监测调查

2-6　2005年按农村居民人均纯收入五等份分组的农村居民家庭基本情况

指标名称	单　位	低收入户	中低收入户	中等收入户	中上收入户	高收入户
一. 调查户所占比重	%	20.0	20.0	20.0	20.0	20.0
二. 劳动力文化程度						
1. 文盲或半文盲	%	15.8	14.3	12.3	10.8	10.2
2. 小学	%	37.2	36.2	35.0	34.3	32.5
3. 初中	%	40.5	42.2	44.3	45.0	45.1
4. 高中	%	5.2	5.8	6.6	7.6	8.6
5. 中专	%	0.9	1.2	1.3	1.6	2.6
6. 大专及以上	%	0.4	0.3	0.4	0.6	1.0
三. 年末生产性固定资产原值	元/户	4674.9	4138.0	4160.0	4321.9	5254.6
其中:年末生产用房原值	元/户	1354.4	1204.4	1229.9	1321.3	1544.6
四. 住房面积	平方米/人	18.9	20.0	21.6	23.2	27.2
其中:钢混结构面积	平方米/人	2.2	2.4	3.1	3.7	4.7
住房价值	元/平方米	138.0	142.5	149.8	158.3	172.5
五. 耕地面积	亩/人	2.0	2.0	2.1	2.2	2.6
其中:水田、水浇地面积	亩/人	0.5	0.5	0.6	0.7	0.9
六. 年末存粮	公斤/人	318.1	354.4	386.3	417.3	501.6
七. 主要农产品产量						
1. 粮食产量	公斤/人	350.9	426.7	490.8	552.2	700.4
2. 棉花产量	公斤/人	3.3	6.0	7.6	9.8	14.2
3. 油料产量	公斤/人	12.9	17.4	21.4	25.8	33.4
4. 蔬菜产量	公斤/人	86.4	112.1	132.1	147.3	202.4
5. 瓜果产量	公斤/人	17.0	25.3	36.1	44.6	86.5
6. 猪肉产量	公斤/人	16.5	21.8	27.1	32.5	44.2
7. 牛肉产量	公斤/人	1.8	2.6	3.0	3.8	9.6
8. 羊肉产量	公斤/人	2.4	3.1	3.5	4.7	9.0
9. 家禽产量	公斤/人	1.9	2.2	2.4	2.7	4.8
10. 禽蛋产量	公斤/人	1.9	1.4	1.6	2.3	4.1
11. 奶类产量	公斤/人	4.0	4.3	6.4	7.4	17.6
八. 收入						
(一)总收入	元/人	1322.8	1791.5	2280.6	2907.8	4643.2
1. 工资性收入	元/人	206.3	358.7	512.3	713.0	1145.4
2. 家庭经营收入	元/人	1035.1	1327.6	1640.6	2020.8	3177.6
3. 财产性收入	元/人	9.3	14.3	20.2	30.7	72.8
4. 转移性收入	元/人	72.1	90.8	107.5	143.3	247.3

数据来源：国家贫困监测调查

2-6 续

指标名称	单位	低收入户	中低收入户	中等收入户	中上收入户	高收入户
(二)纯收入	元/人	649.4	1172.1	1589.6	2106.1	3506.6
1.工资性收入	元/人	206.3	358.7	512.3	713.0	1145.4
2.家庭经营收入	元/人	386.6	734.7	979.4	1255.9	2092.6
3.财产性收入	元/人	9.3	14.3	20.2	30.7	72.8
4.转移性收入	元/人	47.2	64.3	77.7	106.5	195.8
(三)现金收入	元/人	841.6	1190.6	1586.1	2125.7	3564.9
1.工资性收入	元/人	206.3	358.7	512.3	713.0	1145.4
2.家庭经营收入	元/人	569.4	744.5	966.0	1261.8	2142.7
3.财产性收入	元/人	9.3	14.3	20.2	30.7	72.8
4.转移性收入	元/人	56.7	73.0	87.7	120.3	203.9
九.支出						
(一)总支出	元/人	1803.3	1905.1	2190.4	2559.2	3571.4
1.生产费用支出	元/人	630.7	576.5	657.5	762.6	1106.9
#家庭经营支出	元/人	578.4	528.9	593.4	690.4	982.0
2.税费支出	元/人	3.8	4.0	4.8	5.8	9.7
3.生活消费支出	元/人	1115.3	1263.6	1450.9	1694.2	2284.2
(1)食品	元/人	628.2	703.1	779.0	862.8	1052.1
(2)衣着	元/人	63.7	72.3	83.6	95.9	124.6
(3)居住	元/人	124.1	146.5	167.5	211.1	344.4
(4)家庭设备用品及服务	元/人	38.1	43.1	52.5	64.2	88.5
(5)交通通讯	元/人	60.6	70.9	94.1	122.9	199.8
(6)文教娱乐用品及服务	元/人	119.6	137.4	171.6	210.6	297.6
(7)医疗保健	元/人	64.1	70.3	78.4	96.1	135.8
(8)其他商品及服务	元/人	16.9	19.9	24.2	30.5	41.4
4.财产性支出	元/人	4.1	3.0	4.3	6.5	17.6
5.转移性支出	元/人	49.4	58.0	72.9	90.2	152.9
(二)现金支出	元/人	1317.2	1370.5	1619.1	1944.8	2842.4
1.生产费用支出	元/人	492.1	435.2	506.2	594.8	882.6
2.税费支出	元/人	3.7	3.9	4.6	5.6	9.5
3.生活消费支出	元/人	770.6	872.9	1034.2	1251.0	1785.3
(1)食品	元/人	306.8	341.1	390.4	452.3	592.4
(2)衣着	元/人	63.7	72.3	83.6	95.9	124.6
(3)居住	元/人	100.9	118.0	139.4	178.4	305.1
(4)家庭设备用品及服务	元/人	38.1	43.1	52.5	64.2	88.5
(5)交通通讯	元/人	60.6	70.9	94.1	122.9	199.8
(6)文教娱乐用品及服务	元/人	119.6	137.4	171.6	210.6	297.6
(7)医疗保健	元/人	64.1	70.3	78.4	96.1	135.8
(8)其他商品及服务	元/人	16.9	19.9	24.2	30.5	41.4
4.财产性支出	元/人	4.1	3.0	4.3	6.5	17.6
5.转移性支出	元/人	46.8	55.6	69.7	86.8	147.4

数据来源：国家贫困监测调查

2-7　2008年按农村居民人均纯收入五等份分组的农村居民家庭基本情况

指标名称	单　位	低收入户	中低收入户	中等收入户	中上收入户	高收入户
一. 调查户所占比重	%	20.0	20.0	20.0	20.0	20.0
二. 劳动力文化程度						
1. 文盲或半文盲	%	14.0	12.7	10.8	9.3	8.0
2. 小学	%	35.3	34.8	34.2	32.4	29.7
3. 初中	%	42.9	44.2	45.2	46.8	47.5
4. 高中	%	6.2	6.4	7.6	8.5	10.3
5. 中专	%	1.2	1.3	1.6	1.9	3.0
6. 大专及以上	%	0.5	0.6	0.7	1.1	1.6
三. 年末生产性固定资产原值	元/户	5949.4	5214.5	5257.9	5394.2	6291.5
其中:年末生产用房原值	元/户	1562.6	1544.5	1526.8	1583.8	1826.2
其中：钢混结构面积	平方米/人	19.7	21.2	23.2	25.5	30.3
其中：钢混结构面积	平方米/人	2.4	2.8	3.5	4.3	6.7
住房价值	元/平方米	181.2	180.4	188.1	198.1	225.1
四. 耕地面积	亩/人	2.0	1.9	2.1	2.3	2.8
其中:水田、水浇地面积	亩/人	0.5	0.6	0.6	0.7	1.0
五. 年末存粮	公斤/人	330.4	363.5	405.0	453.4	554.4
六. 主要农产品产量						
1. 谷物产量	公斤/人	337.8	401.5	476.8	555.5	768.6
2. 棉花产量	公斤/人	4.0	6.2	8.8	12.3	21.6
3. 油料产量	公斤/人	11.8	14.8	20.0	25.9	39.2
4. 蔬菜产量	公斤/人	89.0	99.6	124.9	145.7	176.7
5. 水果产量	公斤/人	21.9	26.4	32.4	45.1	66.1
6. 猪肉产量	公斤/人	13.8	18.7	23.0	26.8	39.3
7. 牛肉产量	公斤/人	2.0	2.5	2.9	4.0	5.9
8. 羊肉产量	公斤/人	2.4	2.9	3.2	4.0	6.2
9. 家禽产量	公斤/人	2.3	2.6	2.8	3.3	5.5
10. 禽蛋产量	公斤/人	1.2	1.5	1.8	2.3	9.0
11. 奶类产量	公斤/人	6.1	5.5	5.4	10.4	22.4
七. 收入 元/人						
(一)总收入	元/人	1939.6	2640.3	3384.0	4373.0	7074.1
1. 工资性收入	元/人	314.8	567.0	807.6	1123.8	1894.9
2. 家庭经营收入	元/人	1460.6	1868.8	2327.7	2922.4	4644.1
3. 财产性收入	元/人	13.8	21.1	30.9	46.2	115.7
4. 转移性收入	元/人	150.4	183.5	217.7	280.6	419.4

数据来源：国家贫困监测调查

2-7　续

指标名称	单　位	低收入户	中低收入户	中等收入户	中上收入户	高收入户
(二)纯收入	元/人	1007.5	1761.4	2392.0	3218.2	5421.7
1.工资性收入	元/人	314.8	567.0	807.6	1123.8	1894.9
2.家庭经营收入	元/人	545.6	1012.5	1360.9	1803.1	3030.1
3.财产性收入	元/人	13.8	21.1	30.9	46.2	115.7
4.转移性收入	元/人	133.3	160.9	192.6	245.0	381.0
(三)现金收入	元/人	1275.3	1790.3	2405.3	3258.7	5588.3
1.工资性收入	元/人	313.8	565.8	806.3	1122.1	1891.0
2.家庭经营收入	元/人	804.6	1031.6	1368.3	1829.2	3186.9
3.财产性收入	元/人	9.7	12.8	17.6	31.2	98.0
4.转移性收入	元/人	147.2	180.1	213.1	276.2	412.4
八.支出	元/人					
(一)总支出	元/人	2491.5	2688.8	3194.2	3819.5	5464.3
1.生产费用支出	元/人	885.7	836.0	974.0	1134.1	1695.5
#家庭经营支出	元/人	830.0	778.0	882.2	1025.9	1489.7
2.税费支出	元/人	1.9	2.5	3.1	4.0	7.0
3.生活消费支出	元/人	1523.0	1749.2	2087.9	2514.4	3465.3
(1)食品	元/人	869.7	998.8	1121.1	1264.4	1548.4
(2)衣着	元/人	84.7	97.9	119.2	139.9	190.8
(3)居住	元/人	214.8	225.8	305.0	399.6	650.8
(4)家庭设备用品及服务	元/人	55.9	70.1	86.5	107.2	158.0
(5)交通通讯	元/人	103.0	120.9	156.6	213.4	329.0
(6)文教娱乐用品及服务	元/人	85.5	107.2	146.1	194.7	299.4
(7)医疗保健	元/人	88.1	102.5	120.6	154.3	227.0
(8)其他商品及服务	元/人	20.9	25.7	32.5	40.5	60.3
4.财产性支出	元/人	4.7	5.6	8.4	7.7	18.2
5.转移性支出	元/人	76.2	95.5	120.8	159.1	278.4
(二)现金支出	元/人	1877.3	1982.5	2432.1	3007.3	4531.1
1.生产费用支出	元/人	712.4	642.8	767.2	924.1	1439.7
2.税费支出	元/人	1.9	2.5	3.1	4.0	7.0
3.生活消费支出	元/人	1083.1	1237.0	1533.8	1913.5	2789.3
(1)食品	元/人	452.6	516.1	601.0	707.8	931.7
(2)衣着	元/人	84.6	97.6	119.1	139.9	191.7
(3)居住	元/人	192.8	200.1	273.5	360.7	592.5
(4)家庭设备用品及服务	元/人	55.7	67.1	84.6	102.3	157.7
(5)交通通讯	元/人	103.0	120.9	156.6	213.4	329.0
(6)文教娱乐用品及服务	元/人	85.5	107.2	146.1	194.7	299.4
(7)医疗保健	元/人	88.1	102.5	120.6	154.3	227.0
(8)其他商品及服务	元/人	20.6	25.5	32.3	40.4	60.3
4.财产性支出	元/人	4.7	5.6	8.4	7.7	18.2
5.转移性支出	元/人	75.2	94.6	119.6	158.0	277.0

数据来源：国家贫困监测调查

2-8　2009年按农村居民人均纯收入五等份分组的农村居民家庭基本情况

指标名称	单　位	低收入户	中低收入户	中等收入户	中上收入户	高收入户
一. 调查户所占比重	%	20.0	20.0	20.0	20.0	20.0
二. 劳动力文化程度						
1. 文盲或半文盲	%	13.5	12.2	10.7	9.1	8.1
2. 小学	%	34.1	34.2	33.2	31.7	29.0
3. 初中	%	43.9	44.4	45.8	47.0	46.8
4. 高中	%	6.5	6.9	7.7	8.9	10.9
5. 中专	%	1.3	1.5	1.7	2.1	3.1
6. 大专及以上	%	0.7	0.8	1.0	1.3	2.1
三. 年末生产性固定资产原值	元/户	6160.2	5537.3	5888.2	5902.1	6947.9
其中:年末生产用房原值	元/户	1611.5	1623.7	1738.9	1745.7	1969.0
四. 住房面积	平方米/人	20.0	21.8	23.9	26.7	31.6
其中：钢混结构面积	平方米/人	2.8	3.3	4.2	5.5	7.6
住房价值	元/平方米	200.1	196.2	212.2	224.1	249.7
五. 耕地面积	亩/人	2.1	1.9	2.1	2.3	2.9
其中:水田、水浇地面积	亩/人	0.5	0.6	0.7	0.8	1.0
六. 年末存粮	公斤/人	332.6	351.5	394.4	449.0	545.5
七. 主要农产品产量						
1. 粮食产量	公斤/人	343.2	411.0	492.9	583.3	794.5
2. 棉花产量	公斤/人	2.5	5.1	7.6	11.8	19.2
3. 油料产量	公斤/人	12.6	15.6	20.0	27.0	40.8
4. 蔬菜产量	公斤/人	78.6	97.0	112.6	141.4	200.6
5. 瓜果产量	公斤/人	22.3	30.0	39.0	45.1	83.4
6. 猪肉产量	公斤/人	15.2	21.2	26.3	32.0	45.5
7. 牛肉产量	公斤/人	1.4	2.5	3.2	4.1	6.3
8. 羊肉产量	公斤/人	2.5	2.9	3.5	4.1	6.0
9. 家禽产量	公斤/人	2.0	2.6	3.4	3.6	4.6
10. 禽蛋产量	公斤/人	1.6	1.6	2.1	3.3	7.6
11. 奶类产量	公斤/人	4.8	5.6	5.1	7.8	20.4
八. 收入						
(一) 总收入	元/人	2005.2	2764.2	3590.2	4676.6	7709.4
1. 工资性收入	元/人	350.9	634.8	915.9	1292.7	2179.2
2. 家庭经营收入	元/人	1457.1	1895.9	2378.2	3013.4	4841.8
3. 财产性收入	元/人	12.7	20.4	33.2	46.3	105.8
4. 转移性收入	元/人	184.5	213.1	262.9	324.2	582.5

数据来源：国家贫困监测调查

2-8 续

指标名称	单　位	低收入户	中低收入户	中等收入户	中上收入户	高收入户
（二）纯收入	元／人	1081.5	1894.3	2590.2	3502.5	5984.5
1. 工资性收入	元／人	350.9	634.8	915.9	1292.7	2179.2
2. 家庭经营收入	元／人	555.9	1048.3	1405.6	1875.5	3172.0
3. 财产性收入	元／人	12.7	20.4	33.2	46.3	105.8
4. 转移性收入	元／人	161.9	190.8	235.5	288.0	527.5
（三）现金收入	元／人	1377.8	1947.2	2641.8	3608.4	6327.1
1. 工资性收入	元／人	349.9	633.4	914.3	1290.5	2175.0
2. 家庭经营收入	元／人	835.2	1087.3	1443.2	1963.5	3488.9
3. 财产性收入	元／人	11.5	17.1	26.2	36.4	88.6
4. 转移性收入	元／人	181.1	209.4	258.0	318.1	574.6
九. 支出						
（一）总支出	元／人	2587.9	2813.2	3356.7	4023.2	5969.6
1. 生产费用支出	元／人	885.8	832.1	972.0	1143.3	1729.9
# 家庭经营支出	元／人	812.0	764.8	878.3	1035.8	1532.1
2. 税费支出	元／人	2.3	1.8	3.0	4.8	6.1
3. 生活消费支出	元／人	1604.5	1860.5	2226.3	2664.5	3880.6
（1）食品	元／人	876.7	1008.3	1136.6	1282.8	1598.2
（2）衣着	元／人	93.0	107.7	127.5	154.0	208.9
（3）居住	元／人	240.6	279.1	362.4	444.2	845.6
（4）家庭设备用品及服务	元／人	68.9	79.5	98.9	124.6	193.5
（5）交通通讯	元／人	110.4	133.6	173.9	233.8	367.5
（6）文教娱乐用品及服务	元／人	89.8	111.7	152.0	206.0	317.6
（7）医疗保健	元／人	99.5	112.4	142.0	174.4	280.3
（8）其他商品及服务	元／人	25.5	28.2	33.0	44.7	69.1
4. 财产性支出	元／人	6.7	6.9	7.9	8.7	25.9
5. 转移性支出	元／人	88.6	111.8	147.5	202.0	327.1
（二）现金支出	元／人	2002.0	2146.2	2622.5	3252.6	5082.9
1. 生产费用支出	元／人	718.8	657.0	778.1	937.1	1485.0
2. 税费支出	元／人	2.2	1.8	2.9	4.6	6.0
3. 生活消费支出	元／人	1187.1	1370.7	1688.1	2102.0	3241.0
（1）食品	元／人	485.4	550.6	636.4	756.0	1019.8
（2）衣着	元／人	92.6	107.1	127.2	153.7	208.6
（3）居住	元／人	215.2	248.3	325.9	409.3	787.0
（4）家庭设备用品及服务	元／人	68.7	79.2	98.0	124.2	191.2
（5）交通通讯	元／人	110.4	133.6	173.9	233.8	367.5
（6）文教娱乐用品及服务	元／人	89.8	111.7	152.0	206.0	317.6
（7）医疗保健	元／人	99.5	112.4	142.0	174.4	280.3
（8）其他商品及服务	元／人	25.4	27.9	32.8	44.6	69.1
4. 财产性支出	元／人	6.7	6.9	7.9	8.7	25.9
5. 转移性支出	元／人	87.1	109.7	145.5	200.3	325.0

数据来源：国家贫困监测调查

2-9　2002年按农村居民人均生活消费分组的农村居民家庭基本情况

指标名称	单　位	0-300元	300-600元	600-800元	800-1000元
一. 调查户所占比重	%	0.8	14.0	18.9	17.9
二. 劳动力文化程度					
1. 文盲或半文盲	%	31.1	23.0	17.8	14.8
2. 小学	%	39.5	40.0	40.0	38.8
3. 初中	%	25.4	31.9	36.2	39.4
4. 高中	%	3.3	4.1	5.0	5.7
5. 中专	%	0.7	0.8	0.9	1.1
6. 大专及以上	%	0.0	0.1	0.1	0.1
三. 年末生产性固定资产原值	元/户	2774.5	2650.1	2875.0	3083.9
其中:年末生产用房原值	元/户	877.8	661.8	768.1	855.8
四. 住房面积	平方米/人	15.8	15.7	17.7	19.4
其中：钢混结构面积	平方米/人	0.5	1.0	1.5	2.0
住房价值	元/平方米	114.5	103.5	107.1	114.1
五. 耕地面积	亩/人	2.2	1.9	2.0	2.0
其中:水田、水浇地面积	亩/人	0.2	0.4	0.5	0.6
六. 年末存粮	公斤/人	231.9	271.8	299.9	325.1
七. 主要农产品产量					
1. 粮食产量	公斤/人	309.2	377.1	421.0	465.0
2. 棉花产量	公斤/人	1.0	3.5	3.3	2.6
3. 油料产量	公斤/人	12.3	16.8	20.4	22.2
4. 蔬菜产量	公斤/人	26.7	72.0	107.4	142.4
5. 瓜果产量	公斤/人	6.1	29.4	37.2	41.7
6. 猪肉产量	公斤/人	7.3	18.8	26.1	32.3
7. 牛肉产量	公斤/人	6.8	3.8	3.4	4.9
8. 羊肉产量	公斤/人	2.2	2.9	3.2	3.9
9. 家禽产量	公斤/人	0.7	1.2	1.7	2.2
10. 禽蛋产量	公斤/人	0.6	0.9	1.7	2.2
11. 奶类产量	公斤/人	4.0	2.7	3.0	3.3
八. 收入					
(一) 总收入	元/人	897.0	1198.3	1453.4	1705.2
1. 工资性收入	元/人	238.6	264.3	323.9	382.8
2. 家庭经营收入	元/人	604.0	884.9	1068.7	1244.8
3. 财产性收入	元/人	2.1	5.6	7.1	9.7
4. 转移性收入	元/人	52.2	43.5	53.7	67.9

数据来源：国家贫困监测调查

1000-1200元	1200-1500元	1500-1800元	1800-2000元	2000-2500元	2500-3000元	3000元以上
14.1	13.7	7.7	3.3	4.5	2.1	3.1
13.2	12.0	10.8	10.5	10.7	9.9	9.5
37.4	37.0	34.9	34.7	32.7	33.1	32.4
41.2	41.6	44.1	43.4	42.8	42.5	42.2
6.6	7.3	8.0	8.6	10.3	10.3	11.2
1.3	1.7	1.8	2.4	3.2	3.8	3.6
0.2	0.2	0.3	0.4	0.4	0.4	0.9
3433.6	3734.9	3987.5	4014.8	4594.6	5140.7	5241.3
996.0	1124.3	1166.0	1161.8	1325.7	1382.3	1496.8
21.0	22.2	23.2	24.3	25.3	27.0	28.8
2.3	2.8	3.4	3.9	4.1	4.8	6.5
117.6	122.2	129.5	137.3	142.6	150.2	164.0
2.1	2.3	2.3	2.3	2.5	2.9	3.0
0.7	0.7	0.8	0.8	0.8	0.9	1.0
344.3	360.9	370.5	382.2	396.8	416.4	416.3
503.0	528.6	558.3	563.4	590.8	620.3	633.4
2.6	2.9	2.7	4.0	3.2	3.1	3.7
23.9	25.8	26.0	27.5	29.7	32.4	31.7
168.1	184.2	203.1	223.1	208.4	197.5	227.0
48.1	50.7	56.0	50.9	65.4	76.3	100.2
38.2	40.6	44.7	46.5	48.4	46.0	47.3
4.3	5.2	4.9	5.8	6.1	7.3	9.8
4.4	5.2	5.7	6.4	7.5	8.9	12.0
2.8	3.5	3.7	3.2	4.0	3.3	3.3
2.8	2.7	3.8	2.7	8.9	6.1	5.2
4.2	7.4	10.5	14.9	13.8	16.0	11.6
1963.1	2201.4	2491.2	2694.1	3006.6	3334.8	3840.0
440.3	528.1	596.8	666.0	724.1	819.3	864.9
1426.1	1559.0	1747.4	1851.6	2047.5	2236.8	2540.6
12.6	13.6	17.3	21.3	30.4	35.8	46.7
84.2	100.6	129.7	155.2	204.6	242.8	387.9

2-9 续

指标名称	单 位	0-300元	300-600元	600-800元	800-1000元
(二)纯收入	元/人	681.0	876.9	1033.7	1191.5
1.工资性收入	元/人	238.6	264.3	323.9	382.8
2.家庭经营收入	元/人	393.5	572.7	663.7	751.5
3.财产性收入	元/人	2.1	5.6	7.1	9.7
4.转移性收入	元/人	46.7	34.3	39.0	47.5
(三)现金收入	元/人	541.0	707.9	877.4	1050.3
1.工资性收入	元/人	238.6	264.3	323.9	382.8
2.家庭经营收入	元/人	248.2	397.0	496.1	593.7
3.财产性收入	元/人	2.0	5.0	6.6	8.6
4.转移性收入	元/人	52.1	41.7	50.9	65.2
九.支出					
(一)总支出	元/人	438.1	802.7	1127.2	1426.7
1.生产费用支出	元/人	147.1	255.7	345.7	427.5
#家庭经营支出	元/人	145.1	241.0	321.5	397.7
2.税费支出	元/人	28.9	35.5	42.2	49.0
3.生活消费支出	元/人	248.6	489.7	701.2	896.0
(1)食品	元/人	207.7	367.1	486.8	589.5
(2)衣着	元/人	12.6	32.5	46.7	59.8
(3)居住	元/人	13.1	33.5	53.7	72.8
(4)家庭设备用品及服务	元/人	1.9	8.6	16.7	23.8
(5)交通通讯	元/人	2.7	8.3	16.4	26.8
(6)文教娱乐用品及服务	元/人	3.9	19.2	43.4	67.7
(7)医疗保健	元/人	5.8	16.1	28.7	42.5
(8)其他商品及服务	元/人	0.8	4.4	8.9	13.2
4.财产性支出	元/人	0.7	2.1	4.1	5.8
5.转移性支出	元/人	12.9	19.8	34.0	48.4
(二)现金支出	元/人	240.7	468.8	693.6	916.0
1.生产费用支出	元/人	91.9	172.5	234.8	293.1
2.税费支出	元/人	28.9	34.6	40.7	47.2
3.生活消费支出	元/人	106.9	240.4	381.4	523.1
(1)食品	元/人	67.8	122.4	176.1	228.5
(2)衣着	元/人	12.5	32.2	46.3	59.3
(3)居住	元/人	12.0	29.9	46.3	62.7
(4)家庭设备用品及服务	元/人	1.9	8.5	16.3	23.5
(5)交通通讯	元/人	2.4	8.2	16.3	26.7
(6)文教娱乐用品及服务	元/人	3.9	18.9	42.9	67.1
(7)医疗保健	元/人	5.8	16.0	28.4	42.2
(8)其他商品及服务	元/人	0.8	4.4	8.8	13.1
4.财产性支出	元/人	0.2	1.7	3.4	5.0
5.转移性支出	元/人	12.8	19.5	33.2	47.6

数据来源：国家贫困监测调查

1000-1200元	1200-1500元	1500-1800元	1800-2000元	2000-2500元	2500-3000元	3000元以上
1355.2	1512.7	1682.5	1826.2	1988.6	2163.1	2428.2
440.3	528.1	596.8	666.0	724.1	819.3	864.9
845.3	902.7	982.0	1038.0	1103.9	1173.3	1302.4
12.6	13.6	17.3	21.3	30.4	35.8	46.7
57.0	68.2	86.4	100.9	130.2	134.6	214.2
1244.5	1446.8	1699.1	1843.4	2133.6	2462.4	2875.0
440.3	528.1	596.8	666.0	724.1	819.3	864.9
712.6	810.9	961.5	1006.3	1183.8	1374.9	1592.5
11.1	11.5	15.0	18.9	27.5	31.4	41.1
80.5	96.4	125.8	152.1	198.1	236.7	376.5
1726.4	2061.4	2512.5	2839.5	3359.1	3978.0	5946.2
508.4	581.2	694.4	733.3	909.8	978.9	1133.5
472.7	536.9	631.1	671.3	786.5	884.8	1026.7
54.5	59.4	68.1	75.2	78.8	86.4	114.6
1094.5	1333.4	1634.9	1895.0	2218.8	2726.3	4460.8
680.5	783.9	895.0	976.9	1048.8	1144.5	1345.7
72.4	85.3	100.4	110.3	130.9	139.3	181.2
95.3	123.4	160.0	219.9	268.0	380.7	1273.9
33.2	41.6	53.1	64.7	79.4	97.7	153.4
38.1	54.9	74.8	100.2	136.4	181.2	236.2
96.4	141.6	202.6	243.1	337.3	483.6	842.4
60.2	78.2	112.2	132.6	159.8	219.6	335.8
18.4	24.4	36.9	47.2	58.0	79.8	92.2
6.2	8.8	9.0	14.2	13.4	18.3	29.5
62.9	78.8	106.1	121.9	138.3	168.0	207.8
1155.5	1433.9	1837.9	2127.9	2598.4	3185.6	5039.5
355.1	408.4	504.8	533.8	684.4	759.7	865.0
52.5	57.0	64.9	71.6	73.5	81.2	104.8
681.1	884.1	1155.1	1389.4	1693.0	2162.2	3838.5
283.1	355.4	437.4	496.4	555.7	619.9	798.1
71.7	84.6	99.7	109.5	129.8	138.1	180.0
81.8	105.9	142.0	199.3	242.2	348.0	1210.7
33.1	41.4	52.6	64.3	78.3	96.2	147.0
38.0	54.6	74.2	99.6	135.7	179.9	235.1
95.5	140.4	200.6	241.8	334.1	481.8	840.6
59.8	77.7	111.8	131.5	159.3	219.0	335.3
18.2	24.1	36.8	47.0	57.8	79.2	91.8
4.5	6.6	7.6	12.6	11.8	15.8	27.4
62.2	77.8	105.4	120.6	135.9	166.7	203.7

2-10 2005年按农村居民人均生活消费分组的农村居民家庭基本情况

指标名称	单 位	0元以下	0-300元	600-800元	800-1000元	1000-1200元
一. 调查户所占比重	%	0.2	4.7	10.0	13.3	13.6
二. 劳动力文化程度						
1. 文盲或半文盲	%	36.7	20.1	16.3	14.6	13.9
2. 小学	%	36.7	40.4	38.3	37.0	35.5
3. 初中	%	22.6	35.1	39.7	42.0	43.1
4. 高中	%	3.1	3.4	4.6	5.1	5.9
5. 中专	%	0.9	0.7	0.9	1.1	1.2
6. 大专及以上	%	0.0	0.3	0.2	0.3	0.4
三. 年末生产性固定资产原值	元/户	3973.3	3737.1	3725.9	4013.0	4254.6
其中:年末生产用房原值	元/户	1449.8	1053.5	1064.8	1156.5	1350.9
四. 住房面积	平方米/人	12.9	16.0	17.8	19.0	20.7
其中:钢混结构面积	平方米/人	0.5	1.2	1.4	1.8	2.6
住房价值	元/平方米	140.3	124.8	131.0	137.3	143.4
五. 耕地面积	亩/人	1.5	1.8	1.9	2.0	2.0
其中:水田、水浇地面积	亩/人	0.3	0.5	0.5	0.6	0.6
六. 年末存粮	公斤/人	282.3	295.4	324.3	355.1	370.3
七. 主要农产品产量						
1. 粮食产量	公斤/人	242.4	346.3	406.9	447.3	469.9
2. 棉花产量	公斤/人	1.0	6.5	7.8	8.4	7.4
3. 油料产量	公斤/人	5.4	11.1	14.3	16.7	20.0
4. 蔬菜产量	公斤/人	24.9	57.6	89.0	105.6	119.5
5. 瓜果产量	公斤/人	11.3	20.0	24.2	25.8	27.5
6. 猪肉产量	公斤/人	10.2	12.3	17.7	20.8	26.1
7. 牛肉产量	公斤/人	6.3	3.0	2.4	3.1	4.1
8. 羊肉产量	公斤/人	6.7	3.4	3.0	3.6	3.7
9. 家禽产量	公斤/人	1.2	1.2	1.7	2.2	2.2
10. 禽蛋产量	公斤/人	0.3	0.8	1.3	1.6	1.3
11. 奶类产量	公斤/人	11.6	2.9	4.5	5.7	5.0
八. 收入						
(一)总收入	元/人	1014.8	1334.2	1631.3	1908.2	2165.9
1. 工资性收入	元/人	191.5	288.8	352.5	409.0	467.7
2. 家庭经营收入	元/人	771.0	975.6	1197.2	1401.6	1584.8
3. 财产性收入	元/人	8.4	8.5	14.2	15.6	20.0
4. 转移性收入	元/人	43.9	61.3	67.4	82.0	93.4

1200-1500元	1500-1800元	1800-2000元	2000-2500元	2500-3000元	3000-3500元	3500-4000元	4000元以上
17.2	12.2	6.4	9.5	5.2	2.8	1.6	3.4
12.5	10.5	9.5	9.4	9.4	8.2	8.0	8.5
35.4	33.7	34.0	33.0	31.3	28.8	28.6	29.9
44.1	45.9	46.0	46.0	46.0	47.1	47.6	45.3
6.4	7.7	8.1	8.7	9.7	11.9	11.3	11.5
1.3	1.7	1.8	2.2	2.6	2.7	3.0	3.4
0.4	0.6	0.7	0.8	1.0	1.4	1.5	1.4
4467.3	4646.2	4660.5	4930.2	5133.4	5590.2	6476.3	6345.0
1355.2	1339.8	1455.1	1460.7	1523.7	1450.8	1832.2	1705.4
21.8	23.3	24.6	25.8	27.5	29.1	31.0	32.0
3.1	3.8	4.4	4.7	5.2	6.0	7.3	8.0
150.1	156.3	158.3	165.3	171.5	178.3	189.0	206.5
2.1	2.2	2.3	2.4	2.5	2.6	2.6	3.0
0.6	0.7	0.7	0.8	0.8	0.8	0.9	0.9
400.0	414.0	424.4	448.6	451.7	489.4	486.0	510.9
500.7	528.3	542.0	570.7	590.2	631.8	642.7	689.3
7.7	8.0	6.5	7.9	6.8	11.5	9.7	12.4
22.4	23.7	29.2	29.2	29.3	32.7	32.2	28.3
129.2	147.8	167.0	179.0	203.8	205.4	228.4	207.3
38.5	49.6	52.2	53.5	67.3	67.7	77.1	98.6
28.5	31.2	33.7	37.0	39.9	39.1	44.5	44.0
4.2	4.0	4.6	5.4	5.5	4.6	5.1	4.9
4.0	5.2	5.4	6.0	5.5	5.3	5.8	7.3
2.6	3.1	4.3	4.2	3.9	3.5	3.4	4.0
2.4	2.7	1.9	2.9	6.7	2.4	3.4	2.6
6.1	8.0	11.1	11.1	7.9	17.9	29.7	19.7
2454.6	2767.2	3002.6	3287.8	3715.8	3958.8	4269.1	4746.3
538.3	635.7	692.4	758.9	861.4	976.8	998.1	1134.0
1770.8	1961.7	2119.6	2306.9	2594.1	2674.0	2913.1	3155.4
28.0	29.8	31.6	42.0	41.5	58.5	52.9	99.6
117.4	140.1	159.0	179.9	218.8	249.4	304.9	357.3

2-10 续

指标名称	单 位	0元以下	0-300元	600-800元	800-1000元	1000-1200元
(二)纯收入	元/人	733.9	968.9	1146.9	1347.0	1522.2
1.工资性收入	元/人	191.5	288.8	352.5	409.0	467.7
2.家庭经营收入	元/人	499.3	621.2	727.6	858.4	962.4
3.财产性收入	元/人	8.4	8.5	14.2	15.6	20.0
4.转移性收入	元/人	34.7	50.3	52.6	64.0	72.1
(三)现金收入	元/人	637.1	899.1	1098.9	1288.2	1483.8
1.工资性收入	元/人	191.5	288.8	352.5	409.0	467.7
2.家庭经营收入	元/人	416.2	554.0	680.4	798.5	922.5
3.财产性收入	元/人	8.4	8.5	14.2	15.6	20.0
4.转移性收入	元/人	21.1	47.7	51.7	65.2	73.6
九.支出						
(一)总支出	元/人	629.6	854.6	1197.6	1470.5	1769.4
1.生产费用支出	元/人	351.0	331.2	452.1	522.3	607.8
#家庭经营支出	元/人	223.1	304.9	416.5	483.0	555.2
2.税费支出	元/人	0.2	1.3	2.3	3.0	4.0
3.生活消费支出	元/人	256.0	498.1	709.5	900.6	1097.1
(1)食品	元/人	192.6	350.8	482.3	591.7	688.4
(2)衣着	元/人	16.0	30.9	43.6	56.8	70.0
(3)居住	元/人	11.7	37.8	56.6	73.9	93.2
(4)家庭设备用品及服务	元/人	8.9	14.5	21.2	28.3	37.1
(5)交通通讯	元/人	5.9	14.8	26.0	38.7	54.9
(6)文教娱乐用品及服务	元/人	8.5	28.0	45.9	65.2	88.3
(7)医疗保健	元/人	9.0	16.1	25.4	35.0	50.1
(8)其他商品及服务	元/人	3.4	5.2	8.5	11.1	15.1
4.财产性支出	元/人	1.2	2.3	1.7	5.2	3.6
5.转移性支出	元/人	21.2	21.7	31.9	39.4	56.8
(二)现金支出	元/人	484.5	586.1	815.2	1001.8	1234.6
1.生产费用支出	元/人	285.9	248.9	345.4	396.8	466.2
2.税费支出	元/人	0.2	1.3	2.1	2.8	3.9
3.生活消费支出	元/人	176.0	313.1	435.5	559.5	706.5
(1)食品	元/人	115.6	176.3	224.5	270.2	321.5
(2)衣着	元/人	16.0	30.9	43.6	56.8	70.0
(3)居住	元/人	8.8	27.2	40.4	54.3	69.5
(4)家庭设备用品及服务	元/人	8.9	14.5	21.2	28.3	37.1
(5)交通通讯	元/人	5.9	14.8	26.0	38.7	54.9
(6)文教娱乐用品及服务	元/人	8.5	28.0	45.9	65.2	88.3
(7)医疗保健	元/人	9.0	16.1	25.4	35.0	50.1
(8)其他商品及服务	元/人	3.4	5.2	8.5	11.1	15.1
4.财产性支出	元/人	1.2	2.3	1.7	5.2	3.6
5.转移性支出	元/人	21.1	20.6	30.5	37.5	54.3

1200-1500元	1500-1800元	1800-2000元	2000-2500元	2500-3000元	3000-3500元	3500-4000元	4000元以上
1718.0	1910.9	2068.2	2245.9	2495.0	2694.3	2755.1	3078.5
538.3	635.7	692.4	758.9	861.4	976.8	998.1	1134.0
1061.7	1138.4	1225.6	1316.3	1435.4	1494.0	1517.3	1612.5
28.0	29.8	31.6	42.0	41.5	58.5	52.9	99.6
90.0	107.1	118.7	128.6	156.7	164.9	186.7	232.3
1715.6	1974.4	2175.1	2441.6	2842.2	3026.9	3391.2	3809.5
538.3	635.7	692.4	758.9	861.4	976.8	998.1	1134.0
1055.1	1194.9	1321.8	1492.4	1752.3	1776.8	2072.2	2257.1
28.0	29.8	31.6	42.0	41.5	58.5	52.9	99.6
94.1	114.1	129.4	148.3	187.0	214.8	267.9	318.7
2124.9	2579.6	2903.9	3364.4	4120.1	4632.8	5438.0	7725.7
700.2	831.0	880.2	995.2	1203.5	1186.2	1452.3	1595.9
634.7	742.5	809.3	897.7	1057.4	1070.2	1261.6	1410.2
5.1	6.1	6.4	9.1	12.1	9.5	13.7	15.2
1342.7	1640.6	1897.1	2219.8	2727.9	3216.7	3738.9	5835.9
793.5	899.4	981.1	1066.5	1203.2	1279.1	1386.1	1532.0
84.9	100.3	111.6	127.2	144.6	156.2	173.2	188.6
120.9	159.2	193.1	252.1	335.8	468.4	593.2	1940.8
48.1	61.8	75.5	89.3	108.7	127.8	149.4	208.9
78.8	112.8	145.0	185.6	254.5	324.1	380.2	473.1
125.8	186.9	242.6	312.0	438.6	586.4	712.6	934.2
69.1	92.3	114.0	143.7	184.5	207.0	261.4	454.6
21.6	27.8	34.3	43.3	57.9	67.7	82.9	103.8
4.0	6.8	9.6	6.1	15.7	25.7	14.3	37.3
72.9	95.2	110.5	134.2	160.9	194.6	218.8	241.5
1523.6	1926.8	2198.2	2617.9	3331.6	3825.8	4585.4	6729.5
538.2	654.3	678.2	776.6	970.8	940.4	1184.9	1297.7
5.0	5.9	6.2	8.8	11.9	9.3	13.6	15.0
907.3	1168.4	1398.1	1697.1	2177.3	2660.9	3160.9	5148.1
384.8	458.1	515.1	582.8	696.0	776.2	872.4	982.1
84.9	100.3	111.6	127.2	144.6	156.2	173.2	188.6
94.2	128.3	160.0	213.1	292.4	415.6	528.9	1802.8
48.1	61.8	75.5	89.3	108.7	127.8	149.4	208.9
78.8	112.8	145.0	185.6	254.5	324.1	380.2	473.1
125.8	186.9	242.6	312.0	438.6	586.4	712.6	934.2
69.1	92.3	114.0	143.7	184.5	207.0	261.4	454.6
21.6	27.8	34.3	43.3	57.9	67.7	82.9	103.8
4.0	6.8	9.6	6.1	15.7	25.7	14.3	37.3
69.2	91.5	106.2	129.2	155.9	189.4	211.7	231.5

2-11 2008年按农村居民人均生活消费分组的农村居民家庭基本情况

指标名称	单 位	0元以下	0-300元	600-800元	800-1000元	1000-1200元
一. 调查户所占比重	%	0.0	0.9	3.3	6.5	8.5
二. 劳动力文化程度						
1. 文盲或半文盲	%	7.9	14.5	14.6	14.0	12.5
2. 小学	%	44.7	39.1	35.9	35.4	36.0
3. 初中	%	36.8	40.2	42.9	43.2	43.6
4. 高中	%	7.9	4.8	5.1	5.8	6.0
5. 中专	%	0.0	1.3	1.0	1.1	1.4
6. 大专及以上	%	2.6	0.2	0.6	0.5	0.5
三. 年末生产性固定资产原值	元/户	6854.2	5001.5	4199.6	4509.0	4850.2
其中:年末生产用房原值	元/户	570.8	1062.1	1043.1	1072.4	1335.6
四. 住房面积	平方米/人	12.0	14.7	16.8	18.5	19.8
其中：钢混结构面积	平方米/人	0.0	0.9	1.7	2.0	2.4
住房价值	元/平方米	81.2	157.4	163.0	166.4	174.1
五. 耕地面积	亩/人	2.2	1.8	1.7	1.9	1.9
其中:水田、水浇地面积	亩/人	0.4	0.5	0.5	0.5	0.6
六. 年末存粮	公斤/人	344.5	267.3	284.4	328.4	355.5
七. 主要农产品产量						
1. 粮食产量	公斤/人	401.9	319.3	347.6	390.7	417.2
2. 棉花产量	公斤/人	0.0	6.4	12.7	11.2	10.5
3. 油料产量	公斤/人	0.0	13.9	10.4	11.6	13.9
4. 蔬菜产量	公斤/人	7.1	45.6	56.4	70.8	96.4
5. 瓜果产量	公斤/人	9.4	34.5	22.2	27.8	25.3
6. 猪肉产量	公斤/人	9.1	7.2	10.3	13.5	17.3
7. 牛肉产量	公斤/人	0.1	3.1	2.3	2.4	2.7
8. 羊肉产量	公斤/人	2.2	4.4	2.9	3.3	3.8
9. 家禽产量	公斤/人	0.1	1.0	1.4	2.0	1.9
10. 禽蛋产量	公斤/人	0.0	0.6	0.8	1.6	1.0
11. 奶类产量	公斤/人	0.0	1.4	1.2	2.7	4.1
八. 收入						
(一) 总收入	元/人	1315.5	1828.7	1998.6	2316.8	2626.5
1. 工资性收入	元/人	129.6	361.6	430.2	511.8	581.1
2. 家庭经营收入	元/人	1124.3	1347.7	1425.9	1636.3	1867.5
3. 财产性收入	元/人	0.0	17.8	17.6	22.0	23.0
4. 转移性收入	元/人	61.6	101.7	124.8	146.8	155.0

1200-1500元	1500-1800元	1800-2000元	2000-2500元	2500-3000元	3000-3500元	3500-4000元	4000元以上
14.4	13.3	7.5	15.0	9.9	6.3	4.1	10.3
13.0	11.6	11.2	9.7	8.9	8.7	8.5	7.8
34.0	33.8	32.7	32.7	32.3	31.8	31.1	30.1
43.9	45.3	46.2	46.6	46.8	46.9	46.4	46.4
7.0	7.2	7.4	8.3	8.8	9.2	10.1	10.8
1.5	1.5	1.7	1.9	2.0	2.2	2.6	3.1
0.7	0.7	0.8	0.9	1.2	1.2	1.3	1.8
5058.3	5341.3	5601.4	5549.9	6151.1	6293.4	6393.5	7522.7
1357.4	1489.2	1661.3	1698.6	1834.1	1781.2	1871.7	2319.8
20.9	22.7	23.7	25.2	26.9	28.0	29.7	32.2
2.8	3.3	3.4	4.2	4.8	5.4	6.3	8.1
183.1	184.3	187.9	195.8	199.4	210.1	214.2	247.4
2.0	2.1	2.2	2.3	2.5	2.6	2.7	2.7
0.6	0.6	0.6	0.7	0.7	0.8	0.9	0.9
374.2	413.5	413.7	441.8	467.9	476.1	506.4	527.8
435.2	485.7	488.9	526.7	552.6	577.5	627.9	660.4
10.8	8.9	10.0	9.6	8.6	9.4	9.2	10.6
17.3	20.4	21.0	24.5	27.3	28.6	32.9	33.7
102.2	124.9	131.9	135.6	156.3	154.6	190.1	178.5
25.8	32.3	34.2	46.3	43.7	40.5	58.7	60.4
19.0	22.0	23.2	26.8	28.9	30.9	34.0	38.2
2.9	2.7	3.5	3.7	4.3	4.1	4.5	4.4
3.2	2.8	4.1	3.7	3.8	4.6	4.2	4.2
2.5	3.1	3.3	3.5	3.7	3.7	4.6	6.4
1.3	2.2	2.4	3.1	3.3	2.3	5.1	10.8
7.2	12.7	9.8	10.6	12.3	12.9	13.4	15.7
2917.4	3363.1	3595.4	4020.5	4511.0	4981.8	5395.7	6458.1
676.6	796.9	843.0	960.7	1108.6	1236.2	1401.1	1644.2
2045.3	2338.4	2493.5	2766.7	3051.6	3336.6	3563.6	4180.1
23.7	26.4	41.2	44.6	54.3	73.4	58.1	112.2
171.8	201.4	217.8	248.4	296.5	335.5	372.9	521.6

2-11 续

指标名称	单　位	0元以下	0-300元	600-800元	800-1000元	1000-1200元
(二)纯收入	元/人	896.4	1407.2	1476.4	1692.5	1893.1
1.工资性收入	元/人	129.6	361.6	430.2	511.8	581.1
2.家庭经营收入	元/人	705.4	919.3	912.5	1021.6	1142.9
3.财产性收入	元/人	0.0	17.8	17.6	22.0	23.0
4.转移性收入	元/人	61.4	108.5	116.1	137.1	146.1
(三)现金收入	元/人	647.1	1262.5	1396.6	1597.0	1822.2
1.工资性收入	元/人	129.6	357.8	426.7	509.6	579.7
2.家庭经营收入	元/人	456.0	797.3	837.1	930.0	1075.6
3.财产性收入	元/人	0.0	7.2	9.9	13.3	15.1
4.转移性收入	元/人	61.4	100.2	122.9	144.2	151.8
九.支出						
(一)总支出	元/人	557.5	977.7	1254.5	1567.2	1870.4
1.生产费用支出	元/人	338.6	425.6	486.2	604.6	698.4
#家庭经营支出	元/人	317.3	368.6	459.2	552.8	656.0
2.税费支出	元/人	0.0	0.6	1.2	1.5	1.5
3.生活消费支出	元/人	212.9	518.8	715.1	907.5	1102.9
(1)食品	元/人	154.3	386.7	519.8	640.6	758.2
(2)衣着	元/人	5.4	28.5	42.9	55.1	66.5
(3)居住	元/人	14.8	39.6	57.7	73.7	93.2
(4)家庭设备用品及服务	元/人	14.9	16.2	22.1	28.4	37.0
(5)交通通讯	元/人	12.3	21.7	32.5	46.4	62.4
(6)文教娱乐用品及服务	元/人	1.0	8.1	12.5	24.1	32.8
(7)医疗保健	元/人	8.6	13.3	20.7	29.1	39.7
(8)其他商品及服务	元/人	1.6	4.3	6.8	9.9	12.9
4.财产性支出	元/人	0.0	0.3	5.9	1.8	1.3
5.转移性支出	元/人	5.9	32.4	46.2	51.8	66.4
(二)现金支出	元/人	460.9	727.3	889.9	1108.0	1309.0
1.生产费用支出	元/人	292.1	368.2	390.7	483.8	544.9
2.税费支出	元/人	0.0	0.6	1.2	1.5	1.5
3.生活消费支出	元/人	162.9	326.4	446.5	569.7	695.7
(1)食品	元/人	106.4	203.9	264.0	319.3	371.0
(2)衣着	元/人	5.4	28.9	42.9	55.1	66.3
(3)居住	元/人	12.7	30.5	45.3	57.7	73.8
(4)家庭设备用品及服务	元/人	14.9	15.9	21.9	28.1	36.8
(5)交通通讯	元/人	12.3	21.7	32.5	46.4	62.4
(6)文教娱乐用品及服务	元/人	1.0	8.1	12.5	24.1	32.8
(7)医疗保健	元/人	8.6	13.3	20.7	29.1	39.7
(8)其他商品及服务	元/人	1.6	4.1	6.7	9.9	12.8
4.财产性支出	元/人	0.0	0.3	5.9	1.8	1.3
5.转移性支出	元/人	5.9	31.8	45.7	51.2	65.6

1200-1500元	1500-1800元	1800-2000元	2000-2500元	2500-3000元	3000-3500元	3500-4000元	4000元以上
2093.7	2388.8	2549.3	2820.1	3153.0	3464.0	3773.6	4363.5
676.6	796.9	843.0	960.7	1108.6	1236.2	1401.1	1644.2
1232.6	1378.6	1467.0	1592.8	1729.7	1862.2	2000.2	2185.2
23.7	26.4	41.2	44.6	54.3	73.4	58.1	112.2
160.9	186.9	198.2	221.9	260.4	292.2	314.2	422.0
2045.6	2388.0	2588.5	2926.5	3348.7	3801.9	4119.1	5123.3
675.9	795.6	841.4	959.5	1106.6	1234.2	1398.5	1640.5
1186.1	1376.0	1504.5	1690.9	1911.1	2184.0	2310.9	2874.6
16.0	18.9	29.2	32.1	40.5	52.7	43.6	94.3
167.7	197.6	213.3	244.0	290.5	331.0	366.2	513.9
2237.4	2699.8	3043.8	3576.8	4298.7	4988.8	5659.7	8805.8
799.8	942.2	1016.0	1181.7	1358.3	1504.7	1607.9	2100.4
737.5	875.0	934.5	1077.9	1211.1	1356.5	1439.1	1845.3
2.2	2.9	2.6	3.7	5.1	6.5	7.4	8.2
1349.8	1645.1	1896.7	2233.5	2729.2	3230.3	3735.8	6333.0
886.3	1033.4	1140.3	1273.0	1434.1	1567.7	1710.3	1983.5
85.3	104.6	122.2	141.1	170.0	190.7	202.2	240.0
117.2	150.8	184.1	231.9	315.2	415.5	491.0	2012.0
49.3	63.0	75.7	95.6	121.6	147.6	190.4	280.2
85.7	115.8	140.9	183.1	252.9	321.2	387.4	535.1
49.2	76.5	103.8	150.7	218.2	300.5	420.4	646.0
58.8	77.4	101.0	124.0	173.2	228.8	265.0	517.6
17.9	23.4	28.2	33.5	43.6	57.8	68.2	116.2
3.4	4.6	6.1	6.2	10.3	19.5	23.8	30.8
82.2	105.0	122.4	151.7	195.8	227.9	284.9	333.4
1607.4	1969.5	2251.6	2715.9	3372.1	4027.0	4616.3	7678.5
635.9	744.7	798.0	942.1	1101.9	1240.9	1313.9	1795.6
2.2	2.9	2.6	3.7	5.1	6.5	7.4	8.2
884.5	1113.6	1323.7	1613.5	2060.3	2533.6	2988.1	5512.1
444.6	528.5	598.6	688.1	810.1	918.1	1017.0	1276.4
85.0	104.2	121.9	141.2	169.9	190.7	202.1	242.1
94.6	125.1	153.9	197.8	271.4	369.8	438.0	1919.2
49.0	62.8	75.4	95.2	121.3	146.7	190.1	259.7
85.7	115.8	140.9	183.1	252.9	321.2	387.4	535.1
49.2	76.5	103.8	150.7	218.2	300.5	420.4	646.0
58.8	77.4	101.0	124.0	173.2	228.8	265.0	517.6
17.7	23.1	28.1	33.3	43.4	57.8	68.1	116.1
3.4	4.6	6.1	6.2	10.3	19.5	23.8	30.8
81.3	103.8	121.2	150.4	194.6	226.5	283.2	331.8

2-12 2009年按农村居民人均生活消费分组的农村居民家庭基本情况

指标名称	单 位	0-600元	600-800元	800-1000元	1000-1200元	1200-1400元
一. 调查户所占比重	%	0.7	2.8	5.4	7.7	9.0
二. 劳动力文化程度						
1. 文盲或半文盲	%	15.9	14.3	13.7	13.0	12.4
2. 小学	%	34.8	37.0	35.2	34.5	33.3
3. 初中	%	41.9	41.6	43.0	44.0	45.0
4. 高中	%	5.2	5.4	6.1	6.5	6.8
5. 中专	%	1.5	0.9	1.3	1.3	1.6
6. 大专及以上	%	0.7	0.8	0.6	0.7	0.8
三. 年末生产性固定资产原值	元/户	5460.1	4589.6	4711.2	5357.0	5041.4
其中:年末生产用房原值	元/户	1384.2	1353.3	1248.4	1384.7	1426.9
四. 住房面积	平方米/人	16.4	17.2	18.7	19.8	20.9
其中：钢混结构面积	平方米/人	2.1	2.1	2.6	2.7	3.2
住房价值	元/平方米	161.4	175.0	188.5	192.0	197.9
五. 耕地面积	亩/人	1.6	1.6	1.7	1.8	1.9
其中:水田、水浇地面积	亩/人	0.4	0.5	0.5	0.6	0.6
六. 年末存粮	公斤/人	267.3	283.4	315.1	351.0	355.5
七. 主要农产品产量						
1. 粮食产量	公斤/人	270.1	330.7	381.5	410.9	438.4
2. 棉花产量	公斤/人	4.9	6.8	9.6	9.2	9.0
3. 油料产量	公斤/人	11.8	9.6	12.9	13.1	15.3
4. 蔬菜产量	公斤/人	41.4	59.0	77.9	92.6	92.6
5. 瓜果产量	公斤/人	34.7	27.1	24.4	29.6	28.0
6. 猪肉产量	公斤/人	11.9	13.3	16.6	18.6	21.2
7. 牛肉产量	公斤/人	1.3	1.6	1.9	2.2	2.9
8. 羊肉产量	公斤/人	1.8	3.1	2.8	3.0	3.0
9. 家禽产量	公斤/人	1.4	1.3	1.8	1.9	2.3
10. 禽蛋产量	公斤/人	0.4	0.5	1.8	1.2	1.5
11. 奶类产量	公斤/人	0.1	1.7	1.5	5.0	6.6
八. 收入						
(一) 总收入	元/人	1714.4	2017.5	2370.7	2668.3	2977.4
1. 工资性收入	元/人	421.0	481.0	543.9	649.4	746.9
2. 家庭经营收入	元/人	1173.2	1378.5	1644.4	1817.4	2009.7
3. 财产性收入	元/人	23.9	12.1	17.9	19.1	25.9
4. 转移性收入	元/人	96.3	145.9	164.5	182.4	195.0

数据来源：国家贫困监测调查

2-12　续 1

指标名称	单　位	1400-1600元	1600-1800元	1800-2000元	2000-2200元	2200-2400元
一. 调查户所占比重	%	9.2	8.5	7.7	6.6	6.0
二. 劳动力文化程度						
1. 文盲或半文盲	%	11.4	11.7	11.2	10.0	10.2
2. 小学	%	33.2	33.2	32.7	32.6	32.7
3. 初中	%	46.2	44.6	45.7	46.5	45.9
4. 高中	%	6.9	7.9	7.6	8.0	8.1
5. 中专	%	1.5	1.6	1.9	1.9	1.8
6. 大专及以上	%	0.8	1.0	1.0	1.0	1.2
三. 年末生产性固定资产原值	元／户	5664.8	5547.0	5851.0	5871.5	6332.3
其中:年末生产用房原值	元／户	1506.9	1567.6	1664.1	1641.3	1779.2
四. 住房面积	平方米／人	22.1	23.0	24.1	25.3	25.9
其中：钢混结构面积	平方米／人	3.4	3.6	4.0	4.4	4.5
住房价值	元／平方米	198.6	201.1	208.7	215.5	209.3
五. 耕地面积	亩／人	2.0	2.2	2.2	2.3	2.4
其中:水田、水浇地面积	亩／人	0.6	0.6	0.7	0.8	0.7
六. 年末存粮	公斤／人	381.2	391.6	415.6	430.9	437.5
七. 主要农产品产量						
1. 粮食产量	公斤／人	473.3	492.4	502.5	543.2	550.0
2. 棉花产量	公斤／人	9.1	8.3	8.0	9.4	7.5
3. 油料产量	公斤／人	18.2	20.6	22.6	23.0	24.9
4. 蔬菜产量	公斤／人	114.8	103.8	118.8	116.0	139.0
5. 瓜果产量	公斤／人	33.8	34.6	34.5	48.7	42.9
6. 猪肉产量	公斤／人	23.1	24.7	25.3	29.7	28.8
7. 牛肉产量	公斤／人	2.5	3.2	3.2	3.7	3.8
8. 羊肉产量	公斤／人	3.2	3.5	3.4	3.7	3.8
9. 家禽产量	公斤／人	2.6	3.0	3.1	3.3	3.3
10. 禽蛋产量	公斤／人	1.3	2.0	2.3	3.1	2.9
11. 奶类产量	公斤／人	7.7	6.3	9.7	10.5	6.5
八. 收入						
(一) 总收入	元／人	3230.1	3479.1	3673.9	4065.8	4179.5
1. 工资性收入	元／人	808.2	870.4	942.9	1025.4	1076.3
2. 家庭经营收入	元／人	2180.6	2348.4	2444.0	2730.0	2759.0
3. 财产性收入	元／人	28.5	29.3	30.8	31.4	41.2
4. 转移性收入	元／人	212.9	231.0	256.3	279.0	303.0

数据来源：国家贫困监测调查

2-12 续 2

指标名称	单 位	2400-2600元	2600-2800元	2800-3000元	3000-3500元	3500-4000元
一. 调查户所占比重	%	4.9	4.1	3.6	6.7	4.6
二. 劳动力文化程度						
1. 文盲或半文盲	%	9.0	9.6	8.8	8.5	8.1
2. 小学	%	31.2	31.9	32.1	31.5	29.6
3. 初中	%	47.8	45.3	45.8	46.6	48.3
4. 高中	%	8.9	9.8	9.4	9.7	10.1
5. 中专	%	2.1	2.1	2.5	2.3	2.4
6. 大专及以上	%	1.0	1.3	1.5	1.4	1.5
三. 年末生产性固定资产原值	元/户	6319.1	6482.1	6401.5	7050.6	6865.8
其中:年末生产用房原值	元/户	1858.5	1835.6	1827.7	2225.8	1984.2
四. 住房面积	平方米/人	26.2	27.2	27.1	29.0	29.5
其中：钢混结构面积	平方米/人	5.0	5.2	5.4	6.3	7.0
住房价值	元/平方米	219.9	216.4	222.6	225.5	246.8
五. 耕地面积	亩/人	2.3	2.5	2.6	2.6	2.7
其中:水田、水浇地面积	亩/人	0.7	0.7	0.8	0.7	0.8
六. 年末存粮	公斤/人	441.0	452.4	455.7	457.5	497.2
七. 主要农产品产量						
1. 粮食产量	公斤/人	552.0	560.6	570.7	569.0	617.3
2. 棉花产量	公斤/人	7.3	7.9	11.4	7.0	9.0
3. 油料产量	公斤/人	26.7	30.2	30.3	32.3	33.7
4. 蔬菜产量	公斤/人	141.6	141.6	169.4	150.0	160.4
5. 瓜果产量	公斤/人	48.3	39.1	55.0	49.4	74.3
6. 猪肉产量	公斤/人	30.5	33.5	35.1	35.9	36.3
7. 牛肉产量	公斤/人	3.7	5.1	4.3	4.8	4.1
8. 羊肉产量	公斤/人	3.9	4.6	4.7	5.2	3.5
9. 家禽产量	公斤/人	3.3	3.8	5.5	3.7	4.4
10. 禽蛋产量	公斤/人	5.3	2.3	3.5	3.6	9.3
11. 奶类产量	公斤/人	14.8	12.7	8.7	10.5	6.8
八. 收入						
(一) 总收入	元/人	4386.7	4718.5	4910.0	5139.3	5611.5
1. 工资性收入	元/人	1135.6	1206.3	1274.6	1369.2	1505.1
2. 家庭经营收入	元/人	2896.7	3128.2	3218.9	3318.2	3588.6
3. 财产性收入	元/人	44.4	49.2	45.7	52.1	63.9
4. 转移性收入	元/人	310.0	334.9	370.8	399.9	453.9

数据来源：国家贫困监测调查

2-12 续3

指标名称	单 位	4000-5000元	5000-7000元	7000-10000元	10000以上
一. 调查户所占比重	%	5.3	4.1	1.8	1.3
二. 劳动力文化程度					
1. 文盲或半文盲	%	7.8	7.8	7.6	9.2
2. 小学	%	29.3	29.1	26.1	28.3
3. 初中	%	46.7	46.0	48.5	46.7
4. 高中	%	11.3	11.4	12.2	9.6
5. 中专	%	2.8	3.5	3.4	3.6
6. 大专及以上	%	2.0	2.2	2.2	2.6
三. 年末生产性固定资产原值	元/户	7331.9	7648.0	8155.4	11073.4
其中:年末生产用房原值	元/户	2058.9	2282.2	2318.2	4206.1
四. 住房面积	平方米/人	31.4	32.9	34.2	38.7
其中：钢混结构面积	平方米/人	7.7	8.6	10.7	14.5
住房价值	元/平方米	250.3	266.6	288.3	369.9
五. 耕地面积	亩/人	2.9	3.1	3.2	2.8
其中:水田、水浇地面积	亩/人	0.9	1.0	1.1	0.9
六. 年末存粮	公斤/人	489.2	502.7	544.1	502.2
七. 主要农产品产量					
1. 粮食产量	公斤/人	650.4	711.3	771.6	741.7
2. 棉花产量	公斤/人	8.9	9.6	8.7	13.3
3. 油料产量	公斤/人	32.1	33.3	31.6	33.5
4. 蔬菜产量	公斤/人	177.1	187.7	205.0	186.2
5. 瓜果产量	公斤/人	70.8	69.2	66.5	105.4
6. 猪肉产量	公斤/人	38.4	41.4	42.0	48.6
7. 牛肉产量	公斤/人	3.7	4.6	4.9	4.9
8. 羊肉产量	公斤/人	4.6	6.2	3.9	5.2
9. 家禽产量	公斤/人	5.3	4.0	8.4	5.2
10. 禽蛋产量	公斤/人	4.4	5.3	7.2	24.0
11. 奶类产量	公斤/人	10.5	24.7	9.3	6.7
八. 收入					
(一)总收入	元/人	6158.6	6832.6	7443.7	8145.5
1. 工资性收入	元/人	1660.0	1833.9	1960.3	2027.2
2. 家庭经营收入	元/人	3845.3	4261.3	4567.1	4872.6
3. 财产性收入	元/人	93.5	92.8	113.9	200.1
4. 转移性收入	元/人	559.8	644.6	802.4	1045.6

数据来源：国家贫困监测调查

2-12 续4

指标名称	单 位	0-600元	600-800元	800-1000元	1000-1200元	1200-1400元
(二)纯收入	元/人	1296.6	1526.5	1770.2	1963.5	2208.9
1.工资性收入	元/人	421.0	481.0	543.9	649.4	746.9
2.家庭经营收入	元/人	759.3	897.0	1054.5	1125.2	1253.1
3.财产性收入	元/人	23.9	12.1	17.9	19.1	25.9
4.转移性收入	元/人	92.4	136.3	153.9	169.8	183.1
(三)现金收入	元/人	1207.5	1413.3	1673.6	1903.3	2170.8
1.工资性收入	元/人	418.3	476.8	542.6	648.0	746.3
2.家庭经营收入	元/人	676.0	779.8	953.9	1059.5	1212.1
3.财产性收入	元/人	20.3	12.7	15.3	16.4	21.7
4.转移性收入	元/人	92.9	143.9	161.9	179.3	190.7
九.支出						
(一)总支出	元/人	929.4	1219.9	1560.0	1851.4	2132.5
1.生产费用支出	元/人	369.9	460.1	585.8	674.6	733.1
#家庭经营支出	元/人	348.9	423.5	527.2	617.0	682.6
2.税费支出	元/人	0.2	0.8	1.0	1.8	2.0
3.生活消费支出	元/人	514.4	713.2	908.8	1102.6	1300.0
(1)食品	元/人	382.9	521.8	635.9	752.0	851.7
(2)衣着	元/人	27.1	42.5	54.0	70.3	83.1
(3)居住	元/人	40.2	54.8	77.2	94.8	117.0
(4)家庭设备用品及服务	元/人	16.9	21.5	31.2	39.0	49.6
(5)交通通讯	元/人	20.4	32.6	50.8	65.3	82.2
(6)文教娱乐用品及服务	元/人	7.5	12.5	18.5	29.3	40.8
(7)医疗保健	元/人	14.4	19.5	31.2	38.9	57.5
(8)其他商品及服务	元/人	5.0	8.0	10.1	13.1	18.0
4.财产性支出	元/人	0.0	1.4	5.9	4.0	3.5
5.转移性支出	元/人	44.9	44.5	58.4	68.4	93.9
(二)现金支出	元/人	674.5	864.5	1110.9	1325.9	1551.0
1.生产费用支出	元/人	305.6	372.5	468.5	532.2	583.1
2.税费支出	元/人	0.2	0.6	1.0	1.6	1.9
3.生活消费支出	元/人	325.9	446.3	578.2	720.9	870.6
(1)食品	元/人	200.6	266.0	321.1	389.0	445.1
(2)衣着	元/人	26.7	42.4	53.8	70.0	82.8
(3)居住	元/人	34.5	44.0	61.8	76.7	94.9
(4)家庭设备用品及服务	元/人	16.9	21.4	31.1	38.8	49.4
(5)交通通讯	元/人	20.4	32.6	50.8	65.3	82.2
(6)文教娱乐用品及服务	元/人	7.5	12.5	18.5	29.3	40.8
(7)医疗保健	元/人	14.4	19.5	31.2	38.9	57.5
(8)其他商品及服务	元/人	4.9	7.9	10.0	12.9	17.9
4.财产性支出	元/人	0.0	1.4	5.9	4.0	3.5
5.转移性支出	元/人	42.7	43.8	57.3	67.2	91.9

数据来源：国家贫困监测调查

2-12 续5

指标名称	单　位	1400-1600元	1600-1800元	1800-2000元	2000-2200元	2200-2400元
(二)纯收入	元/人	2356.2	2520.5	2668.9	2911.2	3008.9
1.工资性收入	元/人	808.2	870.4	942.9	1025.4	1076.3
2.家庭经营收入	元/人	1319.8	1407.2	1459.6	1601.3	1615.4
3.财产性收入	元/人	28.5	29.3	30.8	31.4	41.2
4.转移性收入	元/人	199.8	213.6	235.6	253.1	276.0
(三)现金收入	元/人	2338.4	2537.6	2704.2	3058.9	3178.2
1.工资性收入	元/人	806.6	868.8	942.2	1024.2	1074.8
2.家庭经营收入	元/人	1298.2	1419.7	1486.1	1735.2	1775.6
3.财产性收入	元/人	24.6	22.9	24.0	25.0	30.3
4.转移性收入	元/人	209.0	226.2	251.8	274.5	297.4
九.支出						
(一)总支出	元/人	2458.5	2758.3	3012.9	3421.8	3628.1
1.生产费用支出	元/人	844.0	928.1	966.0	1144.1	1134.2
#家庭经营支出	元/人	775.1	852.9	889.9	1028.7	1034.8
2.税费支出	元/人	2.0	2.5	2.6	3.4	4.4
3.生活消费支出	元/人	1496.9	1697.7	1899.0	2097.8	2296.1
(1)食品	元/人	951.8	1046.5	1122.6	1201.2	1257.4
(2)衣着	元/人	99.0	111.6	127.1	140.5	151.6
(3)居住	元/人	137.6	165.9	190.0	215.4	253.0
(4)家庭设备用品及服务	元/人	60.3	70.8	83.0	94.4	106.5
(5)交通通讯	元/人	101.1	120.1	147.0	172.6	196.3
(6)文教娱乐用品及服务	元/人	56.4	73.2	94.5	116.9	152.5
(7)医疗保健	元/人	70.6	83.6	104.0	125.0	142.1
(8)其他商品及服务	元/人	20.1	26.1	30.9	31.9	36.6
4.财产性支出	元/人	4.0	3.5	6.1	10.3	9.9
5.转移性支出	元/人	111.6	126.5	139.2	166.3	183.4
(二)现金支出	元/人	1803.0	2054.4	2278.9	2653.6	2839.2
1.生产费用支出	元/人	670.4	739.2	771.6	933.0	927.2
2.税费支出	元/人	2.0	2.5	2.6	3.3	4.4
3.生活消费支出	元/人	1016.4	1184.4	1361.4	1543.1	1716.2
(1)食品	元/人	495.7	563.6	616.1	683.1	718.5
(2)衣着	元/人	98.5	111.0	126.6	139.9	151.2
(3)居住	元/人	114.2	136.6	160.0	179.9	212.9
(4)家庭设备用品及服务	元/人	60.0	70.6	82.8	94.0	106.2
(5)交通通讯	元/人	101.1	120.1	147.0	172.6	196.3
(6)文教娱乐用品及服务	元/人	56.4	73.2	94.5	116.9	152.5
(7)医疗保健	元/人	70.6	83.6	104.0	125.0	142.1
(8)其他商品及服务	元/人	19.9	25.8	30.6	31.7	36.3
4.财产性支出	元/人	4.0	3.5	6.1	10.3	9.9
5.转移性支出	元/人	110.4	124.8	137.2	164.0	181.5

数据来源：国家贫困监测调查

2-12 续6

指标名称	单 位	2400-2600元	2600-2800元	2800-3000元	3000-3500元	3500-4000元
(二)纯收入	元/人	3139.7	3380.9	3497.9	3638.7	3971.8
1.工资性收入	元/人	1135.6	1206.3	1274.6	1369.2	1505.1
2.家庭经营收入	元/人	1680.7	1821.8	1851.7	1868.6	2000.1
3.财产性收入	元/人	44.4	49.2	45.7	52.1	63.9
4.转移性收入	元/人	279.0	303.7	325.8	348.9	402.7
(三)现金收入	元/人	3359.1	3616.9	3799.3	4022.3	4511.8
1.工资性收入	元/人	1134.1	1204.3	1273.2	1366.8	1501.7
2.家庭经营收入	元/人	1883.5	2040.5	2122.4	2220.5	2519.0
3.财产性收入	元/人	36.8	41.5	39.2	41.8	46.7
4.转移性收入	元/人	304.8	330.5	364.4	393.3	444.4
九.支出						
(一)总支出	元/人	3889.3	4250.7	4507.5	4964.3	5672.9
1.生产费用支出	元/人	1202.6	1332.3	1366.7	1462.2	1619.8
#家庭经营支出	元/人	1104.6	1188.9	1248.9	1320.1	1457.6
2.税费支出	元/人	5.0	6.1	5.1	4.4	6.4
3.生活消费支出	元/人	2495.4	2695.6	2896.3	3227.4	3732.1
(1)食品	元/人	1340.0	1395.0	1470.5	1557.6	1642.8
(2)衣着	元/人	163.2	175.6	188.6	199.5	222.9
(3)居住	元/人	275.5	316.2	349.0	412.7	560.2
(4)家庭设备用品及服务	元/人	123.0	133.2	149.3	174.8	202.3
(5)交通通讯	元/人	218.3	248.5	262.5	304.8	367.4
(6)文教娱乐用品及服务	元/人	185.0	207.8	237.6	287.6	377.2
(7)医疗保健	元/人	150.7	174.8	194.5	233.9	291.2
(8)其他商品及服务	元/人	39.7	44.6	44.3	56.4	68.0
4.财产性支出	元/人	9.1	7.7	16.5	10.1	20.8
5.转移性支出	元/人	177.2	209.1	222.9	260.3	293.9
(二)现金支出	元/人	3058.9	3386.2	3619.9	4038.9	4768.1
1.生产费用支出	元/人	973.0	1092.6	1131.8	1200.6	1362.1
2.税费支出	元/人	4.8	5.8	4.9	4.4	6.3
3.生活消费支出	元/人	1896.4	2072.6	2246.2	2566.6	3088.0
(1)食品	元/人	777.1	815.7	871.9	945.2	1053.7
(2)衣着	元/人	162.9	175.4	188.4	199.3	222.6
(3)居住	元/人	240.2	273.1	298.1	365.2	506.5
(4)家庭设备用品及服务	元/人	122.8	132.7	149.0	174.3	201.3
(5)交通通讯	元/人	218.3	248.5	262.5	304.8	367.4
(6)文教娱乐用品及服务	元/人	185.0	207.8	237.6	287.6	377.2
(7)医疗保健	元/人	150.7	174.8	194.5	233.9	291.2
(8)其他商品及服务	元/人	39.5	44.6	44.2	56.2	68.0
4.财产性支出	元/人	9.1	7.7	16.5	10.1	20.8
5.转移性支出	元/人	175.5	207.5	220.5	257.3	290.9

数据来源：国家贫困监测调查

2-12 续7

指标名称	单　位	4000-5000元	5000-7000元	7000-10000元	10000以上
(二)纯收入	元/人	4374.6	4792.9	5108.3	5391.8
1.工资性收入	元/人	1660.0	1833.9	1960.3	2027.2
2.家庭经营收入	元/人	2131.4	2326.3	2345.2	2387.5
3.财产性收入	元/人	93.5	92.8	113.9	200.1
4.转移性收入	元/人	489.7	539.9	688.8	777.0
(三)现金收入	元/人	4993.8	5656.4	6216.2	6909.7
1.工资性收入	元/人	1655.9	1829.9	1950.0	2020.9
2.家庭经营收入	元/人	2709.2	3111.9	3378.2	3672.6
3.财产性收入	元/人	78.1	77.3	93.4	183.8
4.转移性收入	元/人	550.5	637.2	794.5	1032.3
九.支出					
(一)总支出	元/人	6612.7	8312.1	11097.5	18828.2
1.生产费用支出	元/人	1796.3	2029.6	2356.9	2654.6
#家庭经营支出	元/人	1571.0	1783.2	2058.2	2268.9
2.税费支出	元/人	6.8	6.1	9.7	9.6
3.生活消费支出	元/人	4439.6	5805.4	8213.5	15663.0
(1)食品	元/人	1788.1	1978.8	2121.5	2073.5
(2)衣着	元/人	240.2	262.3	276.0	249.3
(3)居住	元/人	764.6	1420.8	3068.4	9228.1
(4)家庭设备用品及服务	元/人	256.2	306.2	370.3	475.2
(5)交通通讯	元/人	437.7	514.2	622.3	1343.9
(6)文教娱乐用品及服务	元/人	517.5	719.4	825.2	647.9
(7)医疗保健	元/人	349.4	490.3	762.5	1410.5
(8)其他商品及服务	元/人	85.9	113.4	167.3	234.7
4.财产性支出	元/人	20.4	41.0	62.5	100.5
5.转移性支出	元/人	349.7	430.0	454.9	400.5
(二)现金支出	元/人	5657.7	7325.9	10031.3	17763.9
1.生产费用支出	元/人	1514.9	1758.8	2090.1	2352.6
2.税费支出	元/人	6.8	6.1	9.2	9.6
3.生活消费支出	元/人	3768.8	5092.0	7418.2	14904.4
(1)食品	元/人	1181.1	1351.0	1485.9	1470.2
(2)衣着	元/人	239.8	262.1	275.9	249.3
(3)居住	元/人	703.6	1337.1	2923.8	9081.2
(4)家庭设备用品及服务	元/人	253.8	304.5	355.4	466.7
(5)交通通讯	元/人	437.7	514.2	622.3	1343.9
(6)文教娱乐用品及服务	元/人	517.5	719.4	825.2	647.9
(7)医疗保健	元/人	349.4	490.3	762.5	1410.5
(8)其他商品及服务	元/人	85.9	113.4	167.3	234.7
4.财产性支出	元/人	20.4	41.0	62.5	100.5
5.转移性支出	元/人	346.8	428.1	451.3	396.8

数据来源：国家贫困监测调查

2-13　2002年按不同地势分组的农村居民家庭基本情况

指标名称	单　位	平　原	丘　陵	山　区
一. 调查户所占比重	%	17.6	21.5	60.9
二. 劳动力文化程度				
1. 文盲或半文盲	%	8.6	10.2	19.0
2. 小学	%	35.0	35.2	39.6
3. 初中	%	46.7	45.5	34.2
4. 高中	%	7.8	7.3	5.6
5. 中专	%	1.5	1.5	1.4
6. 大专及以上	%	0.3	0.3	0.2
三. 年末生产性固定资产原值	元／户	4390.9	3373.7	3121.5
其中:年末生产用房原值	元／户	890.8	885.6	998.2
四. 住房面积	平方米／人	18.4	21.7	20.0
其中：钢混结构面积	平方米／人	1.2	3.9	2.0
住房价值	元／平方米	148.9	134.1	106.6
五. 耕地面积	亩／人	2.9	2.7	1.7
其中:水田、水浇地面积	亩／人	1.3	0.7	0.4
六. 年末存粮	公斤／人	424.0	373.1	289.3
七. 主要农产品产量				
1. 粮食产量	公斤／人	754.2	539.6	377.3
2. 棉花产量	公斤／人	16.5	0.5	0.1
3. 油料产量	公斤／人	31.4	34.4	16.5
4. 蔬菜产量	公斤／人	107.1	166.4	148.2
5. 瓜果产量	公斤／人	81.4	47.7	33.9
6. 猪肉产量	公斤／人	23.0	35.3	35.4
7. 牛肉产量	公斤／人	5.4	4.6	4.4
8. 羊肉产量	公斤／人	7.0	5.6	3.4
9. 家禽产量	公斤／人	2.1	3.0	2.3
10. 禽蛋产量	公斤／人	3.0	3.7	2.0
11. 奶类产量	公斤／人	13.3	3.5	4.0
八. 收入				
(一) 总收入	元／人	2252.4	2072.4	1727.4
1. 工资性收入	元／人	428.8	509.9	412.6
2. 家庭经营收入	元／人	1733.7	1452.4	1208.9
3. 财产性收入	元／人	15.1	13.9	11.3
4. 转移性收入	元／人	74.8	96.2	94.5

数据来源：国家贫困监测调查

2-13 续

指标名称	单 位	平 原	丘 陵	山 区
(二)纯收入	元/人	1449.9	1399.9	1233.3
1.工资性收入	元/人	428.8	509.9	412.6
2.家庭经营收入	元/人	956.2	813.1	745.5
3.财产性收入	元/人	15.1	13.9	11.3
4.转移性收入	元/人	49.8	63.0	63.9
(三)现金收入	元/人	1534.9	1376.5	1081.7
1.工资性收入	元/人	428.8	509.9	412.6
2.家庭经营收入	元/人	1017.9	762.1	568.8
3.财产性收入	元/人	14.4	11.2	10.1
4.转移性收入	元/人	73.7	93.3	90.2
九.支出				
(一)总支出	元/人	1976.1	1964.0	1603.5
1.生产费用支出	元/人	668.3	554.4	415.8
#家庭经营支出	元/人	620.0	517.0	379.0
2.税费支出	元/人	89.4	68.7	37.8
3.生活消费支出	元/人	1148.5	1255.2	1085.6
(1)食品	元/人	624.5	678.1	646.9
(2)衣着	元/人	87.8	77.0	61.6
(3)居住	元/人	139.8	146.6	116.5
(4)家庭设备用品及服务	元/人	30.6	40.5	32.1
(5)交通通讯	元/人	46.0	56.7	40.7
(6)文教娱乐用品及服务	元/人	116.6	158.1	110.3
(7)医疗保健	元/人	78.7	75.4	58.4
(8)其他商品及服务	元/人	24.6	22.8	19.0
4.财产性支出	元/人	5.7	8.9	6.6
5.转移性支出	元/人	64.2	76.8	57.7
(二)现金支出	元/人	1503.6	1426.1	1058.3
1.生产费用支出	元/人	518.3	404.6	277.0
2.税费支出	元/人	86.8	65.9	35.9
3.生活消费支出	元/人	829.8	872.9	683.0
(1)食品	元/人	318.3	318.1	259.1
(2)衣着	元/人	86.4	76.3	61.2
(3)居住	元/人	132.0	128.5	103.5
(4)家庭设备用品及服务	元/人	30.3	39.5	31.8
(5)交通通讯	元/人	45.8	56.1	40.6
(6)文教娱乐用品及服务	元/人	114.2	157.2	109.8
(7)医疗保健	元/人	78.4	74.6	58.2
(8)其他商品及服务	元/人	24.5	22.5	18.9
4.财产性支出	元/人	5.1	6.7	5.5
5.转移性支出	元/人	63.7	76.0	56.7

数据来源：国家贫困监测调查

2-14　2005年按不同地势分组的农村居民家庭基本情况

指标名称	单　位	平　原	丘　陵	山　区
一. 调查户所占比重	%	17.4	19.8	62.8
二. 劳动力文化程度				
1. 文盲或半文盲	%	7.6	8.0	15.7
2. 小学	%	30.6	32.3	37.2
3. 初中	%	51.9	49.4	39.1
4. 高中	%	7.6	8.1	6.1
5. 中专	%	1.5	1.6	1.5
6. 大专及以上	%	0.9	0.6	0.4
三. 年末生产性固定资产原值	元/户	5516.8	4895.3	4109.3
其中:年末生产用房原值	元/户	1164.7	1362.5	1366.9
四. 住房面积	平方米/人	20.5	23.6	21.9
其中：钢混结构面积	平方米/人	1.9	5.2	2.9
住房价值	元/平方米	188.1	169.1	138.7
五. 耕地面积	亩/人	2.9	2.8	1.7
其中:水田、水浇地面积	亩/人	1.4	0.8	0.4
六. 年末存粮	公斤/人	537.4	447.7	334.5
七. 主要农产品产量				
1. 粮食产量	公斤/人	823.2	575.9	383.2
2. 棉花产量	公斤/人	43.8	2.0	0.1
3. 油料产量	公斤/人	24.0	38.4	16.0
4. 蔬菜产量	公斤/人	102.5	145.4	137.3
5. 瓜果产量	公斤/人	74.6	37.0	31.6
6. 猪肉产量	公斤/人	16.7	31.0	29.5
7. 牛肉产量	公斤/人	4.7	3.5	3.9
8. 羊肉产量	公斤/人	7.2	5.7	3.2
9. 家禽产量	公斤/人	1.7	4.0	2.6
10. 禽蛋产量	公斤/人	3.1	3.7	1.5
11. 奶类产量	公斤/人	18.2	9.8	4.0
八. 收入				
(一) 总收入	元/人	2958.9	2773.7	2290.6
1. 工资性收入	元/人	512.9	630.7	552.8
2. 家庭经营收入	元/人	2304.8	1966.1	1585.8
3. 财产性收入	元/人	31.9	35.8	24.1
4. 转移性收入	元/人	109.4	141.0	127.9

数据来源：国家贫困监测调查

2-14 续

指标名称	单 位	平 原	丘 陵	山 区
(二)纯收入	元/人	1951.1	1873.8	1622.2
1.工资性收入	元/人	512.9	630.7	552.8
2.家庭经营收入	元/人	1323.6	1102.9	951.2
3.财产性收入	元/人	31.9	35.8	24.1
4.转移性收入	元/人	82.8	104.4	94.1
(三)现金收入	元/人	2204.2	2010.7	1606.4
1.工资性收入	元/人	512.9	630.7	552.8
2.家庭经营收入	元/人	1568.9	1230.3	924.7
3.财产性收入	元/人	31.9	35.8	24.1
4.转移性收入	元/人	90.6	113.9	104.8
九.支出				
(一)总支出	元/人	2566.5	2619.2	2219.6
1.生产费用支出	元/人	968.0	852.2	633.8
#家庭经营支出	元/人	886.6	776.3	568.5
2.税费支出	元/人	7.7	8.2	4.0
3.生活消费支出	元/人	1515.2	1658.0	1493.5
(1)食品	元/人	718.9	838.6	799.5
(2)衣着	元/人	108.1	93.5	78.4
(3)居住	元/人	244.0	197.7	177.2
(4)家庭设备用品及服务	元/人	58.1	58.5	54.4
(5)交通通讯	元/人	106.7	116.9	102.0
(6)文教娱乐用品及服务	元/人	162.1	228.1	174.0
(7)医疗保健	元/人	94.6	96.9	81.9
(8)其他商品及服务	元/人	22.7	27.8	26.2
4.财产性支出	元/人	10.5	7.4	5.5
5.转移性支出	元/人	65.1	93.3	82.7
(二)现金支出	元/人	2080.5	2022.1	1619.0
1.生产费用支出	元/人	821.8	677.2	471.2
2.税费支出	元/人	7.4	8.1	3.9
3.生活消费支出	元/人	1179.7	1241.4	1058.3
(1)食品	元/人	420.0	451.5	392.6
(2)衣着	元/人	108.1	93.5	78.4
(3)居住	元/人	207.4	168.1	148.9
(4)家庭设备用品及服务	元/人	58.1	58.5	54.4
(5)交通通讯	元/人	106.7	116.9	102.0
(6)文教娱乐用品及服务	元/人	162.1	228.1	174.0
(7)医疗保健	元/人	94.6	96.9	81.9
(8)其他商品及服务	元/人	22.7	27.8	26.2
4.财产性支出	元/人	10.5	7.4	5.5
5.转移性支出	元/人	61.1	88.0	80.1

数据来源：国家贫困监测调查

2-15 2008年按不同地势分组的农村居民家庭基本情况

指标名称	单位	平原	丘陵	山区
一. 调查户所占比重	%	17.1	19.4	63.5
二. 劳动力文化程度				
1. 文盲或半文盲	%	6.7	6.6	13.6
2. 小学	%	28.5	29.9	35.8
3. 初中	%	53.8	51.0	41.2
4. 高中	%	8.6	9.5	6.9
5. 中专	%	1.5	2.0	1.8
6. 大专及以上	%	1.0	1.0	0.8
三. 年末生产性固定资产原值	元/户	6780.7	5827.0	5245.4
其中:年末生产用房原值	元/户	1565.6	1698.6	1593.0
其中：钢混结构面积	平方米/人	22.2	25.2	23.6
其中：钢混结构面积	平方米/人	2.1	5.7	3.7
住房价值	元/平方米	234.9	213.3	180.3
四. 耕地面积	亩/人	3.1	2.9	1.8
其中:水田、水浇地面积	亩/人	1.6	0.8	0.4
五. 年末存粮	公斤/人	559.4	485.7	355.5
六. 主要农产品产量				
1. 谷物产量	公斤/人	914.1	583.3	359.3
2. 棉花产量	公斤/人	55.4	3.4	0.2
3. 油料产量	公斤/人	25.8	36.7	15.9
4. 蔬菜产量	公斤/人	107.2	148.0	121.5
5. 水果产量	公斤/人	49.0	31.0	35.3
6. 猪肉产量	公斤/人	12.8	22.7	26.4
7. 牛肉产量	公斤/人	3.9	2.6	3.4
8. 羊肉产量	公斤/人	6.9	4.4	2.5
9. 家禽产量	公斤/人	2.3	4.1	3.2
10. 禽蛋产量	公斤/人	5.9	5.0	1.5
11. 奶类产量	公斤/人	22.4	16.7	3.9
七. 收入 元/人				
(一)总收入	元/人	4419.6	4039.0	3428.9
1. 工资性收入	元/人	853.2	1018.5	859.5
2. 家庭经营收入	元/人	3266.6	2696.3	2302.3
3. 财产性收入	元/人	52.7	51.6	36.7
4. 转移性收入	元/人	247.1	272.6	230.5

数据来源：国家贫困监测调查

2-15 续

指标名称	单 位	平 原	丘 陵	山 区
(二)纯收入	元/人	2920.6	2846.2	2464.2
1.工资性收入	元/人	853.2	1018.5	859.5
2.家庭经营收入	元/人	1790.0	1533.7	1364.9
3.财产性收入	元/人	52.7	51.6	36.7
4.转移性收入	元/人	224.7	242.5	203.2
(三)现金收入	元/人	3385.6	3000.7	2462.0
1.工资性收入	元/人	852.6	1015.6	857.7
2.家庭经营收入	元/人	2256.0	1683.1	1348.9
3.财产性收入	元/人	32.5	31.9	30.2
4.转移性收入	元/人	244.4	270.0	225.1
八.支出	元/人			
(一)总支出	元/人	3818.9	3636.3	3267.2
1.生产费用支出	元/人	1482.5	1153.9	949.2
#家庭经营支出	元/人	1363.6	1061.0	854.1
2.税费支出	元/人	4.0	5.4	2.9
3.生活消费支出	元/人	2195.1	2314.9	2169.1
(1)食品	元/人	1032.3	1176.1	1153.2
(2)衣着	元/人	150.5	131.9	113.0
(3)居住	元/人	387.6	340.3	333.4
(4)家庭设备用品及服务	元/人	99.7	97.1	88.6
(5)交通通讯	元/人	195.9	185.0	169.3
(6)文教娱乐用品及服务	元/人	153.8	194.4	150.4
(7)医疗保健	元/人	138.2	151.7	127.4
(8)其他商品及服务	元/人	35.7	37.6	33.5
4.财产性支出	元/人	14.6	8.2	7.0
5.转移性支出	元/人	122.8	154.0	139.0
(二)现金支出	元/人	3284.2	2912.5	2446.5
1.生产费用支出	元/人	1349.8	959.9	722.1
2.税费支出	元/人	4.0	5.4	2.9
3.生活消费支出	元/人	1793.8	1786.1	1576.7
(1)食品	元/人	667.4	683.9	597.7
(2)衣着	元/人	150.6	132.2	113.0
(3)居住	元/人	353.5	304.4	299.9
(4)家庭设备用品及服务	元/人	98.8	96.8	85.8
(5)交通通讯	元/人	195.9	185.0	169.3
(6)文教娱乐用品及服务	元/人	153.8	194.4	150.4
(7)医疗保健	元/人	138.2	151.7	127.4
(8)其他商品及服务	元/人	35.7	37.6	33.2
4.财产性支出	元/人	14.6	8.2	7.0
5.转移性支出	元/人	122.1	153.0	137.8

数据来源：国家贫困监测调查

2-16　2009年按不同地势分组的农村居民家庭基本情况

指标名称	单　位	平　原	丘　陵	山　区
一. 调查户所占比重	%	17.1	19.3	63.5
二. 劳动力文化程度				
1. 文盲或半文盲	%	6.5	6.3	13.4
2. 小学	%	27.7	29.6	34.8
3. 初中	%	53.9	50.8	41.7
4. 高中	%	9.1	10.0	7.2
5. 中专	%	1.6	2.1	1.9
6. 大专及以上	%	1.2	1.4	1.0
三. 年末生产性固定资产原值	元／户	7198.5	6068.3	5792.8
其中:年末生产用房原值	元／户	1654.9	1709.9	1768.6
四. 住房面积	平方米／人	23.0	26.0	24.3
其中：钢混结构面积	平方米／人	2.7	6.5	4.4
住房价值	元／平方米	253.5	233.7	203.8
五. 耕地面积	亩／人	3.1	3.0	1.8
其中:水田、水浇地面积	亩／人	1.6	0.9	0.4
六. 年末存粮	公斤／人	535.3	476.8	354.2
七. 主要农产品产量				
1. 粮食产量	公斤／人	972.8	581.1	370.0
2. 棉花产量	公斤／人	46.4	4.4	0.2
3. 油料产量	公斤／人	23.9	38.8	17.1
4. 蔬菜产量	公斤／人	96.3	134.5	124.7
5. 瓜果产量	公斤／人	56.5	32.0	40.9
6. 猪肉产量	公斤／人	15.1	26.1	30.3
7. 牛肉产量	公斤／人	3.9	2.5	3.4
8. 羊肉产量	公斤／人	6.3	4.9	2.7
9. 家禽产量	公斤／人	2.1	4.3	3.1
10. 禽蛋产量	公斤／人	6.3	5.1	1.6
11. 奶类产量	公斤／人	23.3	10.9	3.6
八. 收入				
(一) 总收入	元／人	4742.6	4264.0	3659.2
1. 工资性收入	元／人	961.0	1174.0	978.1
2. 家庭经营收入	元／人	3428.2	2729.3	2350.5
3. 财产性收入	元／人	54.8	41.4	36.5
4. 转移性收入	元／人	298.5	319.3	294.2

数据来源：国家贫困监测调查

2-16　续

指标名称	单　位	平　原	丘　陵	山　区
(二)纯收入	元/人	3178.9	3081.0	2688.1
1.工资性收入	元/人	961.0	1174.0	978.1
2.家庭经营收入	元/人	1888.0	1582.3	1411.6
3.财产性收入	元/人	54.8	41.4	36.5
4.转移性收入	元/人	275.1	283.3	261.9
(三)现金收入	元/人	3767.4	3317.2	2724.9
1.工资性收入	元/人	960.5	1171.9	975.7
2.家庭经营收入	元/人	2469.5	1798.5	1429.2
3.财产性收入	元/人	41.4	30.7	31.9
4.转移性收入	元/人	295.9	316.1	288.0
九.支出				
(一)总支出	元/人	4191.4	3797.5	3438.4
1.生产费用支出	元/人	1549.9	1131.9	947.0
#家庭经营支出	元/人	1419.0	1041.5	846.8
2.税费支出	元/人	4.4	4.9	2.8
3.生活消费支出	元/人	2466.9	2476.8	2311.0
(1)食品	元/人	1075.5	1214.6	1159.5
(2)衣着	元/人	169.3	143.4	122.5
(3)居住	元/人	517.3	375.2	397.3
(4)家庭设备用品及服务	元/人	112.1	117.1	105.4
(5)交通通讯	元/人	209.6	203.5	188.3
(6)文教娱乐用品及服务	元/人	165.1	204.1	157.5
(7)医疗保健	元/人	177.2	176.5	143.7
(8)其他商品及服务	元/人	40.7	42.4	36.9
4.财产性支出	元/人	29.4	4.9	7.4
5.转移性支出	元/人	140.8	179.0	170.2
(二)现金支出	元/人	3655.3	3098.8	2666.9
1.生产费用支出	元/人	1419.6	951.8	731.7
2.税费支出	元/人	4.2	4.6	2.8
3.生活消费支出	元/人	2062.4	1960.2	1757.0
(1)食品	元/人	726.0	736.7	638.0
(2)衣着	元/人	168.4	143.3	122.2
(3)居住	元/人	464.0	336.8	366.2
(4)家庭设备用品及服务	元/人	111.4	116.8	104.5
(5)交通通讯	元/人	209.6	203.5	188.3
(6)文教娱乐用品及服务	元/人	165.1	204.1	157.5
(7)医疗保健	元/人	177.2	176.5	143.7
(8)其他商品及服务	元/人	40.7	42.4	36.7
4.财产性支出	元/人	29.4	4.9	7.4
5.转移性支出	元/人	139.7	177.3	168.1

数据来源：国家贫困监测调查

2-17　2002年按特殊类型区分组的农村居民家庭基本情况

指标名称	单　位	革命老区县	陆地边境县	少数民族聚居村
一. 调查户所占比重	%	29.6	10.8	34.4
二. 劳动力文化程度				
1. 文盲或半文盲	%	10.6	17.7	21.1
2. 小学	%	36.2	40.7	41.4
3. 初中	%	44.2	34.7	31.2
4. 高中	%	7.3	5.2	4.8
5. 中专	%	1.5	1.4	1.3
6. 大专及以上	%	0.2	0.3	0.2
三. 年末生产性固定资产原值	元/户	2552.2	4370.8	3679.8
其中:年末生产用房原值	元/户	707.9	1240.2	1106.5
四. 住房面积	平方米/人	22.3	17.4	18.9
其中：钢混结构面积	平方米/人	3.7	1.0	1.6
住房价值	元/平方米	124.1	106.0	104.0
五. 耕地面积	亩/人	1.8	3.8	1.7
其中:水田、水浇地面积	亩/人	0.5	1.1	0.7
六. 年末存粮	公斤/人	299.8	347.7	297.3
七. 主要农产品产量				
1. 粮食产量	公斤/人	435.8	561.0	416.9
2. 棉花产量	公斤/人	1.3	2.2	3.7
3. 油料产量	公斤/人	26.2	16.4	10.0
4. 蔬菜产量	公斤/人	148.8	102.9	130.3
5. 瓜果产量	公斤/人	50.3	41.3	33.1
6. 猪肉产量	公斤/人	34.2	23.7	33.3
7. 牛肉产量	公斤/人	1.9	6.1	7.1
8. 羊肉产量	公斤/人	2.3	9.1	6.0
9. 家禽产量	公斤/人	2.9	2.4	3.1
10. 禽蛋产量	公斤/人	2.6	1.6	1.6
11. 奶类产量	公斤/人	0.9	8.9	8.4
八. 收入				
(一) 总收入	元/人	1937.7	1855.5	1755.7
1. 工资性收入	元/人	542.9	281.5	290.3
2. 家庭经营收入	元/人	1280.9	1462.9	1368.3
3. 财产性收入	元/人	14.0	15.0	10.9
4. 转移性收入	元/人	99.8	96.1	86.2

数据来源：国家贫困监测调查

2-17 续

指标名称	单　位	革命老区县	陆地边境县	少数民族聚居村
(二) 纯收入	元/人	1382.9	1141.9	1187.7
1. 工资性收入	元/人	542.9	281.5	290.3
2. 家庭经营收入	元/人	761.9	781.3	830.3
3. 财产性收入	元/人	14.0	15.0	10.9
4. 转移性收入	元/人	64.1	64.0	56.2
(三) 现金收入	元/人	1291.1	1195.6	1092.2
1. 工资性收入	元/人	542.9	281.5	290.3
2. 家庭经营收入	元/人	638.4	809.6	709.6
3. 财产性收入	元/人	12.8	14.1	10.0
4. 转移性收入	元/人	96.9	90.3	82.4
九. 支出				
(一) 总支出	元/人	1837.7	1892.2	1654.9
1. 生产费用支出	元/人	457.3	610.8	490.4
# 家庭经营支出	元/人	420.8	555.4	449.3
2. 税费支出	元/人	58.6	62.1	36.4
3. 生活消费支出	元/人	1240.9	1139.0	1069.9
(1) 食品	元/人	670.0	663.5	657.9
(2) 衣着	元/人	68.6	77.7	65.5
(3) 居住	元/人	150.9	123.1	114.1
(4) 家庭设备用品及服务	元/人	39.5	30.8	30.7
(5) 交通通讯	元/人	57.3	50.3	39.1
(6) 文教娱乐用品及服务	元/人	159.3	99.9	86.2
(7) 医疗保健	元/人	72.7	78.9	56.1
(8) 其他商品及服务	元/人	22.4	14.8	20.4
4. 财产性支出	元/人	6.5	7.8	5.4
5. 转移性支出	元/人	74.5	72.7	52.8
(二) 现金支出	元/人	1327.9	1322.5	1087.7
1. 生产费用支出	元/人	337.2	440.9	341.8
2. 税费支出	元/人	55.3	61.5	33.9
3. 生活消费支出	元/人	856.6	741.2	655.3
(1) 食品	元/人	307.9	276.3	261.7
(2) 衣着	元/人	68.0	77.5	64.9
(3) 居住	元/人	131.6	114.8	98.3
(4) 家庭设备用品及服务	元/人	39.3	30.7	30.5
(5) 交通通讯	元/人	57.0	50.3	38.8
(6) 文教娱乐用品及服务	元/人	158.2	97.8	84.8
(7) 医疗保健	元/人	72.2	78.9	55.9
(8) 其他商品及服务	元/人	22.3	14.8	20.3
4. 财产性支出	元/人	5.6	7.0	4.9
5. 转移性支出	元/人	73.3	71.9	51.8

数据来源：国家贫困监测调查

2-18　2005 年按特殊类型区分组的农村居民家庭基本情况

指标名称	单　位	革命老区县	陆地边境县	少数民族聚居村
一. 调查户所占比重	%	30.7	8.0	35.2
二. 劳动力文化程度				
1. 文盲或半文盲	%	8.9	15.8	17.5
2. 小学	%	33.6	42.0	39.2
3. 初中	%	47.7	35.0	36.3
4. 高中	%	7.4	5.5	5.1
5. 中专	%	1.7	1.3	1.5
6. 大专及以上	%	0.6	0.4	0.4
三. 年末生产性固定资产原值	元/户	3395.4	5751.6	4831.1
其中: 年末生产用房原值	元/户	908.0	1443.6	1509.6
四. 住房面积	平方米/人	24.2	17.4	20.9
其中：钢混结构面积	平方米/人	4.8	1.0	2.3
住房价值	元/平方米	157.7	135.3	130.8
五. 耕地面积	亩/人	1.8	3.7	1.7
其中: 水田、水浇地面积	亩/人	0.5	1.4	0.7
六. 年末存粮	公斤/人	356.0	338.3	330.2
七. 主要农产品产量				
1. 粮食产量	公斤/人	440.9	565.8	436.2
2. 棉花产量	公斤/人	4.0	8.5	9.9
3. 油料产量	公斤/人	24.2	11.9	12.3
4. 蔬菜产量	公斤/人	117.9	84.9	125.2
5. 瓜果产量	公斤/人	40.2	23.7	28.8
6. 猪肉产量	公斤/人	27.0	16.5	29.4
7. 牛肉产量	公斤/人	1.1	7.9	6.6
8. 羊肉产量	公斤/人	1.8	12.4	6.5
9. 家禽产量	公斤/人	3.1	3.0	3.3
10. 禽蛋产量	公斤/人	2.7	0.9	1.0
11. 奶类产量	公斤/人	1.1	9.6	9.2
八. 收入				
(一) 总收入	元/人	2474.1	2397.8	2376.1
1. 工资性收入	元/人	690.6	286.6	405.7
2. 家庭经营收入	元/人	1620.2	1957.1	1832.7
3. 财产性收入	元/人	31.5	29.7	23.3
4. 转移性收入	元/人	131.8	124.4	114.4

数据来源：国家贫困监测调查

2-18 续

指标名称	单 位	革命老区县	陆地边境县	少数民族聚居村
(二)纯收入	元/人	1789.2	1460.0	1606.6
1. 工资性收入	元/人	690.6	286.6	405.7
2. 家庭经营收入	元/人	973.1	1043.2	1093.9
3. 财产性收入	元/人	31.5	29.7	23.3
4. 转移性收入	元/人	93.9	100.5	83.8
(三)现金收入	元/人	1787.1	1701.9	1680.3
1. 工资性收入	元/人	690.6	286.6	405.7
2. 家庭经营收入	元/人	958.5	1291.0	1156.2
3. 财产性收入	元/人	31.5	29.7	23.3
4. 转移性收入	元/人	106.5	94.6	95.2
九. 支出				
(一)总支出	元/人	2390.2	2381.2	2247.3
1. 生产费用支出	元/人	650.4	911.2	740.2
# 家庭经营支出	元/人	587.8	819.8	664.6
2. 税费支出	元/人	6.3	7.9	4.3
3. 生活消费支出	元/人	1633.4	1396.5	1427.3
(1)食品	元/人	823.9	768.3	791.1
(2)衣着	元/人	83.1	95.1	81.9
(3)居住	元/人	200.8	168.2	187.1
(4)家庭设备用品及服务	元/人	60.9	46.2	50.7
(5)交通通讯	元/人	118.4	85.5	92.6
(6)文教娱乐用品及服务	元/人	225.5	128.6	125.9
(7)医疗保健	元/人	91.2	88.1	75.3
(8)其他商品及服务	元/人	29.7	16.5	22.7
4. 财产性支出	元/人	6.8	18.3	6.6
5. 转移性支出	元/人	93.4	47.3	69.1
(二)现金支出	元/人	1833.8	1777.7	1616.5
1. 生产费用支出	元/人	515.7	740.3	558.3
2. 税费支出	元/人	6.2	7.9	4.1
3. 生活消费支出	元/人	1215.1	969.7	981.0
(1)食品	元/人	436.9	378.0	379.6
(2)衣着	元/人	83.1	95.1	81.9
(3)居住	元/人	169.6	131.7	152.3
(4)家庭设备用品及服务	元/人	60.9	46.2	50.7
(5)交通通讯	元/人	118.4	85.5	92.6
(6)文教娱乐用品及服务	元/人	225.5	128.6	125.9
(7)医疗保健	元/人	91.2	88.1	75.3
(8)其他商品及服务	元/人	29.7	16.5	22.7
4. 财产性支出	元/人	6.8	18.3	6.6
5. 转移性支出	元/人	90.0	41.6	66.5

数据来源：国家贫困监测调查

2-19　2008年按特殊类型区分组的农村居民家庭基本情况

指标名称	单　位	革命老区县	陆地边境县	少数民族县
一. 调查户所占比重	%	24.8	7.5	43.1
二. 劳动力文化程度				
1. 文盲或半文盲	%	7.0	12.4	14.5
2. 小学	%	30.5	38.2	37.0
3. 初中	%	50.6	40.4	40.0
4. 高中	%	8.9	6.9	6.3
5. 中专	%	2.0	1.5	1.6
6. 大专及以上	%	1.1	0.6	0.6
三. 年末生产性固定资产原值	元/户	4284.7	7605.0	6860.6
其中:年末生产用房原值	元/户	1168.0	1614.5	1955.5
其中：钢混结构面积	平方米/人	25.1	18.6	22.6
其中：钢混结构面积	平方米/人	5.3	1.1	2.7
住房价值	元/平方米	211.1	171.6	173.2
四. 耕地面积	亩/人	2.2	4.2	2.2
其中:水田、水浇地面积	亩/人	0.5	1.5	0.7
五. 年末存粮	公斤/人	389.0	367.1	395.7
六. 主要农产品产量				
1. 谷物产量	公斤/人	465.1	602.0	454.7
2. 棉花产量	公斤/人	1.2	14.2	12.2
3. 油料产量	公斤/人	21.9	11.9	15.3
4. 蔬菜产量	公斤/人	102.7	87.3	117.1
5. 水果产量	公斤/人	46.2	23.2	25.1
6. 猪肉产量	公斤/人	18.1	14.2	27.0
7. 牛肉产量	公斤/人	1.7	8.6	5.6
8. 羊肉产量	公斤/人	2.1	10.8	6.3
9. 家禽产量	公斤/人	3.1	2.8	4.0
10. 禽蛋产量	公斤/人	2.6	0.8	1.8
11. 奶类产量	公斤/人	1.4	13.1	16.5
七. 收入 元/人				
(一) 总收入	元/人	3520.7	3843.3	3680.5
1. 工资性收入	元/人	1020.7	406.8	670.0
2. 家庭经营收入	元/人	2228.1	3100.7	2745.2
3. 财产性收入	元/人	42.8	57.8	42.1
4. 转移性收入	元/人	229.2	278.0	223.2

数据来源：国家贫困监测调查

2-19 续

指标名称	单　位	革命老区县	陆地边境县	少数民族县
(二) 纯收入	元/人	2615.7	2293.7	2468.5
1. 工资性收入	元/人	1020.7	406.8	670.0
2. 家庭经营收入	元/人	1355.5	1563.3	1554.1
3. 财产性收入	元/人	42.8	57.8	42.1
4. 转移性收入	元/人	196.8	265.8	202.2
(三) 现金收入	元/人	2620.4	2865.1	2627.4
1. 工资性收入	元/人	1019.4	401.9	668.3
2. 家庭经营收入	元/人	1348.2	2142.7	1706.6
3. 财产性收入	元/人	29.5	44.8	34.4
4. 转移性收入	元/人	223.4	275.7	218.1
八. 支出	元/人			
(一) 总支出	元/人	3301.0	3703.4	3408.1
1. 生产费用支出	元/人	884.0	1555.8	1198.9
# 家庭经营支出	元/人	800.7	1417.0	1086.3
2. 税费支出	元/人	3.4	4.9	2.6
3. 生活消费支出	元/人	2254.1	2017.2	2083.7
(1) 食品	元/人	1126.6	1057.0	1143.1
(2) 衣着	元/人	122.4	131.5	112.0
(3) 居住	元/人	350.2	299.7	300.4
(4) 家庭设备用品及服务	元/人	92.1	72.3	80.2
(5) 交通通讯	元/人	179.9	172.6	166.8
(6) 文教娱乐用品及服务	元/人	195.1	112.9	129.5
(7) 医疗保健	元/人	144.3	144.0	120.0
(8) 其他商品及服务	元/人	43.1	25.1	31.1
4. 财产性支出	元/人	10.4	32.5	8.4
5. 转移性支出	元/人	149.0	93.1	114.5
(二) 现金支出	元/人	2656.3	2998.1	2524.8
1. 生产费用支出	元/人	744.4	1367.2	927.3
2. 税费支出	元/人	3.4	4.9	2.6
3. 生活消费支出	元/人	1750.7	1500.6	1473.1
(1) 食品	元/人	655.7	591.0	573.2
(2) 衣着	元/人	122.3	133.4	111.8
(3) 居住	元/人	319.0	250.2	261.3
(4) 家庭设备用品及服务	元/人	91.7	71.4	79.7
(5) 交通通讯	元/人	179.9	172.6	166.8
(6) 文教娱乐用品及服务	元/人	195.1	112.9	129.5
(7) 医疗保健	元/人	144.3	144.0	120.0
(8) 其他商品及服务	元/人	42.8	25.1	30.8
4. 财产性支出	元/人	10.4	32.5	8.4
5. 转移性支出	元/人	147.3	92.9	113.5

数据来源：国家贫困监测调查

2-20　2009年按特殊类型区分组的农村居民家庭基本情况

指标名称	单　位	革命老区县	陆地边境县	少数民族县
一. 调查户所占比重	%	24.8	7.5	43.3
二. 劳动力文化程度				
1. 文盲或半文盲	%	6.8	12.5	14.2
2. 小学	%	29.5	36.7	35.9
3. 初中	%	50.7	41.0	40.6
4. 高中	%	9.5	7.3	6.7
5. 中专	%	2.1	1.6	1.7
6. 大专及以上	%	1.4	0.9	0.9
三. 年末生产性固定资产原值	元/户	4739.1	8023.0	7359.6
其中:年末生产用房原值	元/户	1344.0	1651.1	2064.1
四. 住房面积	平方米/人	25.8	18.9	23.3
其中：钢混结构面积	平方米/人	6.0	1.4	3.1
住房价值	元/平方米	233.2	189.7	190.8
五. 耕地面积	亩/人	2.3	4.2	2.3
其中:水田、水浇地面积	亩/人	0.5	1.6	0.8
六. 年末存粮	公斤/人	399.3	398.8	391.6
七. 主要农产品产量				
1. 粮食产量	公斤/人	469.0	641.2	472.1
2. 棉花产量	公斤/人	1.5	11.2	10.4
3. 油料产量	公斤/人	23.4	10.2	15.6
4. 蔬菜产量	公斤/人	105.7	80.6	114.5
5. 瓜果产量	公斤/人	58.1	27.2	27.4
6. 猪肉产量	公斤/人	20.5	16.0	31.8
7. 牛肉产量	公斤/人	1.5	7.6	5.5
8. 羊肉产量	公斤/人	2.2	10.6	6.2
9. 家禽产量	公斤/人	3.0	2.8	3.9
10. 禽蛋产量	公斤/人	2.8	0.7	1.7
11. 奶类产量	公斤/人	1.4	11.9	15.0
八. 收入				
(一)总收入	元/人	3744.1	4100.8	3917.8
1. 工资性收入	元/人	1144.7	472.5	772.9
2. 家庭经营收入	元/人	2283.5	3198.6	2816.2
3. 财产性收入	元/人	43.7	61.5	38.5
4. 转移性收入	元/人	272.2	368.3	290.2

数据来源：国家贫困监测调查

2-20 续

指标名称	单　位	革命老区县	陆地边境县	少数民族县
(二)纯收入	元/人	2810.1	2539.2	2688.1
1.工资性收入	元/人	1144.7	472.5	772.9
2.家庭经营收入	元/人	1386.4	1655.8	1612.6
3.财产性收入	元/人	43.7	61.5	38.5
4.转移性收入	元/人	235.3	349.5	264.1
(三)现金收入	元/人	2889.6	3156.9	2908.5
1.工资性收入	元/人	1142.9	470.2	771.3
2.家庭经营收入	元/人	1446.5	2270.6	1820.1
3.财产性收入	元/人	32.8	51.8	33.2
4.转移性收入	元/人	267.5	364.3	283.9
九.支出				
(一)总支出	元/人	3472.1	3966.7	3590.8
1.生产费用支出	元/人	904.5	1542.5	1208.3
#家庭经营支出	元/人	817.5	1415.8	1091.0
2.税费支出	元/人	3.4	5.4	2.4
3.生活消费支出	元/人	2376.8	2271.5	2228.9
(1)食品	元/人	1144.0	1068.4	1154.8
(2)衣着	元/人	133.3	153.1	122.7
(3)居住	元/人	373.6	476.1	362.5
(4)家庭设备用品及服务	元/人	110.9	84.6	95.4
(5)交通通讯	元/人	193.1	198.5	188.7
(6)文教娱乐用品及服务	元/人	209.6	110.6	127.9
(7)医疗保健	元/人	166.8	154.0	142.2
(8)其他商品及服务	元/人	45.7	26.2	34.8
4.财产性支出	元/人	9.7	51.0	11.0
5.转移性支出	元/人	177.7	96.2	140.2
(二)现金支出	元/人	2843.7	3242.3	2755.5
1.生产费用支出	元/人	756.6	1369.4	953.9
2.税费支出	元/人	3.3	5.4	2.3
3.生活消费支出	元/人	1899.0	1721.4	1650.1
(1)食品	元/人	692.9	618.5	611.1
(2)衣着	元/人	133.0	152.9	122.0
(3)居住	元/人	347.7	377.0	328.8
(4)家庭设备用品及服务	元/人	110.5	83.8	95.0
(5)交通通讯	元/人	193.1	198.5	188.7
(6)文教娱乐用品及服务	元/人	209.6	110.6	127.9
(7)医疗保健	元/人	166.8	154.0	142.2
(8)其他商品及服务	元/人	45.3	26.2	34.5
4.财产性支出	元/人	9.7	51.0	11.0
5.转移性支出	元/人	175.2	95.1	138.2

数据来源：国家贫困监测调查

3.主要年份各地区扶贫重点县资料

3-1　2002年农村居民总收入

单位:元/人

地　区	全年总收入	1. 工资收入	2. 家庭经营收入	3. 财产性收入	4. 转移性收入
合　计	1889.6	435.5	1350.2	12.5	91.4
河　北	2215.1	737.8	1390.4	25.9	61.0
山　西	1524.9	478.5	985.1	2.0	59.2
内蒙古	2327.5	345.2	1871.9	26.7	83.8
吉　林	2068.3	266.5	1681.0	4.7	116.2
黑龙江	2598.6	162.9	2379.9	10.1	45.7
安　徽	2220.3	780.7	1313.6	5.7	120.3
江　西	1855.5	564.5	1209.6	14.1	67.2
河　南	2403.8	543.4	1735.1	9.4	115.9
湖　北	2143.8	577.8	1415.6	10.3	140.1
湖　南	1701.5	421.2	1142.9	5.3	132.1
广　西	2072.9	391.9	1556.3	17.1	107.5
海　南	2033.6	147.5	1807.1	12.2	66.9
重　庆	2152.1	549.1	1434.4	21.1	147.5
四　川	1993.7	469.7	1408.8	7.9	107.3
贵　州	1795.2	407.9	1270.1	11.4	105.8
云　南	1578.7	253.7	1240.4	10.7	73.8
陕　西	1594.4	491.4	969.9	16.5	116.5
甘　肃	1513.0	442.4	984.4	13.0	73.2
青　海	1794.0	419.6	1276.6	31.5	66.3
宁　夏	1788.8	403.0	1262.2	7.4	116.3
新　疆	1837.8	147.3	1639.0	5.7	45.8

数据来源：国家贫困监测调查

3-2　2002年农村居民总收入构成

单位:%

地　区	全年总收入	1. 工资收入	2. 家庭经营收入	3. 财产性收入	4. 转移性收入
合　计	100.0	23.0	71.5	0.7	4.8
河　北	100.0	33.3	62.8	1.2	2.8
山　西	100.0	31.4	64.6	0.1	3.9
内蒙古	100.0	14.8	80.4	1.1	3.6
吉　林	100.0	12.9	81.3	0.2	5.6
黑龙江	100.0	6.3	91.6	0.4	1.8
安　徽	100.0	35.2	59.2	0.3	5.4
江　西	100.0	30.4	65.2	0.8	3.6
河　南	100.0	22.6	72.2	0.4	4.8
湖　北	100.0	27.0	66.0	0.5	6.5
湖　南	100.0	24.8	67.2	0.3	7.8
广　西	100.0	18.9	75.1	0.8	5.2
海　南	100.0	7.3	88.9	0.6	3.3
重　庆	100.0	25.5	66.7	1.0	6.9
四　川	100.0	23.6	70.7	0.4	5.4
贵　州	100.0	22.7	70.8	0.6	5.9
云　南	100.0	16.1	78.6	0.7	4.7
陕　西	100.0	30.8	60.8	1.0	7.3
甘　肃	100.0	29.2	65.1	0.9	4.8
青　海	100.0	23.4	71.2	1.8	3.7
宁　夏	100.0	22.5	70.6	0.4	6.5
新　疆	100.0	8.0	89.2	0.3	2.5

数据来源：国家贫困监测调查

3-3　2002年农村居民纯收入

单位：元／人

地　区	全年纯收入	1. 工资收入	2. 家庭经营收入	3. 财产性收入	4. 转移性收入
合　计	1305.2	435.5	796.0	12.5	61.2
河　北	1669.2	737.8	861.8	25.9	43.6
山　西	1114.2	478.5	582.4	2.0	51.2
内蒙古	1373.0	345.2	950.1	26.7	51.0
吉　林	1176.7	266.5	831.2	4.7	74.3
黑龙江	886.7	162.9	677.1	10.1	36.6
安　徽	1627.3	780.7	764.3	5.7	76.6
江　西	1350.7	564.5	738.4	14.1	33.6
河　南	1770.1	543.4	1134.2	9.4	83.0
湖　北	1548.3	577.8	879.5	10.3	80.7
湖　南	1268.2	421.2	752.8	5.3	88.9
广　西	1339.2	391.9	868.5	17.1	61.6
海　南	1592.1	147.5	1381.2	12.2	51.3
重　庆	1509.4	549.1	859.0	21.1	80.2
四　川	1368.3	469.7	818.3	7.9	72.4
贵　州	1304.6	407.9	819.7	11.4	65.7
云　南	1039.2	253.7	721.2	10.7	53.6
陕　西	1139.8	491.4	542.6	16.5	89.2
甘　肃	1188.9	442.4	674.4	13.0	59.2
青　海	1341.1	419.6	851.1	31.5	38.9
宁　夏	1234.2	403.0	753.8	7.4	70.0
新　疆	1111.8	147.3	931.8	5.7	27.0

数据来源：国家贫困监测调查

3-4　2002年农村居民纯收入构成

单位：%

地　区	全年纯收入	1. 工资收入	2. 家庭经营收入	3. 财产性收入	4. 转移性收入
合　计	100.0	33.4	61.0	1.0	4.7
河　北	100.0	44.2	51.6	1.6	2.6
山　西	100.0	43.0	52.3	0.2	4.6
内蒙古	100.0	25.1	69.2	1.9	3.7
吉　林	100.0	22.6	70.6	0.4	6.3
黑龙江	100.0	18.4	76.4	1.1	4.1
安　徽	100.0	48.0	47.0	0.3	4.7
江　西	100.0	41.8	54.7	1.0	2.5
河　南	100.0	30.7	64.1	0.5	4.7
湖　北	100.0	37.3	56.8	0.7	5.2
湖　南	100.0	33.2	59.4	0.4	7.0
广　西	100.0	29.3	64.9	1.3	4.6
海　南	100.0	9.3	86.8	0.8	3.2
重　庆	100.0	36.4	56.9	1.4	5.3
四　川	100.0	34.3	59.8	0.6	5.3
贵　州	100.0	31.3	62.8	0.9	5.0
云　南	100.0	24.4	69.4	1.0	5.2
陕　西	100.0	43.1	47.6	1.4	7.8
甘　肃	100.0	37.2	56.7	1.1	5.0
青　海	100.0	31.3	63.5	2.3	2.9
宁　夏	100.0	32.7	61.1	0.6	5.7
新　疆	100.0	13.2	83.8	0.5	2.4

数据来源：国家贫困监测调查

3-5　2002年农村居民现金收入

单位:元/人

地　区	全年现金收入	1. 工资收入	2. 家庭经营收入	3. 财产性收入	4. 转移性收入
合　计	1221.1	435.5	686.6	11.0	88.0
河　北	1632.0	737.8	808.1	25.0	61.0
山　西	1023.8	478.5	484.0	2.0	59.2
内蒙古	1427.9	345.2	992.1	15.1	75.5
吉　林	1392.3	266.5	1005.0	4.7	116.2
黑龙江	1832.7	162.9	1616.8	7.4	45.6
安　徽	1623.4	780.7	717.4	5.0	120.3
江　西	1264.4	564.5	622.0	11.9	65.9
河　南	1522.3	543.4	861.3	8.6	108.9
湖　北	1371.2	577.8	648.4	8.2	136.8
湖　南	1045.3	421.2	498.7	4.9	120.5
广　西	1426.6	391.9	913.8	17.0	103.9
海　南	1441.4	147.5	1224.6	11.2	58.1
重　庆	1305.1	549.1	605.9	12.7	137.5
四　川	1156.6	469.7	585.0	4.6	97.3
贵　州	1109.9	407.9	588.6	11.2	102.3
云　南	898.7	253.7	560.4	10.7	73.8
陕　西	1072.1	491.4	447.7	16.5	116.5
甘　肃	957.5	442.4	431.6	10.9	72.6
青　海	1327.2	419.6	815.3	29.9	62.4
宁　夏	1136.5	403.0	647.4	4.4	81.7
新　疆	1202.2	147.3	1003.4	5.7	45.8

数据来源：国家贫困监测调查

3-6　2002年农村居民现金收入构成

单位:%

地　区	全年现金收入	1. 工资收入	2. 家庭经营收入	3. 财产性收入	4. 转移性收入
合　计	100.0	35.7	56.2	0.9	7.2
河　北	100.0	45.2	49.5	1.5	3.7
山　西	100.0	46.7	47.3	0.2	5.8
内蒙古	100.0	24.2	69.5	1.1	5.3
吉　林	100.0	19.1	72.2	0.3	8.3
黑龙江	100.0	8.9	88.2	0.4	2.5
安　徽	100.0	48.1	44.2	0.3	7.4
江　西	100.0	44.6	49.2	0.9	5.2
河　南	100.0	35.7	56.6	0.6	7.2
湖　北	100.0	42.1	47.3	0.6	10.0
湖　南	100.0	40.3	47.7	0.5	11.5
广　西	100.0	27.5	64.1	1.2	7.3
海　南	100.0	10.2	85.0	0.8	4.0
重　庆	100.0	42.1	46.4	1.0	10.5
四　川	100.0	40.6	50.6	0.4	8.4
贵　州	100.0	36.7	53.0	1.0	9.2
云　南	100.0	28.2	62.4	1.2	8.2
陕　西	100.0	45.8	41.8	1.5	10.9
甘　肃	100.0	46.2	45.1	1.1	7.6
青　海	100.0	31.6	61.4	2.3	4.7
宁　夏	100.0	35.5	57.0	0.4	7.2
新　疆	100.0	12.3	83.5	0.5	3.8

数据来源：国家贫困监测调查

3-7　2002年农村居民家庭经营支出

单位:元/人

地　区	家庭经营支出	1. 农业支出	2. 林业支出	3. 牧业支出	4. 渔业支出	5. 第二产业支出	6. 第三产业经营支出
合　计	449.2	232.9	6.5	162.1	1.9	15.2	30.7
河　北	403.5	249.7	4.1	93.1	0.5	27.6	28.6
山　西	295.4	174.5	9.8	60.9	0.3	24.2	25.7
内蒙古	747.3	385.7	7.2	331.1	0.5	5.8	17.0
吉　林	655.3	548.9	3.2	77.4	1.8	6.3	17.7
黑龙江	1359.4	1170.3	2.7	150.6	8.0	3.1	24.7
安　徽	416.6	216.5	8.9	132.9	2.0	24.1	32.2
江　西	384.4	190.8	4.4	136.3	7.0	20.9	25.0
河　南	475.5	288.3	3.3	124.7	1.0	21.5	36.7
湖　北	448.4	200.9	2.5	186.2	5.8	10.8	42.1
湖　南	327.4	142.4	4.6	148.5	2.4	12.0	17.6
广　西	624.5	204.0	13.3	302.4	2.1	24.3	78.4
海　南	377.2	182.9	15.8	87.5	3.1	60.0	28.0
重　庆	496.5	172.8	3.4	272.2	1.6	11.4	35.1
四　川	477.4	178.7	6.3	235.2	1.8	13.6	41.7
贵　州	382.6	149.4	3.4	197.4	1.3	11.0	20.2
云　南	438.4	218.9	10.3	175.9	1.8	12.5	19.0
陕　西	328.8	172.6	12.4	92.6	2.3	14.7	34.2
甘　肃	233.1	150.6	3.0	53.1	0.2	9.7	16.6
青　海	280.5	110.6	1.4	133.3	0.0	10.1	25.1
宁　夏	417.7	244.1	1.9	135.2	0.0	17.2	19.3
新　疆	566.4	304.5	5.6	200.8	0.2	4.9	50.4

数据来源：国家贫困监测调查

3-8　2002年农村居民家庭经营支出构成

单位:%

地　区	家庭经营支出	1. 农业支出	2. 林业支出	3. 牧业支出	4. 渔业支出	5. 第二产业支出	6. 第三产业经营支出
合　计	100.0	51.8	1.5	36.1	0.4	3.4	6.8
河　北	100.0	61.9	1.0	23.1	0.1	6.8	7.1
山　西	100.0	59.1	3.3	20.6	0.1	8.2	8.7
内蒙古	100.0	51.6	1.0	44.3	0.1	0.8	2.3
吉　林	100.0	83.8	0.5	11.8	0.3	1.0	2.7
黑龙江	100.0	86.1	0.2	11.1	0.6	0.2	1.8
安　徽	100.0	52.0	2.1	31.9	0.5	5.8	7.7
江　西	100.0	49.6	1.1	35.5	1.8	5.4	6.5
河　南	100.0	60.6	0.7	26.2	0.2	4.5	7.7
湖　北	100.0	44.8	0.6	41.5	1.3	2.4	9.4
湖　南	100.0	43.5	1.4	45.4	0.7	3.7	5.4
广　西	100.0	32.7	2.1	48.4	0.3	3.9	12.6
海　南	100.0	48.5	4.2	23.2	0.8	15.9	7.4
重　庆	100.0	34.8	0.7	54.8	0.3	2.3	7.1
四　川	100.0	37.4	1.3	49.3	0.4	2.9	8.7
贵　州	100.0	39.0	0.9	51.6	0.3	2.9	5.3
云　南	100.0	49.9	2.3	40.1	0.4	2.9	4.3
陕　西	100.0	52.5	3.8	28.2	0.7	4.5	10.4
甘　肃	100.0	64.6	1.3	22.8	0.1	4.1	7.1
青　海	100.0	39.4	0.5	47.5	0.0	3.6	9.0
宁　夏	100.0	58.4	0.5	32.4	0.0	4.1	4.6
新　疆	100.0	53.8	1.0	35.5	0.0	0.9	8.9

数据来源：国家贫困监测调查

3-9　2002年农村居民家庭经营现金支出

单位:元/人

地　区	家庭经营现金支出	1. 农业支出	2. 林业支出	3. 牧业支出	4. 渔业支出	5. 第二产业支出	6. 第三产业经营支出
合　计	306.3	182.7	4.8	72.8	1.3	15.0	29.6
河　北	295.8	205.8	2.6	30.8	0.4	27.6	28.6
山　西	204.8	137.4	6.3	11.1	0.0	24.2	25.7
内蒙古	446.4	279.1	5.7	139.4	0.2	5.5	16.6
吉　林	488.0	443.7	0.6	18.7	0.9	6.3	17.7
黑龙江	1113.4	1008.8	1.5	68.6	6.6	3.1	24.7
安　徽	312.9	174.9	6.6	73.4	1.7	24.1	32.2
江　西	316.6	175.1	3.8	87.2	6.3	20.0	24.1
河　南	349.1	220.1	2.7	79.0	0.6	19.7	27.1
湖　北	274.3	143.2	2.0	74.7	2.9	10.6	40.8
湖　南	259.0	130.2	4.6	92.5	2.4	11.9	17.4
广　西	494.1	194.4	12.8	183.5	2.0	24.2	77.3
海　南	333.0	167.4	15.4	63.5	2.9	60.0	23.9
重　庆	296.9	140.2	3.0	106.8	1.4	11.3	34.1
四　川	262.4	117.6	4.0	87.4	0.9	13.4	39.2
贵　州	232.1	116.4	2.8	81.5	0.9	10.7	19.8
云　南	250.3	154.7	6.6	56.4	1.1	12.5	19.0
陕　西	226.2	133.8	8.7	33.0	1.9	14.7	34.2
甘　肃	149.5	101.2	2.1	19.9	0.0	9.7	16.6
青　海	188.4	80.3	1.4	71.5	0.0	10.1	25.1
宁　夏	266.3	154.7	1.9	74.0	0.0	17.2	18.5
新　疆	424.9	252.3	3.8	116.2	0.0	4.9	47.6

数据来源：国家贫困监测调查

3-10　2002年农村居民家庭经营现金支出构成

单位:%

地　区	家庭经营现金支出	1. 农业支出	2. 林业支出	3. 牧业支出	4. 渔业支出	5. 第二产业支出	6. 第三产业经营支出
合　计	100.0	59.7	1.6	23.8	0.4	4.9	9.7
河　北	100.0	69.6	0.9	10.4	0.1	9.3	9.7
山　西	100.0	67.1	3.1	5.4	0.0	11.8	12.5
内蒙古	100.0	62.5	1.3	31.2	0.0	1.2	3.7
吉　林	100.0	90.9	0.1	3.8	0.2	1.3	3.6
黑龙江	100.0	90.6	0.1	6.2	0.6	0.3	2.2
安　徽	100.0	55.9	2.1	23.5	0.5	7.7	10.3
江　西	100.0	55.3	1.2	27.5	2.0	6.3	7.6
河　南	100.0	63.0	0.8	22.6	0.2	5.6	7.8
湖　北	100.0	52.2	0.7	27.2	1.1	3.9	14.9
湖　南	100.0	50.3	1.8	35.7	0.9	4.6	6.7
广　西	100.0	39.3	2.6	37.1	0.4	4.9	15.6
海　南	100.0	50.3	4.6	19.1	0.9	18.0	7.2
重　庆	100.0	47.2	1.0	36.0	0.5	3.8	11.5
四　川	100.0	44.8	1.5	33.3	0.3	5.1	14.9
贵　州	100.0	50.2	1.2	35.1	0.4	4.6	8.5
云　南	100.0	61.8	2.6	22.5	0.4	5.0	7.6
陕　西	100.0	59.1	3.8	14.6	0.8	6.5	15.1
甘　肃	100.0	67.7	1.4	13.3	0.0	6.5	11.1
青　海	100.0	42.6	0.7	38.0	0.0	5.3	13.3
宁　夏	100.0	58.1	0.7	27.8	0.0	6.5	6.9
新　疆	100.0	59.4	0.9	27.4	0.0	1.2	11.2

数据来源：国家贫困监测调查

3-11　2002年农村居民生活消费支出

单位:元/人

地　区	生活消费支出	1. 食品消费支出	2. 衣着消费支出	3. 居住消费支出	4. 家庭设备用品及服务消费
合　计	1131.4	649.5	69.3	126.8	33.6
河　北	1086.7	564.3	89.4	137.5	26.6
山　西	979.0	526.2	82.3	87.3	15.1
内蒙古	1281.7	645.3	94.2	142.0	37.8
吉　林	1103.3	629.0	92.0	98.1	15.3
黑龙江	1241.6	693.4	92.8	103.6	26.0
安　徽	1350.1	736.9	89.0	165.5	42.5
江　西	1314.2	724.4	70.2	147.5	43.6
河　南	1220.0	633.3	84.7	161.9	48.7
湖　北	1380.3	780.0	66.5	161.9	59.6
湖　南	1229.0	739.9	52.8	114.4	42.1
广　西	1283.6	726.1	44.0	203.0	46.9
海　南	1109.5	673.4	44.1	90.4	45.0
重　庆	1330.9	737.1	60.2	162.6	53.7
四　川	1126.1	712.2	64.9	123.5	35.8
贵　州	1022.0	644.1	52.9	103.0	36.9
云　南	991.6	664.2	52.8	92.0	19.1
陕　西	1161.4	574.4	67.1	132.3	29.8
甘　肃	871.7	502.5	52.4	100.1	29.2
青　海	1162.7	682.5	79.2	150.2	32.5
宁　夏	1099.1	539.3	69.3	160.1	43.4
新　疆	1118.4	653.6	111.4	108.3	20.8

数据来源：国家贫困监测调查

3-11　续表

单位:元/人

地　区	5. 交通通讯支出	6. 文教娱乐用品及服务	7. 医疗保健支出	8. 其他商品及服务支出
合　计	44.9	121.2	65.4	20.8
河　北	48.7	124.3	85.1	10.7
山　西	24.5	166.6	65.4	11.8
内蒙古	62.9	191.0	85.8	22.6
吉　林	66.5	122.9	69.7	9.8
黑龙江	49.9	141.2	117.6	17.1
安　徽	60.8	140.6	92.5	22.2
江　西	72.6	168.8	63.6	23.6
河　南	59.8	122.0	67.5	42.2
湖　北	63.9	149.6	63.9	35.0
湖　南	49.2	159.4	53.0	18.3
广　西	64.2	118.5	49.3	31.6
海　南	61.8	101.9	43.5	49.4
重　庆	69.2	156.8	65.7	25.7
四　川	32.3	93.0	46.3	17.9
贵　州	35.8	88.8	31.0	29.5
云　南	23.2	71.9	57.0	11.3
陕　西	49.8	207.2	83.5	17.3
甘　肃	26.7	93.9	49.6	17.4
青　海	53.4	61.1	83.6	20.2
宁　夏	73.4	110.4	79.9	23.3
新　疆	34.7	79.1	96.1	14.5

数据来源：国家贫困监测调查

3-12　2002年农村居民生活消费支出构成

单位：%

地　区	生活消费支出	1. 食品消费支出	2. 衣着消费支出	3. 居住消费支出	4. 家庭设备用品及服务消费
合　计	100.0	57.4	6.1	11.2	3.0
河　北	100.0	51.9	8.2	12.7	2.5
山　西	100.0	53.7	8.4	8.9	1.5
内蒙古	100.0	50.3	7.4	11.1	2.9
吉　林	100.0	57.0	8.3	8.9	1.4
黑龙江	100.0	55.8	7.5	8.3	2.1
安　徽	100.0	54.6	6.6	12.3	3.1
江　西	100.0	55.1	5.3	11.2	3.3
河　南	100.0	51.9	6.9	13.3	4.0
湖　北	100.0	56.5	4.8	11.7	4.3
湖　南	100.0	60.2	4.3	9.3	3.4
广　西	100.0	56.6	3.4	15.8	3.7
海　南	100.0	60.7	4.0	8.1	4.1
重　庆	100.0	55.4	4.5	12.2	4.0
四　川	100.0	63.2	5.8	11.0	3.2
贵　州	100.0	63.0	5.2	10.1	3.6
云　南	100.0	67.0	5.3	9.3	1.9
陕　西	100.0	49.5	5.8	11.4	2.6
甘　肃	100.0	57.6	6.0	11.5	3.3
青　海	100.0	58.7	6.8	12.9	2.8
宁　夏	100.0	49.1	6.3	14.6	3.9
新　疆	100.0	58.4	10.0	9.7	1.9

数据来源：国家贫困监测调查

3-12　续表

单位：%

地　区	5. 交通通讯支出	6. 文教娱乐用品及服务	7. 医疗保健支出	8. 其他商品及服务支出
合　计	4.0	10.7	5.8	1.8
河　北	4.5	11.4	7.8	1.0
山　西	2.5	17.0	6.7	1.2
内蒙古	4.9	14.9	6.7	1.8
吉　林	6.0	11.1	6.3	0.9
黑龙江	4.0	11.4	9.5	1.4
安　徽	4.5	10.4	6.9	1.6
江　西	5.5	12.8	4.8	1.8
河　南	4.9	10.0	5.5	3.5
湖　北	4.6	10.8	4.6	2.5
湖　南	4.0	13.0	4.3	1.5
广　西	5.0	9.2	3.8	2.5
海　南	5.6	9.2	3.9	4.5
重　庆	5.2	11.8	4.9	1.9
四　川	2.9	8.3	4.1	1.6
贵　州	3.5	8.7	3.0	2.9
云　南	2.3	7.3	5.8	1.1
陕　西	4.3	17.8	7.2	1.5
甘　肃	3.1	10.8	5.7	2.0
青　海	4.6	5.3	7.2	1.7
宁　夏	6.7	10.0	7.3	2.1
新　疆	3.1	7.1	8.6	1.3

数据来源：国家贫困监测调查

3-13　2002年农村居民生活消费现金支出

单位：元／人

地　区	生活消费现金支出	1. 食品消费支出	2. 衣着消费支出	3. 居住消费支出	4. 家庭设备用品及服务消费
合　计	747.6	281.5	68.7	113.6	33.1
河　北	840.3	318.0	89.4	137.5	26.6
山　西	773.9	321.1	82.3	87.3	15.1
内蒙古	914.6	289.3	93.5	133.1	37.7
吉　林	809.0	334.7	92.0	98.1	15.3
黑龙江	998.2	449.9	92.8	103.6	26.0
安　徽	990.6	379.3	89.0	163.7	42.5
江　西	915.5	350.3	70.1	123.1	43.6
河　南	844.3	308.4	81.1	123.8	46.7
湖　北	863.4	298.7	63.9	138.3	58.5
湖　南	783.2	316.3	52.5	92.6	41.9
广　西	858.7	356.6	43.9	147.8	46.9
海　南	713.8	350.4	38.9	48.3	42.4
重　庆	837.5	272.5	60.1	134.7	53.6
四　川	612.6	242.3	63.6	88.5	31.5
贵　州	589.1	223.3	52.7	91.4	36.9
云　南	558.7	231.4	52.8	92.0	19.1
陕　西	873.5	286.4	67.1	132.3	29.8
甘　肃	535.0	168.5	52.2	98.1	29.0
青　海	784.7	306.3	79.0	148.5	32.5
宁　夏	771.2	223.6	69.3	147.9	43.4
新　疆	719.1	264.9	110.3	105.2	20.8

数据来源：国家贫困监测调查

3-13　续表

单位：元／人

地　区	5. 交通通讯支出	6. 文教娱乐用品及服务	7. 医疗保健支出	8. 其他商品及服务支出
合　计	44.7	120.3	65.1	20.6
河　北	48.7	124.3	85.1	10.7
山　西	24.5	166.6	65.4	11.8
内蒙古	62.9	190.5	85.0	22.6
吉　林	66.5	122.9	69.7	9.8
黑龙江	49.9	141.2	117.6	17.1
安　徽	60.8	140.6	92.5	22.2
江　西	72.6	168.8	63.6	23.6
河　南	57.7	119.8	65.5	41.2
湖　北	62.5	145.0	61.8	34.7
湖　南	49.2	159.4	53.0	18.3
广　西	64.2	118.5	49.3	31.5
海　南	57.9	91.1	38.3	46.4
重　庆	69.1	156.1	65.7	25.7
四　川	31.6	91.9	46.0	17.2
贵　州	35.7	88.7	30.9	29.4
云　南	23.2	71.9	57.0	11.3
陕　西	49.8	207.2	83.5	17.3
甘　肃	26.6	93.7	49.5	17.3
青　海	53.4	61.1	83.6	20.2
宁　夏	73.4	110.4	79.9	23.3
新　疆	34.7	72.6	96.0	14.6

数据来源：国家贫困监测调查

3-14　2002年农村居民生活消费现金支出构成

单位:%

地　区	生活消费现金支出	1. 食品消费支出	2. 衣着消费支出	3. 居住消费支出	4. 家庭设备用品及服务消费
合　计	100.0	37.7	9.2	15.2	4.4
河　北	100.0	37.8	10.6	16.4	3.2
山　西	100.0	41.5	10.6	11.3	1.9
内蒙古	100.0	31.6	10.2	14.6	4.1
吉　林	100.0	41.4	11.4	12.1	1.9
黑龙江	100.0	45.1	9.3	10.4	2.6
安　徽	100.0	38.3	9.0	16.5	4.3
江　西	100.0	38.3	7.7	13.4	4.8
河　南	100.0	36.5	9.6	14.7	5.5
湖　北	100.0	34.6	7.4	16.0	6.8
湖　南	100.0	40.4	6.7	11.8	5.4
广　西	100.0	41.5	5.1	17.2	5.5
海　南	100.0	49.1	5.4	6.8	5.9
重　庆	100.0	32.5	7.2	16.1	6.4
四　川	100.0	39.6	10.4	14.4	5.1
贵　州	100.0	37.9	9.0	15.5	6.3
云　南	100.0	41.4	9.4	16.5	3.4
陕　西	100.0	32.8	7.7	15.1	3.4
甘　肃	100.0	31.5	9.8	18.3	5.4
青　海	100.0	39.0	10.1	18.9	4.1
宁　夏	100.0	29.0	9.0	19.2	5.6
新　疆	100.0	36.8	15.3	14.6	2.9

数据来源：国家贫困监测调查

3-14　续表

单位:%

地　区	5. 交通通讯支出	6. 文教娱乐用品及服务	7. 医疗保健支出	8. 其他商品及服务支出
合　计	6.0	16.1	8.7	2.8
河　北	5.8	14.8	10.1	1.3
山　西	3.2	21.5	8.4	1.5
内蒙古	6.9	20.8	9.3	2.5
吉　林	8.2	15.2	8.6	1.2
黑龙江	5.0	14.1	11.8	1.7
安　徽	6.1	14.2	9.3	2.2
江　西	7.9	18.4	6.9	2.6
河　南	6.8	14.2	7.8	4.9
湖　北	7.2	16.8	7.2	4.0
湖　南	6.3	20.4	6.8	2.3
广　西	7.5	13.8	5.7	3.7
海　南	8.1	12.8	5.4	6.5
重　庆	8.3	18.6	7.8	3.1
四　川	5.2	15.0	7.5	2.8
贵　州	6.1	15.1	5.3	5.0
云　南	4.1	12.9	10.2	2.0
陕　西	5.7	23.7	9.6	2.0
甘　肃	5.0	17.5	9.3	3.2
青　海	6.8	7.8	10.7	2.6
宁　夏	9.5	14.3	10.4	3.0
新　疆	4.8	10.1	13.3	2.0

数据来源：国家贫困监测调查

3-15　2005年农村居民总收入

单位:元/人

地　区	全年总收入	1. 工资收入	2. 家庭经营收入	3. 财产性收入	4. 转移性收入
合　计	2496.1	560.8	1780.3	27.6	127.3
河　北	3118.0	976.4	1978.7	29.1	133.8
山　西	1969.6	669.3	1176.2	19.3	104.8
内蒙古	3168.9	390.5	2482.8	59.2	236.4
吉　林	2938.0	250.3	2261.6	128.8	297.3
黑龙江	3276.2	127.9	2908.5	76.1	163.8
安　徽	2748.8	956.4	1639.8	8.0	144.6
江　西	2185.1	615.8	1443.1	30.7	95.5
河　南	3109.9	776.0	2213.4	24.1	96.3
湖　北	2461.5	699.7	1599.8	29.9	132.1
湖　南	2276.7	548.8	1539.1	12.2	176.6
广　西	2691.2	601.4	1965.0	15.8	109.1
海　南	2655.0	248.0	2132.0	108.2	166.8
重　庆	2914.0	788.7	1909.1	29.9	186.2
四　川	2656.4	533.8	1972.5	14.6	135.6
贵　州	2306.6	538.7	1637.9	17.6	112.4
云　南	2267.9	327.4	1821.5	23.3	95.8
陕　西	2120.4	685.5	1220.3	48.9	165.8
甘　肃	1922.5	488.2	1306.8	30.5	96.9
青　海	2293.4	488.5	1629.0	41.1	134.8
宁　夏	2554.2	593.2	1661.4	17.6	282.1
新　疆	2510.8	199.0	2232.1	13.4	66.3

数据来源：国家贫困监测调查

3-16　2005年农村居民总收入构成

单位:%

地　区	全年总收入	1. 工资收入	2. 家庭经营收入	3. 财产性收入	4. 转移性收入
合　计	100.0	22.5	71.3	1.1	5.1
河　北	100.0	31.3	63.5	0.9	4.3
山　西	100.0	34.0	59.7	1.0	5.3
内蒙古	100.0	12.3	78.3	1.9	7.5
吉　林	100.0	8.5	77.0	4.4	10.1
黑龙江	100.0	3.9	88.8	2.3	5.0
安　徽	100.0	34.8	59.7	0.3	5.3
江　西	100.0	28.2	66.0	1.4	4.4
河　南	100.0	25.0	71.2	0.8	3.1
湖　北	100.0	28.4	65.0	1.2	5.4
湖　南	100.0	24.1	67.6	0.5	7.8
广　西	100.0	22.3	73.0	0.6	4.1
海　南	100.0	9.3	80.3	4.1	6.3
重　庆	100.0	27.1	65.5	1.0	6.4
四　川	100.0	20.1	74.3	0.5	5.1
贵　州	100.0	23.4	71.0	0.8	4.9
云　南	100.0	14.4	80.3	1.0	4.2
陕　西	100.0	32.3	57.5	2.3	7.8
甘　肃	100.0	25.4	68.0	1.6	5.0
青　海	100.0	21.3	71.0	1.8	5.9
宁　夏	100.0	23.2	65.0	0.7	11.0
新　疆	100.0	7.9	88.9	0.5	2.6

数据来源：国家贫困监测调查

3-17　2005年农村居民纯收入

单位:元/人

地　区	全年纯收入	1. 工资收入	2. 家庭经营收入	3. 财产性收入	4. 转移性收入
合　计	1725.6	560.8	1043.0	27.6	94.1
河　北	2387.3	976.4	1274.1	29.1	107.7
山　西	1561.5	669.3	779.6	19.3	93.2
内蒙古	1757.8	390.5	1102.5	59.2	205.6
吉　林	1531.8	250.3	929.6	128.8	223.1
黑龙江	1333.4	127.9	982.5	76.1	147.0
安　徽	2043.7	956.4	986.9	8.0	92.4
江　西	1561.4	615.8	868.4	30.7	46.5
河　南	2309.5	776.0	1446.6	24.1	62.8
湖　北	1774.4	699.7	954.4	29.9	90.5
湖　南	1644.2	548.8	977.0	12.2	106.2
广　西	1782.2	601.4	1092.3	15.8	72.7
海　南	1952.8	248.0	1458.9	108.2	137.8
重　庆	2036.6	788.7	1117.7	29.9	100.1
四　川	1826.7	533.8	1171.7	14.6	106.6
贵　州	1641.3	538.7	1009.5	17.6	75.5
云　南	1460.7	327.4	1040.1	23.3	69.9
陕　西	1525.7	685.5	665.8	48.9	125.5
甘　肃	1447.2	488.2	842.8	30.5	85.7
青　海	1742.8	488.5	1111.9	41.1	101.2
宁　夏	1698.1	593.2	844.2	17.6	243.1
新　疆	1622.1	199.0	1353.5	13.4	56.2

数据来源：国家贫困监测调查

3-18　2005年农村居民纯收入构成

单位:%

地　区	全年纯收入	1. 工资收入	2. 家庭经营收入	3. 财产性收入	4. 转移性收入
合　计	100.0	32.5	60.4	1.6	5.5
河　北	100.0	40.9	53.4	1.2	4.5
山　西	100.0	42.9	49.9	1.2	6.0
内蒙古	100.0	22.2	62.7	3.4	11.7
吉　林	100.0	16.3	60.7	8.4	14.6
黑龙江	100.0	9.6	73.7	5.7	11.0
安　徽	100.0	46.8	48.3	0.4	4.5
江　西	100.0	39.4	55.6	2.0	3.0
河　南	100.0	33.6	62.6	1.0	2.7
湖　北	100.0	39.4	53.8	1.7	5.1
湖　南	100.0	33.4	59.4	0.7	6.5
广　西	100.0	33.7	61.3	0.9	4.1
海　南	100.0	12.7	74.7	5.5	7.1
重　庆	100.0	38.7	54.9	1.5	4.9
四　川	100.0	29.2	64.1	0.8	5.8
贵　州	100.0	32.8	61.5	1.1	4.6
云　南	100.0	22.4	71.2	1.6	4.8
陕　西	100.0	44.9	43.6	3.2	8.2
甘　肃	100.0	33.7	58.2	2.1	5.9
青　海	100.0	28.0	63.8	2.4	5.8
宁　夏	100.0	34.9	49.7	1.0	14.3
新　疆	100.0	12.3	83.4	0.8	3.5

数据来源：国家贫困监测调查

3-19 2005年农村居民现金收入

单位：元／人

地 区	全年现金收入	1. 工资收入	2. 家庭经营收入	3. 财产性收入	4. 转移性收入
合 计	1784.9	560.8	1092.3	27.6	104.1
河 北	2546.7	976.4	1419.6	29.1	121.6
山 西	1467.1	669.3	733.9	19.3	44.6
内蒙古	2284.6	390.5	1653.5	59.2	181.4
吉 林	2063.0	250.3	1462.9	128.8	221.0
黑龙江	2404.7	127.9	2057.1	76.1	143.6
安 徽	2002.4	956.4	938.5	8.0	99.4
江 西	1543.3	615.8	822.4	30.7	74.5
河 南	2170.0	776.0	1286.3	24.1	83.6
湖 北	1596.7	699.7	755.6	29.9	111.5
湖 南	1545.3	548.8	831.2	12.2	153.0
广 西	2105.9	601.4	1394.5	15.8	94.3
海 南	2222.5	248.0	1720.3	108.2	146.0
重 庆	1847.9	788.7	874.2	29.9	155.0
四 川	1682.0	533.8	1013.1	14.6	120.5
贵 州	1576.3	538.7	920.1	17.6	100.0
云 南	1450.4	327.4	1020.7	23.3	79.1
陕 西	1805.5	685.5	921.2	48.9	149.9
甘 肃	1358.7	488.2	755.9	30.5	84.0
青 海	1811.1	488.5	1185.3	41.1	96.1
宁 夏	1882.6	593.2	1072.3	17.6	199.5
新 疆	1865.8	199.0	1609.9	13.4	43.4

数据来源：国家贫困监测调查

3-20 2005年农村居民现金收入构成

单位：%

地 区	全年现金收入	1. 工资收入	2. 家庭经营收入	3. 财产性收入	4. 转移性收入
合 计	100.0	31.4	61.2	1.5	5.8
河 北	100.0	38.3	55.7	1.1	4.8
山 西	100.0	45.6	50.0	1.3	3.0
内蒙古	100.0	17.1	72.4	2.6	7.9
吉 林	100.0	12.1	70.9	6.2	10.7
黑龙江	100.0	5.3	85.5	3.2	6.0
安 徽	100.0	47.8	46.9	0.4	5.0
江 西	100.0	39.9	53.3	2.0	4.8
河 南	100.0	35.8	59.3	1.1	3.9
湖 北	100.0	43.8	47.3	1.9	7.0
湖 南	100.0	35.5	53.8	0.8	9.9
广 西	100.0	28.6	66.2	0.8	4.5
海 南	100.0	11.2	77.4	4.9	6.6
重 庆	100.0	42.7	47.3	1.6	8.4
四 川	100.0	31.7	60.2	0.9	7.2
贵 州	100.0	34.2	58.4	1.1	6.3
云 南	100.0	22.6	70.4	1.6	5.5
陕 西	100.0	38.0	51.0	2.7	8.3
甘 肃	100.0	35.9	55.6	2.2	6.2
青 海	100.0	27.0	65.4	2.3	5.3
宁 夏	100.0	31.5	57.0	0.9	10.6
新 疆	100.0	10.7	86.3	0.7	2.3

数据来源：国家贫困监测调查

3-21　2005年农村居民家庭经营支出

单位:元/人

地　区	家庭经营支出	1. 农业支出	2. 林业支出	3. 牧业支出	4. 渔业支出	5. 第二产业支出	6. 第三产业经营支出
合　计	662.1	341.8	9.7	249.8	3.3	19.8	37.8
河　北	604.0	360.3	5.3	136.2	0.7	58.8	42.7
山　西	335.4	199.1	3.7	87.8	0.0	12.4	32.4
内蒙古	1209.6	667.4	4.6	499.1	0.0	7.9	30.6
吉　林	1205.6	916.6	22.8	241.0	1.8	5.5	18.0
黑龙江	1771.8	1474.2	2.2	284.8	3.3	0.4	6.9
安　徽	586.9	323.0	12.0	146.0	3.9	54.5	47.5
江　西	531.7	284.3	7.8	170.6	10.3	20.9	37.8
河　南	686.7	406.3	8.6	193.3	2.0	26.6	49.9
湖　北	609.5	276.6	5.2	272.7	1.6	17.2	36.1
湖　南	526.9	228.9	8.7	242.4	1.7	8.4	36.8
广　西	819.4	287.4	19.0	381.3	4.5	42.4	84.9
海　南	551.6	190.3	28.2	104.1	213.5	5.8	9.8
重　庆	735.9	263.6	3.5	428.1	3.4	12.6	24.7
四　川	714.2	263.0	7.9	377.2	1.0	19.1	46.0
贵　州	569.2	209.9	2.6	323.5	0.4	12.1	20.7
云　南	703.3	349.3	24.4	291.1	1.3	10.8	26.5
陕　西	498.4	273.2	4.2	157.5	2.6	8.8	52.1
甘　肃	398.3	225.2	9.1	109.8	0.0	21.8	32.4
青　海	399.4	174.6	0.7	144.9	0.0	7.6	71.5
宁　夏	708.7	356.4	0.8	302.8	0.0	16.9	31.7
新　疆	791.9	479.7	7.1	271.2	0.0	9.0	24.9

数据来源：国家贫困监测调查

3-22　2005年农村居民家庭经营支出构成

单位:%

地　区	家庭经营支出	1. 农业支出	2. 林业支出	3. 牧业支出	4. 渔业支出	5. 第二产业支出	6. 第三产业经营支出
合　计	100.0	51.6	1.5	37.7	0.5	3.0	5.7
河　北	100.0	59.7	0.9	22.6	0.1	9.7	7.1
山　西	100.0	59.4	1.1	26.2	0.0	3.7	9.7
内蒙古	100.0	55.2	0.4	41.3	0.0	0.7	2.5
吉　林	100.0	76.0	1.9	20.0	0.1	0.5	1.5
黑龙江	100.0	83.2	0.1	16.1	0.2	0.0	0.4
安　徽	100.0	55.0	2.0	24.9	0.7	9.3	8.1
江　西	100.0	53.5	1.5	32.1	1.9	3.9	7.1
河　南	100.0	59.2	1.3	28.2	0.3	3.9	7.3
湖　北	100.0	45.4	0.9	44.7	0.3	2.8	5.9
湖　南	100.0	43.4	1.6	46.0	0.3	1.6	7.0
广　西	100.0	35.1	2.3	46.5	0.5	5.2	10.4
海　南	100.0	34.5	5.1	18.9	38.7	1.1	1.8
重　庆	100.0	35.8	0.5	58.2	0.5	1.7	3.4
四　川	100.0	36.8	1.1	52.8	0.1	2.7	6.4
贵　州	100.0	36.9	0.5	56.8	0.1	2.1	3.6
云　南	100.0	49.7	3.5	41.4	0.2	1.5	3.8
陕　西	100.0	54.8	0.9	31.6	0.5	1.8	10.5
甘　肃	100.0	56.5	2.3	27.6	0.0	5.5	8.1
青　海	100.0	43.7	0.2	36.3	0.0	1.9	17.9
宁　夏	100.0	50.3	0.1	42.7	0.0	2.4	4.5
新　疆	100.0	60.6	0.9	34.3	0.0	1.1	3.1

数据来源：国家贫困监测调查

3-23　2005年农村居民家庭经营现金支出

单位:元／人

地　区	家庭经营现金支出	1. 农业支出	2. 林业支出	3. 牧业支出	4. 渔业支出	5. 第二产业支出	6. 第三产业经营支出
合　计	499.9	290.0	6.7	145.9	3.2	19.1	35.1
河　北	521.4	333.2	5.3	81.1	0.7	58.8	42.4
山　西	244.6	158.8	2.7	52.6	0.0	9.7	20.8
内蒙古	922.6	547.5	4.2	335.0	0.0	7.6	28.4
吉　林	1036.9	890.3	22.8	98.6	1.8	5.5	18.0
黑龙江	1622.6	1435.7	2.2	174.0	3.3	0.4	6.9
安　徽	458.7	273.4	9.3	93.7	2.6	48.6	31.1
江　西	466.2	269.9	7.4	127.1	9.8	18.2	33.8
河　南	531.5	329.1	7.0	130.4	1.1	25.3	38.6
湖　北	431.1	230.5	2.8	144.9	1.6	16.6	34.7
湖　南	412.9	211.0	6.4	148.5	1.7	8.4	36.8
广　西	723.2	283.3	18.9	289.4	4.5	42.3	84.9
海　南	524.7	183.5	28.2	85.4	213.5	5.5	8.6
重　庆	402.2	206.0	3.5	152.3	3.4	12.6	24.3
四　川	478.6	217.8	6.2	191.4	0.9	18.6	43.7
贵　州	369.8	181.3	2.4	153.3	0.3	12.1	20.3
云　南	429.3	237.6	7.8	146.6	1.2	10.6	25.4
陕　西	422.4	248.0	4.2	106.7	2.5	8.8	52.1
甘　肃	298.9	176.3	9.0	59.6	0.0	21.8	32.3
青　海	345.6	145.9	0.7	119.8	0.0	7.6	71.5
宁　夏	435.0	236.3	0.7	149.4	0.0	16.9	31.7
新　疆	656.4	422.6	6.1	197.7	0.0	8.7	21.3

数据来源：国家贫困监测调查

3-24　2005年农村居民家庭经营现金支出构成

单位:%

地　区	家庭经营现金支出	1. 农业支出	2. 林业支出	3. 牧业支出	4. 渔业支出	5. 第二产业支出	6. 第三产业经营支出
合　计	100.0	58.0	1.3	29.2	0.6	3.8	7.0
河　北	100.0	63.9	1.0	15.5	0.1	11.3	8.1
山　西	100.0	64.9	1.1	21.5	0.0	4.0	8.5
内蒙古	100.0	59.3	0.5	36.3	0.0	0.8	3.1
吉　林	100.0	85.9	2.2	9.5	0.2	0.5	1.7
黑龙江	100.0	88.5	0.1	10.7	0.2	0.0	0.4
安　徽	100.0	59.6	2.0	20.4	0.6	10.6	6.8
江　西	100.0	57.9	1.6	27.3	2.1	3.9	7.2
河　南	100.0	61.9	1.3	24.5	0.2	4.8	7.3
湖　北	100.0	53.5	0.7	33.6	0.4	3.8	8.0
湖　南	100.0	51.1	1.5	36.0	0.4	2.0	8.9
广　西	100.0	39.2	2.6	40.0	0.6	5.8	11.7
海　南	100.0	35.0	5.4	16.3	40.7	1.0	1.6
重　庆	100.0	51.2	0.9	37.9	0.8	3.1	6.1
四　川	100.0	45.5	1.3	40.0	0.2	3.9	9.1
贵　州	100.0	49.0	0.6	41.5	0.1	3.3	5.5
云　南	100.0	55.3	1.8	34.2	0.3	2.5	5.9
陕　西	100.0	58.7	1.0	25.3	0.6	2.1	12.3
甘　肃	100.0	59.0	3.0	19.9	0.0	7.3	10.8
青　海	100.0	42.2	0.2	34.7	0.0	2.2	20.7
宁　夏	100.0	54.3	0.2	34.3	0.0	3.9	7.3
新　疆	100.0	64.4	0.9	30.1	0.0	1.3	3.2

数据来源：国家贫困监测调查

3-25　2005年农村居民生活消费支出

单位：元／人

地　区	生活消费支出	1. 食品消费支出	2. 衣着消费支出	3. 居住消费支出	4. 家庭设备用品及服务消费
合　计	1528.5	793.2	86.3	192.5	55.8
河　北	1631.1	714.3	107.9	255.0	60.0
山　西	1383.9	642.9	123.5	127.8	45.5
内蒙古	1787.0	796.2	120.6	209.4	56.3
吉　林	1451.9	712.5	102.0	144.0	42.0
黑龙江	1467.5	625.7	105.5	200.5	44.7
安　徽	1735.7	963.8	95.5	174.7	46.3
江　西	1641.2	846.9	71.2	181.2	63.4
河　南	1669.7	830.5	110.8	278.6	72.5
湖　北	1710.4	917.7	78.2	196.5	74.3
湖　南	1580.4	889.2	61.0	167.6	55.3
广　西	1781.7	969.0	56.6	252.5	65.6
海　南	1562.0	842.2	46.6	191.2	78.8
重　庆	1943.0	1016.9	83.3	230.3	80.2
四　川	1581.9	945.7	85.8	151.3	55.9
贵　州	1349.2	751.4	63.7	169.9	50.8
云　南	1296.1	774.1	55.3	158.2	47.0
陕　西	1577.5	647.7	91.4	178.8	70.6
甘　肃	1322.9	664.5	70.9	165.6	44.5
青　海	1522.1	816.5	122.5	201.8	45.1
宁　夏	1611.3	759.7	102.3	238.2	59.5
新　疆	1363.8	699.2	147.1	233.7	38.9

数据来源：国家贫困监测调查

3-25　续表

单位：元／人

地　区	5. 交通通讯支出	6. 文教娱乐用品及服务	7. 医疗保健支出	8. 其他商品及服务支出
合　计	105.6	182.2	86.9	25.9
河　北	147.8	212.1	108.3	25.7
山　西	79.4	265.4	73.6	25.7
内蒙古	176.3	279.9	114.5	33.8
吉　林	126.6	166.1	120.8	38.0
黑龙江	108.2	259.9	100.7	22.3
安　徽	98.5	250.3	78.9	27.7
江　西	110.0	242.6	89.2	36.6
河　南	125.4	146.7	79.6	25.5
湖　北	128.7	188.8	94.4	31.9
湖　南	79.9	208.5	85.8	33.3
广　西	150.5	166.6	83.0	38.0
海　南	153.1	137.2	76.6	36.3
重　庆	134.4	277.8	98.9	21.2
四　川	75.3	160.7	77.9	29.3
贵　州	83.8	153.1	48.9	27.5
云　南	67.4	111.2	66.4	16.4
陕　西	143.1	279.8	131.2	34.8
甘　肃	96.6	187.2	77.1	16.4
青　海	120.9	81.2	102.7	31.4
宁　夏	158.8	117.4	155.3	20.0
新　疆	59.3	72.5	103.7	9.6

数据来源：国家贫困监测调查

3-26　2005年农村居民生活消费支出构成

单位：%

地　区	生活消费支出	1. 食品消费支出	2. 衣着消费支出	3. 居住消费支出	4. 家庭设备用品及服务消费
合　计	100.0	51.9	5.6	12.6	3.7
河　北	100.0	43.8	6.6	15.6	3.7
山　西	100.0	46.5	8.9	9.2	3.3
内蒙古	100.0	44.6	6.8	11.7	3.2
吉　林	100.0	49.1	7.0	9.9	2.9
黑龙江	100.0	42.6	7.2	13.7	3.0
安　徽	100.0	55.5	5.5	10.1	2.7
江　西	100.0	51.6	4.3	11.0	3.9
河　南	100.0	49.7	6.6	16.7	4.3
湖　北	100.0	53.7	4.6	11.5	4.3
湖　南	100.0	56.3	3.9	10.6	3.5
广　西	100.0	54.4	3.2	14.2	3.7
海　南	100.0	53.9	3.0	12.2	5.0
重　庆	100.0	52.3	4.3	11.9	4.1
四　川	100.0	59.8	5.4	9.6	3.5
贵　州	100.0	55.7	4.7	12.6	3.8
云　南	100.0	59.7	4.3	12.2	3.6
陕　西	100.0	41.1	5.8	11.3	4.5
甘　肃	100.0	50.2	5.4	12.5	3.4
青　海	100.0	53.6	8.1	13.3	3.0
宁　夏	100.0	47.1	6.3	14.8	3.7
新　疆	100.0	51.3	10.8	17.1	2.9

数据来源：国家贫困监测调查

3-26　续表

单位：%

地　区	5. 交通通讯支出	6. 文教娱乐用品及服务	7. 医疗保健支出	8. 其他商品及服务支出
合　计	6.9	11.9	5.7	1.7
河　北	9.1	13.0	6.6	1.6
山　西	5.7	19.2	5.3	1.9
内蒙古	9.9	15.7	6.4	1.9
吉　林	8.7	11.4	8.3	2.6
黑龙江	7.4	17.7	6.9	1.5
安　徽	5.7	14.4	4.5	1.6
江　西	6.7	14.8	5.4	2.2
河　南	7.5	8.8	4.8	1.5
湖　北	7.5	11.0	5.5	1.9
湖　南	5.1	13.2	5.4	2.1
广　西	8.4	9.3	4.7	2.1
海　南	9.8	8.8	4.9	2.3
重　庆	6.9	14.3	5.1	1.1
四　川	4.8	10.2	4.9	1.9
贵　州	6.2	11.3	3.6	2.0
云　南	5.2	8.6	5.1	1.3
陕　西	9.1	17.7	8.3	2.2
甘　肃	7.3	14.2	5.8	1.2
青　海	7.9	5.3	6.7	2.1
宁　夏	9.9	7.3	9.6	1.2
新　疆	4.3	5.3	7.6	0.7

数据来源：国家贫困监测调查

3-27　2005年农村居民生活消费现金支出

单位：元／人

地　区	生活消费现金支出	1. 食品消费支出	2. 衣着消费支出	3. 居住消费支出	4. 家庭设备用品及服务消费
合　计	1113.8	408.5	86.3	162.5	55.8
河　北	1381.5	464.7	107.9	255.0	60.0
山　西	1165.4	460.8	123.5	91.4	45.5
内蒙古	1409.0	451.5	120.6	176.0	56.3
吉　林	1234.8	504.9	102.0	134.6	42.0
黑龙江	1258.8	473.4	105.5	144.1	44.7
安　徽	1253.4	529.2	95.5	127.1	46.3
江　西	1192.7	435.9	71.2	143.7	63.4
河　南	1263.7	463.0	110.8	240.2	72.5
湖　北	1191.6	437.1	78.2	158.3	74.3
湖　南	1039.0	394.1	61.0	121.2	55.3
广　西	1308.1	507.1	56.6	240.8	65.6
海　南	1228.9	558.4	46.6	141.8	78.8
重　庆	1317.6	433.8	83.3	188.0	80.2
四　川	973.0	373.0	85.8	115.1	55.9
贵　州	891.1	318.9	63.7	144.4	50.8
云　南	832.1	343.7	55.3	124.6	47.0
陕　西	1413.9	486.2	91.4	176.8	70.6
甘　肃	919.4	280.2	70.9	146.4	44.5
青　海	1097.4	417.9	122.5	175.6	45.1
宁　夏	1199.7	359.4	102.3	227.0	59.5
新　疆	946.2	339.9	147.1	175.3	38.9

数据来源：国家贫困监测调查

3-27　续表

单位：元／人

地　区	5. 交通通讯支出	6. 文教娱乐用品及服务	7. 医疗保健支出	8. 其他商品及服务支出
合　计	105.6	182.2	86.9	25.9
河　北	147.8	212.1	108.3	25.7
山　西	79.4	265.4	73.6	25.7
内蒙古	176.3	279.9	114.5	33.8
吉　林	126.6	166.1	120.8	38.0
黑龙江	108.2	259.9	100.7	22.3
安　徽	98.5	250.3	78.9	27.7
江　西	110.0	242.6	89.2	36.6
河　南	125.4	146.7	79.6	25.5
湖　北	128.7	188.8	94.4	31.9
湖　南	79.9	208.5	85.8	33.3
广　西	150.5	166.6	83.0	38.0
海　南	153.1	137.2	76.6	36.3
重　庆	134.4	277.8	98.9	21.2
四　川	75.3	160.7	77.9	29.3
贵　州	83.8	153.1	48.9	27.5
云　南	67.4	111.2	66.4	16.4
陕　西	143.1	279.8	131.2	34.8
甘　肃	96.6	187.2	77.1	16.4
青　海	120.9	81.2	102.7	31.4
宁　夏	158.8	117.4	155.3	20.0
新　疆	59.3	72.5	103.7	9.6

数据来源：国家贫困监测调查

3-28 2005年农村居民生活消费现金支出构成

单位:%

地　区	生活消费现金支出	1. 食品消费支出	2. 衣着消费支出	3. 居住消费支出	4. 家庭设备用品及服务消费
合　计	100.0	36.7	7.7	14.6	5.0
河　北	100.0	33.6	7.8	18.5	4.3
山　西	100.0	39.5	10.6	7.8	3.9
内蒙古	100.0	32.0	8.6	12.5	4.0
吉　林	100.0	40.9	8.3	10.9	3.4
黑龙江	100.0	37.6	8.4	11.5	3.5
安　徽	100.0	42.2	7.6	10.1	3.7
江　西	100.0	36.5	6.0	12.0	5.3
河　南	100.0	36.6	8.8	19.0	5.7
湖　北	100.0	36.7	6.6	13.3	6.2
湖　南	100.0	37.9	5.9	11.7	5.3
广　西	100.0	38.8	4.3	18.4	5.0
海　南	100.0	45.4	3.8	11.5	6.4
重　庆	100.0	32.9	6.3	14.3	6.1
四　川	100.0	38.3	8.8	11.8	5.7
贵　州	100.0	35.8	7.1	16.2	5.7
云　南	100.0	41.3	6.6	15.0	5.7
陕　西	100.0	34.4	6.5	12.5	5.0
甘　肃	100.0	30.5	7.7	15.9	4.8
青　海	100.0	38.1	11.2	16.0	4.1
宁　夏	100.0	30.0	8.5	18.9	5.0
新　疆	100.0	35.9	15.5	18.5	4.1

数据来源：国家贫困监测调查

3-28 续表

单位:%

地　区	5. 交通通讯支出	6. 文教娱乐用品及服务	7. 医疗保健支出	8. 其他商品及服务支出
合　计	9.5	16.4	7.8	2.3
河　北	10.7	15.4	7.8	1.9
山　西	6.8	22.8	6.3	2.2
内蒙古	12.5	19.9	8.1	2.4
吉　林	10.3	13.4	9.8	3.1
黑龙江	8.6	20.6	8.0	1.8
安　徽	7.9	20.0	6.3	2.2
江　西	9.2	20.3	7.5	3.1
河　南	9.9	11.6	6.3	2.0
湖　北	10.8	15.8	7.9	2.7
湖　南	7.7	20.1	8.3	3.2
广　西	11.5	12.7	6.3	2.9
海　南	12.5	11.2	6.2	3.0
重　庆	10.2	21.1	7.5	1.6
四　川	7.7	16.5	8.0	3.0
贵　州	9.4	17.2	5.5	3.1
云　南	8.1	13.4	8.0	2.0
陕　西	10.1	19.8	9.3	2.5
甘　肃	10.5	20.4	8.4	1.8
青　海	11.0	7.4	9.4	2.9
宁　夏	13.2	9.8	12.9	1.7
新　疆	6.3	7.7	11.0	1.0

数据来源：国家贫困监测调查

3-29　2008年农村居民总收入

单位：元/人

地　区	全年总收入	1. 工资收入	2. 家庭经营收入	3. 财产性收入	4. 转移性收入
合　计	3706.8	887.7	2536.0	42.1	241.0
河　北	4158.3	1331.2	2542.7	44.9	239.6
山　西	2767.7	973.0	1573.8	54.4	166.4
内蒙古	4741.0	659.6	3515.0	76.7	489.8
吉　林	4744.1	477.7	3763.5	53.8	449.1
黑龙江	5250.9	196.9	4367.8	120.9	565.3
安　徽	4248.8	1500.7	2410.9	54.9	282.2
江　西	3190.9	986.1	1996.4	25.6	182.8
河　南	4875.1	1409.8	3206.0	51.2	208.1
湖　北	3615.9	1165.5	2221.5	35.0	193.8
湖　南	3042.1	777.3	2000.7	23.3	240.7
广　西	3991.6	948.4	2856.9	27.9	158.5
海　南	3546.6	378.2	2958.3	59.9	150.2
重　庆	4183.9	1239.7	2583.6	37.4	323.1
四　川	3938.1	783.1	2866.8	12.1	276.1
贵　州	3334.8	853.8	2259.7	27.1	194.2
云　南	3620.0	560.7	2819.2	47.4	192.6
陕　西	3385.2	1139.0	1882.8	44.8	318.7
甘　肃	2764.7	690.0	1744.2	67.4	263.1
青　海	3262.9	852.0	2147.3	55.8	207.8
宁　夏	4096.2	1018.9	2705.8	14.8	356.6
新　疆	3527.5	385.2	2956.9	18.2	167.3

数据来源：国家贫困监测调查

3-30　2008年农村居民总收入构成

单位：%

地　区	全年总收入	1. 工资收入	2. 家庭经营收入	3. 财产性收入	4. 转移性收入
合　计	100.0	23.9	68.4	1.1	6.5
河　北	100.0	32.0	61.1	1.1	5.8
山　西	100.0	35.2	56.9	2.0	6.0
内蒙古	100.0	13.9	74.1	1.6	10.3
吉　林	100.0	10.1	79.3	1.1	9.5
黑龙江	100.0	3.8	83.2	2.3	10.8
安　徽	100.0	35.3	56.7	1.3	6.6
江　西	100.0	30.9	62.6	0.8	5.7
河　南	100.0	28.9	65.8	1.1	4.3
湖　北	100.0	32.2	61.4	1.0	5.4
湖　南	100.0	25.6	65.8	0.8	7.9
广　西	100.0	23.8	71.6	0.7	4.0
海　南	100.0	10.7	83.4	1.7	4.2
重　庆	100.0	29.6	61.8	0.9	7.7
四　川	100.0	19.9	72.8	0.3	7.0
贵　州	100.0	25.6	67.8	0.8	5.8
云　南	100.0	15.5	77.9	1.3	5.3
陕　西	100.0	33.6	55.6	1.3	9.4
甘　肃	100.0	25.0	63.1	2.4	9.5
青　海	100.0	26.1	65.8	1.7	6.4
宁　夏	100.0	24.9	66.1	0.4	8.7
新　疆	100.0	10.9	83.8	0.5	4.7

数据来源：国家贫困监测调查

第七部分

统计资料

3-31　2008年农村居民纯收入

单位:元/人

地　区	全年纯收入	1. 工资收入	2. 家庭经营收入	3. 财产性收入	4. 转移性收入
合　计	2610.8	887.7	1467.0	42.1	214.0
河　北	3075.3	1331.2	1471.2	44.9	228.1
山　西	2304.7	973.0	1119.5	54.4	157.7
内蒙古	2652.5	659.6	1440.5	76.7	475.8
吉　林	2561.0	477.7	1625.4	53.8	404.1
黑龙江	2477.4	196.9	1596.8	120.9	562.8
安　徽	3297.5	1500.7	1531.4	54.9	210.4
江　西	2431.2	986.1	1275.1	25.6	144.4
河　南	3655.0	1409.8	2016.8	51.2	177.2
湖　北	2743.5	1165.5	1380.1	35.0	163.0
湖　南	2198.6	777.3	1210.1	23.3	187.8
广　西	2809.7	948.4	1700.6	27.9	132.8
海　南	2775.1	378.2	2189.4	59.9	147.6
重　庆	3065.5	1239.7	1571.1	37.4	217.3
四　川	2575.3	783.1	1533.3	12.1	246.8
贵　州	2414.4	853.8	1376.4	27.1	157.0
云　南	2358.2	560.7	1575.0	47.4	175.1
陕　西	2610.4	1139.0	1141.4	44.8	285.2
甘　肃	2057.0	690.0	1046.2	67.4	253.4
青　海	2527.4	852.0	1423.7	55.8	195.9
宁　夏	2591.3	1018.9	1221.4	14.8	336.2
新　疆	2386.1	385.2	1820.0	18.2	162.7

数据来源：国家贫困监测调查

3-32　2008年农村居民纯收入构成

单位:%

地　区	全年纯收入	1. 工资收入	2. 家庭经营收入	3. 财产性收入	4. 转移性收入
合　计	100.0	34.0	56.2	1.6	8.2
河　北	100.0	43.3	47.8	1.5	7.4
山　西	100.0	42.2	48.6	2.4	6.8
内蒙古	100.0	24.9	54.3	2.9	17.9
吉　林	100.0	18.7	63.5	2.1	15.8
黑龙江	100.0	7.9	64.5	4.9	22.7
安　徽	100.0	45.5	46.4	1.7	6.4
江　西	100.0	40.6	52.4	1.1	5.9
河　南	100.0	38.6	55.2	1.4	4.8
湖　北	100.0	42.5	50.3	1.3	5.9
湖　南	100.0	35.4	55.0	1.1	8.5
广　西	100.0	33.8	60.5	1.0	4.7
海　南	100.0	13.6	78.9	2.2	5.3
重　庆	100.0	40.4	51.2	1.2	7.1
四　川	100.0	30.4	59.5	0.5	9.6
贵　州	100.0	35.4	57.0	1.1	6.5
云　南	100.0	23.8	66.8	2.0	7.4
陕　西	100.0	43.6	43.7	1.7	10.9
甘　肃	100.0	33.5	50.9	3.3	12.3
青　海	100.0	33.7	56.3	2.2	7.8
宁　夏	100.0	39.3	47.1	0.6	13.0
新　疆	100.0	16.1	76.3	0.8	6.8

数据来源：国家贫困监测调查

3-33　2008年农村居民现金收入

单位：元／人

地　区	全年现金收入	1. 工资收入	2. 家庭经营收入	3. 财产性收入	4. 转移性收入
合　计	2715.6	886.0	1562.1	30.9	236.6
河　北	3354.9	1329.8	1758.3	31.1	235.7
山　西	2203.0	971.2	1049.2	18.9	163.7
内蒙古	3384.3	657.1	2198.1	41.0	488.2
吉　林	3725.9	477.7	2759.5	40.0	448.8
黑龙江	3942.8	196.9	3141.8	39.9	564.3
安　徽	3466.4	1499.4	1664.3	25.2	277.4
江　西	2309.3	984.1	1122.0	24.1	179.1
河　南	3647.2	1408.6	1989.8	47.3	201.5
湖　北	2458.6	1163.6	1080.4	21.4	193.1
湖　南	2011.3	777.2	970.4	23.2	240.4
广　西	3181.2	947.9	2052.5	23.1	157.7
海　南	2722.9	378.0	2135.7	59.9	149.2
重　庆	2806.5	1235.8	1217.7	33.8	319.2
四　川	2721.2	777.3	1664.8	9.7	269.3
贵　州	2453.7	852.9	1385.9	25.8	189.0
云　南	2315.4	560.0	1526.5	39.0	189.9
陕　西	2744.9	1138.7	1248.6	42.4	315.1
甘　肃	2012.7	689.2	1019.9	46.6	257.0
青　海	2497.3	848.3	1394.7	52.6	201.7
宁　夏	2955.0	1018.9	1634.1	11.2	290.8
新　疆	2618.4	378.8	2057.1	15.6	166.8

数据来源：国家贫困监测调查

3-34　2008年农村居民现金收入构成

单位：%

地　区	全年现金收入	1. 工资收入	2. 家庭经营收入	3. 财产性收入	4. 转移性收入
合　计	100.0	32.6	57.5	1.1	8.7
河　北	100.0	39.6	52.4	0.9	7.0
山　西	100.0	44.1	47.6	0.9	7.4
内蒙古	100.0	19.4	64.9	1.2	14.4
吉　林	100.0	12.8	74.1	1.1	12.0
黑龙江	100.0	5.0	79.7	1.0	14.3
安　徽	100.0	43.3	48.0	0.7	8.0
江　西	100.0	42.6	48.6	1.0	7.8
河　南	100.0	38.6	54.6	1.3	5.5
湖　北	100.0	47.3	43.9	0.9	7.9
湖　南	100.0	38.6	48.2	1.2	12.0
广　西	100.0	29.8	64.5	0.7	5.0
海　南	100.0	13.9	78.4	2.2	5.5
重　庆	100.0	44.0	43.4	1.2	11.4
四　川	100.0	28.6	61.2	0.4	9.9
贵　州	100.0	34.8	56.5	1.1	7.7
云　南	100.0	24.2	65.9	1.7	8.2
陕　西	100.0	41.5	45.5	1.5	11.5
甘　肃	100.0	34.2	50.7	2.3	12.8
青　海	100.0	34.0	55.8	2.1	8.1
宁　夏	100.0	34.5	55.3	0.4	9.8
新　疆	100.0	14.5	78.6	0.6	6.4

数据来源：国家贫困监测调查

3-35　2008年农村居民家庭经营支出

单位：元／人

地　区	家庭经营支出	1. 农业支出	2. 林业支出	3. 牧业支出	4. 渔业支出	5. 第二产业支出	6. 第三产业经营支出
合　计	977.3	504.1	17.0	377.2	5.0	25.9	48.1
河　北	959.1	539.9	3.2	254.6	1.8	77.3	82.3
山　西	387.6	259.2	2.7	91.6	0.2	4.5	29.4
内蒙古	1836.8	1000.4	13.8	788.7	0.3	3.4	30.1
吉　林	1975.8	1691.5	12.0	256.5	0.2	7.3	8.3
黑龙江	2583.5	2296.0	7.6	264.2	8.0	2.0	5.7
安　徽	814.5	533.3	14.5	156.9	24.7	45.2	39.8
江　西	681.6	406.2	11.1	169.1	13.6	25.3	56.3
河　南	1085.8	662.1	13.2	268.4	4.5	53.6	84.0
湖　北	802.4	365.2	3.7	368.1	3.9	11.6	50.0
湖　南	748.5	347.7	7.3	342.7	3.4	10.1	37.4
广　西	1082.4	408.1	31.8	519.8	4.9	42.2	75.6
海　南	709.4	221.0	25.8	220.2	203.8	10.2	28.3
重　庆	945.6	321.7	5.1	549.2	12.3	13.4	43.9
四　川	1215.7	403.4	14.8	682.4	1.1	62.2	51.8
贵　州	804.2	265.7	3.5	495.3	1.0	11.6	27.2
云　南	1142.7	487.2	54.4	545.0	1.8	18.3	36.1
陕　西	672.5	387.1	8.4	205.4	1.8	11.2	58.7
甘　肃	616.6	395.1	20.8	152.8	0.1	13.8	34.0
青　海	615.3	215.4	1.5	241.1	0.0	6.5	150.9
宁　夏	1330.8	584.0	2.4	675.6	0.0	20.7	48.1
新　疆	1043.5	670.5	10.1	315.3	0.0	19.8	27.8

数据来源：国家贫困监测调查

3-36　2008年农村居民家庭经营支出构成

单位：%

地　区	家庭经营支出	1. 农业支出	2. 林业支出	3. 牧业支出	4. 渔业支出	5. 第二产业支出	6. 第三产业经营支出
合　计	100.0	51.6	1.7	38.6	0.5	2.7	4.9
河　北	100.0	56.3	0.3	26.5	0.2	8.1	8.6
山　西	100.0	66.9	0.7	23.6	0.0	1.2	7.6
内蒙古	100.0	54.5	0.8	42.9	0.0	0.2	1.6
吉　林	100.0	85.6	0.6	13.0	0.0	0.4	0.4
黑龙江	100.0	88.9	0.3	10.2	0.3	0.1	0.2
安　徽	100.0	65.5	1.8	19.3	3.0	5.6	4.9
江　西	100.0	59.6	1.6	24.8	2.0	3.7	8.3
河　南	100.0	61.0	1.2	24.7	0.4	4.9	7.7
湖　北	100.0	45.5	0.5	45.9	0.5	1.4	6.2
湖　南	100.0	46.4	1.0	45.8	0.5	1.4	5.0
广　西	100.0	37.7	2.9	48.0	0.5	3.9	7.0
海　南	100.0	31.2	3.6	31.0	28.7	1.4	4.0
重　庆	100.0	34.0	0.5	58.1	1.3	1.4	4.6
四　川	100.0	33.2	1.2	56.1	0.1	5.1	4.3
贵　州	100.0	33.0	0.4	61.6	0.1	1.4	3.4
云　南	100.0	42.6	4.8	47.7	0.2	1.6	3.2
陕　西	100.0	57.6	1.2	30.5	0.3	1.7	8.7
甘　肃	100.0	64.1	3.4	24.8	0.0	2.2	5.5
青　海	100.0	35.0	0.2	39.2	0.0	1.1	24.5
宁　夏	100.0	43.9	0.2	50.8	0.0	1.6	3.6
新　疆	100.0	64.3	1.0	30.2	0.0	1.9	2.7

数据来源：国家贫困监测调查

3-37　2008年农村居民家庭经营现金支出

单位：元／人

地　区	家庭经营现金支出	1. 农业支出	2. 林业支出	3. 牧业支出	4. 渔业支出	5. 第二产业支出	6. 第三产业经营支出
合　计	772.1	440.0	15.5	239.0	4.8	25.2	47.7
河　北	864.8	500.8	3.2	199.5	1.8	77.3	82.2
山　西	344.2	245.2	2.7	62.4	0.0	4.5	29.4
内蒙古	1423.7	868.9	13.8	507.3	0.2	3.4	30.1
吉　林	1855.6	1669.7	12.0	158.1	0.2	7.3	8.3
黑龙江	2449.8	2233.1	7.6	196.2	5.1	2.0	5.7
安　徽	751.0	522.0	14.4	104.9	24.6	45.2	39.8
江　西	656.6	402.8	11.0	148.2	12.9	25.3	56.3
河　南	943.1	573.4	12.0	220.9	3.2	52.4	81.3
湖　北	555.0	292.2	3.0	194.7	3.9	11.5	49.6
湖　南	553.4	294.3	4.7	204.0	3.3	10.1	37.0
广　西	972.8	404.9	31.8	413.7	4.9	42.1	75.3
海　南	649.3	220.3	25.8	161.2	203.4	10.2	28.3
重　庆	597.5	285.3	5.0	237.9	12.3	13.4	43.5
四　川	784.1	289.4	13.5	366.4	1.1	62.2	51.5
贵　州	581.9	231.3	3.4	307.6	1.0	11.6	27.2
云　南	742.2	347.1	47.4	296.9	1.7	14.1	35.0
陕　西	578.4	357.5	8.4	141.0	1.8	11.2	58.7
甘　肃	475.9	309.9	17.1	101.1	0.1	13.8	34.0
青　海	527.7	180.1	1.5	188.7	0.0	6.5	150.9
宁　夏	763.8	380.3	2.0	312.7	0.0	20.7	48.1
新　疆	960.4	643.5	10.1	259.2	0.0	19.8	27.8

数据来源：国家贫困监测调查

3-38　2008年农村居民家庭经营现金支出构成

单位：%

地　区	家庭经营现金支出	1. 农业支出	2. 林业支出	3. 牧业支出	4. 渔业支出	5. 第二产业支出	6. 第三产业经营支出
合　计	100.0	57.0	2.0	31.0	0.6	3.3	6.2
河　北	100.0	57.9	0.4	23.1	0.2	8.9	9.5
山　西	100.0	71.2	0.8	18.1	0.0	1.3	8.5
内蒙古	100.0	61.0	1.0	35.6	0.0	0.2	2.1
吉　林	100.0	90.0	0.6	8.5	0.0	0.4	0.4
黑龙江	100.0	91.2	0.3	8.0	0.2	0.1	0.2
安　徽	100.0	69.5	1.9	14.0	3.3	6.0	5.3
江　西	100.0	61.3	1.7	22.6	2.0	3.9	8.6
河　南	100.0	60.8	1.3	23.4	0.3	5.6	8.6
湖　北	100.0	52.7	0.5	35.1	0.7	2.1	8.9
湖　南	100.0	53.2	0.8	36.9	0.6	1.8	6.7
广　西	100.0	41.6	3.3	42.5	0.5	4.3	7.7
海　南	100.0	33.9	4.0	24.8	31.3	1.6	4.4
重　庆	100.0	47.8	0.8	39.8	2.1	2.2	7.3
四　川	100.0	36.9	1.7	46.7	0.1	7.9	6.6
贵　州	100.0	39.7	0.6	52.9	0.2	2.0	4.7
云　南	100.0	46.8	6.4	40.0	0.2	1.9	4.7
陕　西	100.0	61.8	1.4	24.4	0.3	1.9	10.1
甘　肃	100.0	65.1	3.6	21.2	0.0	2.9	7.1
青　海	100.0	34.1	0.3	35.8	0.0	1.2	28.6
宁　夏	100.0	49.8	0.3	40.9	0.0	2.7	6.3
新　疆	100.0	67.0	1.0	27.0	0.0	2.1	2.9

数据来源：国家贫困监测调查

3-39　2008年农村居民生活消费支出

单位：元／人

地　区	生活消费支出	1. 食品消费支出	2. 衣着消费支出	3. 居住消费支出	4. 家庭设备用品及服务消费
合　计	2200.3	1137.2	123.3	343.7	92.0
河　北	2321.0	1014.4	145.7	464.8	96.5
山　西	1747.2	886.2	157.9	193.4	65.9
内蒙古	2398.6	1124.0	165.5	269.8	72.4
吉　林	2207.8	1037.0	146.3	283.1	64.3
黑龙江	2169.2	997.0	173.1	361.3	65.8
安　徽	2661.4	1344.5	136.9	423.2	134.5
江　西	2170.6	1176.4	90.7	298.4	84.7
河　南	2610.7	1164.0	186.3	524.5	147.2
湖　北	2705.8	1353.3	123.1	469.5	122.3
湖　南	2005.9	1213.9	80.7	219.4	77.9
广　西	2534.2	1334.4	82.8	428.8	111.0
海　南	2131.2	1293.2	70.5	199.7	82.8
重　庆	2684.9	1474.5	139.6	325.5	170.6
四　川	2167.3	1292.2	128.9	285.7	80.3
贵　州	1898.2	1016.3	92.8	309.6	85.4
云　南	2058.5	1220.5	84.8	291.1	75.9
陕　西	2380.8	1000.9	141.2	425.7	110.1
甘　肃	1957.0	988.1	104.5	343.5	70.7
青　海	2121.0	1085.5	134.7	320.0	65.9
宁　夏	2481.2	1136.0	157.3	430.4	110.6
新　疆	1674.2	900.1	166.4	239.0	57.8

数据来源：国家贫困监测调查

3-39　续表

单位：元／人

地　区	5. 交通通讯支出	6. 文教娱乐用品及服务	7. 医疗保健支出	8. 其他商品及服务支出
合　计	176.6	159.1	133.7	34.6
河　北	219.1	203.2	140.7	36.6
山　西	146.8	165.3	111.3	20.4
内蒙古	238.7	293.9	196.1	38.4
吉　林	196.6	188.0	238.2	54.2
黑龙江	163.9	184.5	190.0	33.6
安　徽	215.2	207.2	152.3	47.5
江　西	166.9	191.1	118.0	44.4
河　南	237.7	169.4	140.1	41.5
湖　北	196.3	206.2	177.2	57.9
湖　南	116.6	136.4	119.7	41.2
广　西	223.5	164.4	129.5	59.7
海　南	180.0	171.4	104.5	29.0
重　庆	201.4	183.1	159.4	30.9
四　川	127.5	101.4	121.3	30.0
贵　州	144.3	144.5	73.8	31.6
云　南	152.2	109.4	105.4	19.2
陕　西	205.1	258.1	194.3	45.5
甘　肃	168.6	136.8	123.2	21.6
青　海	194.3	106.2	167.4	46.9
宁　夏	213.6	165.4	222.3	45.6
新　疆	130.2	53.3	113.1	14.4

数据来源：国家贫困监测调查

3-40 2008年农村居民生活消费支出构成

单位:%

地区	生活消费支出	1. 食品消费支出	2. 衣着消费支出	3. 居住消费支出	4. 家庭设备用品及服务消费
合计	100.0	51.7	5.6	15.6	4.2
河北	100.0	43.7	6.3	20.0	4.2
山西	100.0	50.7	9.0	11.1	3.8
内蒙古	100.0	46.9	6.9	11.2	3.0
吉林	100.0	47.0	6.6	12.8	2.9
黑龙江	100.0	46.0	8.0	16.7	3.0
安徽	100.0	50.5	5.1	15.9	5.1
江西	100.0	54.2	4.2	13.7	3.9
河南	100.0	44.6	7.1	20.1	5.6
湖北	100.0	50.0	4.5	17.4	4.5
湖南	100.0	60.5	4.0	10.9	3.9
广西	100.0	52.7	3.3	16.9	4.4
海南	100.0	60.7	3.3	9.4	3.9
重庆	100.0	54.9	5.2	12.1	6.4
四川	100.0	59.6	5.9	13.2	3.7
贵州	100.0	53.5	4.9	16.3	4.5
云南	100.0	59.3	4.1	14.1	3.7
陕西	100.0	42.0	5.9	17.9	4.6
甘肃	100.0	50.5	5.3	17.6	3.6
青海	100.0	51.2	6.4	15.1	3.1
宁夏	100.0	45.8	6.3	17.3	4.5
新疆	100.0	53.8	9.9	14.3	3.5

数据来源：国家贫困监测调查

3-40 续表

单位:%

地区	5. 交通通讯支出	6. 文教娱乐用品及服务	7. 医疗保健支出	8. 其他商品及服务支出
合计	8.0	7.2	6.1	1.6
河北	9.4	8.8	6.1	1.6
山西	8.4	9.5	6.4	1.2
内蒙古	9.9	12.3	8.2	1.6
吉林	8.9	8.5	10.8	2.5
黑龙江	7.6	8.5	8.8	1.5
安徽	8.1	7.8	5.7	1.8
江西	7.7	8.8	5.4	2.0
河南	9.1	6.5	5.4	1.6
湖北	7.3	7.6	6.6	2.1
湖南	5.8	6.8	6.0	2.1
广西	8.8	6.5	5.1	2.4
海南	8.4	8.0	4.9	1.4
重庆	7.5	6.8	5.9	1.2
四川	5.9	4.7	5.6	1.4
贵州	7.6	7.6	3.9	1.7
云南	7.4	5.3	5.1	0.9
陕西	8.6	10.8	8.2	1.9
甘肃	8.6	7.0	6.3	1.1
青海	9.2	5.0	7.9	2.2
宁夏	8.6	6.7	9.0	1.8
新疆	7.8	3.2	6.8	0.9

数据来源：国家贫困监测调查

3-41　2008年农村居民生活消费现金支出

单位:元/人

地　区	生活消费现金支出	1. 食品消费支出	2. 衣着消费支出	3. 居住消费支出	4. 家庭设备用品及服务消费
合　计	1651.5	625.2	122.9	309.7	90.0
河　北	2022.5	746.3	145.7	434.4	96.5
山　西	1550.2	694.2	157.9	188.4	65.9
内蒙古	1919.7	668.4	165.3	246.6	72.4
吉　林	1782.1	706.1	143.7	191.0	64.3
黑龙江	1819.2	773.1	173.1	235.1	65.8
安　徽	2150.2	878.7	136.8	378.1	134.4
江　西	1618.9	645.1	90.7	278.0	84.7
河　南	2166.7	761.9	186.2	482.8	147.2
湖　北	1958.8	668.0	121.4	410.6	121.3
湖　南	1322.3	558.7	80.7	191.4	77.6
广　西	1912.3	739.5	82.8	401.8	111.0
海　南	1527.7	726.8	70.5	162.6	82.8
重　庆	1832.9	708.9	139.6	298.6	111.1
四　川	1409.7	586.3	127.0	238.7	79.7
贵　州	1336.7	476.4	92.8	288.0	85.3
云　南	1305.9	533.3	84.7	226.0	75.7
陕　西	2036.7	664.1	141.2	420.0	108.5
甘　肃	1434.8	477.0	104.5	332.4	70.7
青　海	1607.3	579.0	132.5	315.1	65.8
宁　夏	1925.1	596.2	157.3	414.1	110.6
新　疆	1256.9	503.1	163.3	224.8	54.7

数据来源：国家贫困监测调查

3-41　续表

单位:元/人

地　区	5. 交通通讯支出	6. 文教娱乐用品及服务	7. 医疗保健支出	8. 其他商品及服务支出
合　计	176.6	159.1	133.7	34.5
河　北	219.1	203.2	140.7	36.6
山　西	146.8	165.3	111.3	20.4
内蒙古	238.7	293.9	196.1	38.4
吉　林	196.6	188.0	238.2	54.2
黑龙江	163.9	184.5	190.0	33.6
安　徽	215.2	207.2	152.3	47.5
江　西	166.9	191.1	118.0	44.3
河　南	237.7	169.4	140.1	41.5
湖　北	196.3	206.2	177.2	57.9
湖　南	116.6	136.4	119.7	41.2
广　西	223.5	164.4	129.5	59.7
海　南	180.0	171.4	104.5	29.0
重　庆	201.4	183.1	159.4	30.9
四　川	127.5	101.4	121.3	27.8
贵　州	144.3	144.5	73.8	31.6
云　南	152.2	109.4	105.4	19.2
陕　西	205.1	258.1	194.3	45.5
甘　肃	168.6	136.8	123.2	21.6
青　海	194.3	106.2	167.4	46.9
宁　夏	213.6	165.4	222.3	45.6
新　疆	130.2	53.3	113.1	14.4

数据来源：国家贫困监测调查

3-42　2008年农村居民生活消费现金支出构成

单位:%

地　区	生活消费现金支出	1. 食品消费支出	2. 衣着消费支出	3. 居住消费支出	4. 家庭设备用品及服务消费
合　计	100.0	37.9	7.4	18.8	5.4
河　北	100.0	36.9	7.2	21.5	4.8
山　西	100.0	44.8	10.2	12.2	4.2
内蒙古	100.0	34.8	8.6	12.8	3.8
吉　林	100.0	39.6	8.1	10.7	3.6
黑龙江	100.0	42.5	9.5	12.9	3.6
安　徽	100.0	40.9	6.4	17.6	6.2
江　西	100.0	39.8	5.6	17.2	5.2
河　南	100.0	35.2	8.6	22.3	6.8
湖　北	100.0	34.1	6.2	21.0	6.2
湖　南	100.0	42.3	6.1	14.5	5.9
广　西	100.0	38.7	4.3	21.0	5.8
海　南	100.0	47.6	4.6	10.6	5.4
重　庆	100.0	38.7	7.6	16.3	6.1
四　川	100.0	41.6	9.0	16.9	5.7
贵　州	100.0	35.6	6.9	21.5	6.4
云　南	100.0	40.8	6.5	17.3	5.8
陕　西	100.0	32.6	6.9	20.6	5.3
甘　肃	100.0	33.2	7.3	23.2	4.9
青　海	100.0	36.0	8.2	19.6	4.1
宁　夏	100.0	31.0	8.2	21.5	5.7
新　疆	100.0	40.0	13.0	17.9	4.4

数据来源：国家贫困监测调查

3-42　续表

单位:%

地　区	5. 交通通讯支出	6. 文教娱乐用品及服务	7. 医疗保健支出	8. 其他商品及服务支出
合　计	10.7	9.6	8.1	2.1
河　北	10.8	10.0	7.0	1.8
山　西	9.5	10.7	7.2	1.3
内蒙古	12.4	15.3	10.2	2.0
吉　林	11.0	10.5	13.4	3.0
黑龙江	9.0	10.1	10.4	1.8
安　徽	10.0	9.6	7.1	2.2
江　西	10.3	11.8	7.3	2.7
河　南	11.0	7.8	6.5	1.9
湖　北	10.0	10.5	9.0	3.0
湖　南	8.8	10.3	9.1	3.1
广　西	11.7	8.6	6.8	3.1
海　南	11.8	11.2	6.8	1.9
重　庆	11.0	10.0	8.7	1.7
四　川	9.0	7.2	8.6	2.0
贵　州	10.8	10.8	5.5	2.4
云　南	11.7	8.4	8.1	1.5
陕　西	10.1	12.7	9.5	2.2
甘　肃	11.8	9.5	8.6	1.5
青　海	12.1	6.6	10.4	2.9
宁　夏	11.1	8.6	11.5	2.4
新　疆	10.4	4.2	9.0	1.1

数据来源：国家贫困监测调查

3-43　2009年农村居民总收入

单位:元/人

地　区	全年总收入	1. 工资收入	2. 家庭经营收入	3. 财产性收入	4. 转移性收入
合　计	3950.8	1011.2	2599.6	40.4	299.5
河　北	4309.5	1525.9	2459.8	48.1	275.7
山　西	2760.5	985.9	1502.9	38.1	233.6
内蒙古	4650.0	758.8	3250.5	81.9	558.9
吉　林	4755.0	507.6	3658.6	78.3	510.5
黑龙江	5477.2	226.9	4492.7	104.4	653.2
安　徽	4681.6	1727.5	2629.1	50.9	274.1
江　西	3471.6	1089.3	2141.6	30.9	209.8
河　南	5162.5	1557.6	3335.4	41.7	227.8
湖　北	3914.2	1329.7	2292.2	32.5	259.8
湖　南	3314.8	933.0	2068.7	25.0	288.1
广　西	4226.8	1066.4	2917.4	28.9	214.1
海　南	3706.9	464.1	2959.8	39.2	243.8
重　庆	4430.1	1387.6	2645.4	30.3	366.8
四　川	4198.1	934.5	2930.4	19.5	313.6
贵　州	3609.0	1000.0	2305.3	32.3	271.4
云　南	3821.0	689.3	2808.0	48.3	275.5
陕　西	3822.4	1313.8	2072.2	57.6	378.8
甘　肃	2920.9	746.7	1797.2	35.2	341.7
青　海	3550.2	973.6	2199.2	54.2	323.3
宁　夏	4376.1	1173.2	2785.8	22.5	394.6
新　疆	3993.3	409.0	3326.0	18.0	240.4

数据来源：国家贫困监测调查

3-44　2009年农村居民总收入构成

单位:%

地　区	全年总收入	1. 工资收入	2. 家庭经营收入	3. 财产性收入	4. 转移性收入
合　计	100.0	25.6	65.8	1.0	7.6
河　北	100.0	35.4	57.1	1.1	6.4
山　西	100.0	35.7	54.4	1.4	8.5
内蒙古	100.0	16.3	69.9	1.8	12.0
吉　林	100.0	10.7	76.9	1.6	10.7
黑龙江	100.0	4.1	82.0	1.9	11.9
安　徽	100.0	36.9	56.2	1.1	5.9
江　西	100.0	31.4	61.7	0.9	6.0
河　南	100.0	30.2	64.6	0.8	4.4
湖　北	100.0	34.0	58.6	0.8	6.6
湖　南	100.0	28.1	62.4	0.8	8.7
广　西	100.0	25.2	69.0	0.7	5.1
海　南	100.0	12.5	79.8	1.1	6.6
重　庆	100.0	31.3	59.7	0.7	8.3
四　川	100.0	22.3	69.8	0.5	7.5
贵　州	100.0	27.7	63.9	0.9	7.5
云　南	100.0	18.0	73.5	1.3	7.2
陕　西	100.0	34.4	54.2	1.5	9.9
甘　肃	100.0	25.6	61.5	1.2	11.7
青　海	100.0	27.4	61.9	1.5	9.1
宁　夏	100.0	26.8	63.7	0.5	9.0
新　疆	100.0	10.2	83.3	0.4	6.0

数据来源：国家贫困监测调查

3-45　2009 年农村居民纯收入

单位:元/人

地　区	全年纯收入	1. 工资收入	2. 家庭经营收入	3. 财产性收入	4. 转移性收入
合　计	2842.1	1011.2	1522.4	40.4	268.0
河　北	3236.9	1525.9	1407.5	48.1	255.5
山　西	2237.8	985.9	1005.1	38.1	208.6
内蒙古	2704.3	758.8	1338.2	81.9	525.5
吉　林	2776.1	507.6	1739.6	78.3	450.6
黑龙江	2718.6	226.9	1738.5	104.4	648.8
安　徽	3723.1	1727.5	1739.7	50.9	204.9
江　西	2659.5	1089.3	1368.7	30.9	170.7
河　南	3895.5	1557.6	2099.0	41.7	197.2
湖　北	2988.3	1329.7	1410.9	32.5	215.2
湖　南	2453.2	933.0	1269.0	25.0	226.1
广　西	3051.2	1066.4	1767.0	28.9	188.9
海　南	3035.0	464.1	2316.9	39.2	214.8
重　庆	3352.9	1387.6	1663.9	30.3	271.1
四　川	2818.2	934.5	1591.2	19.5	272.9
贵　州	2698.1	1000.0	1434.7	32.3	231.2
云　南	2587.1	689.3	1593.4	48.3	256.1
陕　西	2969.9	1313.8	1256.6	57.6	341.9
甘　肃	2210.3	746.7	1096.2	35.2	332.1
青　海	2854.9	973.6	1521.5	54.2	305.7
宁　夏	2877.2	1173.2	1309.4	22.5	372.0
新　疆	2667.0	409.0	2004.2	18.0	235.9

数据来源：国家贫困监测调查

3-46　2009 年农村居民纯收入构成

单位:%

地　区	全年纯收入	1. 工资收入	2. 家庭经营收入	3. 财产性收入	4. 转移性收入
合　计	100.0	35.6	53.6	1.4	9.4
河　北	100.0	47.1	43.5	1.5	7.9
山　西	100.0	44.1	44.9	1.7	9.3
内蒙古	100.0	28.1	49.5	3.0	19.4
吉　林	100.0	18.3	62.7	2.8	16.2
黑龙江	100.0	8.3	63.9	3.8	23.9
安　徽	100.0	46.4	46.7	1.4	5.5
江　西	100.0	41.0	51.5	1.2	6.4
河　南	100.0	40.0	53.9	1.1	5.1
湖　北	100.0	44.5	47.2	1.1	7.2
湖　南	100.0	38.0	51.7	1.0	9.2
广　西	100.0	35.0	57.9	0.9	6.2
海　南	100.0	15.3	76.3	1.3	7.1
重　庆	100.0	41.4	49.6	0.9	8.1
四　川	100.0	33.2	56.5	0.7	9.7
贵　州	100.0	37.1	53.2	1.2	8.6
云　南	100.0	26.6	61.6	1.9	9.9
陕　西	100.0	44.2	42.3	1.9	11.5
甘　肃	100.0	33.8	49.6	1.6	15.0
青　海	100.0	34.1	53.3	1.9	10.7
宁　夏	100.0	40.8	45.5	0.8	12.9
新　疆	100.0	15.3	75.1	0.7	8.8

数据来源：国家贫困监测调查

3-47　2009年农村居民现金收入

单位:元/人

地　区	全年现金收入	1. 工资收入	2. 家庭经营收入	3. 财产性收入	4. 转移性收入
合　计	3007.4	1009.2	1670.4	33.3	294.5
河　北	3699.1	1525.3	1862.0	37.6	274.2
山　西	2243.9	983.8	999.0	32.7	228.4
内蒙古	3732.6	757.3	2360.0	58.3	557.0
吉　林	3985.4	507.6	2934.6	32.9	510.3
黑龙江	4365.5	226.9	3437.5	48.7	652.4
安　徽	3910.7	1721.8	1895.0	26.2	267.7
江　西	2632.9	1086.0	1309.8	30.9	206.2
河　南	3906.4	1556.0	2093.0	36.2	221.1
湖　北	2800.5	1328.7	1183.6	30.2	258.0
湖　南	2288.8	933.0	1043.6	24.7	287.5
广　西	3416.4	1066.2	2108.1	28.4	213.7
海　南	2982.9	464.1	2253.9	21.3	243.6
重　庆	3086.2	1383.6	1314.3	27.1	361.2
四　川	3039.6	929.6	1789.5	15.5	305.1
贵　州	2724.1	995.8	1431.3	30.7	266.3
云　南	2599.4	688.1	1596.9	43.5	270.9
陕　西	3162.3	1312.6	1433.7	42.9	373.1
甘　肃	2143.1	745.7	1024.6	33.0	339.7
青　海	2920.5	972.9	1578.9	52.5	316.2
宁　夏	3223.1	1173.2	1713.9	14.6	321.4
新　疆	2992.8	405.9	2331.9	17.9	237.2

数据来源：国家贫困监测调查

3-48　2009年农村居民现金收入构成

单位:%

地　区	全年现金收入	1. 工资收入	2. 家庭经营收入	3. 财产性收入	4. 转移性收入
合　计	100.0	33.6	55.5	1.1	9.8
河　北	100.0	41.2	50.3	1.0	7.4
山　西	100.0	43.8	44.5	1.5	10.2
内蒙古	100.0	20.3	63.2	1.6	14.9
吉　林	100.0	12.7	73.6	0.8	12.8
黑龙江	100.0	5.2	78.7	1.1	14.9
安　徽	100.0	44.0	48.5	0.7	6.8
江　西	100.0	41.2	49.7	1.2	7.8
河　南	100.0	39.8	53.6	0.9	5.7
湖　北	100.0	47.4	42.3	1.1	9.2
湖　南	100.0	40.8	45.6	1.1	12.6
广　西	100.0	31.2	61.7	0.8	6.3
海　南	100.0	15.6	75.6	0.7	8.2
重　庆	100.0	44.8	42.6	0.9	11.7
四　川	100.0	30.6	58.9	0.5	10.0
贵　州	100.0	36.6	52.5	1.1	9.8
云　南	100.0	26.5	61.4	1.7	10.4
陕　西	100.0	41.5	45.3	1.4	11.8
甘　肃	100.0	34.8	47.8	1.5	15.9
青　海	100.0	33.3	54.1	1.8	10.8
宁　夏	100.0	36.4	53.2	0.5	10.0
新　疆	100.0	13.6	77.9	0.6	7.9

数据来源：国家贫困监测调查

3-49　2009年农村居民家庭经营支出

单位:元/人

地　区	家庭经营支出	1. 农业支出	2. 林业支出	3. 牧业支出	4. 渔业支出	5. 第二产业支出	6. 第三产业经营支出
合　计	977.9	511.8	15.3	364.8	6.2	25.7	54.1
河　北	923.5	501.9	3.6	255.9	0.2	74.9	87.1
山　西	421.8	296.2	3.4	90.5	0.1	4.2	27.4
内蒙古	1680.1	904.5	6.4	744.5	0.0	7.6	17.2
吉　林	1753.9	1509.2	15.3	214.5	0.2	8.1	6.7
黑龙江	2552.1	2267.4	5.3	255.2	17.0	2.5	4.7
安　徽	820.6	539.7	13.5	168.8	28.2	33.8	36.5
江　西	725.0	426.8	18.7	170.7	18.8	27.7	62.3
河　南	1130.2	684.8	12.5	280.8	7.5	53.3	91.2
湖　北	836.3	377.7	5.4	373.0	3.3	16.7	60.2
湖　南	758.1	355.7	8.4	330.6	3.4	8.2	51.8
广　西	1067.7	430.1	33.4	486.3	5.3	42.8	69.8
海　南	580.8	204.1	16.5	194.1	126.5	0.1	39.6
重　庆	913.2	317.4	4.6	501.9	11.9	31.0	46.4
四　川	1210.0	399.9	18.0	661.2	1.5	55.2	74.1
贵　州	783.3	286.0	3.6	450.1	1.2	8.1	34.4
云　南	1100.1	507.9	39.3	482.3	9.0	16.0	45.6
陕　西	736.6	417.1	8.4	212.3	2.6	16.8	79.5
甘　肃	614.6	395.3	18.3	150.5	0.3	13.9	36.3
青　海	565.9	203.6	3.1	218.1	0.4	19.0	121.7
宁　夏	1305.3	540.8	7.6	694.4	0.0	14.6	47.9
新　疆	1226.2	744.0	10.2	412.8	0.0	22.1	37.0

数据来源：国家贫困监测调查

3-50　2009年农村居民家庭经营支出构成

单位:%

地　区	家庭经营支出	1. 农业支出	2. 林业支出	3. 牧业支出	4. 渔业支出	5. 第二产业支出	6. 第三产业经营支出
合　计	100.0	52.3	1.6	37.3	0.6	2.6	5.5
河　北	100.0	54.3	0.4	27.7	0.0	8.1	9.4
山　西	100.0	70.2	0.8	21.4	0.0	1.0	6.5
内蒙古	100.0	53.8	0.4	44.3	0.0	0.4	1.0
吉　林	100.0	86.0	0.9	12.2	0.0	0.5	0.4
黑龙江	100.0	88.8	0.2	10.0	0.7	0.1	0.2
安　徽	100.0	65.8	1.6	20.6	3.4	4.1	4.5
江　西	100.0	58.9	2.6	23.5	2.6	3.8	8.6
河　南	100.0	60.6	1.1	24.8	0.7	4.7	8.1
湖　北	100.0	45.2	0.6	44.6	0.4	2.0	7.2
湖　南	100.0	46.9	1.1	43.6	0.5	1.1	6.8
广　西	100.0	40.3	3.1	45.5	0.5	4.0	6.5
海　南	100.0	35.1	2.8	33.4	21.8	0.0	6.8
重　庆	100.0	34.8	0.5	55.0	1.3	3.4	5.1
四　川	100.0	33.0	1.5	54.6	0.1	4.6	6.1
贵　州	100.0	36.5	0.5	57.5	0.2	1.0	4.4
云　南	100.0	46.2	3.6	43.8	0.8	1.5	4.1
陕　西	100.0	56.6	1.1	28.8	0.4	2.3	10.8
甘　肃	100.0	64.3	3.0	24.5	0.0	2.3	5.9
青　海	100.0	36.0	0.6	38.5	0.1	3.4	21.5
宁　夏	100.0	41.4	0.6	53.2	0.0	1.1	3.7
新　疆	100.0	60.7	0.8	33.7	0.0	1.8	3.0

数据来源：国家贫困监测调查

3-51　2009年农村居民家庭经营现金支出

单位:元/人

地　区	家庭经营现金支出	1. 农业支出	2. 林业支出	3. 牧业支出	4. 渔业支出	5. 第二产业支出	6. 第三产业经营支出
合　计	783.2	456.9	13.9	228.0	5.9	25.2	53.4
河　北	845.0	474.3	3.6	205.0	0.2	74.9	87.1
山　西	371.8	276.4	3.4	60.2	0.1	4.2	27.4
内蒙古	1322.2	792.0	6.4	499.1	0.0	7.6	17.2
吉　林	1724.9	1502.9	15.3	191.8	0.2	8.1	6.7
黑龙江	2448.7	2254.9	5.3	164.3	17.0	2.5	4.7
安　徽	744.2	519.3	13.5	112.9	28.1	33.8	36.5
江　西	704.6	423.9	18.4	153.8	18.3	27.7	62.3
河　南	968.2	591.6	11.6	222.0	5.2	49.7	88.1
湖　北	573.2	307.3	3.5	183.5	3.3	16.4	59.1
湖　南	580.3	311.4	7.4	198.1	3.4	8.1	51.8
广　西	956.6	428.9	31.5	378.4	5.3	42.8	69.8
海　南	523.2	201.2	16.5	139.9	126.3	0.1	39.3
重　庆	584.8	282.7	4.2	208.9	11.9	31.0	46.0
四　川	776.6	302.6	16.7	330.8	1.4	55.2	69.9
贵　州	567.0	256.5	3.6	263.7	1.1	7.7	34.4
云　南	751.2	398.3	32.3	253.9	8.2	14.4	44.1
陕　西	629.9	385.2	8.4	137.5	2.6	16.8	79.5
甘　肃	485.9	328.2	18.3	89.1	0.2	13.9	36.3
青　海	474.5	168.9	3.1	161.3	0.4	19.0	121.7
宁　夏	813.1	348.1	7.4	395.0	0.0	14.6	47.9
新　疆	1123.9	714.6	10.1	340.0	0.0	22.1	36.9

数据来源：国家贫困监测调查

3-52　2009年农村居民庭经营现金支出构成

单位:%

地　区	家庭经营现金支出	1. 农业支出	2. 林业支出	3. 牧业支出	4. 渔业支出	5. 第二产业支出	6. 第三产业经营支出
合　计	100.0	58.3	1.8	29.1	0.8	3.2	6.8
河　北	100.0	56.1	0.4	24.3	0.0	8.9	10.3
山　西	100.0	74.4	0.9	16.2	0.0	1.1	7.4
内蒙古	100.0	59.9	0.5	37.7	0.0	0.6	1.3
吉　林	100.0	87.1	0.9	11.1	0.0	0.5	0.4
黑龙江	100.0	92.1	0.2	6.7	0.7	0.1	0.2
安　徽	100.0	69.8	1.8	15.2	3.8	4.5	4.9
江　西	100.0	60.2	2.6	21.8	2.6	3.9	8.8
河　南	100.0	61.1	1.2	22.9	0.5	5.1	9.1
湖　北	100.0	53.6	0.6	32.0	0.6	2.9	10.3
湖　南	100.0	53.7	1.3	34.1	0.6	1.4	8.9
广　西	100.0	44.8	3.3	39.6	0.6	4.5	7.3
海　南	100.0	38.5	3.1	26.7	24.1	0.0	7.5
重　庆	100.0	48.3	0.7	35.7	2.0	5.3	7.9
四　川	100.0	39.0	2.2	42.6	0.2	7.1	9.0
贵　州	100.0	45.2	0.6	46.5	0.2	1.4	6.1
云　南	100.0	53.0	4.3	33.8	1.1	1.9	5.9
陕　西	100.0	61.2	1.3	21.8	0.4	2.7	12.6
甘　肃	100.0	67.5	3.8	18.3	0.0	2.9	7.5
青　海	100.0	35.6	0.7	34.0	0.1	4.0	25.6
宁　夏	100.0	42.8	0.9	48.6	0.0	1.8	5.9
新　疆	100.0	63.6	0.9	30.3	0.0	2.0	3.3

数据来源：国家贫困监测调查

3-53　2009年农村居民生活消费支出

单位:元／人

地　区	生活消费支出	1. 食品消费支出	2. 衣着消费支出	3. 居住消费支出	4. 家庭设备用品及服务消费
合　计	2367.4	1155.6	134.1	413.3	108.7
河　北	2494.2	1118.7	158.3	469.7	111.5
山　西	1886.8	925.2	165.7	239.3	73.1
内蒙古	2455.7	1138.8	169.3	300.9	91.8
吉　林	2482.7	1106.7	158.0	290.5	94.6
黑龙江	2640.6	996.7	215.0	739.6	78.5
安　徽	3088.7	1405.7	154.2	621.5	165.1
江　西	2331.9	1177.9	98.1	325.7	119.6
河　南	2827.9	1213.6	198.3	629.5	153.2
湖　北	2748.4	1383.4	128.1	455.9	143.7
湖　南	2127.0	1231.9	87.4	275.5	94.9
广　西	2612.4	1322.1	86.2	480.8	112.3
海　南	2244.1	1332.7	85.5	304.6	83.3
重　庆	2852.1	1537.8	157.2	335.6	167.2
四　川	2308.3	1312.4	134.4	307.0	103.4
贵　州	2074.4	990.0	104.4	415.0	107.6
云　南	2170.5	1162.3	91.5	377.2	90.3
陕　西	2604.1	1052.6	157.0	408.9	139.4
甘　肃	2140.1	993.6	112.5	484.8	86.3
青　海	2464.9	1154.6	154.9	527.3	100.6
宁　夏	2650.1	1241.8	180.1	388.2	123.2
新　疆	1815.5	942.2	186.1	304.4	65.5

数据来源：国家贫困监测调查

3-53　续表

单位:元／人

地　区	5. 交通通讯支出	6. 文教娱乐用品及服务	7. 医疗保健支出	8. 其他商品及服务支出
合　计	194.7	167.3	155.3	38.5
河　北	213.4	205.0	179.2	38.4
山　西	151.7	187.8	119.0	25.0
内蒙古	262.4	239.3	210.1	43.1
吉　林	235.4	231.9	304.8	60.7
黑龙江	189.9	182.7	201.0	37.1
安　徽	258.7	252.7	174.3	56.6
江　西	169.3	248.2	147.1	45.9
河　南	242.0	181.3	162.5	47.4
湖　北	201.0	183.7	184.4	68.1
湖　南	128.3	136.0	132.9	40.2
广　西	221.8	163.3	157.0	68.7
海　南	177.3	148.6	77.7	34.4
重　庆	222.7	215.5	178.9	37.0
四　川	170.2	111.3	134.6	34.9
贵　州	173.1	153.7	95.3	35.4
云　南	186.9	112.6	129.5	20.4
陕　西	236.5	296.6	262.0	51.2
甘　肃	181.7	144.4	113.4	23.5
青　海	196.6	100.1	185.5	45.4
宁　夏	246.4	160.5	261.5	48.3
新　疆	96.1	34.7	79.1	14.5

数据来源：国家贫困监测调查

3-54　2009年农村居民生活消费支出构成

单位：%

地　区	生活消费支出	1. 食品消费支出	2. 衣着消费支出	3. 居住消费支出	4. 家庭设备用品及服务消费
合　计	100.0	48.8	5.7	17.5	4.6
河　北	100.0	44.9	6.3	18.8	4.5
山　西	100.0	49.0	8.8	12.7	3.9
内蒙古	100.0	46.4	6.9	12.3	3.7
吉　林	100.0	44.6	6.4	11.7	3.8
黑龙江	100.0	37.7	8.1	28.0	3.0
安　徽	100.0	45.5	5.0	20.1	5.3
江　西	100.0	50.5	4.2	14.0	5.1
河　南	100.0	42.9	7.0	22.3	5.4
湖　北	100.0	50.3	4.7	16.6	5.2
湖　南	100.0	57.9	4.1	13.0	4.5
广　西	100.0	50.6	3.3	18.4	4.3
海　南	100.0	59.4	3.8	13.6	3.7
重　庆	100.0	53.9	5.5	11.8	5.9
四　川	100.0	56.9	5.8	13.3	4.5
贵　州	100.0	47.7	5.0	20.0	5.2
云　南	100.0	53.5	4.2	17.4	4.2
陕　西	100.0	40.4	6.0	15.7	5.4
甘　肃	100.0	46.4	5.3	22.7	4.0
青　海	100.0	46.8	6.3	21.4	4.1
宁　夏	100.0	46.9	6.8	14.6	4.7
新　疆	100.0	51.9	10.3	16.8	3.6

数据来源：国家贫困监测调查

3-54　续表

单位：%

地　区	5. 交通通讯支出	6. 文教娱乐用品及服务	7. 医疗保健支出	8. 其他商品及服务支出
合　计	8.2	7.1	6.6	1.6
河　北	8.6	8.2	7.2	1.5
山　西	8.0	10.0	6.3	1.3
内蒙古	10.7	9.7	8.6	1.8
吉　林	9.5	9.3	12.3	2.4
黑龙江	7.2	6.9	7.6	1.4
安　徽	8.4	8.2	5.6	1.8
江　西	7.3	10.6	6.3	2.0
河　南	8.6	6.4	5.7	1.7
湖　北	7.3	6.7	6.7	2.5
湖　南	6.0	6.4	6.2	1.9
广　西	8.5	6.3	6.0	2.6
海　南	7.9	6.6	3.5	1.5
重　庆	7.8	7.6	6.3	1.3
四　川	7.4	4.8	5.8	1.5
贵　州	8.3	7.4	4.6	1.7
云　南	8.6	5.2	6.0	0.9
陕　西	9.1	11.4	10.1	2.0
甘　肃	8.5	6.7	5.3	1.1
青　海	8.0	4.1	7.5	1.8
宁　夏	9.3	6.1	9.9	1.8
新　疆	5.3	1.9	4.4	0.8

数据来源：国家贫困监测调查

3-55　2009年农村居民生活消费现金支出

单位:元/人

地　区	生活消费现金支出	1. 食品消费支出	2. 衣着消费支出	3. 居住消费支出	4. 家庭设备用品及服务消费
合　计	1845.2	670.8	133.8	377.1	107.9
河　北	2180.9	838.6	158.2	436.5	111.5
山　西	1682.2	726.1	165.7	233.9	73.1
内蒙古	2002.9	706.6	169.2	280.4	91.7
吉　林	2178.0	824.9	157.8	267.9	94.6
黑龙江	2084.4	815.0	215.0	365.1	78.5
安　徽	2534.9	922.8	154.1	550.8	165.0
江　西	1806.7	673.6	98.1	305.0	119.5
河　南	2411.0	834.7	198.3	591.7	153.2
湖　北	2051.2	709.6	127.6	433.6	143.1
湖　南	1443.3	580.6	87.4	243.3	94.6
广　西	1981.1	718.4	86.2	453.3	112.3
海　南	1629.0	741.3	85.5	280.8	83.3
重　庆	2087.3	808.0	157.0	312.6	155.3
四　川	1643.9	668.6	132.6	291.3	102.7
贵　州	1565.3	498.1	104.4	397.8	107.6
云　南	1501.9	562.6	91.5	308.4	90.1
陕　西	2272.8	727.3	157.0	405.4	136.9
甘　肃	1675.0	540.0	112.3	473.6	86.3
青　海	1950.2	651.5	153.4	517.2	100.6
宁　夏	2067.9	667.1	180.1	380.7	123.2
新　疆	1384.1	534.3	183.6	285.6	63.3

数据来源：国家贫困监测调查

3-55　续表

单位:元/人

地　区	5. 交通通讯支出	6. 文教娱乐用品及服务	7. 医疗保健支出	8. 其他商品及服务支出
合　计	194.7	167.3	155.3	38.4
河　北	213.4	205.0	179.2	38.4
山　西	151.7	187.8	119.0	25.0
内蒙古	262.4	239.3	210.1	43.1
吉　林	235.4	231.9	304.8	60.7
黑龙江	189.9	182.7	201.0	37.1
安　徽	258.7	252.7	174.3	56.6
江　西	169.3	248.2	147.1	45.9
河　南	242.0	181.3	162.5	47.4
湖　北	201.0	183.7	184.4	68.1
湖　南	128.3	136.0	132.9	40.2
广　西	221.8	163.3	157.0	68.7
海　南	177.3	148.6	77.7	34.4
重　庆	222.7	215.5	178.9	37.0
四　川	170.2	111.3	134.6	32.5
贵　州	173.1	153.7	95.3	35.4
云　南	186.9	112.6	129.5	20.4
陕　西	236.5	296.6	262.0	51.2
甘　肃	181.7	144.4	113.4	23.5
青　海	196.6	100.1	185.5	45.4
宁　夏	246.4	160.5	261.5	48.3
新　疆	131.3	42.0	127.3	16.6

数据来源：国家贫困监测调查

3-56　2009年农村居民生活消费现金支出构成

单位:%

地　区	生活消费现金支出	1. 食品消费支出	2. 衣着消费支出	3. 居住消费支出	4. 家庭设备用品及服务消费
合　计	100.0	36.4	7.2	20.4	5.8
河　北	100.0	38.5	7.3	20.0	5.1
山　西	100.0	43.2	9.8	13.9	4.3
内蒙古	100.0	35.3	8.4	14.0	4.6
吉　林	100.0	37.9	7.2	12.3	4.3
黑龙江	100.0	39.1	10.3	17.5	3.8
安　徽	100.0	36.4	6.1	21.7	6.5
江　西	100.0	37.3	5.4	16.9	6.6
河　南	100.0	34.6	8.2	24.5	6.4
湖　北	100.0	34.6	6.2	21.1	7.0
湖　南	100.0	40.2	6.1	16.9	6.6
广　西	100.0	36.3	4.3	22.9	5.7
海　南	100.0	45.5	5.2	17.2	5.1
重　庆	100.0	38.7	7.5	15.0	7.4
四　川	100.0	40.7	8.1	17.7	6.2
贵　州	100.0	31.8	6.7	25.4	6.9
云　南	100.0	37.5	6.1	20.5	6.0
陕　西	100.0	32.0	6.9	17.8	6.0
甘　肃	100.0	32.2	6.7	28.3	5.1
青　海	100.0	33.4	7.9	26.5	5.2
宁　夏	100.0	32.3	8.7	18.4	6.0
新　疆	100.0	38.6	13.3	20.6	4.6

数据来源：国家贫困监测调查

3-56　续表

单位:%

地　区	5. 交通通讯支出	6. 文教娱乐用品及服务	7. 医疗保健支出	8. 其他商品及服务支出
合　计	10.6	9.1	8.4	2.1
河　北	9.8	9.4	8.2	1.8
山　西	9.0	11.2	7.1	1.5
内蒙古	13.1	11.9	10.5	2.2
吉　林	10.8	10.6	14.0	2.8
黑龙江	9.1	8.8	9.6	1.8
安　徽	10.2	10.0	6.9	2.2
江　西	9.4	13.7	8.1	2.5
河　南	10.0	7.5	6.7	2.0
湖　北	9.8	9.0	9.0	3.3
湖　南	8.9	9.4	9.2	2.8
广　西	11.2	8.2	7.9	3.5
海　南	10.9	9.1	4.8	2.1
重　庆	10.7	10.3	8.6	1.8
四　川	10.4	6.8	8.2	2.0
贵　州	11.1	9.8	6.1	2.3
云　南	12.4	7.5	8.6	1.4
陕　西	10.4	13.0	11.5	2.3
甘　肃	10.8	8.6	6.8	1.4
青　海	10.1	5.1	9.5	2.3
宁　夏	11.9	7.8	12.6	2.3
新　疆	9.5	3.0	9.2	1.2

数据来源：国家贫困监测调查

4.2009年国家扶贫重点县主要指标

（河北省）

县　名	乡（镇）个数（个）	年末总人口（万人）	其中：乡村人口（万人）	乡村从业人员数（万人）	其中：农林牧渔业（万人）	农业机械总动力（万千瓦特）	农村用电量（万千瓦时）
灵寿县	15	32.7	27.7	13.3	8.4	50.0	26219
赞皇县	11	24.8	22.0	11.7	4.8	43.6	27560
平山县	23	47.5	42.2	23.1	15.8	91.9	9774
青龙满族自治县	25	54.3	49.6	27.2	15.1	26.3	8417
大名县	20	82.6	68.4	35.0	29.1	87.2	17148
涉县	17	39.7	35.2	18.5	7.3	46.0	7352
广平县	7	27.8	23.9	13.1	7.1	32.4	6356
魏县	21	89.9	82.8	34.9	26.3	111.1	10046
临城县	8	20.6	18.1	8.6	6.3	23.1	4596
巨鹿县	10	38.7	35.8	19.1	12.0	56.1	11393
广宗县	8	29.8	27.5	13.8	7.4	27.3	6731
阜平县	13	22.3	18.7	8.5	5.9	17.7	3349
唐县	20	59.3	51.6	26.0	16.8	48.9	11101
涞源县	17	28.0	23.2	12.3	8.6	18.6	2586
顺平县	10	31.6	27.8	15.4	10.8	38.8	16407
张北县	18	35.8	30.0	18.2	11.8	33.2	5821
康保县	15	28.0	25.2	14.0	10.8	29.7	2371
沽源县	14	22.4	19.8	12.6	9.7	43.9	1938
尚义县	14	19.5	16.1	9.8	7.0	8.3	1474
蔚县	22	47.7	43.4	18.6	12.8	29.0	9827
阳原县	14	27.7	23.8	11.8	7.6	10.9	7160
怀安县	11	24.7	21.3	11.0	7.3	9.6	9749
万全县	11	22.4	19.3	10.6	7.1	10.9	11421
赤城县	18	29.3	26.3	11.2	7.9	22.2	2850
崇礼县	10	12.5	11.0	5.8	4.1	7.9	1330
平泉县	19	47.5	41.2	22.7	11.0	34.9	12461
滦平县	20	31.4	27.8	14.9	7.0	28.5	36374
隆化县	25	43.4	37.9	22.4	14.6	39.8	5582
丰宁满族自治县	26	39.5	33.7	17.9	10.2	39.4	7180
宽城满族自治县	18	24.6	21.1	10.7	6.1	16.1	45711
围场满族蒙古族自治县	37	53.2	46.0	23.7	17.9	50.4	8591
东光县	9	36.4	31.7	16.0	6.8	49.3	22187

数据来源：中国县（市）社会经济统计年鉴

县 名	地区生产总值（亿元）	第一产业增加值（万元）	地方财政一般预算收入（亿元）	地方财政一般预算支出（亿元）	城乡居民储蓄存款余额（亿元）	社会消费品零售总额（亿元）	粮食总产量（万吨）
灵寿县	59.3	9.3	1.1	5.9	42.7	18.0	14.5
赞皇县	44.9	10.0	1.0	4.2	25.1	18.2	11.8
平山县	141.1	15.2	5.3	13.0	61.4	24.3	20.9
青龙满族自治县	63.3	14.9	2.9	10.6	45.2	15.6	11.8
大名县	66.3	20.4	0.8	10.0	32.4	31.8	56.0
涉县	183.4	6.6	8.1	12.6	94.6	34.2	7.5
广平县	39.9	7.7	0.7	4.6	16.7	13.9	17.7
魏县	73.0	15.2	1.3	10.8	36.6	35.2	48.4
临城县	28.6	4.9	0.7	4.7	29.6	10.4	10.1
巨鹿县	32.6	7.0	0.5	5.6	34.3	18.0	17.3
广宗县	21.4	8.4	0.3	4.5	11.9	8.1	4.1
阜平县	19.1	4.8	0.8	4.8	30.3	7.8	5.8
唐县	35.5	9.9	0.8	7.6	56.5	13.4	18.5
涞源县	38.8	2.7	3.9	8.3	29.9	7.1	8.0
顺平县	29.3	9.2	0.8	5.2	30.8	11.9	12.5
张北县	40.6	12.9	1.7	9.6	23.9	12.0	2.1
康保县	21.0	8.6	0.5	5.5	12.2	8.9	2.7
沽源县	17.0	8.0	0.5	5.7	10.4	7.0	2.7
尚义县	16.5	5.4	0.5	4.9	11.0	5.3	0.8
蔚县	54.2	8.5	1.6	8.4	71.2	18.3	5.6
阳原县	36.7	5.9	0.9	5.6	26.8	14.4	2.4
怀安县	35.3	4.8	1.3	6.3	25.2	9.8	5.7
万全县	29.4	7.0	1.2	5.6	23.3	11.2	9.5
赤城县	36.3	10.1	2.1	7.0	28.1	9.7	4.3
崇礼县	17.0	4.1	1.3	4.8	11.1	4.5	0.7
平泉县	68.2	18.5	3.1	12.2	51.2	22.7	15.9
滦平县	76.0	12.2	3.2	9.7	36.5	17.2	8.2
隆化县	56.7	14.5	2.6	11.2	33.9	16.8	20.3
丰宁满族自治县	47.2	12.5	2.6	11.6	33.2	16.5	6.9
宽城满族自治县	132.5	7.8	3.7	11.2	53.3	16.3	6.5
围场满族蒙古族自治县	42.6	16.0	1.0	11.6	34.6	18.0	9.0
东光县	71.7	15.7	1.9	7.0	52.9	14.6	25.5

数据来源：中国县（市）社会经济统计年鉴

（河北省、山西省）

县　名	乡（镇）个数（个）	年末总人口（万人）	其中：乡村人口（万人）	乡村从业人员数（万人）	其中：农林牧渔业（万人）	农业机械总动力（万千瓦特）	农村用电量（万千瓦时）
海兴县	7	22.8	18.7	10.3	6.1	31.1	7901
盐山县	12	44.1	38.4	20.5	9.6	50.6	11952
南皮县	9	37.1	31.3	16.2	10.5	79.2	20179
献县	18	59.3	53.3	27.1	11.7	74.9	49040
孟村回族自治县	6	20.5	17.6	8.8	4.4	27.2	46143
武邑县	9	32.5	29.8	14.8	7.5	45.7	14746
武强县	6	21.8	19.5	10.0	5.9	51.0	13037
娄烦县	8	12.5	10.6	4.9	3.3	9.6	1120
阳高县	13	28.5	24.3	8.6	5.8	18.2	2968
天镇县	11	21.6	18.2	6.8	5.0	11.0	2956
广灵县	9	18.8	16.1	5.4	4.0	8.7	2257
灵丘县	12	24.3	20.8	9.1	5.7	16.0	637
浑源县	18	35.8	29.7	13.3	7.9	14.6	3598
平顺县	12	15.6	13.9	6.6	4.4	10.2	2499
壶关县	13	29.1	26.4	12.2	6.7	11.0	6920
武乡县	14	20.8	17.3	8.0	5.5	13.5	2282
右玉县	9	11.2	9.1	4.1	2.5	16.8	550
左权县	10	16.3	13.6	6.4	4.1	13.9	2827
和顺县	10	14.4	11.1	4.9	3.6	13.8	1985
平陆县	10	24.7	21.6	11.1	8.4	45.3	4466
五台县	19	31.9	27.5	8.8	5.0	11.1	3353
代县	11	20.3	16.6	7.5	5.2	15.0	2995
繁峙县	13	27.1	23.4	7.4	5.3	14.1	4390
宁武县	14	16.0	11.7	4.6	2.9	7.2	3057
静乐县	14	16.3	13.9	5.7	3.6	7.4	1001
神池县	10	10.8	8.4	2.8	2.3	15.0	1279
五寨县	12	11.6	9.1	4.0	3.1	11.6	714
岢岚县	12	8.3	6.7	2.9	2.0	9.6	501
河曲县	13	14.6	11.7	4.4	3.0	7.3	1219
保德县	13	16.2	14.2	6.1	3.0	13.2	6425
偏关县	10	11.4	9.0	3.5	2.4	12.3	563
吉县	8	10.9	9.3	3.3	2.4	6.3	325

数据来源：中国县(市)社会经济统计年鉴

县　名	地区生产总值（亿元）	第一产业增加值（万元）	地方财政一般预算收入（亿元）	地方财政一般预算支出（亿元）	城乡居民储蓄存款余额（亿元）	社会消费品零售总额（亿元）	粮食总产量（万吨）
海兴县	19.2	4.4	0.7	5.0	18.4	6.0	14.5
盐山县	68.0	9.6	1.9	8.0	38.6	19.7	28.9
南皮县	48.1	11.7	1.4	6.0	38.0	12.8	24.4
献县	97.8	22.5	1.6	8.6	57.6	18.4	38.9
孟村回族自治县	44.7	3.9	1.0	5.5	22.6	11.1	12.6
武邑县	37.1	14.2	1.0	6.6	37.1	17.0	28.8
武强县	29.2	7.0	0.6	4.6	25.8	11.3	24.5
娄烦县	8.0	0.8	2.5	5.2	15.2	1.8	1.2
阳高县	11.8	4.4	0.5	7.1	22.1	4.7	13.1
天镇县	9.8	3.1	0.3	6.5	15.1	4.1	6.5
广灵县	10.0	3.2	0.3	5.4	16.1	4.2	5.2
灵丘县	19.9	2.0	1.8	7.0	29.1	12.6	4.5
浑源县	24.0	7.0	1.1	8.5	28.7	13.5	9.1
平顺县	12.3	1.9	0.5	4.7	11.3	4.0	3.0
壶关县	24.2	1.9	0.9	6.5	25.6	8.8	4.4
武乡县	33.4	2.0	3.2	7.1	20.8	7.0	8.3
右玉县	21.6	2.1	1.1	5.4	15.9	7.5	2.1
左权县	22.4	2.0	2.4	5.9	30.2	6.7	5.0
和顺县	17.3	1.4	2.0	5.2	25.7	6.3	5.1
平陆县	17.5	3.3	0.5	5.9	22.4	11.0	8.0
五台县	20.2	3.4	1.3	8.2	46.8	9.5	10.1
代县	21.8	1.6	1.6	5.4	42.8	6.1	6.0
繁峙县	21.9	2.2	1.2	6.6	36.6	7.1	5.7
宁武县	17.9	0.7	1.4	5.5	36.7	4.2	1.7
静乐县	11.5	1.7	0.6	4.9	10.1	4.1	3.5
神池县	8.1	3.5	0.6	4.1	12.6	4.4	9.7
五寨县	8.2	2.0	0.7	4.8	17.9	4.3	9.8
岢岚县	7.1	1.7	0.4	3.7	9.0	3.9	2.8
河曲县	37.4	2.0	3.2	6.3	34.3	6.4	5.3
保德县	38.5	1.4	4.3	7.2	26.2	7.6	3.5
偏关县	13.7	2.3	0.9	5.0	16.3	4.8	4.2
吉县	9.6	2.1	0.3	4.1	7.9	3.3	3.5

数据来源：中国县（市）社会经济统计年鉴

（山西省、内蒙古自治区）

县　名	乡（镇）个数（个）	年末总人口（万人）	其中：乡村人口（万人）	乡村从业人员数（万人）	其中：农林牧渔业（万人）	农业机械总动力（万千瓦特）	农村用电量（万千瓦时）
大宁县	6	6.9	5.2	2.2	1.6	4.1	181
隰县	8	11.4	8.0	3.3	2.5	8.0	659
永和县	7	6.5	5.3	1.6	1.3	2.3	185
汾西县	8	14.8	12.8	5.6	4.0	8.5	719
兴县	17	32.5	24.9	10.4	7.3	12.0	1208
临县	23	62.2	55.9	21.1	13.9	9.3	4053
石楼县	9	11.9	9.4	3.4	2.8	4.6	776
岚县	12	17.7	15.7	6.5	4.3	5.5	1456
方山县	7	14.8	12.3	4.7	3.2	9.8	1086
中阳县	7	14.7	10.4	3.6	1.5	10.4	5926
托克托县	5	20.5	15.0	8.5	5.8	36.1	5520
和林格尔县	7	19.7	15.2	7.7	6.2	34.4	2589
清水河县	6	14.5	9.7	5.1	3.6	12.0	892
武川县	8	17.5	13.1	7.4	6.0	27.3	2266
固阳县	6	21.6	10.6	6.4	5.0	31.8	6240
达尔罕茂明安联合旗	8	11.5	6.1	3.5	2.2	24.3	2000
巴林左旗	9	36.0	30.3	14.6	10.6	34.4	9103
巴林右旗	8	18.4	12.5	5.3	4.7	27.7	2027
林西县	8	24.1	18.9	9.0	6.2	24.7	8088
克什克腾旗	11	25.6	20.4	11.1	8.4	26.3	3571
翁牛特旗	12	48.1	42.5	20.4	15.5	54.9	11125
喀喇沁旗	8	34.9	30.5	14.6	9.9	25.8	5566
宁城县	13	60.4	52.3	24.1	15.1	40.8	19320
敖汉旗	16	60.0	54.2	30.5	21.5	52.2	17728
库伦旗	6	17.4	13.4	7.5	6.9	22.4	2305
奈曼旗	21	44.1	38.4	20.8	14.9	68.0	10022
准格尔旗	9	30.0	12.8	8.3	4.4	26.7	6300
鄂托克前旗	4	7.6	3.7	2.5	2.3	19.6	2426
杭锦旗	6	14.0	6.4	5.0	4.5	38.8	3657
乌审旗	6	11.0	5.0	3.7	2.9	44.0	7039
伊金霍洛旗	6	16.0	5.8	4.7	3.7	26.2	7730
化德县	5	17.9	8.4	5.2	4.7	11.5	851

数据来源：中国县（市）社会经济统计年鉴

县　名	地区生产总值（亿元）	第一产业增加值（万元）	地方财政一般预算收入（亿元）	地方财政一般预算支出（亿元）	城乡居民储蓄存款余额（亿元）	社会消费品零售总额（亿元）	粮食总产量（万吨）
大宁县	3.9	0.7	0.2	3.6	3.9	1.5	1.9
隰县	6.4	1.4	0.3	4.4	8.1	4.8	4.7
永和县	3.7	1.5	0.1	2.9	3.5	2.0	2.9
汾西县	10.1	1.4	1.0	4.9	8.5	5.3	5.3
兴县	18.4	3.0	1.5	7.3	17.6	3.4	6.7
临县	21.4	5.4	1.7	11.4	21.7	17.4	9.5
石楼县	3.7	1.3	0.2	3.8	4.4	1.1	2.6
岚县	9.5	1.9	0.8	4.5	13.7	4.9	4.9
方山县	16.2	0.9	1.4	4.7	5.9	3.7	2.4
中阳县	33.1	1.1	2.7	5.2	31.9	6.7	2.2
托克托县	146.3	12.5	9.3	13.4	17.6	22.0	22.2
和林格尔县	112.1	14.4	5.8	10.8	14.3	11.0	19.6
清水河县	31.9	4.4	1.9	6.6	12.1	3.2	6.0
武川县	40.0	4.9	1.7	8.4	11.5	6.8	12.4
固阳县	64.5	7.9	4.6	9.4	10.7	9.9	6.9
达尔罕茂明安联合旗	106.9	8.7	8.0	13.9	9.0	10.4	6.9
巴林左旗	58.0	11.9	2.2	11.5	18.4	17.6	26.2
巴林右旗	34.8	6.1	2.0	11.9	12.2	10.5	7.3
林西县	33.0	6.5	1.5	9.8	15.4	13.1	15.5
克什克腾旗	73.7	9.7	4.5	13.5	15.4	13.9	11.4
翁牛特旗	69.7	22.3	1.9	15.0	20.9	18.6	47.2
喀喇沁旗	61.6	7.0	3.0	12.7	22.2	11.3	12.9
宁城县	78.5	17.8	2.8	16.1	44.8	25.8	50.6
敖汉旗	78.8	22.2	2.2	15.1	27.9	18.9	34.6
库伦旗	36.1	11.9	1.2	5.0	6.0	8.5	33.0
奈曼旗	90.6	16.5	2.4	15.1	16.7	17.5	50.0
准格尔旗	539.5	6.4	38.8	35.4	80.9	47.5	11.6
鄂托克前旗	36.6	6.1	3.1	10.7	5.9	8.0	10.5
杭锦旗	41.8	9.0	2.8	15.2	10.2	15.0	27.0
乌审旗	153.1	6.8	7.9	16.5	13.5	15.4	11.4
伊金霍洛旗	393.5	5.2	30.9	22.3	61.5	23.2	8.0
化德县	22.7	4.4	0.3	7.1	9.2	6.6	3.3

数据来源：中国县（市）社会经济统计年鉴

（内蒙古自治区、吉林省、黑龙江省、安徽省）

县　名	乡（镇）个数（个）	年末总人口（万人）	其中：乡村人口（万人）	乡村从业人员数（万人）	其中：农林牧渔业（万人）	农业机械总动力（万千瓦特）	农村用电量（万千瓦时）
商都县	9	35.0	14.5	9.8	6.3	20.0	2954
察哈尔右翼前旗	8	25.3	12.7	8.3	5.9	15.0	2021
察哈尔右翼中旗	10	22.4	16.6	9.6	7.5	20.7	2068
察哈尔右翼后旗	7	22.2	9.2	5.7	4.2	12.8	2453
四子王旗	11	21.7	15.0	9.5	8.4	31.3	1486
科尔沁右翼中旗	8	26.4	17.7	9.1	8.2	48.9	3974
扎赉特旗	9	39.9	31.8	16.6	15.1	130.2	3780
太仆寺旗	6	21.0	13.2	7.3	6.1	19.4	1362
多伦县	4	10.5	6.7	4.2	3.2	17.3	2227
靖宇县	8	14.6	6.9	3.6	2.7	7.1	1643
镇赉县	11	29.5	17.7	10.0	8.2	61.9	5901
通榆县	16	36.9	23.8	12.4	10.1	71.7	4264
大安市	18	42.0	27.5	12.9	10.0	56.4	4965
龙井市	7	18.3	6.5	3.7	2.6	9.5	6726
和龙市	8	20.1	7.2	4.0	2.7	9.2	7929
汪清县	9	23.6	10.9	6.6	5.2	25.8	7481
安图县	9	21.7	9.2	4.6	3.2	10.5	3841
延寿县	9	26.9	17.4	8.7	6.2	29.3	6359
泰来县	10	32.9	22.6	11.8	8.7	59.5	10254
甘南县	10	33.5	26.9	16.3	13.7	41.3	6828
拜泉县	16	60.6	47.2	22.2	19.6	30.5	5609
绥滨县	9	13.6	10.6	5.7	4.7	22.9	1085
饶河县	9	8.0	4.5	2.8	2.4	16.0	1161
林甸县	8	27.7	19.9	11.9	9.1	63.1	6689
杜尔伯特蒙古族自治县	11	25.7	16.7	9.7	8.0	57.0	7117
桦南县	10	46.5	32.4	16.9	12.9	26.9	32465
桦川县	9	21.9	16.3	7.6	6.3	29.8	5495
汤原县	10	26.7	15.3	8.5	6.3	29.4	10106
抚远县	9	12.2	8.2	4.9	4.5	20.3	2123
同江市	10	13.2	7.1	3.8	3.5	16.0	2954
兰西县	15	49.1	40.3	18.3	12.7	35.1	6736
长丰县	15	80.6	70.7	40.8	18.6	58.6	12660

数据来源：中国县（市）社会经济统计年鉴

县　名	地区生产总值（亿元）	第一产业增加值（万元）	地方财政一般预算收入（亿元）	地方财政一般预算支出（亿元）	城乡居民储蓄存款余额（亿元）	社会消费品零售总额（亿元）	粮食总产量（万吨）
商都县	32.0	8.2	0.3	9.5	12.1	15.5	3.8
察哈尔右翼前旗	53.0	8.5	0.7	7.4	11.6	6.9	3.2
察哈尔右翼中旗	23.5	6.4	0.4	8.4	7.8	5.4	3.8
察哈尔右翼后旗	42.2	6.0	0.9	8.2	11.7	12.0	2.2
四子王旗	28.7	6.5	0.3	9.7	11.9	9.8	6.3
科尔沁右翼中旗	25.5	10.7	0.8	12.4	6.8	11.8	41.5
扎赉特旗	40.1	19.5	0.8	15.6	13.2	15.1	63.9
太仆寺旗	23.3	6.8	0.5	9.1	11.6	8.4	9.5
多伦县	35.6	5.6	1.1	7.0	8.1	6.7	6.1
靖宇县	27.6	4.2	1.3	8.9	14.9	9.9	4.0
镇赉县	67.8	15.4	2.5	13.5	19.9	12.8	60.8
通榆县	47.3	13.0	1.5	12.1	14.2	14.5	25.8
大安市	73.1	11.4	2.9	14.6	26.6	16.6	50.1
龙井市	19.3	3.0	1.5	9.7	28.3	6.5	8.9
和龙市	27.3	3.9	2.0	11.0	25.9	7.9	6.7
汪清县	31.9	6.8	1.7	11.3	34.5	9.9	9.2
安图县	33.0	4.9	1.5	8.7	30.6	8.2	6.6
延寿县	28.3	9.3	1.3	8.1	16.0	12.3	51.4
泰来县	22.9	8.7	0.9	7.5	13.8	5.3	50.9
甘南县	30.2	12.0	0.7	8.0	22.7	5.0	72.0
拜泉县	40.2	16.3	0.7	5.0	20.1	9.3	55.4
绥滨县	10.4	4.8	0.4	2.8	14.8	3.9	26.0
饶河县	8.9	5.0	0.5	5.1	15.7	2.2	31.9
林甸县	32.8	12.8	1.6	4.2	18.0	8.6	100.1
杜尔伯特蒙古族自治县	37.3	13.4	2.0	5.2	17.1	8.7	65.0
桦南县	44.0	18.9	1.0	9.1	28.6	24.7	86.2
桦川县	11.9	5.1	0.6	7.2	13.2	6.1	63.6
汤原县	31.0	13.3	0.7	7.6	19.4	9.4	61.6
抚远县	14.8	8.9	0.9	7.2	10.2	4.2	27.5
同江市	21.4	9.0	1.0	9.1	15.4	7.7	43.0
兰西县	19.6	10.5	0.5	9.8	18.2	9.4	83.5
长丰县	123.6	32.5	6.2	15.5	35.6	18.7	60.6

数据来源：中国县（市）社会经济统计年鉴

（安徽省、江西省）

县　名	乡（镇）个数（个）	年末总人口（万人）	其中：乡村人口（万人）	乡村从业人员数（万人）	其中：农林牧渔业（万人）	农业机械总动力（万千瓦特）	农村用电量（万千瓦时）
枞阳县	21	97.0	89.4	51.5	27.0	39.7	17816
潜山县	15	58.4	54.8	29.3	14.2	27.9	11331
太湖县	14	56.4	50.0	27.9	15.0	17.6	6382
宿松县	21	82.5	70.9	37.4	20.1	29.7	14756
岳西县	23	40.5	40.0	20.1	10.6	9.8	5671
临泉县	31	217.3	195.5	103.8	50.9	130.2	14411
阜南县	28	164.3	147.6	83.8	42.8	100.2	18460
颍上县	29	167.2	141.7	79.0	38.4	88.7	14749
无为县	23	142.4	98.2	67.5	29.9	61.4	39260
寿县	25	136.4	127.7	72.7	43.2	170.3	18379
霍邱县	32	164.6	150.7	80.1	45.8	129.9	20700
舒城县	21	99.9	86.4	50.2	17.5	65.9	11242
金寨县	22	67.0	54.7	29.0	15.5	33.5	6672
霍山县	16	37.0	33.1	16.8	9.7	25.6	3977
利辛县	23	157.3	142.3	79.1	38.1	133.3	14151
石台县	8	10.9	9.8	5.7	3.3	10.3	871
泾县	11	35.6	30.3	18.4	9.4	14.3	8951
莲花县	13	26.0	22.3	9.9	5.5	33.8	1740
修水县	36	80.5	70.8	34.5	19.1	44.2	10071
赣县	19	61.2	50.4	26.7	13.7	33.7	4341
上犹县	14	30.1	26.4	14.2	6.6	19.6	2910
安远县	18	36.7	30.5	15.4	7.5	13.4	1627
宁都县	24	77.2	68.6	35.6	22.7	42.8	5238
于都县	23	100.4	77.4	36.7	18.2	34.7	9106
兴国县	25	77.3	62.3	33.1	18.0	41.7	5327
会昌县	19	48.4	42.6	23.4	13.1	14.8	4449
寻乌县	15	30.8	27.3	13.6	10.2	24.8	4679
吉安县	19	46.4	36.8	18.7	10.2	54.8	4747
遂川县	23	55.2	49.1	26.1	13.7	23.9	9988
万安县	16	30.3	25.1	12.9	7.8	31.9	2279
永新县	23	49.5	40.1	20.9	11.3	40.7	3630
井冈山市	17	15.8	11.6	5.7	3.2	7.6	1309

数据来源：中国县(市)社会经济统计年鉴

（安徽省、江西省）

县　名	地区生产总值（亿元）	第一产业增加值（万元）	地方财政一般预算收入（亿元）	地方财政一般预算支出（亿元）	城乡居民储蓄存款余额（亿元）	社会消费品零售总额（亿元）	粮食总产量（万吨）
枞阳县	93.7	23.1	5.0	15.5	81.6	26.1	51.6
潜山县	55.1	12.1	2.4	12.8	40.2	21.3	23.9
太湖县	46.1	14.1	1.6	11.9	27.3	15.0	20.9
宿松县	73.0	26.1	2.2	13.4	47.9	21.3	35.6
岳西县	34.4	9.2	1.4	9.4	11.9	10.1	8.9
临泉县	83.6	38.4	2.2	19.7	102.3	33.5	105.7
阜南县	69.5	28.3	1.6	16.7	76.6	27.8	84.7
颍上县	101.5	28.4	5.9	23.4	79.6	30.8	104.4
无为县	181.1	34.9	7.8	22.7	106.7	55.8	51.7
寿县	93.4	36.1	1.9	16.7	54.5	38.1	141.4
霍邱县	115.1	28.2	5.8	23.5	65.0	44.2	148.8
舒城县	80.0	19.1	3.1	16.7	71.0	30.9	40.2
金寨县	51.2	13.1	2.3	13.5	33.9	25.3	15.1
霍山县	66.8	6.9	4.4	11.8	31.0	15.2	10.7
利辛县	85.8	29.2	2.5	17.1	66.9	36.4	110.2
石台县	9.4	2.1	0.7	4.7	10.8	5.1	2.0
泾县	39.6	9.5	2.7	9.0	37.3	14.8	15.0
莲花县	23.4	5.1	1.4	7.1	21.8	6.1	12.9
修水县	50.5	11.0	3.7	14.3	38.6	18.1	22.5
赣县	62.4	11.1	4.5	13.7	40.9	14.6	19.3
上犹县	24.8	6.4	1.7	7.0	20.8	7.8	8.9
安远县	26.4	8.9	1.5	9.0	16.6	8.7	11.0
宁都县	64.3	16.8	3.0	13.2	60.8	20.4	40.7
于都县	74.3	15.0	3.7	15.8	58.7	24.1	24.9
兴国县	64.8	18.2	2.6	12.6	42.5	18.1	27.7
会昌县	36.0	10.6	2.5	10.3	23.0	13.6	16.2
寻乌县	25.9	8.4	1.7	7.6	13.8	9.7	10.3
吉安县	59.2	13.7	4.4	12.0	42.3	16.2	42.4
遂川县	45.0	9.7	2.7	10.1	29.8	12.8	22.8
万安县	26.3	7.4	2.1	7.6	25.3	6.4	26.1
永新县	37.9	10.2	1.8	9.7	39.5	11.9	28.4
井冈山市	25.5	3.3	2.0	6.9	18.6	9.3	7.1

数据来源：中国县（市）社会经济统计年鉴

（江西省、河南省）

县　名	乡（镇）个数（个）	年末总人口（万人）	其中：乡村人口（万人）	乡村从业人员数（万人）	其中：农林牧渔业（万人）	农业机械总动力（万千瓦特）	农村用电量（万千瓦时）
乐安县	15	35.9	27.5	13.9	8.6	27.8	5569
广昌县	11	24.0	19.9	9.7	6.4	10.2	2510
上饶县	22	77.1	69.2	31.8	12.8	35.2	22203
横峰县	9	21.3	17.3	8.3	4.4	11.8	2221
余干县	20	97.9	85.0	45.3	17.9	71.2	12478
鄱阳县	29	155.7	134.3	67.1	29.8	115.0	18190
兰考县	16	87.1	68.4	44.7	22.9	88.0	20945
栾川县	13	32.9	29.2	18.2	9.4	26.2	7271
嵩县	15	55.4	49.1	31.4	19.9	48.1	11728
汝阳县	13	43.2	38.8	25.3	15.1	36.5	11483
宜阳县	17	66.6	59.9	38.2	22.1	44.5	24143
洛宁县	18	51.0	41.6	27.7	16.3	37.2	7091
鲁山县	20	86.4	79.0	48.3	29.6	28.0	15480
滑县	21	139.0	122.5	81.3	51.9	238.2	35419
封丘县	19	77.6	69.9	39.5	20.2	98.5	10116
范县	12	56.7	42.7	26.8	17.6	65.1	6299
台前县	9	39.0	34.0	21.2	12.1	34.3	6847
卢氏县	19	38.0	33.0	17.7	14.0	19.4	2618
南召县	16	63.4	52.0	33.0	22.9	26.6	4060
淅川县	15	74.0	65.6	37.8	22.6	48.2	22510
社旗县	15	65.8	59.6	37.3	25.9	65.1	6013
桐柏县	16	44.3	35.1	21.1	12.4	70.5	6800
民权县	18	95.8	77.6	45.4	27.9	111.4	14255
睢县	20	87.4	75.3	47.1	29.1	106.4	6906
宁陵县	14	66.5	57.0	33.9	21.0	90.2	8538
虞城县	26	120.2	100.3	62.8	36.9	166.2	28203
光山县	17	89.5	71.1	41.9	22.9	31.6	19200
新县	15	38.3	28.7	17.7	7.4	15.0	3676
商城县	19	75.5	65.9	35.5	15.9	21.3	9278
固始县	32	170.3	153.8	87.3	41.2	65.1	21288
淮滨县	17	73.7	60.7	37.9	19.0	54.2	9552
沈丘县	20	134.2	114.6	68.8	39.9	82.1	15496

数据来源：中国县（市）社会经济统计年鉴

县　名	地区生产总值（亿元）	第一产业增加值（万元）	地方财政一般预算收入（亿元）	地方财政一般预算支出（亿元）	城乡居民储蓄存款余额（亿元）	社会消费品零售总额（亿元）	粮食总产量（万吨）
乐安县	24.8	6.1	1.8	8.7	29.9	12.7	23.8
广昌县	16.0	3.5	2.2	7.2	10.5	5.3	10.3
上饶县	66.9	9.2	3.7	12.4	42.6	19.1	17.8
横峰县	36.6	3.8	2.4	6.7	17.4	11.9	7.6
余干县	55.6	22.1	2.6	14.7	47.6	17.5	62.7
鄱阳县	67.4	24.4	2.8	21.5	66.5	24.7	81.6
兰考县	100.3	19.4	2.1	12.3	37.9	29.0	47.4
栾川县	121.8	10.2	10.6	12.4	54.9	26.8	7.1
嵩县	108.5	21.7	3.4	11.2	30.4	32.2	22.0
汝阳县	61.8	9.4	2.9	9.9	25.6	26.6	17.4
宜阳县	117.4	22.0	3.7	12.8	31.2	34.9	36.7
洛宁县	86.3	18.9	2.9	10.0	22.0	26.0	26.5
鲁山县	70.1	13.6	4.1	13.3	56.5	22.8	19.9
滑县	123.2	49.8	2.5	17.1	67.6	33.6	130.5
封丘县	65.2	22.1	1.6	11.9	40.6	14.3	57.6
范县	64.2	10.0	1.2	9.2	33.0	25.0	34.1
台前县	45.5	5.8	0.6	7.3	25.6	11.4	17.7
卢氏县	34.5	9.3	2.2	9.7	27.3	15.3	10.4
南召县	60.0	13.4	2.1	8.3	32.5	35.7	19.5
淅川县	114.2	26.6	3.0	14.0	46.1	39.6	25.5
社旗县	81.5	26.1	1.4	9.6	24.5	26.7	50.4
桐柏县	67.8	15.4	2.4	7.1	32.2	33.7	22.5
民权县	97.1	29.8	1.3	13.5	36.6	34.0	63.5
睢县	84.1	31.6	1.2	12.3	39.2	25.0	59.4
宁陵县	55.2	16.6	1.0	10.5	26.7	20.0	42.8
虞城县	117.4	38.5	1.8	15.6	46.6	28.8	87.3
光山县	85.4	22.7	2.1	13.0	63.5	31.9	58.0
新县	53.6	11.7	1.2	9.6	31.2	19.4	12.0
商城县	76.0	20.4	1.5	13.3	50.6	26.9	35.7
固始县	159.0	53.5	3.8	21.4	106.5	64.5	120.1
淮滨县	72.0	18.9	1.2	10.8	36.7	24.5	54.5
沈丘县	108.4	29.7	2.7	15.9	68.6	37.4	73.1

数据来源：中国县（市）社会经济统计年鉴

（河南省、湖北省、湖南省）

县　名	乡（镇）个数（个）	年末总人口（万人）	其中：乡村人口（万人）	乡村从业人员数（万人）	其中：农林牧渔业（万人）	农业机械总动力（万千瓦特）	农村用电量（万千瓦时）
淮阳县	19	152.9	124.0	67.0	42.7	107.3	18795
上蔡县	24	140.0	128.0	79.7	53.2	140.4	14947
平舆县	16	97.0	86.7	58.9	36.3	149.3	8895
确山县	13	51.7	46.7	29.0	16.5	99.9	8122
新蔡县	22	105.7	94.8	65.0	37.1	130.2	10158
阳新县	16	101.1	74.3	38.2	9.8	32.1	28785
郧县	19	65.8	51.2	26.7	14.5	14.0	7803
郧西县	16	50.8	42.7	23.4	8.4	9.6	7405
竹山县	17	47.1	41.3	20.2	7.6	17.6	7366
竹溪县	15	37.5	30.6	15.8	7.1	19.6	2832
房县	19	48.9	40.4	22.8	8.7	16.1	5757
丹江口市	13	49.7	33.3	18.9	9.0	21.2	5997
秭归县	12	38.4	31.6	19.3	11.4	15.2	5422
长阳土家族自治县	11	41.4	32.2	21.5	10.8	14.5	4806
孝昌县	12	65.5	58.5	28.9	12.9	22.5	5748
大悟县	17	63.3	51.6	29.0	12.5	16.7	8676
红安县	11	66.4	52.9	22.4	9.9	18.6	10609
罗田县	12	62.3	49.7	27.4	11.0	18.3	8660
英山县	11	39.9	32.8	18.4	8.1	22.6	6994
蕲春县	14	99.1	78.3	38.7	12.7	26.8	26865
麻城市	16	118.0	93.2	54.0	23.5	25.0	20257
恩施市	13	79.4	63.0	32.3	17.4	28.0	6531
利川市	12	88.3	79.7	41.3	20.6	22.6	7261
建始县	10	51.0	45.4	24.5	11.9	19.6	4166
巴东县	12	49.1	43.7	24.4	15.2	23.9	4797
宣恩县	9	35.4	31.6	16.9	9.1	15.2	2876
咸丰县	10	37.6	29.1	17.0	7.6	14.5	2604
来凤县	8	32.2	26.2	16.4	7.6	11.2	1677
鹤峰县	9	22.2	19.6	10.7	6.2	21.0	3791
神农架林区	8	8.0	4.9	2.8	1.4	6.8	935
邵阳县	22	99.8	91.5	53.7	0.0	38.4	7395
隆回县	26	116.9	101.5	57.2	0.0	25.5	11024

数据来源：中国县（市）社会经济统计年鉴

县　名	地区生产总值（亿元）	第一产业增加值（万元）	地方财政一般预算收入（亿元）	地方财政一般预算支出（亿元）	城乡居民储蓄存款余额（亿元）	社会消费品零售总额（亿元）	粮食总产量（万吨）
淮阳县	114.5	44.3	2.1	16.2	59.8	45.3	83.1
上蔡县	100.4	23.9	1.7	16.8	73.6	33.0	92.8
平舆县	82.4	21.0	2.2	12.4	54.6	24.8	68.8
确山县	66.6	17.3	1.9	10.1	39.2	22.5	53.3
新蔡县	77.6	26.5	1.4	12.6	51.7	23.7	74.9
阳新县	97.2	22.0	3.6	19.2	46.2	49.9	33.4
郧县	36.5	11.8	1.8	8.6	34.4	24.0	20.9
郧西县	26.5	8.8	2.9	6.0	29.9	17.2	20.6
竹山县	30.4	9.6	1.4	13.0	19.9	16.9	22.0
竹溪县	25.6	10.5	1.3	5.9	19.7	13.0	21.7
房县	29.1	11.1	1.4	15.2	27.0	18.3	16.5
丹江口市	75.7	11.3	4.5	18.4	58.3	29.0	13.0
秭归县	43.8	9.3	1.7	10.0	25.3	16.8	9.7
长阳土家族自治县	52.8	14.2	1.9	11.1	29.4	18.9	11.4
孝昌县	49.2	16.5	1.9	6.7	31.7	22.1	29.2
大悟县	57.7	16.3	2.3	7.6	40.1	28.7	31.5
红安县	58.3	16.3	2.6	14.8	39.5	23.8	29.5
罗田县	53.5	13.1	1.8	12.7	42.5	22.7	22.1
英山县	39.9	17.1	1.3	6.0	30.2	12.7	18.5
蕲春县	84.8	23.1	3.7	8.2	77.1	39.0	43.9
麻城市	99.3	36.6	4.1	20.4	67.3	47.5	50.1
恩施市	70.5	17.4	4.2	17.2	58.4	38.4	22.1
利川市	44.4	20.8	3.9	18.1	37.9	16.6	37.5
建始县	32.5	12.1	1.7	11.7	20.5	10.9	23.3
巴东县	40.0	11.7	2.2	12.7	25.3	12.5	22.3
宣恩县	24.3	9.4	0.8	8.3	11.9	8.7	13.2
咸丰县	27.1	10.6	1.1	8.4	17.6	10.0	20.2
来凤县	24.9	7.6	0.8	8.1	16.2	8.9	12.9
鹤峰县	21.5	6.4	0.9	8.2	13.6	8.0	9.3
神农架林区	9.1	1.3	0.9	6.7	6.3	3.7	2.1
邵阳县	53.2	15.7	1.8	13.6	49.7	21.2	45.6
隆回县	62.5	18.1	2.2	14.9	69.4	17.4	45.5

数据来源：中国县（市）社会经济统计年鉴

（湖南省、广西壮族自治区）

县　名	乡（镇）个数（个）	年末总人口（万人）	其中：乡村人口（万人）	乡村从业人员数（万人）	其中：农林牧渔业（万人）	农业机械总动力（万千瓦特）	农村用电量（万千瓦时）
城步苗族自治县	11	26.3	22.9	12.2	0.0	12.4	1631
平江县	27	105.1	96.4	49.6	0.0	55.9	23280
桑植县	38	45.6	42.9	23.4	0.0	15.9	3085
安化县	23	98.8	86.6	43.9	0.0	53.7	3618
汝城县	23	37.5	35.2	21.0	0.0	25.9	3927
桂东县	18	20.8	20.2	12.4	0.0	6.8	1323
新田县	19	37.5	37.0	21.0	0.0	28.3	1770
江华瑶族自治县	22	47.1	44.5	26.3	0.0	26.4	7155
沅陵县	23	65.9	57.7	33.1	0.0	32.1	6045
通道侗族自治县	21	23.2	19.6	10.1	0.0	19.8	2040
新化县	26	132.7	126.7	67.0	0.0	60.1	7635
泸溪县	15	29.6	28.8	15.5	0.0	13.2	1580
凤凰县	24	38.6	35.8	19.4	0.0	14.6	1642
花垣县	18	28.3	25.3	14.7	0.0	11.6	1340
保靖县	16	29.6	26.6	14.4	0.0	11.0	2619
古丈县	12	14.1	12.4	7.4	0.0	9.4	524
永顺县	30	50.4	46.6	25.6	0.0	23.0	2912
龙山县	31	56.0	50.4	26.4	0.0	21.6	2441
隆安县	10	39.0	38.4	22.4	16.0	19.7	1270
马山县	11	53.0	49.3	28.3	16.2	18.4	3345
融水苗族自治县	20	49.5	43.7	25.6	18.3	14.9	3489
三江侗族自治县	15	37.0	34.2	19.0	12.9	12.8	5746
龙胜各族自治县	10	17.3	15.0	7.5	6.5	13.3	1363
田东县	10	41.4	32.5	19.8	14.5	26.2	5392
平果县	12	48.9	37.4	22.9	15.1	24.3	5117
德保县	12	36.2	29.8	17.6	14.3	10.8	6728
靖西县	19	61.6	53.0	30.0	19.1	17.6	11128
那坡县	9	20.9	18.1	11.3	10.1	16.0	949
凌云县	8	20.8	17.4	9.4	6.0	6.6	1111
乐业县	8	16.3	14.5	7.3	6.4	8.5	717
田林县	14	24.9	22.0	13.1	11.6	17.8	1038
西林县	8	14.6	12.3	7.1	6.6	13.3	1153

数据来源：中国县（市）社会经济统计年鉴

县　名	地区生产总值（亿元）	第一产业增加值（万元）	地方财政一般预算收入（亿元）	地方财政一般预算支出（亿元）	城乡居民储蓄存款余额（亿元）	社会消费品零售总额（亿元）	粮食总产量（万吨）
城步苗族自治县	16.0	5.8	0.7	5.4	14.7	7.1	7.7
平江县	97.6	25.1	2.3	15.7	54.5	20.3	46.2
桑植县	32.9	4.6	1.4	10.3	21.2	11.3	14.6
安化县	75.1	21.5	2.2	15.3	65.4	41.0	24.9
汝城县	20.5	6.0	1.3	6.9	26.9	6.2	19.8
桂东县	11.5	2.7	0.5	4.7	15.2	3.6	6.5
新田县	29.7	9.6	1.3	7.4	23.1	8.4	17.1
江华瑶族自治县	39.4	12.7	1.3	8.4	27.2	14.4	21.9
沅陵县	78.9	9.2	3.0	13.7	37.6	21.2	22.6
通道侗族自治县	15.5	3.5	0.7	5.0	16.3	4.8	8.4
新化县	84.5	26.4	2.8	18.3	77.7	35.1	47.7
泸溪县	30.4	4.3	1.4	9.0	16.0	6.2	7.5
凤凰县	29.8	5.5	1.5	8.2	20.0	15.4	12.7
花垣县	47.6	3.9	3.1	9.6	26.2	6.8	8.6
保靖县	30.4	4.5	1.2	7.9	13.8	5.4	9.2
古丈县	9.2	2.0	0.4	4.6	9.4	3.4	3.5
永顺县	26.9	9.2	1.0	10.9	23.3	14.8	21.5
龙山县	32.5	11.2	1.4	12.0	28.7	15.1	19.4
隆安县	32.7	13.7	1.2	5.7	17.9	7.4	14.8
马山县	26.0	9.0	0.8	5.9	14.5	7.8	15.4
融水苗族自治县	30.5	9.8	1.2	7.5	18.5	8.7	11.1
三江侗族自治县	16.2	5.6	0.6	5.6	11.4	7.0	6.4
龙胜各族自治县	24.8	5.6	0.7	4.5	9.9	3.5	5.5
田东县	39.5	13.3	3.7	7.4	21.0	7.9	10.3
平果县	73.3	8.5	8.9	11.8	25.7	11.6	10.7
德保县	29.7	5.5	1.9	6.4	10.9	3.8	10.2
靖西县	41.2	8.7	2.7	9.5	17.0	10.0	20.3
那坡县	8.7	3.6	0.4	4.2	5.9	2.9	5.6
凌云县	10.5	3.6	0.4	4.8	5.5	2.1	4.4
乐业县	8.5	3.0	0.4	4.3	4.3	2.3	4.9
田林县	16.1	6.6	1.2	5.9	9.3	3.6	8.3
西林县	9.7	4.3	0.5	4.1	4.0	2.1	5.0

数据来源：中国县（市）社会经济统计年鉴

（广西壮族自治区、海南省、重庆市、四川省）

县 名	乡（镇）个数（个）	年末总人口（万人）	其中：乡村人口（万人）	乡村从业人员数（万人）	其中：农林牧渔业（万人）	农业机械总动力（万千瓦特）	农村用电量（万千瓦时）
隆林各族自治县	16	38.6	32.2	19.0	16.3	19.3	3955
南丹县	11	29.8	24.0	15.1	11.3	15.7	2284
天峨县	9	16.4	14.2	7.1	5.6	14.1	2289
凤山县	9	20.1	18.0	8.9	5.7	13.8	1661
东兰县	14	28.9	27.1	13.8	9.0	28.3	3714
罗城仫佬族自治县	11	37.4	33.0	17.7	12.1	17.5	4619
环江毛南族自治县	12	37.7	31.8	16.4	12.5	26.1	3103
巴马瑶族自治县	10	26.3	23.4	11.5	8.3	9.6	3491
都安瑶族自治县	19	66.9	63.6	33.7	22.9	32.9	7208
大化瑶族自治县	16	43.9	37.2	21.4	13.2	12.4	3578
忻城县	12	41.1	38.1	23.0	14.4	16.5	3183
金秀瑶族自治县	10	15.4	13.1	7.3	5.4	8.7	2050
龙州县	12	27.8	23.6	14.3	10.7	13.0	2016
天等县	13	42.9	35.9	25.4	13.2	23.6	2218
五指山市	7	11.4	5.9	3.2	2.5	5.8	477
白沙黎族自治县	11	20.0	10.4	6.3	6.0	7.1	268
陵水黎族自治县	11	39.5	27.4	13.6	10.9	7.3	981
保亭黎族苗族自治县	9	21.9	9.0	4.8	4.0	5.0	1282
琼中黎族苗族自治县	10	21.9	10.1	5.4	4.1	8.1	1911
城口县	25	24.4	22.4	11.3	5.4	8.9	1852
丰都县	29	82.0	68.0	38.5	20.7	23.0	14458
武隆县	26	41.0	38.0	22.6	11.9	17.7	3393
开县	34	161.6	139.9	76.5	31.2	44.1	21543
云阳县	40	134.2	106.6	54.0	24.2	32.4	11054
奉节县	30	106.2	92.6	41.8	18.2	28.5	22718
巫山县	25	63.0	52.0	28.3	13.9	24.0	7965
巫溪县	29	53.6	46.8	26.4	12.0	21.8	5400
石柱土家族自治县	32	53.9	44.2	28.0	20.1	22.2	8352
秀山土家族苗族自治县	32	64.5	56.5	35.7	20.6	24.7	14850
酉阳土家族苗族自治县	39	81.8	72.8	44.7	30.1	37.1	8081
彭水苗族土家族自治县	39	68.3	59.7	35.0	17.9	22.5	3450
叙永县	25	71.4	61.4	33.9	21.9	22.0	9811

数据来源：中国县（市）社会经济统计年鉴

县　名	地区生产总值（亿元）	第一产业增加值（万元）	地方财政一般预算收入（亿元）	地方财政一般预算支出（亿元）	城乡居民储蓄存款余额（亿元）	社会消费品零售总额（亿元）	粮食总产量（万吨）
隆林各族自治县	42.4	5.7	2.3	8.4	11.0	5.0	8.5
南丹县	51.1	6.1	3.1	6.8	24.3	10.4	8.7
天峨县	42.1	4.0	1.7	4.6	10.1	4.7	6.5
凤山县	10.5	3.0	0.4	4.5	5.1	3.3	3.8
东兰县	12.7	3.7	0.5	5.5	7.3	5.1	5.3
罗城仫佬族自治县	24.9	8.3	0.7	6.7	15.7	6.9	11.1
环江毛南族自治县	25.9	9.2	1.1	7.6	15.4	7.8	11.5
巴马瑶族自治县	16.9	5.3	0.6	5.1	6.7	5.1	5.9
都安瑶族自治县	23.9	8.3	1.3	9.1	15.0	7.9	12.9
大化瑶族自治县	30.9	5.3	1.3	6.8	10.7	6.2	7.5
忻城县	31.6	10.2	0.9	5.4	10.2	8.4	9.4
金秀瑶族自治县	12.2	4.1	0.4	3.8	7.1	3.0	4.1
龙州县	31.1	10.4	1.6	5.7	13.9	6.2	4.1
天等县	27.7	8.2	1.0	6.5	15.5	3.8	12.7
五指山市	11.1	2.8	1.2	7.7	12.3	3.6	2.7
白沙黎族自治县	19.1	12.4	0.6	8.7	12.7	3.3	3.8
陵水黎族自治县	38.8	19.8	3.8	15.5	22.0	6.6	10.8
保亭黎族苗族自治县	15.8	7.6	0.8	6.7	11.2	3.8	3.2
琼中黎族苗族自治县	19.0	12.1	0.7	8.6	14.9	2.9	4.9
城口县	20.9	3.7	1.6	8.5	16.2	5.5	9.3
丰都县	65.7	14.5	3.8	16.3	70.6	26.1	33.7
武隆县	59.2	9.4	3.5	14.1	33.6	18.9	16.8
开县	123.0	26.7	4.7	24.7	133.1	58.0	57.6
云阳县	74.6	20.3	2.5	22.2	88.7	34.9	42.2
奉节县	85.6	18.4	4.1	21.4	52.7	25.6	43.2
巫山县	41.9	10.2	2.0	14.0	34.2	16.3	22.5
巫溪县	30.9	7.8	1.2	14.4	27.0	11.4	19.4
石柱土家族自治县	53.9	11.8	3.4	13.0	43.0	20.8	25.5
秀山土家族苗族自治县	62.1	9.8	4.2	16.3	32.3	22.6	32.3
酉阳土家族苗族自治县	47.7	12.4	3.3	18.8	40.6	21.2	36.5
彭水苗族土家族自治县	58.1	11.8	5.1	17.6	31.4	23.6	29.5
叙永县	45.4	13.0	2.1	12.8	28.2	20.4	29.3

数据来源：中国县（市）社会经济统计年鉴

（四川省）

县　名	乡（镇）个数（个）	年末总人口（万人）	其中：乡村人口（万人）	乡村从业人员数（万人）	其中：农林牧渔业（万人）	农业机械总动力（万千瓦特）	农村用电量（万千瓦时）
古蔺县	26	83.7	72.1	43.9	25.9	10.0	5851
朝天区	25	21.2	19.6	11.2	8.0	11.0	2500
旺苍县	35	46.5	35.9	20.3	9.6	20.0	4021
苍溪县	39	79.6	63.2	35.4	23.7	60.0	11707
马边彝族自治县	20	20.3	18.0	8.8	4.8	3.0	2255
嘉陵区	43	70.2	60.6	33.6	19.3	21.0	2557
南部县	72	130.3	113.1	73.5	38.2	31.0	11514
仪陇县	56	110.7	99.8	53.0	33.0	20.0	12156
阆中市	49	88.3	64.0	36.3	18.4	27.0	15259
屏山县	16	30.4	26.8	16.7	11.0	11.0	3773
广安区	49	126.1	103.3	51.0	32.3	36.0	10298
宣汉县	54	128.5	108.7	50.8	28.6	27.0	12000
万源市	52	60.4	53.3	25.0	12.6	17.0	5500
通江县	49	80.6	66.6	33.9	22.5	23.0	2982
南江县	48	71.0	57.1	29.1	18.3	24.0	4064
平昌县	43	106.4	85.4	43.8	28.0	33.0	5092
小金县	21	8.1	7.1	4.2	2.9	11.0	1458
黑水县	17	6.0	5.2	2.9	2.0	6.0	2338
壤塘县	12	3.6	3.1	2.0	1.8	3.0	358
雅江县	17	4.8	4.1	2.3	2.3	6.0	70
新龙县	19	4.6	4.0	1.6	1.4	2.0	123
石渠县	22	7.0	7.3	3.7	3.6	0.0	420
色达县	17	4.8	3.9	2.6	2.5	0.0	16
理塘县	24	6.1	5.4	3.2	2.9	2.0	432
木里藏族自治县	29	13.4	12.0	7.4	6.9	6.0	216
盐源县	34	37.5	32.7	20.0	18.8	20.0	7208
普格县	34	16.4	13.7	7.6	6.8	5.0	1592
布拖县	30	16.9	14.9	8.8	8.1	2.0	397
金阳县	34	17.6	16.4	8.3	7.5	4.0	1051
昭觉县	47	27.3	21.7	12.9	12.1	6.0	2547
喜德县	24	20.4	15.3	8.9	7.6	6.0	754
越西县	40	31.5	26.3	15.4	12.1	6.0	3150

数据来源：中国县（市）社会经济统计年鉴

县名	地区生产总值（亿元）	第一产业增加值（万元）	地方财政一般预算收入（亿元）	地方财政一般预算支出（亿元）	城乡居民储蓄存款余额（亿元）	社会消费品零售总额（亿元）	粮食总产量（万吨）
古蔺县	55.8	12.1	3.6	15.0	21.5	16.2	24.8
朝天区	13.6	5.1	0.3	12.9	8.1	4.6	9.2
旺苍县	40.0	10.8	1.1	27.4	35.2	15.3	17.9
苍溪县	52.5	20.1	1.1	26.4	57.7	19.1	40.0
马边彝族自治县	16.3	5.3	0.7	5.9	8.7	3.7	7.1
嘉陵区	56.2	18.0	1.5	12.1	33.6	16.1	34.9
南部县	122.3	28.2	2.4	21.2	84.5	37.1	53.8
仪陇县	67.1	28.7	1.4	16.2	61.0	23.1	50.2
阆中市	80.5	23.0	2.4	28.2	75.2	32.5	39.6
屏山县	17.4	7.5	1.0	6.1	16.1	5.8	12.8
广安区	131.3	23.8	2.8	17.4	142.1	49.9	47.9
宣汉县	103.0	33.3	2.9	20.7	76.8	38.4	58.4
万源市	54.9	16.6	1.3	12.9	34.2	18.4	29.4
通江县	46.8	16.4	0.7	16.0	32.2	18.8	38.8
南江县	45.8	14.9	1.0	24.2	40.8	17.9	37.6
平昌县	55.5	19.3	1.1	16.9	41.7	20.9	39.9
小金县	5.7	1.5	0.2	10.2	6.3	1.4	2.3
黑水县	7.3	1.2	0.3	11.8	5.5	0.8	1.6
壤塘县	3.5	1.6	0.1	5.5	1.5	0.8	0.3
雅江县	3.9	1.3	0.4	4.3	2.0	0.8	0.7
新龙县	3.4	1.5	0.1	3.9	1.0	0.4	0.9
石渠县	3.5	2.0	0.1	6.1	1.0	0.9	0.5
色达县	2.7	1.3	0.1	4.3	2.7	0.6	0.2
理塘县	4.5	1.7	0.2	5.6	2.3	1.8	0.9
木里藏族自治县	12.0	3.0	1.2	6.4	6.1	2.9	5.1
盐源县	38.6	10.1	3.3	9.4	9.9	6.9	17.5
普格县	12.2	4.7	0.7	4.5	4.2	3.9	7.2
布拖县	11.6	4.1	0.5	5.0	3.7	2.0	6.9
金阳县	13.4	4.4	0.7	5.9	2.2	3.0	6.7
昭觉县	12.4	5.5	0.4	6.8	5.3	2.8	10.2
喜德县	11.4	3.9	0.6	6.1	4.7	2.9	8.0
越西县	19.6	6.8	1.0	6.6	9.2	7.1	11.9

数据来源：中国县(市)社会经济统计年鉴

（四川省、贵州省）

县　名	乡（镇）个数（个）	年末总人口（万人）	其中：乡村人口（万人）	乡村从业人员数（万人）	其中：农林牧渔业（万人）	农业机械总动力（万千瓦特）	农村用电量（万千瓦时）
甘洛县	28	20.7	17.5	9.5	8.2	5.0	1700
美姑县	36	23.5	19.6	10.4	9.6	2.0	445
雷波县	49	25.1	22.4	13.3	10.6	11.0	1996
六枝特区	19	65.8	54.1	31.1	16.3	12.0	1984
水城县	33	79.0	74.1	39.1	25.5	35.4	5018
盘县	37	117.6	102.6	55.8	39.2	59.1	11108
正安县	19	62.4	57.4	36.1	17.6	21.0	6368
道真仡佬族苗族自治县	14	33.7	30.1	18.0	8.5	22.7	2033
务川仡佬族苗族自治县	15	43.8	41.0	25.2	15.4	17.7	3398
习水县	23	69.1	62.2	34.3	17.7	31.7	2816
普定县	11	45.5	40.5	24.0	14.2	17.4	2044
镇宁布依族苗族自治县	16	37.5	34.2	19.2	12.9	17.2	2427
关岭布依族苗族自治县	14	35.3	32.6	18.5	12.6	13.6	5498
紫云苗族布依族自治县	12	36.0	34.5	21.1	14.2	12.1	1207
江口县	9	23.3	20.5	11.9	7.3	6.1	4792
石阡县	18	40.2	37.7	23.4	13.5	13.0	5800
思南县	27	66.9	61.2	36.3	21.4	11.0	6169
印江土家族苗族自治县	17	42.9	39.6	23.4	11.2	15.2	2498
德江县	20	51.1	41.2	25.8	16.3	18.7	3426
沿河土家族自治县	22	62.6	56.7	31.1	19.3	23.0	1216
松桃苗族自治县	28	69.6	64.4	40.3	23.1	21.0	11451
兴仁县	14	48.7	40.8	24.7	17.7	13.6	2216
普安县	14	32.2	29.6	16.7	14.6	5.6	1100
晴隆县	14	31.6	27.7	16.7	11.9	12.9	7856
贞丰县	13	38.4	35.8	22.2	14.2	15.0	2318
望谟县	17	31.5	29.6	16.1	11.6	9.2	1130
册亨县	14	23.3	22.2	13.2	9.7	13.6	1659
安龙县	16	44.6	40.6	27.2	19.5	24.0	1303
大方县	34	99.8	79.7	57.5	34.5	19.2	9868
织金县	32	105.0	95.0	51.8	29.2	2.8	5172
纳雍县	25	88.9	75.3	44.2	27.4	11.6	900
威宁彝族回族苗族自治县	35	131.9	113.6	66.7	47.6	28.0	6357

数据来源：中国县（市）社会经济统计年鉴

县　名	地区生产总值（亿元）	第一产业增加值（万　元）	地方财政一般预算收入（亿元）	地方财政一般预算支出（亿元）	城乡居民储蓄存款余额（亿元）	社会消费品零售总额（亿元）	粮食总产量（万吨）
甘洛县	17.7	3.6	1.5	6.4	7.8	3.9	7.8
美姑县	11.0	4.7	0.4	6.3	3.2	2.4	7.8
雷波县	22.1	6.4	1.1	6.4	7.8	4.3	9.0
六枝特区	41.2	6.0	2.3	11.9	23.7	13.9	20.0
水城县	51.3	7.6	4.5	14.2	0.0	6.7	27.1
盘县	170.8	12.1	15.5	27.3	64.1	29.3	36.3
正安县	20.2	8.4	1.6	9.5	21.0	5.3	25.2
道真仡佬族苗族自治县	13.8	4.9	0.5	6.8	17.6	3.6	15.9
务川仡佬族苗族自治县	16.8	6.4	1.1	7.8	13.3	5.3	18.4
习水县	44.1	9.1	2.1	12.2	24.8	15.5	29.8
普定县	25.9	5.5	2.1	7.7	0.7	5.5	12.7
镇宁布依族苗族自治县	19.5	4.1	1.4	7.0	9.0	5.5	11.7
关岭布依族苗族自治县	20.6	5.9	1.1	5.9	11.0	6.0	11.7
紫云苗族布依族自治县	13.2	6.3	0.7	6.6	6.6	4.8	11.7
江口县	12.4	4.6	0.7	5.3	9.7	3.2	9.2
石阡县	17.6	7.9	0.8	9.0	14.1	3.7	17.0
思南县	33.7	12.9	1.2	11.5	22.2	8.6	23.7
印江土家族苗族自治县	21.2	10.1	0.9	8.0	16.3	4.7	14.6
德江县	25.4	11.6	1.1	9.2	11.1	6.3	17.1
沿河土家族自治县	27.4	11.0	1.6	10.5	18.2	6.6	20.2
松桃苗族自治县	35.2	12.3	1.4	11.9	19.7	8.4	26.1
兴仁县	33.4	6.5	2.9	9.8	13.6	7.3	18.8
普安县	21.1	4.2	2.2	6.9	10.2	3.1	9.6
晴隆县	16.9	3.5	1.3	7.0	8.6	2.6	9.6
贞丰县	28.5	6.1	1.9	7.5	12.9	4.9	12.4
望谟县	9.7	3.7	0.6	7.3	5.3	1.7	8.4
册亨县	7.9	3.6	0.5	6.2	6.1	1.3	6.7
安龙县	31.4	7.1	1.7	7.6	17.6	4.9	19.0
大方县	56.8	13.0	4.8	5.3	21.4	10.3	35.7
织金县	51.7	12.5	5.2	16.2	24.1	10.0	38.3
纳雍县	65.2	15.3	3.5	7.3	15.6	8.8	29.9
威宁彝族回族苗族自治县	60.1	28.0	3.5	19.4	17.5	10.1	37.1

数据来源：中国县（市）社会经济统计年鉴

（贵州省、云南省）

县　名	乡（镇）个数（个）	年末总人口（万人）	其中：乡村人口（万人）	乡村从业人员数（万人）	其中：农林牧渔业（万人）	农业机械总动力（万千瓦特）	农村用电量（万千瓦时）
赫章县	27	74.0	67.0	36.5	21.6	21.0	5206
黄平县	14	36.2	33.6	20.3	18.9	13.0	995
施秉县	8	14.4	10.2	8.6	6.4	11.8	1266
三穗县	9	21.9	19.5	11.9	5.5	6.9	522
岑巩县	11	22.5	20.5	12.1	7.4	18.0	1056
天柱县	16	39.8	35.9	22.4	12.2	10.2	1257
锦屏县	15	22.0	20.5	12.0	6.0	12.4	2912
剑河县	12	22.3	18.7	13.9	8.8	7.9	1142
台江县	8	14.9	13.1	8.6	4.6	5.8	751
黎平县	25	51.1	48.2	29.3	17.5	21.0	5166
榕江县	19	34.4	31.9	18.5	12.9	8.7	2956
从江县	21	33.4	31.5	19.1	13.0	10.8	1785
雷山县	9	15.0	14.2	9.4	5.5	12.0	1164
麻江县	9	20.3	19.9	11.9	7.7	10.7	4605
丹寨县	7	16.3	15.6	9.1	4.8	3.3	2575
荔波县	17	17.2	15.7	9.9	6.4	17.8	1410
独山县	18	34.8	31.4	19.1	11.5	19.1	7883
平塘县	19	31.9	30.2	19.1	13.3	12.9	784
罗甸县	26	33.6	30.4	17.1	10.3	9.9	1705
长顺县	17	25.8	23.9	13.3	8.6	7.5	7789
三都水族自治县	21	34.2	32.9	18.8	11.7	11.7	3406
东川区	8	31.4	24.0	14.8	9.8	10.1	2666
禄劝彝族苗族自治县	16	47.4	44.0	25.3	22.5	18.8	5023
寻甸回族彝族自治县	14	53.1	49.0	29.4	24.0	28.2	7829
富源县	11	76.5	68.0	37.4	26.2	20.5	7245
会泽县	21	97.6	88.0	55.4	37.8	18.0	7486
施甸县	13	33.5	32.0	18.9	15.4	17.3	3800
龙陵县	10	28.3	26.0	15.2	13.1	13.8	1746
昌宁县	13	34.7	31.0	19.6	16.5	24.7	2850
昭阳区	20	81.7	67.0	37.2	27.0	17.5	4389
鲁甸县	12	41.9	39.0	19.7	16.3	8.8	3436
巧家县	16	55.9	52.0	29.1	24.0	10.5	5565

数据来源：中国县（市）社会经济统计年鉴

县 名	地区生产总值（亿元）	第一产业增加值（万 元）	地方财政一般预算收入（亿元）	地方财政一般预算支出（亿元）	城乡居民储蓄存款余额（亿元）	社会消费品零售总额（亿元）	粮食总产量（万吨）
赫章县	31.9	11.8	1.4	13.0	17.0	6.7	23.9
黄平县	12.6	5.2	0.7	6.8	9.0	4.1	11.8
施秉县	9.8	2.6	1.0	4.3	7.2	3.1	6.9
三穗县	10.2	2.7	0.5	4.9	9.3	5.3	6.6
岑巩县	11.0	3.3	0.5	4.9	8.0	4.1	7.7
天柱县	21.2	5.9	1.0	4.9	18.9	7.5	14.4
锦屏县	11.8	2.3	0.6	5.5	11.3	4.1	7.0
剑河县	10.0	3.6	0.6	5.6	10.4	3.3	7.6
台江县	7.0	2.4	0.5	4.5	6.4	2.3	5.2
黎平县	19.5	6.2	0.9	9.3	18.2	7.7	16.8
榕江县	14.7	6.5	0.6	6.3	12.9	4.8	10.2
从江县	14.6	5.3	0.6	4.1	7.9	3.7	12.7
雷山县	6.4	1.9	0.4	4.8	6.1	2.5	5.6
麻江县	10.5	3.4	0.5	4.8	7.5	2.8	8.0
丹寨县	7.3	2.5	0.4	4.2	6.1	2.2	5.5
荔波县	12.5	2.9	1.1	5.3	9.6	4.0	6.2
独山县	20.1	6.1	1.1	7.6	16.5	6.3	13.5
平塘县	13.2	4.5	0.8	7.4	8.0	3.1	12.9
罗甸县	19.1	5.8	0.9	7.2	8.3	4.2	12.6
长顺县	13.0	3.9	0.7	3.9	1.3	3.9	11.6
三都水族自治县	13.2	4.5	0.6	6.5	9.8	4.9	11.2
东川区	32.7	3.1	2.4	14.2	31.7	6.7	6.9
禄劝彝族苗族自治县	28.2	9.9	2.3	9.5	17.2	6.5	18.3
寻甸回族彝族自治县	32.5	10.8	2.7	10.9	21.6	10.2	19.8
富源县	94.7	18.3	7.2	15.0	45.4	16.4	29.1
会泽县	82.2	16.5	5.5	17.4	32.7	13.5	36.1
施甸县	19.3	6.9	0.8	8.1	12.0	6.1	13.3
龙陵县	23.0	7.3	1.4	7.7	15.8	5.7	10.6
昌宁县	28.6	11.6	1.5	8.1	13.3	7.3	15.6
昭阳区	97.3	13.3	4.1	14.9	57.2	0.0	26.1
鲁甸县	18.9	6.0	1.1	8.8	7.5	0.0	13.7
巧家县	23.5	10.2	0.9	9.3	10.9	0.0	17.6

数据来源：中国县（市）社会经济统计年鉴

（云南省）

县　名	乡（镇）个数（个）	年末总人口（万人）	其中：乡村人口（万人）	乡村从业人员数（万人）	其中：农林牧渔业（万人）	农业机械总动力（万千瓦特）	农村用电量（万千瓦时）
盐津县	10	38.4	36.0	17.7	10.7	6.2	3041
大关县	9	27.8	25.0	12.6	10.2	3.6	1805
永善县	15	44.4	39.0	21.0	16.2	6.5	2247
绥江县	5	16.5	14.0	6.6	4.8	1.4	1654
镇雄县	28	146.3	137.0	63.8	47.4	14.5	8222
彝良县	15	57.0	55.0	29.8	24.9	7.7	2851
威信县	10	41.1	38.0	18.3	12.4	6.6	3828
永胜县	15	40.2	36.0	22.3	17.6	24.4	2998
宁蒗彝族自治县	15	26.7	23.0	13.1	11.0	3.2	1166
宁洱哈尼族彝族自治县	9	19.4	15.0	9.1	7.2	17.8	535
墨江哈尼族自治县	15	37.3	30.0	17.3	15.5	16.1	901
景东彝族自治县	13	36.3	33.0	19.3	16.2	23.1	2201
镇沅彝族哈尼族拉祜族自治县	9	21.1	19.0	11.2	9.2	19.2	1635
江城哈尼族彝族自治县	7	10.7	10.0	6.4	5.4	10.9	581
孟连傣族拉祜族佤族自治县	6	12.5	11.0	6.5	6.2	9.9	807
澜沧拉祜族自治县	20	49.7	40.0	24.8	22.9	21.5	1982
西盟佤族自治县	7	9.4	7.0	4.0	3.8	3.5	239
临翔区	8	29.5	23.0	14.1	10.5	9.7	2618
凤庆县	13	42.6	42.0	22.2	15.6	16.3	2722
云县	12	43.4	39.0	22.6	18.4	15.1	1665
永德县	10	33.7	31.0	18.8	16.8	19.7	1064
镇康县	7	16.9	15.0	8.5	7.6	11.2	468
双江拉祜族佤族布朗族傣族自治县	6	16.7	14.0	7.6	6.4	10.4	608
沧源佤族自治县	10	16.9	14.0	8.1	7.4	5.8	549
双柏县	8	15.6	14.0	8.9	7.9	16.5	1087
南华县	10	23.7	22.0	13.1	10.9	12.7	2551
姚安县	9	20.8	19.0	11.9	8.7	7.9	3976
大姚县	12	28.3	26.0	15.8	12.6	15.0	3689
永仁县	7	10.7	9.0	5.7	4.9	11.5	1940
武定县	11	27.3	25.0	15.6	13.1	17.1	2966
屏边苗族自治县	7	15.4	13.0	7.2	6.5	3.2	576
泸西县	8	40.9	35.0	21.0	17.5	33.1	11454

数据来源：中国县(市)社会经济统计年鉴

县　名	地区生产总值（亿元）	第一产业增加值（万 元）	地方财政一般预算收入（亿元）	地方财政一般预算支出（亿元）	城乡居民储蓄存款余额（亿元）	社会消费品零售总额（亿元）	粮食总产量（万吨）
盐津县	18.1	5.4	0.9	7.0	11.7	0.0	11.8
大关县	10.5	4.2	0.5	5.8	8.0	0.0	8.4
永善县	24.4	7.8	1.0	8.9	16.7	0.0	14.6
绥江县	10.2	2.3	0.6	4.2	10.6	0.0	3.9
镇雄县	40.6	14.2	2.0	20.0	24.4	0.0	35.7
彝良县	23.3	7.8	1.2	10.4	14.7	0.0	15.8
威信县	17.7	4.4	1.0	7.4	12.7	0.0	14.5
永胜县	24.0	7.7	1.4	10.2	21.3	6.1	15.1
宁蒗彝族自治县	12.3	3.7	0.7	8.7	7.5	3.6	7.3
宁洱哈尼族彝族自治县	18.1	6.0	1.2	6.1	13.3	4.6	7.0
墨江哈尼族自治县	20.6	5.7	1.2	9.1	13.6	4.7	11.8
景东彝族自治县	25.0	11.6	1.8	9.3	13.0	5.8	13.3
镇沅彝族哈尼族拉祜族自治县	13.4	6.0	0.7	6.3	10.5	4.2	8.3
江城哈尼族彝族自治县	11.1	3.5	0.5	4.4	5.1	2.6	3.6
孟连傣族拉祜族佤族自治县	8.9	3.5	0.4	4.4	14.0	3.6	4.8
澜沧拉祜族自治县	23.2	8.0	1.2	13.0	12.9	7.2	18.3
西盟佤族自治县	3.9	1.2	0.2	4.6	2.4	1.1	3.3
临翔区	26.0	6.8	1.4	8.1	24.5	15.9	8.0
凤庆县	26.2	11.6	1.4	10.3	12.9	9.8	14.2
云县	42.0	13.7	2.0	8.9	13.9	9.8	16.0
永德县	18.5	7.5	0.7	7.4	8.3	6.7	12.9
镇康县	12.8	3.9	0.6	6.5	9.3	3.1	6.3
双江拉祜族佤族布朗族傣族自治县	11.3	4.6	0.4	5.8	5.4	3.1	5.7
沧源佤族自治县	11.0	3.7	0.4	6.9	6.8	4.0	5.3
双柏县	11.1	5.0	0.8	5.4	7.6	2.4	5.7
南华县	17.7	6.9	1.0	6.4	10.8	7.5	10.3
姚安县	17.2	6.2	0.6	7.7	10.9	5.2	8.4
大姚县	24.0	7.8	1.1	7.9	14.1	6.9	11.0
永仁县	10.3	3.9	0.7	5.5	5.7	1.9	4.3
武定县	20.1	6.8	1.4	7.6	13.4	5.0	9.4
屏边苗族自治县	10.2	3.4	0.5	4.5	6.1	3.8	6.2
泸西县	27.9	7.8	2.6	9.1	28.3	11.5	14.7

数据来源：中国县（市）社会经济统计年鉴

（云南省、陕西省）

县 名	乡（镇）个数（个）	年末总人口（万人）	其中：乡村人口（万人）	乡村从业人员数（万人）	其中：农林牧渔业（万人）	农业机械总动力（万千瓦特）	农村用电量（万千瓦时）
元阳县	14	41.3	37.0	21.6	19.1	3.9	2262
红河县	13	30.3	28.0	15.1	12.0	3.8	2004
金平苗族瑶族傣族自治县	13	36.9	32.0	17.7	15.4	11.1	1249
绿春县	9	22.3	20.0	11.6	10.2	3.2	1164
文山县	15	47.0	35.0	20.6	16.6	16.7	4959
砚山县	11	48.8	43.0	24.6	20.8	39.4	4680
西畴县	9	25.7	23.0	13.8	10.7	9.5	1799
麻栗坡县	11	28.9	26.0	15.3	11.0	10.2	3062
马关县	13	37.1	33.0	20.0	16.8	11.3	2813
丘北县	12	51.5	44.0	23.7	19.6	17.2	3772
广南县	18	81.9	75.0	43.9	32.4	29.6	6653
富宁县	13	43.2	38.0	23.3	16.6	11.2	3621
勐腊县	10	22.0	14.0	8.4	8.2	20.0	1464
漾濞彝族自治县	9	10.3	9.0	5.1	4.3	5.6	1437
弥渡县	8	32.3	30.0	18.7	13.6	10.5	3207
南涧彝族自治县	8	22.8	21.0	12.6	10.1	6.6	2621
巍山彝族回族自治县	10	31.0	29.0	17.3	13.5	11.5	2900
永平县	7	18.3	16.0	8.9	7.1	7.5	3938
云龙县	11	20.6	20.0	10.5	8.6	7.1	2577
洱源县	9	28.5	26.0	14.4	11.2	13.7	2884
剑川县	8	17.7	16.0	8.6	5.9	8.4	2315
鹤庆县	9	27.5	25.0	14.7	11.1	18.4	4743
梁河县	9	16.4	15.0	8.5	7.0	11.0	1547
泸水县	9	17.1	14.0	8.1	7.4	6.7	703
福贡县	7	10.1	9.0	4.8	4.3	1.4	253
贡山独龙族怒族自治县	5	3.7	3.0	1.6	1.4	1.8	170
兰坪白族普米族自治县	8	20.9	18.0	10.7	9.4	4.9	3019
香格里拉县	11	14.3	12.0	6.6	5.4	18.3	4356
德钦县	8	6.0	5.0	3.1	2.6	2.0	2050
维西傈僳族自治县	10	15.5	14.0	8.4	6.9	9.0	2184
印台区	9	23.0	9.0	5.5	3.3	7.0	1094
耀州区	14	26.0	19.0	10.6	6.0	14.0	3000

数据来源：中国县（市）社会经济统计年鉴

县 名	地区生产总值（亿元）	第一产业增加值（万 元）	地方财政一般预算收入（亿元）	地方财政一般预算支出（亿元）	城乡居民储蓄存款余额（亿元）	社会消费品零售总额（亿元）	粮食总产量（万吨）
元阳县	17.5	6.3	1.1	8.1	10.2	4.8	13.7
红河县	12.0	5.5	0.3	6.6	6.3	3.4	9.1
金平苗族瑶族傣族自治县	17.4	4.7	1.4	8.7	8.9	3.8	11.6
绿春县	9.1	3.2	0.7	6.9	4.8	3.2	7.9
文山县	84.2	9.7	5.4	11.7	59.3	37.3	14.9
砚山县	43.5	9.3	2.4	9.6	18.5	15.0	19.5
西畴县	12.0	4.5	0.5	6.5	8.5	4.2	9.0
麻栗坡县	20.7	5.8	1.4	8.7	14.8	7.6	9.6
马关县	28.7	7.4	2.0	9.2	19.1	12.2	13.8
丘北县	22.1	9.8	1.3	9.7	11.9	7.5	18.0
广南县	35.0	15.3	1.3	12.7	17.6	18.3	25.9
富宁县	30.5	8.4	1.5	10.8	12.9	16.7	12.9
勐腊县	34.2	14.3	1.6	7.2	25.9	9.1	7.9
漾濞彝族自治县	8.9	2.6	0.7	3.5	5.2	2.3	5.0
弥渡县	19.8	6.4	1.1	6.9	15.4	7.9	13.9
南涧彝族自治县	15.0	6.1	1.2	5.1	8.0	5.2	9.4
巍山彝族回族自治县	19.4	7.6	1.0	6.1	12.6	6.2	13.2
永平县	14.7	6.1	1.0	5.2	7.7	3.8	7.5
云龙县	16.2	5.4	0.9	5.9	7.7	4.2	9.6
洱源县	21.8	8.0	1.0	6.4	11.9	5.9	14.9
剑川县	11.1	3.0	0.9	5.0	8.9	3.5	7.1
鹤庆县	20.7	5.7	1.5	7.3	18.8	5.0	11.8
梁河县	8.8	2.4	0.6	5.3	7.8	3.0	5.0
泸水县	16.1	2.1	1.1	6.9	11.6	5.6	5.7
福贡县	4.7	1.0	0.2	4.7	2.3	1.7	3.1
贡山独龙族怒族自治县	3.2	0.8	0.2	2.8	1.6	1.1	1.0
兰坪白族普米族自治县	20.1	2.1	2.1	7.8	12.0	4.4	7.7
香格里拉县	42.2	3.1	1.7	7.6	12.6	12.1	6.3
德钦县	9.5	1.0	0.4	6.4	3.3	2.2	2.2
维西傈僳族自治县	16.1	3.1	0.6	6.6	5.9	2.6	6.0
印台区	39.2	2.3	0.6	4.4	11.4	9.4	4.0
耀州区	54.2	4.4	1.6	7.7	26.4	11.5	9.7

数据来源：中国县(市)社会经济统计年鉴

（陕西省）

县　名	乡（镇）个数（个）	年末总人口（万人）	其中：乡村人口（万人）	乡村从业人员数（万人）	其中：农林牧渔业（万人）	农业机械总动力（万千瓦特）	农村用电量（万千瓦时）
宜君县	10	10.0	7.0	4.7	3.8	8.0	503
陇县	15	26.0	22.0	13.7	8.4	9.0	1809
麟游县	10	9.0	8.0	3.1	2.5	5.0	734
太白县	8	5.0	4.0	2.4	1.6	2.0	621
永寿县	13	21.0	17.0	7.4	4.2	11.0	1219
彬县	16	34.0	29.0	14.3	8.6	6.0	5438
长武县	11	18.0	16.0	8.4	5.4	9.0	2591
旬邑县	14	28.0	25.0	13.6	9.1	8.0	0
淳化县	15	20.0	17.0	10.3	6.9	15.0	2907
合阳县	16	46.0	39.0	20.2	14.0	24.0	4070
蒲城县	24	78.0	66.0	38.0	28.3	59.0	21893
白水县	14	29.0	24.0	13.4	8.7	24.0	2166
延长县	12	15.0	11.0	4.6	4.0	7.0	1171
延川县	14	20.0	14.0	6.0	3.8	7.0	907
子长县	13	27.0	19.0	7.7	5.9	10.0	2188
安塞县	12	18.0	14.0	5.6	3.6	6.0	1642
吴起县	12	13.0	11.0	4.5	3.2	14.0	1162
宜川县	12	12.0	9.0	4.2	3.5	17.0	1104
洋县	26	44.0	36.0	17.7	10.1	14.0	7400
西乡县	23	41.0	34.0	17.0	8.6	19.0	3067
宁强县	26	34.0	30.0	15.1	7.9	11.0	3141
略阳县	21	20.0	14.0	7.3	3.7	16.0	1736
镇巴县	24	29.0	24.0	9.5	4.7	6.0	619
府谷县	20	23.0	19.0	9.8	5.0	26.0	2729
横山县	18	35.0	32.0	15.0	11.9	21.0	7301
靖边县	22	32.0	27.0	14.6	7.9	36.0	4852
定边县	25	33.0	29.0	15.7	12.3	41.0	4877
绥德县	20	36.0	30.0	14.0	6.7	11.0	2854
米脂县	13	22.0	17.0	8.3	4.6	10.0	1690
佳县	20	26.0	25.0	9.7	4.7	9.0	1489
吴堡县	8	8.0	8.0	2.6	0.9	0.0	235
清涧县	15	22.0	19.0	8.1	5.4	11.0	1127

数据来源：中国县（市）社会经济统计年鉴

县　名	地区生产总值（亿元）	第一产业增加值（万 元）	地方财政一般预算收入（亿元）	地方财政一般预算支出（亿元）	城乡居民储蓄存款余额（亿元）	社会消费品零售总额（亿元）	粮食总产量（万吨）
宜君县	10.5	2.9	0.5	4.0	0.4	2.4	7.8
陇县	25.6	9.7	0.8	5.4	20.5	11.0	11.4
麟游县	10.2	3.5	0.3	2.9	5.9	3.0	7.0
太白县	7.7	2.6	0.2	2.6	6.0	2.4	1.1
永寿县	17.5	7.0	0.4	4.6	11.2	6.0	9.7
彬县	60.1	7.1	3.8	8.9	33.3	11.0	12.1
长武县	17.8	3.7	0.8	5.3	15.1	6.2	6.4
旬邑县	34.7	9.4	1.1	6.1	18.6	8.1	10.5
淳化县	23.5	13.4	0.3	4.4	10.1	6.1	10.9
合阳县	32.9	7.2	0.6	7.9	29.1	12.9	24.8
蒲城县	69.5	13.6	2.0	11.6	60.3	23.4	39.3
白水县	28.4	8.6	0.8	6.2	25.0	9.0	11.6
延长县	22.3	3.4	2.3	5.6	12.4	3.4	3.6
延川县	52.5	2.9	1.7	6.4	17.5	4.3	4.6
子长县	50.5	4.7	7.0	12.7	19.7	6.2	8.0
安塞县	64.1	3.6	7.3	10.1	13.9	4.8	6.5
吴起县	81.9	3.4	16.1	18.6	21.1	3.3	5.1
宜川县	9.7	4.0	0.4	5.2	9.9	2.5	4.1
洋县	40.1	11.0	0.7	7.5	39.3	7.1	16.8
西乡县	29.3	8.8	0.7	7.0	33.6	8.9	10.5
宁强县	26.3	8.7	0.6	14.3	23.6	7.7	8.9
略阳县	32.1	4.3	1.2	12.6	23.7	7.4	5.0
镇巴县	19.5	7.5	0.3	5.6	13.1	6.6	9.6
府谷县	162.6	2.4	10.6	13.6	114.5	18.0	7.1
横山县	66.1	12.5	1.5	9.2	15.4	13.8	15.5
靖边县	203.3	8.9	10.0	13.9	29.5	19.5	23.1
定边县	128.8	8.1	7.1	14.3	31.0	9.7	25.9
绥德县	24.8	5.1	0.4	9.1	22.3	21.2	9.0
米脂县	22.6	3.3	0.3	7.0	13.0	6.3	9.4
佳县	16.6	6.1	0.2	8.2	5.3	0.0	7.3
吴堡县	2.0	1.4	0.1	3.8	4.7	2.6	1.7
清涧县	16.1	5.7	0.2	6.5	7.6	3.7	6.9

数据来源：中国县（市）社会经济统计年鉴

（陕西省、甘肃省）

县　名	乡（镇）个数（个）	年末总人口（万人）	其中：乡村人口（万人）	乡村从业人员数（万人）	其中：农林牧渔业（万人）	农业机械总动力（万千瓦特）	农村用电量（万千瓦时）
子洲县	18	31.0	29.0	15.4	8.5	8.0	2700
汉滨区	43	100.0	76.0	42.6	23.1	30.0	10972
汉阴县	18	30.0	26.0	15.6	7.9	14.0	6468
宁陕县	14	8.0	6.0	3.2	2.0	4.0	823
紫阳县	25	34.0	28.0	15.1	7.8	11.0	3597
岚皋县	17	18.0	15.0	8.1	3.8	5.0	2048
镇坪县	10	6.0	5.0	2.8	1.7	4.0	1455
旬阳县	28	45.0	36.0	19.7	12.2	10.0	3714
白河县	15	21.0	18.0	10.7	4.5	6.0	2748
商州区	26	55.0	43.0	19.7	13.7	13.0	4483
洛南县	25	45.0	36.0	17.0	13.0	14.0	5349
丹凤县	21	30.0	26.0	12.1	8.3	4.0	3308
商南县	16	24.0	18.0	9.8	3.9	5.0	276
山阳县	30	44.0	40.0	16.5	8.6	16.0	3398
镇安县	25	30.0	25.0	13.3	5.1	11.0	2325
柞水县	16	15.0	13.0	6.2	4.0	5.0	1700
榆中县	23	42.6	38.6	20.2	13.3	34.6	3949
会宁县	28	58.3	55.3	29.4	22.1	28.7	3502
麦积区	17	57.3	45.3	23.2	13.8	21.8	6082
清水县	18	30.6	29.6	14.9	10.4	10.2	2070
秦安县	17	59.7	57.5	29.8	20.7	19.9	5384
甘谷县	15	58.4	56.5	30.9	16.0	13.8	5016
武山县	15	43.3	41.6	22.7	13.4	16.6	3805
张家川回族自治县	15	30.9	30.9	18.6	13.5	8.7	3208
古浪县	19	39.6	36.5	19.9	14.2	42.0	12076
天祝藏族自治县	19	21.6	17.3	10.3	7.3	18.2	964
庄浪县	18	44.4	41.9	22.7	12.5	14.0	4119
静宁县	24	46.5	45.0	22.9	17.1	16.2	6400
环县	20	33.6	32.7	16.9	12.9	11.6	10867
华池县	15	13.0	11.4	6.1	5.2	9.5	4046
合水县	12	16.6	15.1	8.1	5.2	9.5	2954
宁县	18	50.8	49.9	25.6	15.2	18.8	5426

数据来源：中国县（市）社会经济统计年鉴

县　名	地区生产总值（亿元）	第一产业增加值（万元）	地方财政一般预算收入（亿元）	地方财政一般预算支出（亿元）	城乡居民储蓄存款余额（亿元）	社会消费品零售总额（亿元）	粮食总产量（万吨）
子洲县	23.4	4.5	0.4	6.6	6.8	5.2	10.7
汉滨区	98.1	15.0	1.8	16.3	108.1	41.5	22.5
汉阴县	23.8	8.1	0.6	6.5	20.1	6.6	10.2
宁陕县	9.8	2.6	0.2	3.2	5.4	2.3	2.1
紫阳县	23.7	8.9	0.8	6.9	16.1	8.6	11.2
岚皋县	13.3	4.2	0.4	4.7	11.5	4.4	6.7
镇坪县	5.7	1.8	0.2	2.6	3.7	1.4	2.9
旬阳县	47.0	9.0	1.6	9.9	30.0	13.4	12.3
白河县	16.4	4.9	0.5	5.5	11.9	5.2	5.8
商州区	52.6	7.7	1.6	9.2	132.3	18.2	12.2
洛南县	38.0	10.3	1.5	9.0	33.8	12.1	16.0
丹凤县	27.4	6.4	0.8	6.3	24.8	9.3	6.8
商南县	22.7	6.1	0.9	6.2	19.1	6.6	6.3
山阳县	31.7	6.4	1.0	8.6	31.5	11.2	11.8
镇安县	29.6	6.4	0.8	7.4	18.7	9.3	10.0
柞水县	23.4	3.3	0.8	5.2	13.0	4.9	4.6
榆中县	33.7	8.0	2.0	10.8	39.6	9.5	15.2
会宁县	28.3	9.1	0.3	12.7	19.5	11.2	22.8
麦积区	70.1	6.7	1.7	13.8	53.0	33.8	14.8
清水县	18.0	5.7	0.3	9.0	10.4	3.5	15.0
秦安县	25.2	8.5	0.9	9.9	23.0	11.7	18.8
甘谷县	26.8	8.2	1.2	6.0	28.0	12.5	16.0
武山县	23.9	9.2	0.5	10.1	18.3	8.7	11.9
张家川回族自治县	12.8	3.0	0.4	8.6	10.3	3.0	10.1
古浪县	20.7	6.1	0.4	9.1	15.6	7.6	15.7
天祝藏族自治县	16.9	2.9	0.7	9.2	13.6	9.7	3.3
庄浪县	15.8	6.3	0.4	10.1	16.7	7.0	13.1
静宁县	17.2	6.7	0.4	12.0	17.8	10.0	15.7
环县	20.9	3.7	0.8	11.0	10.7	5.7	13.8
华池县	50.5	2.6	0.7	6.6	9.0	4.4	10.6
合水县	14.0	3.8	0.4	5.6	10.0	4.2	9.4
宁县	26.1	8.2	0.6	10.1	23.9	11.5	23.7

数据来源：中国县（市）社会经济统计年鉴

（甘肃省、青海省）

县　名	乡（镇）个数（个）	年末总人口（万人）	其中：乡村人口（万人）	乡村从业人员数（万人）	其中：农林牧渔业（万人）	农业机械总动力（万千瓦特）	农村用电量（万千瓦时）
镇原县	19	49.6	49.4	22.3	14.0	22.5	4806
安定区	19	47.1	36.3	19.9	12.3	56.5	5183
通渭县	18	45.8	41.2	22.4	14.0	24.4	2575
陇西县	17	48.7	43.3	19.8	11.7	26.2	3289
渭源县	16	34.8	32.5	16.6	12.2	20.2	2893
临洮县	18	54.2	49.9	25.7	17.5	38.2	5394
漳县	13	19.2	18.9	9.7	4.9	10.6	833
岷县	18	44.4	44.0	22.4	16.5	12.1	2406
武都区	36	52.2	48.4	24.9	21.3	23.9	11330
文县	20	23.9	22.1	12.2	7.8	14.5	2750
宕昌县	25	30.5	28.7	16.7	11.9	8.3	1709
康县	21	19.2	17.8	9.9	7.2	17.6	1131
西和县	20	38.1	37.3	19.6	14.5	10.2	2064
礼县	29	49.8	48.6	25.4	15.4	13.5	2998
两当县	12	4.9	3.7	2.1	1.5	4.1	417
临夏县	25	37.9	35.8	19.7	11.8	10.2	2218
康乐县	15	24.7	23.7	12.6	10.3	8.5	5964
永靖县	17	20.1	16.1	8.6	5.8	12.7	11449
广河县	9	21.9	20.2	10.6	7.6	11.3	8575
和政县	13	19.4	18.3	9.6	6.4	5.6	988
东乡族自治县	24	28.0	26.9	13.3	9.0	10.8	5923
积石山保安族东乡族撒拉族自治县	17	23.2	22.9	12.3	7.7	4.5	1392
合作市	6	8.6	3.4	2.1	1.8	0.3	172
临潭县	16	14.5	13.3	7.3	5.5	7.9	1311
卓尼县	15	10.1	8.8	4.6	3.8	4.3	603
舟曲县	19	13.3	12.3	6.8	4.4	12.0	1059
夏河县	13	8.1	6.6	3.7	2.9	2.3	539
大通回族土族自治县	20	44.9	35.4	20.4	9.0	43.0	3015
湟中县	15	46.2	42.2	25.3	12.0	66.0	3360
平安县	8	12.2	7.8	4.5	2.3	6.7	162
民和回族土族自治县	22	41.0	35.1	17.5	8.7	31.3	950
乐都县	19	29.0	24.0	12.9	6.0	20.9	304

数据来源：中国县（市）社会经济统计年鉴

县 名	地区生产总值（亿元）	第一产业增加值（万 元 ）	地方财政一般预算收入（亿元）	地方财政一般预算支出（亿元）	城乡居民储蓄存款余额（亿元）	社会消费品零售总额（亿元）	粮食总产量（万吨）
镇原县	24.9	8.1	1.1	11.9	22.2	8.0	20.1
安定区	27.1	6.2	1.0	11.2	37.7	15.3	24.8
通渭县	14.4	5.2	0.3	10.1	10.9	3.0	23.9
陇西县	28.8	6.9	1.0	10.4	27.9	10.7	16.3
渭源县	11.6	5.4	0.3	7.6	9.6	2.8	12.0
临洮县	24.8	8.0	0.9	10.4	31.6	7.7	20.3
漳县	7.7	3.0	0.2	4.9	5.8	1.6	6.6
岷县	13.6	5.2	0.5	8.5	14.5	4.4	7.5
武都区	40.4	7.2	0.8	5.1	22.9	3.3	15.1
文县	11.9	2.9	0.9	15.8	15.9	2.8	6.5
宕昌县	8.1	2.7	0.4	11.3	10.1	3.0	7.2
康县	8.1	2.6	0.4	13.0	9.6	2.8	5.6
西和县	15.5	4.4	0.6	14.7	20.6	3.0	16.2
礼县	14.2	5.2	1.0	15.2	20.4	3.4	13.1
两当县	3.1	1.2	0.1	6.7	4.0	0.9	3.3
临夏县	13.5	3.8	0.2	8.0	7.6	2.6	12.8
康乐县	7.8	2.8	0.2	5.3	6.9	2.1	8.1
永靖县	20.8	3.2	1.1	7.9	22.9	2.6	9.2
广河县	7.8	1.7	0.3	5.9	6.8	3.0	7.8
和政县	6.5	2.3	0.3	5.6	5.7	1.3	5.0
东乡族自治县	7.2	2.4	0.2	8.6	4.1	0.9	6.7
积石山保安族东乡族撒拉族自治县	6.0	1.8	0.2	6.7	4.6	1.9	6.9
合作市	13.4	1.1	0.8	12.8	7.1	5.5	0.9
临潭县	7.3	1.7	0.2	7.7	5.0	1.7	1.5
卓尼县	6.5	2.1	0.2	6.4	3.3	1.6	1.3
舟曲县	6.3	1.9	0.2	13.2	9.1	1.5	3.1
夏河县	7.1	2.4	0.2	5.7	4.3	2.4	0.9
大通回族土族自治县	63.4	6.7	2.3	12.1	26.8	7.8	8.4
湟中县	67.6	7.7	0.6	10.6	18.6	5.4	14.4
平安县	21.0	1.9	0.5	5.6	14.4	5.4	4.9
民和回族土族自治县	22.7	4.6	0.9	9.9	14.2	8.8	13.3
乐都县	27.4	5.3	0.5	9.7	18.3	7.0	6.9

数据来源：中国县（市）社会经济统计年鉴

（青海省、宁夏回族自治区、新疆维吾尔自治区）

县　名	乡（镇）个数（个）	年末总人口（万人）	其中：乡村人口（万人）	乡村从业人员数（万人）	其中：农林牧渔业（万人）	农业机械总动力（万千瓦特）	农村用电量（万千瓦时）
化隆回族自治县	19	26.8	22.6	11.6	7.7	25.4	979
循化撒拉族自治县	9	13.6	11.7	5.4	2.5	8.1	339
尖扎县	9	5.6	4.4	2.2	1.5	5.2	379
泽库县	7	6.7	6.2	2.8	2.5	1.1	65
甘德县	7	2.8	2.6	1.3	1.2	0.4	0
达日县	10	3.1	2.3	1.0	1.0	0.3	0
玉树县	9	9.5	7.5	3.8	3.6	3.5	92
杂多县	8	5.3	4.8	2.3	2.3	0.4	0
治多县	6	3.1	2.6	1.3	1.3	0.5	0
囊谦县	10	9.3	7.7	3.2	3.2	3.5	35
盐池县	8	15.5	12.3	6.5	3.6	36.2	2687
同心县	11	36.8	35.0	16.4	8.5	21.7	6545
原州区	11	40.0	33.6	15.5	9.8	29.9	5442
西吉县	19	42.5	41.5	21.0	13.0	42.2	1890
隆德县	13	17.1	15.6	7.6	4.5	19.2	2863
泾源县	7	11.0	10.8	5.8	2.5	15.0	980
彭阳县	12	24.5	23.4	13.2	8.3	36.2	2271
海原县	17	41.1	36.1	19.9	8.5	40.8	3011
巴里坤哈萨克自治县	12	10.2	6.5	3.5	2.2	12.4	3229
乌什县	9	20.7	16.6	5.8	5.0	15.3	1224
柯坪县	5	4.7	3.5	1.7	1.6	3.2	1022
阿图什市	7	24.1	17.4	6.4	4.4	9.1	1203
阿克陶县	13	20.6	16.1	6.5	6.1	12.0	1008
阿合奇县	6	4.1	3.0	0.7	0.6	1.2	520
乌恰县	11	5.7	3.4	1.2	1.1	1.5	108
疏附县	12	32.8	26.9	8.5	6.5	21.0	2554
疏勒县	14	33.0	27.2	5.7	5.2	19.0	4966
英吉沙县	13	26.1	22.1	10.2	9.7	9.0	2147
莎车县	28	74.0	57.2	19.4	19.1	31.4	7591
叶城县	19	42.3	30.9	9.9	8.2	14.6	1020
岳普湖县	8	15.6	11.8	4.7	4.2	8.8	3958
伽师县	13	38.5	33.6	9.6	8.5	18.6	3455

数据来源：中国县（市）社会经济统计年鉴

县　名	地区生产总值（亿元）	第一产业增加值（万元）	地方财政一般预算收入（亿元）	地方财政一般预算支出（亿元）	城乡居民储蓄存款余额（亿元）	社会消费品零售总额（亿元）	粮食总产量（万吨）
化隆回族自治县	18.1	3.0	0.6	7.3	5.8	3.0	6.0
循化撒拉族自治县	9.0	2.0	0.5	5.5	7.8	3.0	3.2
尖扎县	12.9	1.2	0.5	3.2	4.1	0.7	1.4
泽库县	5.8	3.7	0.0	3.1	1.3	0.6	0.0
甘德县	1.0	0.5	0.0	1.7	0.2	0.2	0.0
达日县	1.3	0.5	0.0	1.9	0.3	0.3	0.0
玉树县	4.7	3.1	0.3	3.6	0.0	2.0	0.6
杂多县	4.8	3.8	0.0	0.0	0.0	0.3	0.0
治多县	3.3	2.4	0.0	2.2	0.3	0.4	0.0
囊谦县	3.7	2.6	0.1	0.1	0.6	0.3	1.0
盐池县	22.0	3.4	1.5	9.5	13.0	5.2	8.7
同心县	20.3	5.7	0.6	13.1	10.6	5.1	21.6
原州区	37.7	6.7	0.7	12.6	31.8	13.9	14.7
西吉县	21.2	6.7	0.3	14.2	9.4	7.2	21.1
隆德县	8.8	2.5	0.2	7.6	7.5	2.7	8.9
泾源县	6.0	1.6	0.2	5.5	4.0	2.6	4.0
彭阳县	16.1	6.4	0.6	9.8	6.0	3.3	16.0
海原县	18.1	5.4	0.5	14.8	8.0	3.1	15.3
巴里坤哈萨克自治县	14.8	4.5	0.7	5.7	5.5	2.2	9.5
乌什县	10.5	4.6	0.3	6.0	6.6	1.1	14.9
柯坪县	3.5	0.9	0.1	3.8	1.1	0.5	2.1
阿图什市	14.9	3.4	1.0	15.7	15.6	4.4	7.2
阿克陶县	7.8	2.8	0.5	7.6	4.3	1.3	14.4
阿合奇县	2.7	0.6	0.2	4.0	1.5	0.6	0.9
乌恰县	4.5	0.6	0.6	5.0	1.7	0.7	0.7
疏附县	19.8	10.2	0.4	9.6	0.0	1.0	28.1
疏勒县	33.0	12.0	0.9	9.4	11.7	4.1	24.7
英吉沙县	15.3	7.5	0.5	8.2	5.0	2.2	18.1
莎车县	40.3	20.7	1.5	21.5	24.6	6.8	55.6
叶城县	28.4	14.5	1.5	14.1	6.3	5.6	38.8
岳普湖县	10.5	4.3	0.3	6.6	4.2	1.8	9.1
伽师县	26.1	15.4	0.7	10.0	7.3	2.5	24.0

数据来源：中国县（市）社会经济统计年鉴

（新疆维吾尔自治区）

县　名	乡（镇）个数（个）	年末总人口（万人）	其中：乡村人口（万人）	乡村从业人员数（万人）	其中：农林牧渔业（万人）	农业机械总动力（万千瓦特）	农村用电量（万千瓦时）
塔什库尔干塔吉克自治县	11	3.7	2.6	1.0	0.8	1.0	450
和田县	11	25.7	24.3	8.7	7.0	7.0	4287
墨玉县	16	49.2	43.3	13.4	9.9	10.6	4274
皮山县	15	24.9	17.8	6.6	5.6	4.8	1190
洛浦县	8	23.1	20.4	8.8	7.6	7.6	3839
策勒县	8	15.0	12.7	4.5	3.9	4.7	1547
于田县	15	24.5	20.8	8.3	7.6	7.0	2321
民丰县	6	3.7	2.3	0.7	0.5	1.8	890
察布查尔锡伯自治县	13	19.1	12.1	6.4	5.3	13.6	1198
尼勒克县	11	17.9	12.0	4.9	3.8	7.9	1501
托里县	7	9.5	5.7	3.2	2.7	6.8	1650
青河县	7	6.3	4.2	2.0	1.5	4.5	362
吉木乃县	7	3.6	2.4	1.0	0.9	1.8	475

数据来源：中国县（市）社会经济统计年鉴

县　名	地区生产总值（亿元）	第一产业增加值（万元）	地方财政一般预算收入（亿元）	地方财政一般预算支出（亿元）	城乡居民储蓄存款余额（亿元）	社会消费品零售总额（亿元）	粮食总产量（万吨）
塔什库尔干塔吉克自治县	5.2	0.6	0.3	4.2	3.4	0.8	0.6
和田县	11.5	5.3	0.4	8.2	1.8	1.1	16.2
墨玉县	14.9	6.6	0.5	13.0	7.3	1.6	25.5
皮山县	8.4	3.8	0.4	8.0	4.3	0.9	12.6
洛浦县	8.9	3.6	0.4	7.2	5.6	1.0	14.1
策勒县	6.7	2.9	0.2	7.0	3.1	1.1	9.7
于田县	9.9	4.2	0.4	8.8	4.3	1.1	15.8
民丰县	3.6	1.0	0.2	3.3	1.8	0.3	1.8
察布查尔锡伯自治县	17.6	9.1	0.8	6.9	7.5	1.3	27.7
尼勒克县	17.7	4.7	1.4	6.7	8.3	3.8	14.1
托里县	17.8	2.0	1.0	5.0	5.4	2.1	4.9
青河县	7.8	2.1	0.5	5.2	3.2	1.8	4.8
吉木乃县	3.2	1.2	0.2	3.8	3.4	0.7	1.8

数据来源：中国县(市)社会经济统计年鉴

5.农村贫困监测调查方案（2010年）

一、调查目的

为了更加全面、准确、及时地反映我国贫困状况和贫困缓解趋势，掌握和了解扶贫重点区域的经济发展和社会进步情况，为评估宏观经济发展和专项扶贫项目成就、制定扶贫政策和其他区域发展政策提供可靠依据，国家统计局、国务院扶贫领导小组办公室、国家发展改革委、国家民委、财政部、农业银行等六部委根据《2001年-2010年中国农村扶贫开发纲要》联合布置开展中国农村贫困监测抽样调查。

二、调查范围

本调查的调查范围是分布于中西部21个省（区、市）的国家扶贫开发工作重点县。需要组织重点县开展本项调查的省、自治区、直辖市有：河北、山西、内蒙古、吉林、黑龙江、安徽、江西、河南、湖北、湖南、广西、海南、重庆、四川、贵州、云南、陕西、甘肃、青海、宁夏、新疆。重点县名单详见《国家扶贫开发工作重点县名单》。

三、调查对象

本调查方案的调查对象为中西部21个省（区、市）的国家扶贫工作重点县及其中的样本单位，即样本所在行政村（办事处）、住户和其家庭全部人口。

1.行政村（办事处）：是指按省、区、市现有的行政区划范围。凡抽中的调查户所在的行政村（办事处），都要进行统计调查。

2.住户：指在一起共同进行生活安排、提供食物和其他生活必需品的单个个人和二人以上的人群。通常用这样三个标准衡量：即共同住房、共同预算、共同饮食。

3.家庭全部人口：包括常住人口，也包括主要由本户提供生活资助的赡养人口、住校学生、在外打工超过本年以上的本户家庭成员。

四、调查的组织与实施

本调查由国家统计局发文布置，、由国家统计局农村社会经济调查司负责具体组织实施。

各省、自治区、直辖市统计局、调查总队在农村司的直接领导下，利用现有统计力量，负责组织开展在本省国家扶贫工作重点县的调查工作。

各县的调查工作由各省、自治区、直辖市统计局或调查总队指定并指导县级统计局或县级调查队具体实施。

五、调查内容及资料来源

本调查设县级统计报表、社区调查表、住户基本情况调查表、住户收支情况调查表、个人调查表。其中县级统计报表采用全面统计的形式，住户基本情况调查表、住户收支情况调查表、个人调查表和社区调查表采用抽样调查方法。

1.县级统计报表。主要包括扶贫工作重点县基本情况、扶贫资金的来源与使用、扶贫成果等内容。该表的资料从县级扶贫开发部门和有关部门的业务报表中取得。

2.社区调查表。主要包括调查村基本情况、基本设施、社会服务、人口、资源、科技以及扶贫项目参与等情况。

3. 住户基本情况调查表。包括住户特征、财产设施、储蓄借贷、灾害及社会保障、扶贫项目参与等情况。

4. 住户收支情况调查表（使用全国农村住户调查表式T302）。包括住户收入来源、支出去向、生产和消费状况。

5. 个人调查表。包括家庭基本状况、健康状况、成人情况、就业情况、劳动力外出情况、学生上学及儿童失学情况等。

六、样本抽选及样本管理

1. 抽样阶段：以各省全部扶贫工作重点县为总体，按县分层抽样。县以下样本抽选分两阶段进行，即县抽村、 村抽调查农户。

2. 样本数量：非国家住户调查县的扶贫重点县，每个扶贫重点县的样本量在60-100户之间。 每县应保证抽6-15个村，每个村抽1010户。人口规模小于20万的县，样本量应至少达到60户；人口规模在20-50万的县，样本量应为80-100户；人口规模在50-100万的县，样本量为100户；100万以上人口大县，样本量最低为100户。各有关省（区、市）根据扶贫工作重点县的人口规模分县确定样本量后，报农村司核准。

国家住户调查县的扶贫重点县，直接使用国家住户调查网点，不另行抽选。

3. 代表性检查：县抽村时，代表性检查分为两个方面，一是样本村的收入与总体收入进行比较，不超过5%为有代表性；二是样本中贫困村的比重与县内贫困村的比重比较，不超过10%为有代表性，样本中贫困村的比重应等于或略多于全县贫困村的比重。村抽户时，只要求作收入的代表性检查。

4. 抽样方法

（1）没有住户调查网点的县

县抽村。以全县所有村前三年的人均纯收入排队，相对应的农村人口作为辅助资料累计编制成抽样框，根据确定的样本量，采用随机起点，对称等距抽样方法抽选出满足贫困监测调查的调查村。

村抽调查户。用全村农户的上年人均生产性纯收入排队，逐户累计，编制成抽样框。全村各户人均生产性纯收入要采用一次性普查取得，包括家庭经营得到的纯收入和劳动者报酬收入两部分。 用全户人口计算人均生产性纯收入。村抽调查户时，不用人口辅助资料计算组距，而用规定的抽样调查户数去除全村户数计算出组距。采用随机起点对称等距抽样方法抽选确定调查农户。

（2）已有住户调查网点的扶贫工作重点县

利用原有的抽样框资料，在现行住户调查网点的基础上，根据对称原则进行扩点和调整，调整后的样本中贫困村的比重应与县内贫困村数比重基本一致。对于全国农村住户调查所缺指标，另行布置调查。这也适合属于地方抽样调查网点的扶贫工作重点县。

扩点主要是根据中心对称的原理来进行，首先，以全县所有村人均收入排队，相对应的农村人口作为辅助资料累计编制成抽样框，在抽样框中根据原有调查村的位置，找出对称点的办法进行。

如某县在省抽村时抽中了5个村，如图所示，可根据中心对称原理，在5个村基础上扩充为10村。图中A1、A2、A3、A4、A5为原抽中村，B1、B2、B3、B4、B5为对应扩充的村。

|____|____|____|____|__|__|____|____|____|____|

A5　A1　B4　B3　A2　　B2　A3　A4　B1　B5

此方法在 1999 年国家调查点样本轮换时对省队有关人员进行了培训，并下发了专门的计算机程序，因此要求最好在省一级统一进行。

5. 样本管理

基期调查样本框资料、样本数量、样本名录需经农村司批准。在调查期内，样本及样本码必需与国家标准代码保持一致，确实无法继续调查的个别村和户，需报农村司核准后更换。

6. 县抽村实例

某县县抽村抽样框实例

村序号	村名称	1999-2001年农民人均纯收入均值（元）	全村人口 f（人）	人口累计 Σ f（人）	抽中单位	组　号
	XXX	1005	31590	31509		I
2	XXX	979	34713	66303		
3	XXX	941	42148	108451	**	
4	XXX	883	23595	132046		
5	XXX	859	28705	160751	**	II
6	XXX	838	34728	195479		
7	XXX	832	26306	221785		
8	XXX	828	48533	270318		
9	XXX	809	28265	298583	**	III
10	XXX	797	17040	315623		
11	XXX	763	23712	339335		
12	XXX	753	12304	351639		
13	XXX	676	19071	370710		IV
14	XXX	621	36450	407160	**	
15	XXX	619	41540	448700		
16	XXX	538	18747	467447		
17	XXX	520	27029	494476	**	V
18	XXX	493	18671	513147		
19	XXX	466	27422	540569		
20	XXX	431	27638	568207		

（1）计算组距

$$K=\frac{\sum F}{n}=\frac{568207}{5}=113641.4$$

（2）抽选样本

在 0-k 范围内取随机值 R，若 R=77421，则各抽中单位：

U1=R=77421　　U2=2K-R=149861　　U3= Σ F/2=284103

U4=3K+R=418344　　　　U5=5K-R=490784

在抽样框中选取相应的样本村序号为3，5，9，14，17

（3）简单样本代表性检查

一是样本平均数代表性检查：

（a）计算样本算术平均值

X=(941+838+797+621+466)/5=732.6

（b）简单代表性检查

$(\bar{x}-\bar{X})/\bar{x}=$　(732.6-748.2)/732.6=2.13%

二是贫困村比重检查：

样本贫困村个数 / 样本村个数应等于或略大于县内贫困村个数 / 所有村个数。

七、中国农村贫困抽样调查表填报说明

1．填写调查表和记录原始账表一律用钢笔或圆珠笔，不得用铅笔或红色笔书写。填写时字迹要清楚，书写要工整，数字或代码一律用阿拉伯正体字书写，如0，1，2，3，……9，不得用自由体书写。

2．数字和编码不要填出格外，若数码写错，用双横线将整个数码划去（不要只划某一数码），　并在原数码上方工整地填上正确的数码，切勿在原数码上涂改，例如：

2 1 8 改为 3 1 9，

正确的改法　3 1 9　　错误的改法：　3　　9　　　　9

~~2 1 8~~　　　　　　　　~~2~~ 1 ~~8~~ 或 3 1 ~~8~~。

3．摸底调查访问次序，首先调查填写社区调查表，其次调查填写个人调查表，最后调查填写住户调查表。个人调查表每份为10人，如超过10人，另用一张表，编号顺推为11--20，以此类推。社区调查表和住户调查表每个调查对象一张。待以上访问记录调查完毕，且通过复查审核无误后，即可进行录入。

4．住户表中收入、支出、储蓄和借贷等金额栏，以元为单位，要求保留二位小数，表中以人、户、个、头等为单位的指标不得出现小数。

5．填写编码在必要处加前缀“0”，如调查户码第8户，则在户码项填：

| 0 | 8 |，不能填写成 | 8 |　 | 或 |　 | 8 |。

6．当调查资料全部收集、整理、汇总处理结束后，所有项目、指标数据由调查员逐项核实和进行技术性和逻辑性审查无误后，方可上报。

八、调查频率及上报方式

除县级统计报表于2011年4月30日上报外，社区调查表、个人调查表和住户基本情况调查表于2011年1月10日前上报国家统计局农村司。

九、调查人员组成及培训

省级调查员由国家统计局统一组织培训；县级调查员和乡、村两级辅助调查员由各省（区、市）负责。培训内容包括调查方案、调查方法、数据处理程序及数据分析方法等。为避免因人员流动造成业务不熟，培训的频率保持在每年1-2次。

十、调查数据的质量保证

1．各基层调查队应建立一整套数据质量控制制度，包括调查员培训制度、现

场调查管理与监督制度、数据录入与处理质量管理制度、数据审核与复核制度等，从多方面保证调查数据的质量。

2. 从2003年开始，要求在各调查户建立现金收支账和实物登记账，要求调查户记录每天现金收入与支出情况；对实物收支，要根据不同产品、产量特点，采用不同的记账方法，把各种实物收支记准确。具体请参照《全国农村住户调查方案》。

3. 在各调查村聘请一名具有初中以上文化，责任心强，熟悉当地情况，有一定威望的同志为辅助调查员，负责对调查户进行定期访问和指导督促、检查调查户记账，并认真检查调查资料的准确性。

4. 一次性调查原则上应由县级调查员承担，在县级调查员人力不足的情况下可聘请辅助调查员帮助调查，辅助调查员应经过认真的专业培训，并切实掌握所有指标的含义。

5. 各级调查员在调查时必须细心、耐心，力争减少被调查人的记忆差错。对开展一次性收支调查的地区，省调查总队必须提供自产自用产品参考价格、收支辅助调查表，帮助被调查人尽可能详细、准确的回忆所有的收支项目。

6. 省（区）、县两级调查人员经常到各调查点检查住户记账情况。省统计局、调查总队至少每年到基层检查指导一次；县统计局或调查队每个季度至少到调查点检查一次，了解情况。

7. 在调查数据收集完成后，将在每次调查阶段结束半月内对10%的被调查户进行上户复查，因调查表中包括个人、住户的基本情况、收入、支出和消费等主要观察指标。复查必须由县级监测调查专职人员进行。

8. 各级调查人员要做好调查数据的审核把关。各县收齐调查资料后，首先由调查员进行初审签字，然后交县级贫困监测负责人审核无误后签字盖章，以保证数据录入和数据处理质量；省（区）统计局、调查总队收到各县上报的数据后，要进行复核把关，复核无误后签字验收。各级调查人员在审核过程中发现有差错或疑问的，要及时查对修改。

9. 统计调查结果受法律保护，不得随意进行人为修改。为保证调查的真实性、可靠性，各级统计部门和调查人员要排除来自各方面的人为干扰。

十一、调查数据的管理

每年调查数据处理完成后，由国家统计局农村司负责发布全国和分省贫困统计数据。有关分户资料和基层调查资料，未经国家统计局农村司同意，一律不得向外提供。

农村贫困监测县级统计报表

2010 年

表　　号：Ⅷ 530 表
制定机关：国家统计局
文　　号：国统字（2010）100号
有效期至：2011年6月

综合机关名称：

指标名称	计量单位	代码	数量	指标名称	计量单位	代码	数量
一、贫困县基本情况	-	-	-	10. 电视接收设施	万元	A26	
1. 年末乡村人口	人	A01		11. 学校及设备	万元	A27	
2. 村委会个数	个	A02		12. 卫生室及设施	万元	A28	
3. 贫困村个数	个	A03		13. 技术培训/技术推广	万元	A29	
4. 贫困村人口	人	A04		14. 资助儿童入学/扫盲	万元	A30	
5. 当年尚未解决饮水困难人数	人	A05		15. 沼气、太阳能等新能源建设	万元	A31	
6. 当年尚未解决饮水困难牲畜头数	头	A06		16. 农户危房改造	万元	A32	
二、扶贫投资总额	-	-	-	17. 其他	万元	A33	
（一） 按资金来源分：	万元	A07		（三）在扶贫投资中：农户直接贷款	万元	A34	
1. 中央扶贫贴息贷款累计发放额	万元	A08		三、扶贫成果	-	-	-
2. 中央财政扶贫资金	万元	A09		1. 当年实施了扶贫项目的村数	个	A35	
3. 以工代赈	万元	A10		2. 当年项目覆盖的农户数量	户	A36	
4. 中央专项退耕还林还草工程补助	万元	A11		3. 当年项目扶持人口数	人	A37	
5. 中央拨付的低保资金	万元	A12		4. 当年项目吸收劳动力	人	A38	
6. 省级财政安排的扶贫资金	万元	A13		5. 当年得到扶贫贷款的农户数	户	A39	
7. 利用外资（实际投资额）	万元	A14		6. 新增基本农田	公顷	A40	
8. 其他资金	万元	A15		7. 新增及改扩建公路里程	公里	A41	
（二）按资金投向分：	万元	A16		8. 新增经济林面积	公顷	A42	
1. 种植业	万元	A17		9. 新增草场面积	公顷	A43	
2. 林业	万元	A18		10. 新增教育、卫生用房面积	平方米	A44	
3. 养殖业	万元	A19		11. 当年解决饮水困难人数	人	A45	
4. 农产品加工	万元	A20		12. 当年解决饮水困难牲畜头数	头	A46	
5. 其他生产行业	万元	A21		13. 当年退耕还林还草面积	公顷	A47	
6. 基本农田建设	万元	A22		14. 当年组织培训参加人次	人	A48	
7. 人畜饮水工程	万元	A23		15. 向其他地区输出劳动力人数	人	A49	
8. 道路修建及改扩建	万元	A24		其中：向外省输出劳动力人数	人	A50	
9. 电力设施	万元	A25					

单位负责人：　　　　填表人：　　　　报出日期：　2 0 1　年　月　日

《统计法》第三章第二十五条　统计调查中获得的能够识别或者推断单个统计调查对象身份的资料，任何单位和个人不得对外提供、泄露。

农村贫困监测调查社区调查表

2010 年

表　　号：Ⅷ 531 表
制定机关：国家统计局
文　　号：国统字（2010）　100　号
有效期至：2011年6月

村　　名 ________
被调查人姓名 ________
被调查人职务 ________
调查人姓名 ________

省码		县码				乡码			村码		

调　查　问　题	单位	代码	数量
一、 基本情况			
1. 本村国标码（包括乡镇码和村码，共六位　）		4000	
2. 本村所处地势属于？　(1) 平原　(2) 丘陵（半山区）　(3) 山区		4001	
3. 是否属于革命老区县？　(1) 是　(2) 否		4002	
4. 是否属于 郊区 ？　(1) 是　(2) 否		4003	
5. 本村是否少数民族聚居村？　(1) 是　(2) 否		4004	
6. 本村有几个自然村？	个	4005	
二、基础设施和社会服务			
1. 本村有几个自然村通公路？	个	4006	
2. 本村有几个自然村通电？	个	4007	
3. 本村有几个自然村通电话？	个	4008	
4. 本村有几个自然村能接收到电视节目？	个	4009	
5. 本村是否有幼儿园 /学前班？　(1) 是　(2) 否		4010	
6. 本村是否有卫生室？　(1) 是　(2) 否		4011	
7. 本村是否有合格乡村医生？　(1) 是　(2) 否		4012	
8. 本村是否有合格卫生员？　(1) 是　(2) 否		4013	
9. 本村到最近县城的距离是？	公里	4014	
10. 本村到最近乡镇的距离是？　（乡所在地填　999）	公里	4015	
11. 本村到最近小学的距离是？　（小学在村中填　999）	公里	4016	
12. 本村到最近初中的距离是？　（同上）	公里	4017	
13. 本村到最近火车站 /汽车站 /码头的距离是？　（同上）	公里	4018	
15. 本村到最近邮电所的距离是？　（同上）	公里	4019	
16. 本村到最近集市的距离是？　（同上）	公里	4020	

说明：省码、县码按国家统计局下发的国家行政区划标准代码填写，乡村码按　统计上划分城乡分类代码　填写。

续表（一）

调　　查　　问　　题	单位	代码	数量
三、　人口、劳动力流动及资源			
1. 全村总户数	户	4021	
2. 全村总人数	人	4022	
其中：男性人口	人	4023	
3. 当年出生人口数	人	4024	
4. 当年死亡人口	人	4025	
5. 全村总劳动力	人	4026	
其中：男性劳动力	人	4027	
6. 当年举家外迁的户数	户	4028	
7. 当年举家迁回的户数	户	4029	
8. 年末外出打工时间超过半年以上的劳动力	人	4030	
9. 耕地总资源	亩	4031	
其中：水田、水浇地面积	亩	4032	
其中：梯田面积	亩	4033	
其中：25 度以上坡耕地面积	亩	4034	
10. 桑园、茶园、果园面积	亩	4035	
11. 林地面积	亩	4036	
12. 牧草地面积	亩	4037	
13. 养殖水面面积	亩	4038	
14. 荒山荒坡面积	亩	4039	
四、村级经济、农业科技			
1. 粮食作物播种面积	亩	4040	
2. 其他作物播种面积	亩	4041	
3. 全村粮食总产量	吨	4042	
4. 本村共有企业个数	个	4043	
5. 企业从业人数	人	4044	
6. 企业销售收入	万元	4045	
7. 是否使用节水栽培技术　(1) 是　(2) 否		4046	
8. 是否有塑料大棚 /温室　(1) 是　(2) 否		4047	
9. 是否有农、牧业新技术示范户　(1) 是　(2) 否		4048	
10. 是否举办过专业技术培训　(1) 是　(2) 否		4049	
五、灾害和社会保障			
1. 本村主要遭遇的自然灾害？ (1) 旱灾 (2) 水灾 (3) 植物病虫害 (4) 冷冻 (5) 干热风 (6) 动物疫情 (7) 泥石流或山体滑坡 (8) 地震 (9) 其他 (10) 没有		4051	
其次遭遇的自然灾害是：(填写五 .1 中的灾害类型)		4052	

续表（二）

调　查　问　题	单位	代码	数量
3. 种植业受灾程度：（1）减产 3-5 成（2）5-8 成 （3）8 成以上		4053	
4. 大牲畜受灾程度：（1）损失 3-5 成（2）5-8 成 （3）8 成以上		4054	
5. 猪、羊受灾程度：（同 4）		4055	
6. 家禽受灾程度：（同 4）		4056	
7. 住房和生产用房受灾程度： （1）危房及倒塌占 3-5 成 （2）5-8 成 （3）8 成以上		4057	
8. 本村是否是下列地方病病（疫）区？ （1）克山病 （2）大骨节病 （3）碘缺乏病 （4）地方性氟中毒 （5）地方性砷中毒 （6）鼠疫（7）布氏杆菌病 （8）血吸虫病 （9） 都不是		4058	
9. 目前本村缺粮需要救济的户数	户	4060	
10. 本村当年收到救济、救灾款物（包括实物折价）	元	4061	
11. 本村当年收到过救济、救灾款物的户数	户	4062	
12. 到 2010 年底，本村参加低保的户数	户	4063	
13. 到 2010 年底，本村参加低保的人口数	人	4064	
14. 到 2010 年底，本村参加新农合的户数	户	4065	
15. 到 2010 年底，本村参加新农合的人口数	人	4066	
16. 到 2010 年底，本村建档立卡的户数	户	4067	
17. 到 2010 年底，本村建档立卡的人口数	人	4068	
六、扶贫活动			
1. 本村是否省定贫困村 （1）是 （2）否		4070	
2. 当年是否参加过扶贫项目 （1）是 （2）否		4071	
（如果问题六、2 回答是，请继续，回答否，跳到问题六、7） 3. 参加的扶贫活动形式： A、现金扶持 （1）是 （2）否		4072	
B、实物扶持 （1）是 （2）否		4073	
C、技术援助 （1）是 （2）否		4074	
4. 当年到位扶贫资金总额（包括实物折价）	万元	4075	
其中：扶贫贷款	万元	4076	

	5. 当年投放的扶贫资金（包括实物折价）总额（万元）		6. 扶持农户数和公共项目成果		7. 希望得到的扶贫项目（主要填 1，其次填 2）	
种植业	4077		4096	户	4115	
林业	4078		4097	户	4116	
养殖业	4079		4098	户	4117	
农产品加工业	4080		4099	户	4118	
其他生产行业	4081		4100	户	4119	
修建基本农田	4082		4101	亩	4120	
人畜饮水工程	4083		4102	户	4121	
修建及改建公路	4084		4103	公里	4122	
电力设施	4085		4104	公里	4123	
电视接收设施	4086		4105	个	4124	
学校及学校设施	4087		4106	个	4125	
卫生室及设施	4088		4107	个	4126	
劳动力技术培训	4089		4108	人次	4127	
扫盲、资助儿童入学	4090		4109	人次	4128	
退耕还林还草	4091		4110	亩	4129	
沼气、太阳能等新能源建设	4092		4111	个	4130	
农户危房改造	4093		4112	户	4131	
其他	4094		4113		4132	

《统计法》第三章第二十五条　统计调查中获得的能够识别或者推断单个统计调查对象身份的资料，任何单位和个人不得对外提供、泄露。

农村贫困监测调查住户基本情况调查表

2010 年

表　　号：Ⅷ 532 表
制定机关：国家统计局
文　　号：国统字（2010）100号
有效期至：2011年6月

户主姓名________
被调查者姓名________
调查人姓名________

省码		县码			乡码			村码			户码	

调查问题	计量单位	代码	数量
本户上年编码（14位编码）		3000	
一、调查户基本情况			
1. 本户是否属于个体工商户　(1) 是　(2) 否		3001	
2. 本户是否属于乡村干部户　(1) 是　(2) 否		3002	
3. 本户是否属于种养业大户　(1) 是　(2) 否		3003	
4. 本户是否属于五保户　(1) 是　(2) 否		3004	
5. 家庭结构：(1) 单身或夫妇　(2) 夫妇与一个孩子　(3) 夫妇与二个孩子　(4) 夫妇与三个以上孩子　(5) 单亲与孩子　(6) 三代同堂　(7) 其他		3005	
6. 当年是否参加专业性合作经济组织　(1) 是　(2) 否		3006	
7. 当年是否参加 新农合　(1) 是　(2) 否		3007	
8. 当年是否参加 商业保险　(1) 是　(2) 否		3008	
9. 当年家中是否发生下列事项：（如果有两项以上事项发生，选支出最大的）(1) 没有大事　(2) 盖房买房　(3) 婚丧嫁娶　(4) 子女上大学（大中专）　(5) 大病治疗		3009	
二、财产/资产拥有状况			
(一) 年末住房状况			
1. 住房面积	平方米	3010	
2. 住房价值	元	3011	
3. 住房结构　(1) 砖木　(2) 竹草屋　(3) 土坯屋　(4) 钢筋混凝土　(5) 其它		3012	
(二) 年末畜禽存栏状况			
1. 大牲畜	头	3013	
2. 猪	头	3014	
3. 羊	只	3015	
4. 家禽	只	3016	
(三) 年末拥有耐用消费品状况			
1. 计算机	台	3017	

说明：省码、县码按国家统计局下发的国家行政区划　标准代码填写，乡村码按统计上划分城乡分类代码填写。

调 查 问 题	计量单位	代码	数量
2. 冰箱、冰柜	台	3018	
3. 黑白电视机	台	3019	
4. 彩色电视机	台	3020	
5. 自行车	辆	3021	
6. 摩托车	辆	3022	
7. 固定电话、移动电话	台	3023	
(四)年末生产性固定资产拥有状况			
1. 生产用房及建筑物面积	平方米	3024	
2. 汽　车	辆	3025	
3. 大中型拖拉机	台	3026	
4. 小型、手扶拖拉机	台	3027	
5. 胶轮大车	辆	3028	
6. 其他农机具（收割机、脱粒机、水泵等动力机械　）	台	3029	
7. 役畜	头	3030	
8. 产品畜	头	3031	
(五)年末生产性固定资产原值	元	3032	
其中：农、林、牧、渔业 固定资产 原值	元	3033	
三、生活设施状况			
1. 卫生设备　(1) 水冲式厕所　(2) 旱厕　(3) 无厕所		3034	
2. 是否使用照明电？　(1) 是　(2) 否		3035	
3. 取暖设备　(1) 空调　(2) 暖气　(3) 火炕（墙、炉）　(4) 没有		3036	
4. 饮用水的来源 (1) 自来水　(2) 深井水　(3) 浅井水 (4) 江湖河泊水　(5) 塘水　(6) 其它水		3037	
5、饮用水水源是否有污染？　(1) 是　(2) 否 （与厕所猪牛羊圈等污染源距离少于 10 米，或者直接混有生产、生活废水）		3038	
6、饮水是否困难？　(1) 是　(2) 否 （与水源水平距离超过 1000 米，或者垂直距离超过 100 米，或者缺水时间超过半年，或者单次取水时间每天超过一个小时）		3039	
7. 生活用主要燃料是 （1）电（2）燃气（天然气、煤气、液化气）　（3）太阳能（4）煤炭（5）汽油、柴油（6）沼气（7）柴草（8）其他		3040	
8. 取得生活用燃料是不是越来越困难？　(1) 是　(2) 否		3041	
四、土地使用情况			
1. 耕地总资源	亩	3042	
其中：水田、水浇地面积	亩	3043	
其中：梯田面积	亩	3044	
2. 林地面积	亩	3045	
3. 桑园、茶园、果园面积	亩	3046	
4. 牧草地面积	亩	3047	
5. 养殖水面面积	亩	3048	

调查问题	计量单位	代码	数量
6. 荒山/荒坡面积	亩	3049	
7. 粮食播种面积	亩	3050	
其中：小麦	亩	3051	
稻谷	亩	3052	
玉米	亩	3053	
薯类	亩	3054	
8. 其它经济作物播种面积	亩	3055	
五、借贷情况			
1. 借入现金：			

按来源分	当年借入现金（元）		年末借贷款余额（元）		其中：逾期未还（元）	
亲戚朋友	3056		3061		3066	
银行及信用社一般商业贷款	3057		3062		3067	
国家扶贫贴息贷款	3058		3063		3068	
其他扶贫贷款	3059		3064		3069	
其他来源借贷款	3060		3065		3070	

调查问题	计量单位	代码	数量
2. 期内借入粮食（包括借钱买入的粮食）	公斤	3071	
3. 在没有救济的情况下，粮食是否够吃？(1) 是 (2) 否		3072	
4. 期末存粮	公斤	3073	
其中：小麦	公斤	3074	
稻谷	公斤	3075	
玉米	公斤	3076	
5. 借出现金	元	3077	
六. 扶贫情况			
（一）对村级扶贫情况的了解和参与			
1. 本村当年是否正在参加或完成了某项扶贫活动？ (1) 是 (2) 否 （如果否，请直接跳到问题六（二）6）		3079	
2. 村里当年有没有落实新扶贫开发项目或新到位的扶贫资金？ (1) 有 (2) 没有 （如果否，请直接跳到问题六（二）1）		3080	
3. 如果村里落实了新的扶贫项目，本户是否知道项目内容？ (1) 是 (2) 否 （如果否，请直接跳到问题六（二）1）		3081	
4. 本户是如何知道的：(1) 到本次调查才知道 (2) 通过村民会议、村委会的公开告示或通知 (3) 作为村干部接到上级的通知 (4) 通过村干部的个别通知 (5) 通过亲朋好友 (6) 其他途径 如果有两个以上的答案，请选择号码小的答案		3082	
5. 扶贫项目内容或对象确定前，本户是否有机会参与讨论、提出建议或意见？ (1) 是 (2) 否		3083	
（二）农户参与的扶贫活动情况			

调　查　问　题	计量单位	代码	数量
1. 本户当年是否正在参加 /完成了某项扶贫活动（包括能受益的公共项目）? (1) 是　(2) 否（如果否，请直接跳到问题六（二） 6)		3084	
2. 参加/当年完成的扶贫项目主要是:		3085	
其次是:		3086	
3. 本户当年通过生产性扶贫项目增加的净收入	元	3087	
4. 本户当年有没有得到扶贫项目资助？ (1) 有　(2) 没有		3088	
5. 如果当年本户得到资助，			
项目内容是否是本户自己选择的？ (1) 是　(2) 否		3089	
是否征得了本户同意？ (1) 是　(2) 否		3090	
得到的扶贫资金（包括实物折价）数额	元	3091	
6. 最希望得到什么扶贫项目：主要是		3092	
其次是		3093	
7. 本户是否是建档立卡户？ (1) 是　(2) 否		3094	
8. 本户是否是低保户？ (1) 是　(2) 否		3095	
如果是，本户领取低保的人口数	人	3096	
9. 本户是否是参加农村养老保险？ (1) 是　(2) 否		3097	
如果是，本户参加的人口数	人	3098	

问题六（二） 2 和 6 的答案：(1) 种植业 (2) 林业 (3) 养殖业 (4) 农产品加工 (5) 其他生产行业 (6) 基本农业建设、(7) 人畜饮水、(8) 修建及改扩建道路、(9) 电力设施、技术培训、(10) 电视接收设施 (11) 学校及设备、(12) 卫生及设备、(13) 技术培训、(14) 儿童入学和扫盲、(15) 退耕还林、(16) 沼气、太阳能等新能源建设 (17) 农户危房改造 (18) (19) 其他。

《统计法》第三章第二十五条　统计调查中获得的能够识别或者推断单个统计调查对象身份的资料，任何单位和个人不得对外提供、泄露。

农村贫困监测调查个人调查表

2010 年

表　　号：Ⅷ 533 表
制定机关：国家统计局
文　　号：国统字（2010）100号
有效期至：2011年6月

户主姓名……
调查人姓名……

省码		县码			乡码			村码			户码	

一、家庭基本情况（调查所有家庭成员）

家庭成员编号	姓名	是否常住人口	与户主关系	性别	年龄（周岁）	民族	是少数民族请填：是否会汉语？	当年在家居住时间（月）	是否在校学生
		1. 是 2. 否	1. 户主 2. 配偶 3. 子女 4. 孙子女 5. 父母 6. 祖父母 7. 兄弟姐妹 8. 其他亲属 9. 非亲属	1. 男 2. 女			1. 是 2. 否		1. 是 2. 否
	01	02	03	04	05	06	07	08	09
1									
2									
3									
4									
5									
6									
7									
8									
9									
10									

说明：
1、省码、县码按国家统计局下发的国家行政区划标准代码填写，乡村码按统计上划分城乡分类代码填写。
2、以后各表中家庭成员编号，均须以此表中的编号为准。
3、人口超过10人的家庭，家庭成员继续按顺序排序，不能有重复编码。
4、民族的答案请选择：1. 汉族 2. 蒙古族 3. 回族 4. 藏族 5. 维族 6. 苗族 7. 彝族 8. 壮族 9. 布依族 10. 朝鲜族 11. 满族 12. 侗族 13. 瑶族14. 白族15. 土家族 16. 哈尼族 17. 哈萨克族 18. 傣族 19. 黎族 20. 其他

续表（一）

家庭成员编号	二、健康状况（调查所有家庭成员）			三、成人情况（调查 16 岁及以上非在校人口）			
	身体健康状况	有病是否能及时就医	不能及时就医的主要原因	文化程度	是否曾受过技能培训	是否担当社会职务	是否丧失劳动能力
	1. 残疾 2. 患有大病 3. 长期慢性病 4. 体弱多病 5. 健康	1. 是 2. 否	1. 经济困难 2. 医院太远 3. 没有时间 4. 本人不重视 5. 小病不用医 6. 其他	1. 文盲、半文盲 2. 小学 3. 初中 4. 高中 5. 中专 6. 大专及以上	1. 是 2. 否	1. 是 2. 否	1. 是 2. 否
	10	11	12	13	14	15	16
1							
2							
3							
4							
5							
6							
7							
8							
9							
10							

说明：
1、有病是否能及时就医：指每个家庭成员生小病时是否及时到卫生室或医院看病治疗，或及时服用药物，生大病时是否能及时到相应的医院看病治疗。
2、社会职务包括：村及以上干部，村民代表，村组长，国营或集体企业领导，各种行业协会负责人等
3、丧失劳动能力：主要指因病残年老体弱等原因不能从事有报酬的劳动。不包括虽然丧失体力劳动能力但正在从事脑力劳动并能够取得报酬的劳动者。

续表（二）

家庭成员编号	四、就业情况（调查 16 岁及以上非在校学生且没有丧失劳动能力的人口）						
	当年从事的主要行业	从事农业生产时间（月）	从事非农生产时间（月）	是否本乡镇企业职工	当年是否外出打工	如未外出打工，以前是否打过工	如果上个问题答是，请问返回的主要原因
				1. 是 2. 否	1. 是 2. 否	1. 是 2. 否	1. 找不到工作 2. 要不到工资 3. 缺乏安全感 4. 生活不习惯 5. 疾病、伤残 6. 回家结婚、生育 7. 家中缺乏劳动力 8. 其他
	17	18	19	20	21	22	23
1							
2							
3							
4							
5							
6							
7							
8							
9							
10							

说明：
问题17和26按下列行业分类填写： 1. 农业 2. 林业 3. 牧业 4. 渔业 5. 采矿业 6. 制造业 7. 电力、燃气及水的生产和供应业 8. 建筑业 9. 交通运输、仓储和邮政业 10. 信息传输、计算机服务和软件业 11. 批发和零售业 12. 住宿和餐饮业 13. 金融业 14. 房地产业 15. 租赁和商务服务业 16. 科学研究、技术服务和地质勘察业 17. 水利、环境和公共设施管理业 18. 居民服务和其他服务业 19. 教育 20. 卫生、社会保障和社会福利业 21. 文化、体育和娱乐业 22. 公共管理与社会组织 23. 国际组织 24. 其他 99. 没有参加生产劳动

续表（三）

家庭成员编号	五. 劳动力外出打工的情况（调查当年外出打工劳动力）									
	转移方式	外出地区	在外从事行业	本年度在外务工时间（月）	在外务工总收入（元）	自己生活消费总支出（元）	寄回或带回的现金及实物（元）	从哪一年开始外出打工？	一共出去了几年（年）	打工的年收入变化
	1. 政府或单位组织 2. 亲戚朋友 3. 自发	1. 县内乡外 2. 省内县外 3. 省外（请填省区市代码）								1. 变化不大 2. 时多时少 3. 逐年增多 4. 逐年变少
	24	25	26	27	28	29	30	31	32	33
1										
2										
3										
4										
5										
6										
7										
8										
9										
10										

说明：省外指本省以外的省、自治区、直辖市，港、澳、台地区及国外，请按编码填写：
北京 11，天津 12， 河北13 ， 山西14 ，内蒙古15
辽宁 21，吉林 22，黑龙江23
上海 31，江苏 32， 浙江33， 安徽34， 福建 35， 江西36， 山东 37
河南 41，湖北 42， 湖南43， 广东44， 广西 45， 海南 46
重庆 50，四川 51，贵州 52， 云南53， 西藏54
陕西 61，甘肃 62， 青海63， 宁夏64， 新疆65
台湾 71， 香港81，澳门 82，国外 99

续表（四）

家庭成员编号	六. 学生就学情况（调查在校 学生）					七. 7-15 岁失学儿童情况（调查 7-15 岁失学儿童）		
	现在读几年级？	每年的教育费用（元）	其中：每学年（两学期）学杂费和书本费	本年内是否受到社会捐助	上学（单程）所需时间	失学主要原因	曾完成的最高学历	本人是否有继续读书的愿望？
		（住校学生包括所有费用）	（元）	1. 是 2. 否	1. ∠0.5 小时 2. 0.5-1 小时 3. 1-2 小时 4. 2 小时以上 5. 住校	1. 经济困难 2. 自己不愿意 3. 家中缺少劳动力 4. 身体不好 5. 没老师、没校舍、离校太远 6. 其他	1. 从未念过书 2. 读过 1-3 年级 3. 小学未毕业 4. 小学毕业 5. 初中未毕业	1. 有 2. 否
	34	35	36	37	38	39	40	41
1								
2								
3								
4								
5								
6								
7								
8								
9								
10								

说明：问题34的答案请选择：
1. 一年级 2. 二年级 3. 三年级 4. 四年级 5. 五年级 6. 六年级 7. 初一 8. 初二 9. 初三 10. 高中 11. 大专及大学

6.农村贫困监测抽样调查指标解释

第一部分　调查表表头部分

1.户主姓名：户主一般是指家庭成员公认的，在家庭事务中起决定作用的，在大多数情况下，是家庭经济的主要支撑者。调查人员应根据此定义经过详细了解来确定户主，不要随便填写户主。

2.被调查者姓名：即直接申报人，可以是户主，也可以是家庭自行确定的知情者。

3.调查人姓名：指对贫困住户家庭成员进行访问记录的专职或兼职调查员。

4.抽中户编码：

省 码		县 码				乡 码			村 码			户 码	

县以上行政区划代码为6位编码，乡码3位，村码3位。

户码由各县（市）将抽中户按统一的规定自行编排。每县共10个村，每村10户。每村户码是从01-10，户码确定后，在贫困监测期内原则保持稳定，不得随意更改，这样便于建立全国农村贫困监测数据库后的数据资料的调用、跟踪调查、对比分析研究等。

第二部分　国定贫困县监测报表

一、贫困县基本情况

1.年末乡村人口：在县（市）范围内，按年末时点统计的乡村地区常住居民户中的常住人口数量的总和。乡村地区按1993年6月关于统计上城乡划分标准划分。乡村人口统计主要依据公安部门的户籍统计。

2.村委会个数（村数）：指农村中经上级政府批准，按居住地区设立的基层群众性自治组织（即村民委员会）的个数。含城关镇中的村委会。（表中所涉及的村数，均为村委会个数）

3.贫困村个数：纳入全省扶贫规划的村委会数量。

4.贫困村人口数：指贫困村乡村人口的数量。

5.年末尚未解决饮水困难人数和牲畜头数：饮水困难指到水平距离1公里以外，垂直高度100米以上取水，或缺水时间在半年以上的，称为饮水困难。包括从未解决解决饮水困难人数和牲畜头数和曾经解决饮水困难但由于各种原因重新面临饮水困难的人数和牲畜头数。

二、扶贫投资情况

（一）扶贫资金来源

1.扶贫投资总额：指年内贫困县从外界所得到的全部扶贫资金。包括下列2-8

项内容。

2．中央扶贫贴息贷款累计发放额：累计发放额包括当年新增、收回再贷两部分。中央扶贫贴息贷款的发放主体为中国农业银行。扶贫贴息贷款主要用于国家扶贫开发工作重点县，支持能够带动低收入贫困人口增加收入的种养业、劳动密集型企业、农产品加工企业和市场流通企业，以及基础设施建设项目。

3．中央财政扶贫资金：是指当年实际安排到县使用的中央财政专项安排用于扶贫的资金，包括“三西”农业建设专项补助资金，此处不含以工代赈资金。财政扶贫资金重点用于贫困乡村发展生产，基础设施建设，科技推广与培训以及支持村级教育、医疗卫生、文化事业等。

4．以工代赈资金。是指当年计划安排到县的中央财政专项安排的以工代赈资金额。主要用于改善贫困地区生产生活条件和生态环境，包括修建县乡、乡村道路，建设基本农田，兴建小型农田水利，解决人畜饮水问题等，适当用于异地扶贫开发中的移民村基础设施建设。

5．中央专项退耕还林还草工程补贴：指中央下达的用于退耕还林还草的专项补贴，包括三个部分：用于对退耕还林还草农户的粮食补贴；种苗费补贴；管护费补贴。

6．省级财政安排的扶贫资金：纳入省级财政预算，专项安排扶持重点县、贫困村的各项扶贫资金。

7．利用外资：指以各种形式当年实际用于扶贫开发的外资（折合人民币）。

8．其他资金：除上述几项扶贫专项资金外，用于扶贫开发项目的资金。如企业在贫困县以联营方式建企业的投资额；科研单位在贫困县的科技投入，各种捐款等。

（二）扶贫资金使用

1．种植业：是指用于粮食作物、经济作物、饲料作物等农作物生产包括农户改善自己生产条件的扶贫资金。种植业具体包括谷物种植业，油料和豆类作物种植业，棉、麻等植物性纺织原材料种植业，糖料作物种植业，烟草种植业，药材种植业，蔬菜、瓜类和薯类作物种植业，茶、桑、果树种植业和其他种植业。

2．林业：是指用于培育或依法砍伐承包山林、收获林产品（不含桑叶、茶叶、水果、花卉、食用菌，它们归入种植业）、退耕还林的扶贫资金。林业具体包括采种、育苗、植树造林、森林抚育、迹地更新、森林保护、林场的经营管理以及对橡胶、漆树、咖啡、胡椒、花椒、可可、核桃、板栗等林木种植及其林产品的采集。

3．养殖业：是指用于畜禽、鱼虾以及其他经济动物、 水产品养殖生产的扶贫资金。养殖业具体包括各种牲畜饲养放牧业、家禽及珍禽饲养业、 水产品养殖业。

4．农产品加工：是指用于农林牧渔产品加工的扶贫资金。包括购置、租赁农林牧渔产品加工设备或其他固定资产的费用，购置原材料费用及经营销售费用。

5．其他生产行业：指除农产品加工外的工业、建筑业、交通运输业、批发零售贸易、生产经营服务业。

6．基本农田建设：是指利用扶贫资金进行基本农田建设的资金额。

7．人畜饮水工程：是指为解决人畜饮水困难，而利用扶贫资金建设人畜饮水工程的资金额。

8．道路修建及改扩建：是指为解决交通不便，而利用扶贫资金修建及改扩建道路的资金额。

9．电力设施：指利用扶贫资金建设、维护发电、输电、变电等电力设施的资金额。

10. 广播、电视设施：是指利用扶贫资金修建维护电视差转、卫星接收站等电视信号接收设施的资金额。

11. 学校及设施：是指利用扶贫资金建造、整修学校、购买教学设备、图书等的资金额。

12. 卫生室及设施：是指利用扶贫资金购置医疗设备、建立卫生室的资金额。

13. 技术培训 / 技术推广：指利用扶贫资金进行各类技术培训和技术推广的资金额。技术培训包括教师、卫生员、接生员培训，也包括各种实用技术的培训。

14. 资助儿童入学 / 扫盲：是指利用扶贫资金资助贫困儿童、辍学儿童（重新）上学及成人　扫盲项目的资金额。

15. 其他：是指扶贫资金用于以上几方面投资之外的项目投资总额。

（三）在扶贫投资中农户直接贷款：在中央专项扶贫贴息贷款累计发放额中，农户直接得到的贷款累计数量。

三、扶贫成果

1. 当年实施了扶贫项目的村数：是指当年扶贫开发项目已经启动实施或虽然尚未启动但扶贫项目资金已到位的村委会个数。

2. 当年扶贫项目覆盖的农户数量：是指当年使用了扶贫资金的各类项目中，参与或受益于一个或数个项目的农户数。如果是生产项目（包括直接使用贷款或物资，扶贫企业吸收劳动力、销售或加工扶贫企业需要的原材料、初级产品等），指直接参加扶贫项目的农户数，如果是公共项目（如教育、卫生、电视接受等项目），指能受益的农户数。

3. 当年扶持人口数：是指当年上述扶贫项目中，参与或受益于项目的人口数。如果是生产项目（包括直接使用贷款或物资，扶贫企业吸收劳动力、销售或加工扶贫企业需要的原材料、初级产品等），指直接参加扶贫项目的人口数，如果是公共项目（如教育、卫生、电视接受等项目），指能受益的人口数。

4. 当年项目吸收劳动力：指在当年使用了有关扶贫资金的各类项目内，吸收的劳动力总数，包括本地劳动力和外地劳动力。

5. 当年得到扶贫贷款的农户数：指当年通过资金、实物等形式使用扶贫贷款，并直接与农业银行或其它扶贫机构有借款手续的农户数。

6. 新增基本农田：指利用扶贫资金，通过工程措施，当年新增达到《水土保持综合治理技术规范》相应标准的农田面积。基本农田是指保土、保肥、保水，能实现旱涝保收的农田（除特大自然灾害外）。

7. 新增及改扩建公路里程：是指本县（区、市、旗）范围内，当年利用扶贫资金，新增及改扩建达到交通部规定的公路技术等级标准、经交通部门验收后的公路实用里程数，包括国家干线公路，县级公路和乡村公路。

8. 新增经济林面积：指当年利用扶贫资金，新增的利用林木的果实、叶片、皮层、树液等林产品作为工业原料或食用而营造的经济林面积。如油茶林油桐林等。但不包括茶桑果树。

9. 新增及改良人工草场面积：指利用扶贫资金

10. 新增教育、卫生用房面积：指利用扶贫资金新建或改建增加的教学、卫生设施的面积。原有房屋改造面积不在统计之内。

11. 当年解决饮水困难人数和牲畜头数：是指按日历年度统计的解决饮水困难人数和牲畜头数。统计标准按照水利部制定并颁布的解决人畜饮水标准执行。指到水平距离 1 公里以外，垂直高度 100 米以上取水，或缺水时间在半年以上的，称为饮水困难。

12. 当年退耕还林还草面积：是指按国家有关规定，实际退耕还林还草的面积，包括超计划退耕面积。

13. 当年组织培训参加人次：是指农户当年实际参加各类机构、经济组织和个人举办的各种培训班的人次。

14. 向其他地区输出劳动力人数：是指当年经当地有关部门具体组织，通过各种形式向其他地区输出的平均在外劳动时间超过 3 个月以上的劳动力总数。包括到外乡、外县和外省。

第三部分 社区调查表

一、基本情况

1. 地势：地势分为平原、丘陵、山区。按调查户所在村所属类型来划分。

2. 老区、边区：老区是指在第二次国内革命战争时期和解放战争时期，在中国共产党领导下，创立的革命根据地。边区是指沿陆地边境线的县所属区域，两者均按调查村的历史和现实情况来划分。

3. 少数民族聚居村：指由县人民政府认定的少数民族村。少数民族村的划分没有全国统一的明文规定，依据地方法规执行，基本原则为该村少数民族人数占总人数的比例达到30%，可以由村民委员会向县级人民政府提出申请，由县人民政府认定。

4. 自然村个数：是指所调查的行政村中自然村的个数。自然村指的村民相对集中居住自然形成的村落。村民居住户非常分散的山区、牧区按村民小组划分。

二、基础设施和社会服务

1. 通公路的自然村个数：指调查户所在行政村中能让拖拉机、汽车等机动车辆进入的自然村的个数。

2. 通电话的自然村个数：指调查户所在行政村中能用有线电话与外界联系的自然村的个数。

3. 通电的村自然村个数：指调查户所在行政村中能够使用电力资源进行生产和生活的自然村的个数。

4. 能接收电视节目的自然村个数：指调查户所在行政村中能接收到中央、省级或县级任意一级电视台电视节目的自然村个数。

5. 幼儿园、学前班：指调查户所在村中有经教育部门批准建立的幼儿园和学前班。

6. 卫生室：指调查户所在村中有经县级卫生部门批准建立的卫生室。

7. 合格接生员：是指经过卫生部门正式培训合格并取得资格证书的接生人员。

8. 乡村医生：是指经过卫生部门正式培训合格，并取得行医证明的乡医生和农村赤脚医生。

9. 距最近县城的距离：指调查户所在行政村村委会距离最近的一个县城的距离，不管县城是否是调查户所属的县。按调查户所在行政村村委会到该地的距离填写。

10. 距乡镇政府所在地距离：指调查户所在行政村村委会距离最近的一个乡或镇政府所在地的距离，不管乡或镇政府是否是调查户所在的乡或镇政府。按调查户所在行政村村委会到该地的距离填写。

11. 距最近小学的距离：指调查户所在行政村村委会距离最近的一个小学的距离，不管小学是否是属于调查户所属行政村所办（或拥有）。按调查户所在行政村村委会到该地的距离填写。

12. 距最近初中学校的距离：指调查户所在行政村村委会距离最近的一个初中学校的距离，不管初中学校是否是属于调查户所属行政村所办（或拥有）。按调查户所在行政村村委会到该地的距离填写。

13. 距最近车站（或码头）的距离：指调查户所在行政村村委会距离最近的车站（或码头）的距离，不管车站（或码头）是否是属于调查户所属行政村所办（或拥有）。按调查户所在行政村村委会到该地的距离填写。

14. 距最近邮电所（点）的距离：指调查户所在行政村村委会距离最近的一个邮电所（点）的距离。按调查户所在行政村村委会到该地的距离填写。

15. 距最近集市的距离：指调查户所在行政村村委会距离最近的一个集市的距离。集市是指工商管理部门正式批准设立的各种农副产品和小商品交换、流通市场，有固定或不固定的周期，有固定的场所。按调查户所在行政村村委会到该地的距离填写。

三、人口、劳动力流动及资源

1. 全村总户数：调查户所在行政村农村居民的总户数。是指长期（一年以上）居住在乡镇（不包括城关镇）行政管理区域内的住户，还包括居住在城关镇所辖行政村范围内的农村住户。户口不在本地而在本地居住一年及以上的住户也包括在本地农村住户内；有本地户口，但举家外出谋生一年以上的住户，无论是否保留承包耕地都不包括在本地农村住户范围内。 不包括乡村地区内的国有经济的机关、团体、学校、企业、事业单位的集体户。

2. 全村总人口数：指调查户所在行政村农村居民总人数。参见县级表中的人口指标解释。

3. 全村总劳动力：指调查户所在行政村农村居民中劳动力总量。男子16-60周岁，女子16-55周岁，具有劳动能力的人，计算为劳动力。虽然在劳动年龄范围之内，但已丧失劳动能力的人，不应算为劳动力；在劳动年龄以外，但能经常参加劳动，能顶上一个整劳动力或半劳动力的人，应计算在劳动力数内。

4. 年末耕地总资源：指能够种植农作物的田地。包括当年实际耕种的熟地；新开荒且已种植的地；“沿海”、“沿湖”地区已围垦利用三年以上的“海涂”、“湖田”；弃耕、休闲不满三年，随时可以复耕的地；因灾害或其他因素，虽然当年内未种植农作物但仍可复耕的地；以种植农作物为主，附带种植桑树、果树和其他林的地；年年进行耕耘种草的地；南方小于1米、北方小于2米宽的沟、渠、路、田埂。不包括：因灾害或其他因素，已不能复耕的地；弃耕、休闲满三年的地，或者虽不满三年，但已经成为荒地的土地；不进行耕耘，种植牧草已成为永久性草地的土地；专业性的桑园、茶园、果园、果木苗圃地、芦苇地、天然草场等；以混凝土等铺设的温室、玻璃室，导致栽培的植物体与地面隔绝的基地。

5. 常用耕地：指耕地总资源中专门种植农作物并经常进行耕种、能够正常收获的土地。包括当年实际耕种的熟地；弃耕、休闲不满三年，随时可以复耕的地；开荒利用三年以上的地；南方小于1米、北方小于2米宽的沟、渠、路、田埂。不包括临时种植农作物的坡度在25度以上的陡坡地；在河套、湖畔、库区临时开发的成片或零星土地；也不包括已列为国家和省（区、市）退耕计划但仍临时耕种的土地。常用耕地分为基本农田和零星可用耕地。

6.有效灌溉面积：指耕地面积中有效灌溉面积。　即具有一定的水源，地块比较平整，灌溉工程或设备已经配套，在一般年景下当年能够进行正常灌溉的水田和水浇地。在统计时，应注意下列问题：

灌溉工程或设备已经配套，可以灌溉，但由于雨水及时或所种作物不需灌溉等原因，当年没进行灌溉的，应统计为有效灌溉面积。

灌溉工程或设备不配套(如只有深水井，没有安装机器)、渠系不健全(如只有水库，没有修渠)、地块不平整，当年不能发挥灌溉效益的，不应统计。

北方地区没有灌溉工程或设备的引洪淤灌的耕地面积，不应统计为有效灌溉面积。

南方地区没有灌溉工程或设备，完全靠天雨蓄水的“冬水田”、“屯水田”、“望天田”、“雷响田”等面积，不应统计在内。

没有灌溉工程或设施，遇到旱年临时点种的耕地面积，不应统计为有效灌溉面积。

原有的灌溉工程或设备，由于受到破坏等原因不能起灌溉作用了，这部分耕地面积不应统计为有效灌溉面积。

7.梯田面积：是指耕地面积中经人工作业，将坡耕地改造为水平耕地的面积。

8.25%以上坡耕地面积：是指坡度在25°以上(含25°)的耕地面积。

9.桑园、茶园、果园面积：是指种植桑树、茶树、果树，覆盖度大于50%，或每亩株数达到合理株数的70%以上的土地面积，果园包括各种水果果园，不包括核桃、板栗、腰果、白果、杏仁等干果果园。

10.林地面积：是指生长乔木、竹类(郁闭度在0.　2及以上)的土地。不包括居民绿化地以及铁路、公路、河流、沟渠的护路、护岸林。林地按用途可分为用材林、经济林、薪炭林、防护林、特种用途林等。

11.牧草地面积：是指生长草本植物为主，专门用于放牧、饲养牲畜和收割牧草的土地，包括天然草地、改良草地和人工草地。

12.渔业养殖面积：是指经常进行经营活动的水产品养殖的水面。养殖水面面积包括海水养殖面积(利用滩涂、浅海、港湾，放养各种水产品的人工养殖水面面积)和内陆水面养殖面积(已放养鱼苗、鱼种等水产品苗种并进行人工饲养和管理的池塘、湖泊、水库、河沟及其他养殖水面面积)。

四、村级经济、农业科技

1.粮食播种面积：是指年内收获粮食作物的实际播种或移植面积。包括耕地和非耕地上的种植面积。

2.其他农作物播种面积：是指年内收获的除粮食作物以外的农作物的实际播种或移植面积。包括耕地和非耕地上的种植面积。

3.粮食生产量：是指调查户所在村集体和农户年内实际生产收获的谷类（包括稻谷、小麦、大麦、玉米、高粱、谷子等)、薯类（包括红薯、马铃薯等）和食用豆类（包括大豆、蚕豆、豌豆、绿豆、小豆等）的总量。粮食除薯类以块根重量按五斤折粮一斤计算外，其余一律按脱粒后的原粮计算（玉米按脱粒后的粒子计算。）豆类按去豆荚后的干豆计算。

4.本村企业：是指村、村民小组、联户、农户投资兴办，符合四条标准的企业。包括村与村联营，以村为主与乡镇、村民小组和农户个人联营，村与国有、城镇集体企业联营，村与外商、港、澳、台商合资（合作）的企业。也包括村民小组为主与其他单位或个人和个联营、农户为主与其他单位或个人联营的企业。

5. 节水栽培技术：指调查户所在村中有应用喷灌、滴灌、渗灌等节水技术进行作物栽培的农户。

6. 农、牧业新技术示范户：指调查户所在村中有县以上农技单位定点指导的农、牧业新技术示范户。

7. 举办过专业技术培训：指调查户所在村中，在调查年度内有县以上各类技术技单位组织举办的专业技术培训。

五、灾害和社会保障

1. 严重灾害：指当年造成全村农业生产减产达到正常年景的 3 成以上或有大规模生命、财产损失的灾害。

2. 种植业灾害程度：指全村种植的各类作物减产达到正常年景的 3 成以上。

3. 畜牧业灾害程度：指全村养殖的各类牲畜因自然灾害或疫情损失达存栏的 3 成以上。

4. 住房或生产用房灾害程度：指全村的各类房屋因自然灾害造成的损失占全部房屋的 3 成以上。

5. 地方病病（疫）区：地方病是指具有严格的地方性区域特点的一类疾病。列为我国国家重点防治的地方病有克山病、大骨节病、碘缺乏病、地方性氟中毒、地方性砷中毒、鼠疫、布氏杆菌病和血吸虫病等 8 种。发生上述 8 种地方病的地区称为地方病病区或疫区。

6. 目前缺粮需要救济的农户数量：指在调查时存粮不足以支持到下一个收获季节，又无钱买粮的农村住户个数。

7. 本村当年收到救济、救灾款物数额：指行政村在调查年度内收到的民政或其他单位个人用于救济、救灾的现金和实物折价总额。

8. 本村当年收到过救济、救灾款物的户数：指行政村在调查年度内收到过民政或其他单位个人用于救济、救灾的现金和实物农村住户个数。

六、扶贫活动

1. 扶贫活动：包括政府各部门、国际组织、各种非政府组织、单位在调查村开展的以扶持贫困地区或贫困个人为目的各种扶贫开发活动：按形式分，可以是现金、实物扶持，也可以是技术援助；按目的分，可以是促进农户各种生产能力的项目，也可以是提高村级基础设施、社会服务、自然环境和人力资源水平的项目；按对象分，可以是针对村和农户或者是针对某一人群的（如儿童，妇女等）。按性质分，可以是无偿的补助，可以是有偿的低息或无息贷款。直接以改善生活消费为目的各种救济、救灾活动不包括在内。本调查按内容将扶贫活动分为 16 类：(1) 种植业；(2) 林业；(3) 养殖业；(4) 农产品加工；(5) 其他生产行业；(6) 基本农业建设；(7) 人畜饮水；(8) 修建及改扩建道路；(9) 电力设施、技术培训；(10) 电视接收设施；(11) 学校及设备；(12) 卫生及设备；(13) 技术培训；(14) 儿童入学和扫盲；(15) 退耕还林；(16) 其他。

2. 省定贫困村。指已列入省、自治区、直辖市扶贫计划的贫困村。

3. 当年是否参加过扶贫项目：指调查村当年是否正在进行某项扶贫活动，该项目可以是当年开始的，也可以是数年前开始并持续到当年的。

4. 村里到位扶贫资金：指调查村在调查年度内是否得到扶贫资金和各种实物的折价。上年立项但本年资金到位的项目也包括在内。该项目必须是已经开始实施的项目。正在立项或虽然被批准实施但由于资金不到位或其他因素影响而未实施的项目，不包括在内。

5．扶持农户数：指当年得到过扶贫资金的农户数量。

第四部分 住户基本情况调查表

一、调查户基本情况

1．个体工商户：指属于个体工商户的农村住户。既是个体工商户又是干部户的农村住户不包括在此类型中。

个体工商户是指由住户或个人兴办的从事工业、商业、建筑业、运输业、服务业等生产经营活动的个体单位。

个体工商户的条件是：

A、有固定的生产经营场所、设备和从事生产经营活动的人员；

B、常年从事生产经营活动，季节性开工的，全年开工时间在3个月以上；

C、外雇人员在7人以下(包括7人)。

2．干部户：指家庭主要常住人口中有在乡(镇)及以上各级政府中任职或在村民委员会中任职，并领取一定报酬的农村住户。既是个体工商户又是干部户的农村住户不包括在此类型中。

3．种养业大户：指种植或养殖业生产达到一定规模以上的农村住户。规模种植标准：果树在40亩以上，主要粮食品种在20亩以上，蔬菜10亩以上，特种经营如花卉、药材5亩以上。规模养殖标准：生猪年出栏20头以上（ 不包括仔猪)，牛存栏10头以上，羊存栏、出栏30只以上（牧区100只以上)；蛋禽存栏500只以上，肉禽出栏1000只以上。

4．五保户：五保户是指家庭全部人口中没有劳动力和生活没有依靠的鳏、寡、孤、独，生活主要依靠集体照顾，享受保吃、保穿、保烧(燃料)、保教(儿童和少年)、保葬的农户。

5．家庭结构：是指住户家庭成员的构成状况。

(1）单身或夫妇：是指由单个成年人组成的家庭或由一对夫妇组成的家庭。

(2）夫妇和一个孩子：是指由一对夫妇和一个子女所组成的家庭。

(3）夫妇和两个孩子：是指由一对夫妇和两个子女所组成的家庭。

(4）夫妇和三个以上孩子：是指由一对夫妇和三个以上(含三个)子女所组成的家庭。

(5）单亲和孩子：是指离异的夫妇中的任一方及孩子组成的家庭。

(6）三代同堂：是指由一对夫妇及其父母、子女所组成的家庭。

(7）其他：是指除上述七种类型以外的家庭。

6．是否参加专业性合作经济组织：指调查户是否参加当地的农协会或其他专业性合作组织。

7．是否参加合作医疗社会保障：指调查户是否参加合作医疗。

8．是否保险：指调查户当年有没有参加任何类型的保险，如财产保险、灾害保险、医疗保险、人寿保险等，包括调查户自行购买的保险，也包括学校、单位、集体代买的保险。

9．是否发生重大事项：指调查户是否发生了可引起生活消费支出急剧增加的事项，如盖房买房、婚丧嫁娶、上中专/大学、大病治疗等事项。购买耐用消费品和生产性固定资产不属于发生重大事件，应选填答案1．发生上述事项请选填相应编码，发生两项以上事项请选择支出额较大的一项，没有发生上述事项选填1。

二、财产及资产状况

1．住房：是指有顶有墙，能遮风避雨，用于住人的房屋。它是反映农村住户生活水平的重要标志。

2．住房面积：是指农村住户自有或租用的住房面积。房屋中的起居室、厨房或放置灶具的地方包括在内。但不包括仓库等作为生产用途房屋面积。多层建筑，按各层面积总和计算。

3．住房价值：是指住户居住房屋的价值，不包括生产用房。购买房屋按购买价格计算。新建房屋价值，可按实际消耗的建筑材料和人工的报酬计算。(有的地方，人工不要报酬，由建房者提供伙食，可将伙食费用，当作报酬计入房价)。原有房屋，按房屋质量和新旧程度，根据当地实际情况进行估价。对原有房屋进行大翻修的，也应考虑在内。

4．住房类型：即房屋结构。是按房屋的主要的承重结构（如梁、柱、承重墙等）所用建筑材料划分的。包括：

①砖（石）木结构：是指房屋的梁、柱、承重墙等主要部分是用砖、石、木料建造的，如木房架、砖、石墙、木柱、砖柱建造的房屋。

②竹草屋：是指竹篱笆墙、各种草泥墙的房屋。

③土坯屋：是指土坯建墙的竹木结构的房屋，砖、石作基础的土坯房屋也包括在内。

④钢筋混泥土结构：是指房屋的梁、柱、承重墙等主要部分是用钢筋混泥土建造的。

5．年末拥有耐用品状况：指年末农村抽中贫困家庭在生活中多次使用而保持原有物质形态及使用价值的主要生活耐用消费资料。 如收录机、电视机、自行车、电话等。

6．生产性固定资产：是指生产过程中使用年限较长、单位价值较高，并在使用过程中保持原有物质形态的资产，包括厂房、机器设备等。农民家庭使用的固定资产，需同时具备两个条件，即使用年限在两年以上，单位价值在50元以上。在乡村企业及其他部门中，规定单位价值在200元以上，使用年限在一年以上。如果企业的主要设备虽低于200元，但使用年限在一年以上，也划为固定资产。

(1)房屋及建筑物：用于生产的房屋及建筑物面积。

(2)汽车：指主要用于农户生产和其他经营活动的各种类型的汽车。不包括生活用车。

(3)手扶拖拉机/三轮车：指发动机定额功率小于14.7千瓦的手扶式拖拉机、小三轮车和小型四轮拖拉机。

(4)大中型拖拉机：指发动机定额功率在14.7千瓦(含14.7千瓦)以上的拖拉机。

(5)胶轮大车：指农村传统上使用的胶轮大车。

(6)其他农机具（收割机、机动脱粒机、水泵、动力机械)：收割机：指自身带动力能够完成收割作业的农业机械。包括联合收割机。机动脱粒机：指专门进行农作物脱粒的固定作业机械。动力打稻机也应作为机动脱粒机统计。水泵：指用于生产灌溉和排水的水泵。

(7)役畜：指以使役为主要用途的大牲畜的数量。

(8)产品畜：主要指各种产品畜的数量

7．年末生产性固定资产原值：是指固定资产当初的购进价、新建价或开始转为固定资产的价值。自繁自养的幼畜成龄转作役畜、产品畜、种畜，按市场同类牲畜的平均价格计价。国家奖励和外单位赠送的固定资产按购置同类固定资产的价格参照其新旧程度酌情计价。

三、基础设施

1. 卫生设备：指在住房内或房屋院内有没有专门的厕所。厕所包括水冲式厕所和旱厕两种。

(1) 水冲式厕所：指有上、下水冲管道设备的厕所，如抽水马桶等。那些与沼气池或在农村推广的卫生三隔池连通的厕所，由于卫生性能较好，也统计在内。

(2) 旱厕：指有蓄粪池，且蓄粪池经过防渗漏处理的厕所。

(3) 无厕所：指住房没有水冲式厕所和旱厕。

2. 是否用电：农村住户分为用电照明户和非用电照明户。有通电设备，年内使用过电照明的户为用电照明户，否则为非用电照明户。

3. 取暖设备：指在寒冷季节住房中取暖设备的情况。取暖设备包括空调、暖气、火炕（墙）或没有取暖设备。

4. 饮用水：分为自来水、深井水、浅井水、手压机井水、江河湖泊水、塘水和其他水等几类。如同时使用几种水源，则选取其中最常用、最主要的一种用水。

①自来水：指在公用设施处理的，经管道输送水至住宅内或院内、一户或多户合用。

②深井水：指井口与水面距离在三米以上的水井的水。

③浅井水：指井口与水面距离在三米以内的水井的水。

④手压机井水：指通过手压水泵汲水的水井。

⑤江河湖泊水：指具有流动性质的天然江、河、湖泊水，包括水库水及泉水。

⑥塘水：指不具有流动性质的天然或人工的塘、堰等水。

⑦其他水：指上述五种水源以外的水。如窖水等。

5. 水源污染：指污染源如畜圈、厕所、粪便以及其他生活、生产废弃排放物堆、埋、排放地点（地段）离水源在10米之内，或饮用水中直接混有工业、农业、生活废水。

6. 饮水困难：指有下列情况之一为取水困难：取水地点离住户在1000米以外、或者垂直距离在100米以上、或者缺水时间在半年以上、或者平常单次取水时间在1小时以上。

7. 燃料：是指农户用于生活用的全部燃料，可分为煤炭、柴草、液化气（天然气）和其他等几类。选择填写一种本户日常使用最多的一种燃料类型。

8. 燃料困难：指燃料缺乏越来越严重、或者采集一定量燃料时间越来越长，采集地点越来越远等。

四、土地使用情况

1. 耕地总资源：是指农村住户年末经营的全部耕地面积。包括承包集体的耕地、家庭自营地（自留地、饲料地和零星开荒地）和转包他人耕地的面积，但不包括代他人临时耕种的耕地面积。包括因各种原因休闲和抛荒的耕地面积。

2. 山地面积：是指农村住户年末经营的全部山地面积。包括承包集体的山地、家庭自留山和转包他人山地的面积，但不包括代他人临时经营的山地面积。

3. 桑园、茶园、果园面积：是指农村住户经营的全部桑园、茶园、果园面积。

4. 牧草地面积：是指是指农村住户年末经营的全部牧草地面积。包括承包集体的牧草地、家庭自留牧草地和转包他人牧草地的面积，但不包括代他人临时经营的牧草地面积。

5．养殖水面面积：是指农村住户年末经营的全部水产品养殖的水面面积。包括海水养殖面积（利用滩涂、浅海、港湾，放养各种水产品的人工养殖水面面积）和内陆水面养殖面积（已放养鱼苗、鱼种等水产品苗种并进行人工饲养和管理的池塘、湖泊、水库、河沟及其他养殖水面面积）。

其他相关的土地使用指标，参见社区表的指标解释。

6．荒山荒坡面积：指农村住户年末承包经营的可以长期使用的荒山荒坡面积。

五、借贷情况

1．借入现金来源：指调查期内，调查户借入现金的对象。包括亲戚朋友、银行及信用社一般商业贷款、国家扶贫贴息贷款、其他扶贫贷款及前面没有包括的其他来源借贷款。

2．当年借入现金：指调查期（当年）内，调查户借入的现金总额。

3．年末借贷款余额：指在年底调查时，调查户当年和以前各年借贷尚未归还的各类借贷款总额。

4．逾期未还：指年底调查时，调查户未归还的各类借贷款总额中，应归还而未归还的部分。

5．期内借入粮食：指调查期（当年）内，调查户借入的粮食总量，包括借钱所买粮食的数量。

6．期末存粮：指年底调查时，调查户实际存储的粮食总量。

7．在没有救济的情况下，粮食是否够吃：是指年底调查时，调查户实际存储或可以购买的粮食总量，能否维持调查户到下一个粮食收获季节。如果调查户虽然存粮不多，但有能力购买粮食满足需要，应视为粮食够吃。

六、扶贫情况

1．本村当年是否正在参加或完成了某项扶贫活动：指调查村当年是否正在进行某项扶贫活动，该项目可以是当年开始的，也可以是数年前开始并持续到当年的。

2．村里当年有没有落实新扶贫开发项目或到位新的扶贫资金：指调查村当年是否得到并开始实施新的扶贫开发项目，上年立项但本年资金到位的项目也包括在内。该项目必须是已经开始实施的项目。正在立项或虽然被批准实施但由于资金不到位或其他因素影响而未实施的项目，不包括在内。

3．本户是否知道项目内容：指住户是否了解本村新落实的扶贫项目。

4．本户是如何知道的：指住户了解本村新落实的扶贫项目消息的途经。在有两个以上答案时，请选择号码小的答案。

（1）在本次调查时才知道：指调查前不知道，通过本次调查时与调查员或其他人的介绍与交流才知道本村扶贫项目的内容。

（2）通过村民大会或村委会公示：指住户通过村民大会、村民小组会议、村民代表会议、村务公开告示栏、专项告示、通知等公开途经了解扶贫项目内容。

（3）作为村干部接到上级通知：指在没有召开过村民大会和没有公开通知村民的情况下，作为村干部通过上级通知了解扶贫项目。如果无论时间顺序前后，只要村里已把项目内容通过公开途经通知全体村民，即选填2。

（4）通过村干部的个别通知：指在没有通过前三项途经了解项目内容的情况下，仅通过村干部个别通知了解情况。但是村干部、村民代表或其他人员挨家挨户通知，但大多数住户都了解情况的，应选填2。

（5）通过亲友介绍：指通过非正式途经、如聊天、亲友互通消息了解项目内容。

5. 本户当年参加扶贫项目增加的净收入：指参加生产性扶贫项目的调查户，从生产中直接得到的实际收益。

第五部分 住户收支情况调查表

一、收入来源

农村住户收入指标，主要反映农民全年收入水平，各项收入的来源、构成及其变化，对研究农民脱贫致富的途径有重要的意义。

1. 全年总收入：是指农村住户年内从各种来源得到的全部实际收入（包括现金收入和实物收入）。由劳动者报酬收入，家庭经营收入、转移性收入和财产性收入等四部分组成。

2. 工资性收入（即劳动者报酬收入）：指农村住户成员受雇于单位或个人，靠出卖劳动而获得的收入。按来源渠道划分为在非企业组织中劳动得到的收入、在本地企业劳动得到的收入、常住人口外出务工收入和从其他单位劳动得到的收入。

（1）在非企业组织中劳动得到的收入：指农村住户成员在不具备企业性质的行政事业单位和各种组织中劳动得到的收入。包括村干部和民办教师的工资（奖金、补贴），乡及以上行政、事业单位工作人员的工资（奖金、补贴）等。

（2）在本地企业中劳动得到的收入：指农村住户成员在其所属乡（镇）地域范围内的任何企业劳动得到的收入。

（3）常住人口外出从业得到的收入：是指农村住户成员到其所属乡（镇）地域范围以外从业得到的收入。

（4）其他：指除在非企业组织劳动、本地企业劳动和外出从业以外的其他途径获得的工资性收入。如在本乡（镇）地域范围内的其他农村住户中帮工获得的收入等。

3. 家庭经营收入：是指农村住户以家庭为生产经营单位进行生产筹划和管理而获得的收入。农村住户家庭经营活动按行业划分为农业、林业、牧业、渔业、工业、建筑业、以及第三产业。

（1）种植业：包括谷物种植业，油料和豆类作物种植业，棉、麻等植物性纺织原材料种植业，糖料作物种植业，烟草种植业，药材种植业，蔬菜、瓜类和薯类作物种植业，茶、桑、果树种植业和其他种植业。

（2）林业：包括采种、育苗、植树造林、森林抚育、迹地更新、森林保护、林场的经营管理以及对橡胶、漆树、咖啡、胡椒、花椒、可可、核桃、板栗等林木种植及其林产品的采集。

（3）养殖业：包括各种在陆地、海水和淡水水域中进行的各种牲畜饲养放牧业、家禽、珍禽饲养业、水生动植物养殖及其他畜牧业。在住户调查中，畜禽的繁殖和增重不作为住户本期收入；出售属于固定资产的役畜的收入不作为养殖业收入，而作为出售财物收入。养殖观赏鱼类的收入作为养殖业收入。

（4）工业、建筑业：工业包括以下几个方面：一是对自然资源的开采（如采矿、晒盐、森林采伐等），但不包括属于农业的禽兽捕猎和水产捕捞；二是对农副产品的加工和再加工（如粮油加工、食品加工、轧花、纺织、制革等）；三是对采掘品的加工和再加工（如冶金加工、石油加工、化学加工、机械加工、木材加工等，以及电力、煤气和水的生产和供应等）；四是对工业品的修理和翻新（如机械设备的修理、交通运输工具的修理等）。但农民家庭以辅助劳动力或利用农闲时间进行的一些传统生产（如竹、藤、棕、草的编制等）和农村中从事的流动性上门干活的工匠的活动不属于工业生产活动。在住户调查中，“来料加工”按本期收到的加工费计算收入，自制自用的工业产品不计收入。建筑业包括土木工程建筑业、线路、管道和设备安装业、装修装饰业。

（5）第三产业：除上述以外的其他行业。包括：

A、交通运输业、邮电业：交通运输业是指从事运输货物和旅客服务的产业。邮电业是指通过传递信息为生产和生活服务的产业。

B、批发和零售贸易、餐饮业：批发和零售贸易包括流通环节批发、零售、采购等商业活动，也包括商品经纪商和代理商的经营。饮食业包括从事饭馆、菜馆、饭铺、冷饮馆、酒馆、茶馆及切面铺等行业。批发和零售贸易收入按毛利收入计算；餐饮业收入按营业额计算。

C、社会服务业：社会服务业包括公共设施服务业、居民服务业、旅馆业、租赁服务业、旅游业、娱乐服务业、信息、咨询服务业、计算机应用服务业和其他社会服务业。

D、文教卫生业：包括教育业、文化艺术业、广播电影电视业、卫生、体育、社会福利业。

E、其他家庭经营：农村住户除上述行业以外的其他家庭生产经营活动。

4.转移性收入：指农村住户和住户成员无须付出任何对应物而获得的货物、服务、资金或资产所有权等，不包括无偿提供的用于固定资本形成的资金。

（1）家庭非常住人口带回和寄回：指农村住户得到的由非本住户常住人口寄给和带来的现金和实物收入。实物收入按实际购买的价格计算；如不知道实际购买的价格，按当地的零售价格计算，如无零售价，可按同类产品的合理比价推算。

（2）亲友赠送：指农村住户通过住户和住户成员的亲友赠送而得到的现金和实物收入。

（3）农村外部亲友赠送：指农村住户通过住户和住户成员的农村以外的亲友赠送而得到的收入。

（3）调查补贴：指农村住户承担“农村贫困监测调查”的调查任务而得到的补贴收入。

（4）救济金：指农村住户和住户成员由于生活困难，国家或组织无偿给予的现金和实物。

（5）救灾款：指农村住户由于遭受自然灾害，国家或组织无偿给予的现金和实物。

（6）无偿扶贫款：指由政府各部门、国际组织、非政府组织、单位无偿补贴给住户用于扶贫开发的现金及实物折价总额。不包括扶贫贷款，也不包括直接用于生活消费的救济和救灾款物。

（7）退耕还林还草资金：指政府通过专项资金支付给住户用于补贴退耕还林还草损失的现金和粮食等实物折价。

（8）其他：上述转移性收入中未单独列出的其他收入.

5.财产性收入：指金融资产或有形非生产性资产的所有者向其他机构单位提供资金或将有形非生产性资产供其支配，作为回报而从中获得的收入。包括：

（1）利息：指按照债权人和债务人双方达成的金融契约的条件，有义务支付给债权人的金额。

（2）股息：指购买的各种股票获得的利息收入。

（3）租金：指农村住户根据与承租人达成的契约，出租其住房和其他财产得到的收入。不包括出租生产性固定资产所得到的收入。

（4）红利：指股东因将资金交由公司支配而有权获得的收入。

（5）土地征用补偿： 指农村住户拥有经营和使用权的土地被征用后获得的补偿收入。

（6）其他：除上述外的其他财产性收入。

6．出售产品量：指农村住户调查期内出售自己生产的产品数量。

7．现金收入：指农村住户和住户成员在调查期内得到以现金形态表现的收入。按来源分成工资性收入、家庭经营现金收入、财产性收入、转移性收入。

二、支出去向

1．总支出：指农村住户用于生产、生活和再分配的全部支出。家庭经营费用支出、购置生产性固定资产支出、生产性固定资产折旧、税费支出、生活消费支出、财产性支出和转移性支出。

2．家庭经营费用支出：指农村住户以家庭为基本生产经营单位从事生产经营活动而消费的商品和服务、自产自用产品。所消费的未计算为住户收入的自产自用产品，不计算为费用支出；库存的化肥、农药也不计算为本期费用支出。

（1）农业生产支出：指农村住户家庭经营农业所支付的费用。如种籽、肥料、农药、小农具购置和修理、油料费、耕畜的饲料、饲草费、机耕费、排灌费、电费等。

（2）林业生产支出：指农村住户家庭经营林业所支付的费用。如树种、树苗、肥料、农药、电费及小型工具的购置维修等开支，但不包括林业的基本建设投资。

（3）养殖业生产支出：指农村住户家庭经营养殖业所支付的费用。如购买仔畜（包括架子猪）、幼禽支出；肉用牛、羊的饲料、饲草支出；生猪、家禽等的饲料、燃料、防疫医疗费；电费和小型用具购置、维修；鱼苗、饵料、电费以及小型渔具和用具的购置、维修及油料费等支出。但耕畜的饲料费应列为“农业生产费用支”。也不包括添置的固定资产支出。

（4）工业、建筑业生产支出：指农村住户家庭经营工业、建筑业所支付的费用。包括工业生产耗用的原料、燃料、电费及小型工具的购置、维修等开支，还包括来料加工产品所耗用的燃料、电费，但不包括自产自用和来料加工产品所耗用的原材料。工业包括：采掘业，制造业，电、煤气和水的供应和生产。

（5）第三产业：除上述以外的其他行业。

3．购置生产性固定资产支出：指农村住户用于建造和购置生产性固定资产所支出的费用。

4．生产性固定资产折旧：指农村住户在家庭经营生产活动中，因使用固定资产，而转移到新产品中的那部分固定资产价值。在农村住户调查中，生产性固定资产的使用年限定为15年。

5．税费支出：指农村住户家庭经营生产活动中所缴纳税款、村提留、乡统筹和各种集资、摊派；以及农村住户缴纳的其他直接税，如所得税、利息税等。

（1）纳税： 指农村住户所缴纳的各种税款。

（2）其他各项收费：指农村住户向村集体经济组织缴纳的公积金、公益金和管理费，向乡（镇）人民政府缴纳教育附加、计划生育、民兵训练、优抚和交通等民办公助事业统筹款，向集体或政府有关部门交纳的各项集资及其他临时性集资收费。

6．生活消费支出：指农村住户用于物质生活和精神生活方面的支出。生活消费支出包括食品，衣着，居住，家庭设备、用品及服务，医疗保健，交通和通讯，文化教育娱乐用品及服务，其他商品和服务等消费支出。

（1）食品消费支出：指农村居民年内消费各类食品支出。包括主食、副食、其他食品、在外饮食和食品加工费支出。

A、主食：指各种粮食和粮食复制品的消费量折价。其中粮食复制品：是指利用原粮加工而成的食品，如挂面、年糕等。但不包括用粮食加工成豆油、豆腐、粉条、酒。

B、副食：包括蔬菜、豆制品、油脂类、食糖、肉、禽及其制品、蛋类、水产品、调味品等。

C、其他食品：包括烟草类、酒类、饮料类、干鲜果品、糖果糕点、奶和奶制品、罐头类等。

D、在外饮食：包括在外面饭馆、小吃部、小卖部、茶馆、饮食摊内吃饭、喝茶、吃冷饮时消费的各种食品。开会和住院的伙食费也应包括在内。

E、食品加工费：指加工食品所需的费用，包括把原粮加工成副食品和其他食品的费用。

（2）衣着消费：指农村住户各种穿着用品及加工穿用品的各种材料。包括棉花、丝棉、化纤棉、驼毛、棉布、各种化纤布、绸、缎、呢绒、各类成衣、棉、毛、丝、麻纺织品，背心、汗衫、棉毛衫裤、卫生衫裤、袜子等针织品，毛线、毛线织品、各种鞋、帽等消费品及衣着的加工修理费（是指农村住户为加工或修补服装、鞋帽等衣着所支付的服务费）。但不包括用各种布料做的床上用品，室内装饰品。其中：

A、 成衣服装：指以各种布及毛皮为原料加工成的各式服装及针织而成的服装。

B、 衣着材料：指以棉、麻、丝、毛和各种人造纤维纺织的及混纺纺织的各种衣着材料。包括棉布、棉花化纤混纺布、化纤布、呢绒、绸缎、毛线等。

C、 鞋袜帽类及其他衣着：指以各种材料制成的各种鞋、袜、帽。包括皮鞋、布鞋、雨鞋、凉 鞋、拖鞋，各种袜子及各种帽子。

D、 衣着加工修理费：指农村住户为加工或修补服装、鞋帽等衣着所支付的服务费。

E、 其他：指上述服装、衣着材料、鞋、袜、帽以外的其他各种衣着用品。包括各种手套、围巾、披肩、领带、塑料和胶布雨衣、胸罩、口罩、鞋垫等其他衣着。

（3）居住消费：指与农村住户居住有关的所有支出。包括新建（购）房屋、房屋维修、居住服务、租赁住房所付的租金、生活用水、生活用电、用于生活的燃料等支出。

A、 住房支出：指农村住户用于购买建筑材料、住房装饰和装修、房租、维修、服务等支出。

B、 建筑材料：指农村住户用于新建房屋和维修房屋用的各种建筑材料。包括木材、钢材、水泥、水泥预制件、玻璃、砖瓦、石灰、沙石、油毡等。

C、住房装饰、装修：指农户用于房屋装饰、装修所用的各种建筑材料，及有关居住劳务支出，即因建造维修房屋而雇请人员所支付的各种劳务费用也包括在内。

D、 房租：指农村住户租赁生活用房所付的租金。但不包括外出住旅店和招待所所支付的住宿费。

E、其他：指住房支出中除上述所列的支出以外的支出，如住房维修服务费等。

F、电费：指农村住户用于照明和使用家用电器所支付的电费。

G、燃料：指农村住户用于做饭、做菜、烧水和取暖用的燃料支出，包括煤炭、液化石油气、煤制品、木炭、柴草等支出。但不包括烧饲料用的燃料。

H、其他居住支出：指农村住户除上列的居住支出以外的支出。如水费支出等。

（4）家庭设备、用品及服务：指农村住户消费的各种耐用消费品、其他家庭用品及用品的加工修理费用。

A、耐用消费品：包括大型家具、家庭设备等。如洗衣机、电风扇、电冰箱、空调器、抽油烟机、吸尘器、微波炉、热水器等家庭日用机电设备。

家具：指农村住户用于学习、休息、存放物品等日常生活用具。包括组合家具、床、沙发、大衣柜、写字台、桌、椅、箱等。

家庭设备：指家用机电消费品。包括缝纫机、洗衣机、电风扇、电冰箱、冰柜、空调器、电饮具、淋浴热水器、抽油烟机、吸尘器、钟、微波炉以及其他家庭日用机电设备。

其他：指上述各项以外的其他各种家庭耐用消费品。如：水表、电表等。

B、床上用品：　指以棉、毛、丝及合成纤维等材料纺织或针织以及各种纺织品经过加工而成的各种床上用品。包括毛毯、棉毯、线毯、化纤毯、毛巾被、床单、被面、被套、棉胎、鸭绒被、床罩、各种褥子等。

C、家庭日用杂品：指包括厨房用品、日用小五金、日用百货等各类家庭日用杂品。

D、日用小五金：包括小五金工具、五金杂品等五金商品。如：铁钉、合叶、插销、各种锁、木螺丝、榔头、钳子、板子、锯条、锉刀、木石泥瓦工具等。

E、　日用百货：包括除厨房用品、日用小五金以外的日用搪瓷制品、铝制品、其他金属制品、塑料制品、玻璃器皿等。如保温瓶、保温杯、茶杯、茶盘、茶壶、口杯、糖缸、烟缸、脸盆、火柴、肥皂、香皂、药皂、洗衣粉、皂片、牙膏、鞋油、梳子、镜子、皂盒、手电筒、手电池等。

其他：指上述床上用品、日用小五金、日用百货以外的家庭日用杂品。

F、　设备用品加工修理费：指农村住户家庭的各种设备、用品的加工修理所支付的费用。

G、其他：指上述各项支出外的支出。如：农村住户请保姆所支付的费用等。

（5）医疗保健：指农村住户用于医疗和保健的药品、医疗器械和服务费用。包括医药卫生保健用品、医疗保健服务费和医疗卫生设备、用品加工修理费等。

A、医药卫生保健用品：指农村住户支付的各种中药、西药、滋补品、药棉、医疗器械（如：体温计、注射器等）等支出和保健用品（如：按摩器、健身球、磁疗枕、护膝等）支出。

B、医疗保健服务费：指农村住户成员看病或住院所支付的挂号费、手术费、打针、透视费和住院的床位费及保健服务费（如：按摩费、学习气功、太极拳的学费等）。

C、医疗卫生保健设备用品修理费：指农村住户加工修理医疗卫生设备、用品所支付的费用。

D、其他：指除上述医药卫生保健用品、医疗保健服务费、医疗卫生设备以外的用品加工修理费等其他医疗保健支出。

（6）交通通讯费：指农村住户用于交通和通讯的工具、各种服务费、维修费用支出。

A、交通工具：指农村住户家庭用汽车、摩托车、自行车及其他家庭用交通工具。

B、动力燃料：指交通用柴油、汽油等动力燃料。

C、交通费：指农村住户家庭成员外出购物、探亲访友、旅游等支付的各种交通费，包括火车费、汽车费、飞机费、轮船费等。但不包括因公出差用为家庭经营生产而外出学习等支付的交通费。

D、邮电费：指农村住户用于生活方面的通讯邮电费支出。包括邮票、包裹寄资、汇款汇费、电话费、电报费等费用。

E、交通、通讯工具修理费：指农村住户用于交通工具修理、服务（包括牌照费）等所支付的各种费用。以及家庭用电话机、手机、寻呼机及其他家庭用通讯工具支出的费用。农村住户用于通讯工具的安装、修理、服务（包括电话初装费）等所支付的各种费用也包括在内。

（7）文教娱乐用品及服务：指农村住户用于文化、教育、娱乐方面的支出。包括文化教育娱乐用品支出和文化教育娱乐服务支出。

A、文化教育娱乐用品：指农村住户用于文娱机电消费品、书报杂志、纸张文具等支出。

文化教育、娱乐用机电消费品：包括彩色电视机、黑白电视机、录放像机、影碟机、组合音响、收录机、照相机、电脑、中高档乐器等。

书、报、杂志：指农村住户支付的各种书籍、报纸、杂志等支出。

纸张、文具：指农村住户支付的各种纸张、文具的支出。

其他文化教育娱乐用品：指农村住户支付的除上述的其他文化教育娱乐用品支出。如：各种球类、棋类、照相器材、录音带、录像带等。

B、文化教育、娱乐服务：指农村住户用于文化教育娱乐方面的服务费支出。包括学杂费、技术培训费、文娱费、文化教育娱乐用品加工修理费等。

学杂费：指农村住户成员上学读书所交的学费和杂费，但不包括购书籍、讲义和文具用品等支出。

技术培训费：指农村住户成员参加生活方面的技术培训所交的培训费，但不包括购书籍、讲义和文具用品等支出。

文娱费：指农村住户成员购买电影票、戏剧票、球票等的支出。

用品加工修理服务费：指农村住户用于加工修理文化教育娱乐用品所支付的费用。

其他：指上述各类支出以外的商品的服务支出。

（8）其他商品和服务消费：指上述各类支出以外的商品和服务支出。

A、商品性支出：包括化妆品、金银珠宝饰品和其他商品。

化妆品：指农村住户成员用来化妆、美容用的日用品。如：胭脂、唇膏、香粉、香水、头油、发乳、洗发剂以及各种美容霜、美容膏等。

首饰饰品：指以珍珠、玉器等珠宝和金银制作的或镀金、镀银的耳环、耳坠、手镯、脚镯、戒指、项链、胸针、头簪等装饰品。

其他商品：指上述商品以外的支出。如：手表、迷信用品等。

B、服务支出：指生活消费的服务。包括旅店住宿费、洗澡费、照相费、殡殓费等。

旅店住宿费：指农村住户成员外出旅游、探亲访友、购物等在外住宿的住宿，但不包括因公出差和为家庭经营而去学习所支付的住宿费。

殡殓费：指农村住户成员去世后，家属支付所的火化费等费用。

其他：是指上述服务费以外的其他服务费。

7.财产性支出：

（1）非生产性贷款利息支出：指农村住户为生活消费贷款、借款所支付的利息。

（2）其他

8. 转移性支出：包括寄给和带给家庭非常住人口、赠送亲友、支付保险费、租金支出、罚款及其他转移性支出。

（1）寄给和带给家庭非常住人口：指农村住户和住户成员寄给和带给家庭非常住人口的现金和实物。实物支出按实际购买价格计算；如果是自己生产的产品，按该产品当地零售价折价。

（2）赠送亲友：指农村住户和住户成员赠送给亲友的现金和实物。

（3）赠送农村外部亲友：指农村住户和住户成员赠送给农村以外亲友的现金和实物。

（4）保险费支出：指农村住户和住户成员因购买保险而每年支付的现金。不包括与购买车票、船票、机票一起购买的保险支出，这部分支出记入相应的生活消费支出。

（5）罚款：指农村住户因违反国家、集体的有关规定而受处罚的支出（如违反计划生育罚款、交通违章罚款、违法治安条例罚款等）。

（6）其他：指上列各项转移性支出以外的其他转移性支出。

9. 现金支出：指农村住户在调查期内用于生产、生活和再分配所支付的现金。包括家庭经营费用支出、缴纳的税费、购买生产性固定资产、生活消费、财产性和转移性支出。

三、农村居民食品消费情况

1. 粮食：指农村住户消费的原粮数量。其中，粮食复制品指利用原粮加工而成的食品，如挂面、年糕等，不包括用粮食加工成豆油、豆腐、粉条、酒。

2. 豆类及豆制品：包括大豆和杂豆，以及豆腐和各类豆制品（豆腐干、豆腐皮、千张（百叶）、豆腐丝、素鸡、豆浆粉、腐竹、酱豆腐、臭豆腐、油豆腐、豆浆、豆奶、豆腐脑等）。消费的豆制品折豆数量进行统计。

3. 蔬菜及菜制品：消费的蔬菜和菜制品按鲜菜数量进行统计。鲜菜包括绿叶菜类、白菜类、瓜菜类、块根、块茎菜类、花菜类、茄果菜类、葱蒜类、菜用豆类、水生菜类、多年生菜类、食用菌类和山菜类。干菜包括黄花菜、黑木耳、蘑菇、腌干菜、萝卜干、笋干、白木耳等。菜制品包括蔬菜罐头等。

4. 水果及水果制品：指各类干鲜水果及其制品，包括各种水果、果用瓜、干果、蜜饯及水果罐头等。

5. 食用油：指各种食用油脂，包括植物油和动物油。

（1）植物油：包括花生油、芝麻油、菜籽油、豆油、茶油、棉籽油等食用植物油的消费量。

（2）动物油：包括猪油、牛油、羊油等食用动物油的消费量。

6. 肉、禽及其制品：指家畜、野畜、家禽、野禽等各种肉食品，包括活的、鲜的、冻的以及各类制品。肉类消费量按鲜肉重量计算。消费的咸肉、腊肉、肉干、罐头等均折成鲜肉重量计算。用肥肉炼油，不应计算肉的消费量。家禽消费量按屠宰去毛和内脏重量计算。

7. 蛋类及蛋制品：指各种禽蛋、禽蛋制品及罐头。消费量折鲜蛋统计。

8. 水产品：指鱼、虾、蟹、贝、藻等各类海水和淡水产品及其制品，包括水产品罐头。

9. 奶和奶制品：指鲜乳品、奶粉、酸奶以及其他奶制品。包括炼乳、活性乳、可可奶、麦乳精等。

10. 食糖、糖果：包括白糖、红糖、冰糖、方糖、水果糖、奶糖等各类硬糖、软糖以及巧克力糖、麦芽糖等等，不包括糖精。

11. 酒和饮料：包括各种白酒、黄酒、啤酒、果酒，以及茶叶、各种固、液体饮料等的消费，如：汽水、可乐、各种果汁、咖啡粉、可可粉等。

12. 烟：包括各种购买的和自制的香烟、旱烟叶、水烟等。

13. 其他食品：包括糕点、坚果及果仁制品、调味品等。

四、家庭经营产品的计价

农村住户收获、经营的产品凡是出售部分， 按实际出售价格计算；非出售部分（包括自用的和结存的）按出售同类产品的市场综合平均出售价计算。

五、生产用固定资产折旧

是指农村住户的各种固定资产在使用过程中， 因损耗而逐渐转移到新产品中的那部分价值。在计算农民纯收入时，应把这部分扣除。为了计算简便起见，生产用固定资产使用年限暂定15年。计算公式是：

生产用固定资产折旧费＝年末生产用固定资产原值/使用年限

六、全年纯收入

是总收入扣除相对应的各项费用性支出后，归农民所有的收入。它既可以用于生产、非生产投资，改善物质和文化生产， 以及用于再分配的支出和结余的收入。这个指标用来观察农民实际收入水平，以及农民扩大再生产和改善生活的能力。

纯收入＝总收入－家庭经营费用支出－生产用固定资产折旧－税费支出－调查补贴－赠送农村内部亲友的支出。

第六部分：个人调查表

一、家庭基本情况

问题1-9 调查全部家庭成员，包括常住人口，也包括主要由本户提供生活资助的赡养人口、住校学生、在外打工超过本年以上的本户家庭成员。

2. 常住人口：全年经常在家或在家居住6个月以上，而且经济和生活与本户连成一体的人口。外出从业人员在外居住时间虽然在6个月以上，但收入主要带回家中，经济与本户连为一体，仍视为家庭常住人口；在家居住，生活和本户连成一体的国家职工、退休人员也为家庭常住人口。但是现役军人、中专及以上(走读生除外)的在校学生、以及常年在外(不包括探亲、看病等)且已有稳定的职业与居住场所的外出从业人员，不应当作为家庭常住人口。

3. 年龄：是指农村住户中每一成员的年龄。按公历周岁填写。

4. 与户主关系：是指农村住户成员与户主的关系，包括户主本人、配偶、子女、孙子女、父母、祖父母、其他亲属和非亲属关系。其中子女包括共同生活的儿、女和媳妇、女婿，孙子女包括共同生活的外孙子女，父母包括共同生活的岳父母，祖父母包括外祖父母。如户主的儿女就填写子女，其代号为3，户主的祖父母，其代号为6。

5. 在校学生：是指农村住户中的中小学生和在外上学的大中专学生。不包括学前儿童和学龄儿童中失学儿童。

6．当年在家居住时间：指每一家庭成员在家中居住生活的时间，按月计算。

二、健康情况

问题10-12　调查全部家庭成员，包括常住人口，也包括主要由本户提供生活资助的赡养人口、住校学生、在外打工超过本年以上的本户家庭成员。

1.身体健康状况：划分5类：（1）健康；（2）体弱多病，指常年不能坚持劳动，但又没有大病或其他确诊的慢性病；（3）长期慢性病，如肝炎、肺炎、糖尿病等需要长期吃药治疗的疾病；（4）患有大病，如心脏病、癌症等需要经常住院治疗的疾病；（5）残疾，包括身体残疾和智力残疾。

2．生病时是否及时就医：指每个家庭成员生小病时是否及时到卫生室或医院看病治疗，或及时服用药物，生大病时是否能及时到相应的医院看病治疗。

3．不能及时就医的原因：如果上一个问题答案为“否”，需要回答本问题。不能及时就医的原因有：经济困难，医院太远，没有时间，本人不重视，小病不用医，其他。

三、成人情况

问题13-16　调查16岁以上非在校人口。

1．文化程度：是指本户16岁以上非在校学生的文化程度，包括文盲或半文盲、小学、初中、高中、中专和大专以上。

（1）文盲或半文盲：是指识字或识字很少，不能阅读通俗的书报，不能写便条的人。

（2）小学：是指小学毕业、肄业成相当于小学文化程度的人员。

（3）初中：是指初中毕业、肄业或相当于初中文化程度的人员。

（4）高中：是指高中毕业、肄业或相当于高中文化程度的人员。

（5）中专：是指中专毕业、肄业和农业中学毕业、肄业或相当于中专、农中文化程度的人员。

（6）大专以上：是指大专以上学校毕业、肄业或相当于大专以上文化程度的人员。电视大学、函授大学等形式的大学，凡按照大专院校的教育计划和教育大纲（全科）进行教育的毕业生应包括在年，但只学完单科课程的，则不应计算在内。

2．是否受过专业技术培训：指家庭成员是否曾经接受过技能培训。包括种植业、林业、养殖业、工业、建筑业、交通运输业、邮电通讯业、批发零售餐饮、社会服务业、文教卫生及其他行业的培训。

3．担当社会职务：指家庭成员在外担任的社会职务，如村及村以上干部、人大代表、村民代表、村组长、国营或集体企业领导、各种行业协会负责人等。

4．丧失劳动能力：主要指16岁以上家庭成员因病、因残或年高体弱不再能从事取得报酬的劳动的情况。不包括虽然丧失体力劳动能力但正在从事脑力劳动并能够取得报酬的劳动者。

四、就业情况

问题17-21调查16岁及以上劳动力（非在校学生且没有丧失劳动力）。其中；问题22-23　调查当年未外出的劳动力。

1．从事的主要行业：指主要收入来源的行业或从事时间最多的行业。行业分类：1、农业 2、采掘业　3、制造业　5、建筑业　7、交通运输业　　16、其他行业

2．从事农业生产时间：指家庭成员从事农林牧业劳动的时间，以月为单位计

算，可以保留一位小数。

3. 外出打工：是指劳动力在年内是否到本乡镇以外的地区打工。 但义务到本乡镇以外的亲戚朋友家帮忙的不应该统计。

4. 返回原因：当年未外出、以前曾外出的劳动力需要回答本问题。

五、劳动力外出打工情况

问题24-33调查当年外出劳动力。

1. 经谁介绍外出打工（转移方式）：是指外出打工的人员是经过何种途径外出寻找工作的。

2. 在何地打工（外出地区）：是指外出打工人员在哪个地区打工。

3. 县内乡外：是指本乡以外的县内其他地区，编码为1。

4. 省内县外：是指本县以外的省内其他地区。编码为2。

5. 省外：指本省以外的省、自治区、直辖市，港、澳、台地区及国外，请按编码填写：

北京 11，天津 12， 河北13 ， 山西14 ，内蒙古15

辽宁 21，吉林 22，黑龙江23

上海 31，江苏 32， 浙江33， 安徽34， 福建 35， 江西36， 山东 37

河南 41，湖北 42， 湖南43， 广东44， 广西 45， 海南 46

重庆 50，四川 51，贵州 52， 云南53， 西藏54

陕西 61，甘肃 62， 青海63， 宁夏64， 新疆65

港、澳、台地区及国外 99

6. 外出打工总收入：是指外出打工者年内外出打工得到的现金收入和实物折价收入合计。 包括外出打工者的收入中寄回带回的现金及用于在外生活消费的开支等。

7. 从哪一年开始外出打工：是指打工者第一次外出打工的年份。填写公历年度，如1992年、1999年等。

8. 共有几个年头在外打工：是指累计的外出打工年份数，如3年、10年。只要一年中曾出去打工，无论时间长短，均算一年。

9. 打工的年收入变化：分为四类：1. 年度间变化不大；2. 有的年份多、有的年份少；3. 逐年收入增多；4. 逐年收入减少。如果当年开始外出打工可以不填本问题。

六、学生上学情况

问题24-28调查在校学生。

1. 上学时间：走读学生选填答案1-4，住校学生选填答案5。

七、7-15岁失学儿童情况

问题29-31调查7-15岁的失学儿童。